海盜・香火・古港口

臺南研究先驅 黃典權 紀念專書

黃典權教授生平年表

黃典權教授玉照

一九二七年十月六日，出生於福建省龍溪縣。

一九三一年，五歲之齡入省立龍溪中學附屬小學就讀。

一九三七年夏，考入龍溪中學初中部。未幾，日軍侵華戰火漫延而至，學校迫遷，遠離鄉井，寄身學舍。

一九四〇年夏，考入省立長汀中學高中部。

一九四三年，考取國立廈門大學歷史系，此時廈大亦遷校於長汀。

一九四七年，廈門大學歷史學系畢業。龍溪中學校長謝新周氏聞先生才德賢良，力邀往任教授高一國文與高三兩班外國史。

1951年廈門大學校友會合照黃典權教授（後排右5）

一九四九年八月，為尋三兄黃典錡先生抵臺南。

一九五〇年，應臺南女子商業學校（今國立家齊高中前身）林章達教之聘前往任教，旋兼教務主任職。時，臺南行政長官公署派任市長卓高煊，設「臺灣史料編輯委員會」，獲聘為委員。

一九五一年，「臺灣史料編輯委員會」易名「臺南市文獻委員會」。市長葉廷珪任主任委員，謝新周先生以教育科長兼副職。延請先生與林勇、林朝均、許子文、石暘睢、林咏榮、許丙丁、高祥瑞、高崇煦、莊松林、江家錦、連景初、賴建銘、黃天横為委員。以謝碧連任總務組長，韓石麟任整理組長，林咏榮任編纂組長，丘同德任總幹事。同年十月《臺南文化》創刊號問世，先生撰佈〈寧靖王〉，初露其治史功力。

1954 年黃典權教授與師母婚前合影於赤崁樓

黃典權教授與兒子黃聯乙先生合影於赤崁樓

1955 年 7 月 24 日黃典權老師與師母締結連理

1955 年黃師母洪玲花女士

一九五三年六月一日，先生受聘臺南市文獻委員專任編纂組長，掌《臺南文化》編務，兼主修《臺南市志稿》，與石暘睢、莊松林、林咏榮、連景初五委員獲公推任「志目研擬小組」成員，由先生負責起草。時，文獻會址設赤嵌樓上文昌閣內，先生自戲以「赤嵌樓主」為筆名。

一九五五年七月二十四日，先生與洪玲花女史締結連理，情款深篤，共相扶持，先生得以專注研究，著述不輟。

一九五六年，長子黃聯乙先生出生，後畢業於國立中興大學地政學系，業商。

一九五八年，長女黃平蘭女士出生，卒業於崑山工專化工科，歸邱江泉君，有二子大瑋、柏豪，一女珮瑩，皆聰慧伶俐。

一九六〇年，次女黃平芸女士出生，國立藝術專科學校美工

1965 年（約）黃典權老師全家福

黃典權教授、師母、大兒子黃聯乙先生、大女兒黃平蘭小姐合影於赤崁樓前

科畢業，適童清峰君。童君卒業於國立藝專廣播電視科，夫婦婚後至美國密蘇里州，童君攻新聞碩士課程，獲學位返國，任《天下雜誌》編輯，為人幹練篤實。

一九六四年，參女黃平蒂出生，畢業於逢甲大學，歸蕭天露君，舉一女名冠瑜。蕭君年婦偕女，現居美國芝加哥市，蕭氏於芝大修博士。公之子女皆純良有為，未墜家聲，積善致慶，斯之謂也。

一九六五年十一月，先生受聘臺南私立崑山工業專科學校擔任講師，兼校長室秘書。後，晉陞副教授，仍兼秘書職。膺臺南市文獻委員與編纂組長如故。

一九七一年春，蒞成大歷史系學術演講。是時，系主任吳緝華先生頗有意延聘先生任教，唯以師資員額無開缺，卒未果。

1965 年蔣中正總統參訪延平郡王祠黃典權教授陪同（1 排左 1）

1975 年外交部長葉公超參訪臺南古蹟由黃典權老師協助導覽

一九七三年春，陳捷先教授來主系務，延禮先生兼課，授「臺灣省志」一科。先生推動成大歷史系「史蹟勘考小組」，並主籌編印《史蹟勘考》。成大歷史系因先生協助，得與國立歷史博物館、省立臺南社會教育館、臺南市政府締造建教合作之約。未幾，以陳氏與先生推展，系復得哈佛燕京學社獎助同仁專題研究及進修計畫之執行。在先生與陳公所營之下，系譽漸著，奠立基石。

一九七五年八月，陳捷先氏移除礙難，延請先生為專任副教授，擔任「明史」課程，並授外系數班「中國通史」，其「臺灣省志」講授，亦歷時十餘載。冀培育諸生之歷史知識，親領指導查勘古蹟，詳為解說。行跡所至，或在市區近郊；例假日，輒應諸生祈請，至外縣市踏查風俗，蒐集文物，北及彰化，南達高屏。城邑里巷，鄉村聚落，足蹤幾遍。隔年十一月十一日，歷史系「文物館」正式宣告成立並展覽藏品。一九八二年春三月某日清晨，遭遇重大車禍，服藥數載，肝、

約 1980 年前後黃典權老師與師母洪玲花女士居家生活照

腎內臟已暗遭損傷，潛漸之積而不易覺知也。

一九八九年四月五日，先生赴香港，出席香港大學亞洲研究中心主辦之「亞太地區地方歷史國際會議」，港大中文系召開之「章太炎、黃侃學術研討會」與當時受香港中文大學邀請講學的兄長黃典誠教授先生自廈門蒞會。昆仲睽違四十年，初次重逢。

一九九一年冬暮，萎倦難支，入省立臺南醫院（今衛生福利部臺南醫院）進住，但仍勉力於教職。

一九九二年七月十六日夜，先生忽於寓所咳血，夫人與長公子即僱車送成大附設醫院急診。十八日凌晨十二時五分先生終歸道山，春秋祇僅六秩有六。

黃典權教授重要學術活動及教學紀實照片

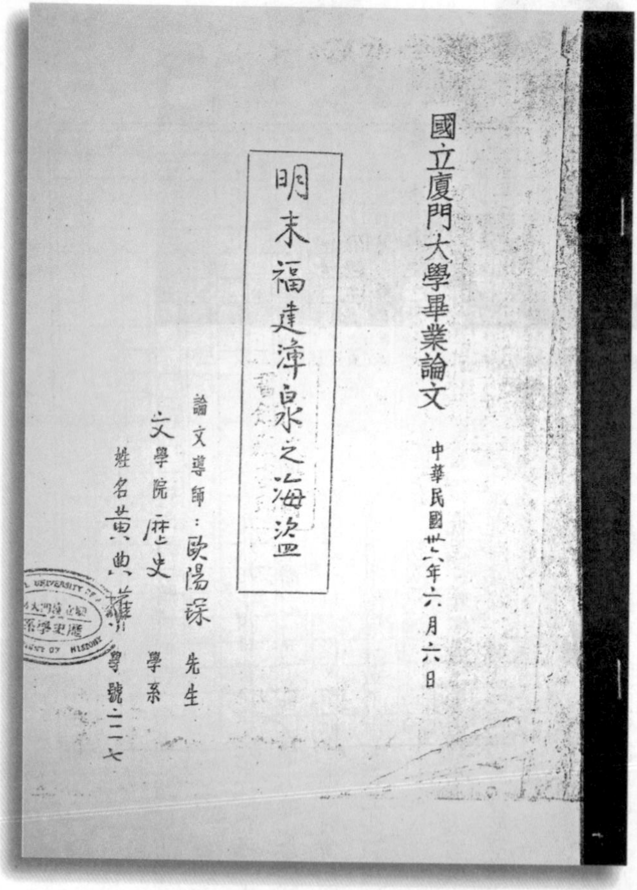

國立廈門大學畢業論文
中華民國卅六年六月六日
明末福建漳泉之海盜
論文導師：歐陽琛 先生
文學院歷史學系
姓名黃典權 學號二二七

黃典權老師廈門大學畢業學士論文影印本封面，得見論文導師歐陽琛與黃典權老師的簽名（民國 36 年 6 月 6 日）

黃典權老師與選修成功大學歷史學系「臺灣省誌」課程的同學戶外教學，65 級程君蘭、陳玟美、林瑞美、涂文姜、晏雯英、吳榮哲、李永麟、張瑞德、眭明光、宋冠湘亦在留影之中（臺南市安南區四草砲臺，民國 63 年）

黃典權老師與成功大學歷史學系 65 級何培夫（後排右一）、66 級林正宏（前排右一）等同學合影（臺南市安南區鄭成功鹿耳門登陸紀念碑，民國 63 年）

黃典權老師與成功大學歷史學系 66 級同學進行史蹟勘考，穿大學制服的學生與穿夾指拖鞋的鄉下小孩構成當代的特色（臺南縣永康鄉大灣村，民國 64 年）

黃典權老師與成功大學歷史學系 66 級巫有定等同學與一群害羞而又好奇的鄉下小孩合影，左一同學手提鐵絲編製「書籃」，印證騎鐵馬長征的事實（臺南縣永康鄉大灣村，民國 64 年）

民國 64 年 6 月 5 日～7 日成功大學歷史學系主任吳振芝老師領隊，李冕世、黃典權、梁華璜、丁煌、蘇梅芳諸老師與陳喆、宋廣軍、翁仁德、何培夫、李永麟諸同學組織「澎湖史蹟調查團」，首次前往澎湖勘考文物（澎湖縣馬公市，民國 64 年 4 月 5 日）

黃典權老師介紹法軍將領孤拔墓史蹟，旁立李冕世、蘇梅芳老師（澎湖縣馬公市，民國 64 年 4 月 5 日）

李冕世、黃典權老師指導蘇梅芳與何培夫解讀墓碑殘文（澎湖縣西嶼鄉西嶼燈塔，民國 64 年 4 月 6 日）

採拓清代「剏建西嶼浮圖記」碑銘之餘，黃典權老師與李冕世老師（中）、梁華璜老師（左）合影（澎湖縣西嶼鄉外垵村溫王廟，民國 64 年 4 月 6 日）

黃典權老師與李冕世老師（左）、丁煌老師（右）合影（澎湖縣西嶼鄉外垵村溫王廟，民國 64 年 4 月 6 日）

黃典權老師與李冕世、丁煌、丁師母、梁師母、諸同學合影（澎湖縣西嶼鄉外垵村溫王廟，民國 64 年 4 月 6 日）

成功大學歷史學系唐大衛老師（右）迎接方豪教授（中）、呂士朋教授（左）、楊雲萍教授（左後）蒞臨參與「臺灣史料學術研討會」（臺南火車站，民國 65 年 4 月）

黃典權老師與方豪教授（右二）交談，65 級李永麟同學（右一）經常協助教務，例如刻鋼版、印講義，因此獲得「師徒」的綽號；幫忙來訪的學者專家提公事包，也是一項重要服務（臺南火車站，民國 65 年 4 月）

黃典權、金鑠（中）、李冕世三位老師與應屆畢業生合影（成功大學歷史學系系館，民國 65 年 6 月）

黃典權、金鑠（中）、李冕世三位老師與應屆畢業生合影（成功大學歷史學系系館，民國 65 年 6 月）

成功大學歷史學系「臺灣地區民族源流勘考部份資料特展」開幕，系主任李冕世老師（中左）、蔡茂松老師（右二）、策展黃典權老師（左二）、呂秀丹同學（左一）等人合影（成功大學歷史文物館，民國 71 年 4 月 14 日）

國立故宮博物院蔣復璁院長（後排中）參觀「臺灣地區民族源流勘考部份資料特展」，與黃典權老師「臺灣省誌」課程的同學合影，廖秀真老師（前排左二）、系會總幹事黃健雄同學（前排右一）、文學院顏明泉祕書亦在其中（後排左一）（成功大學歷史文物館，民國 71 年 4 月 16 日）

國立故宮博物院蔣復璁院長（左四）、莊吉發老師（左三）參觀「臺灣地區民族源流勘考部份資料特展」，與系主任李冕世、吳振芝、黃典權老師等師生合影（成功大學歷史文物館，民國 71 年 4 月 16 日）

國立故宮博物院蔣復璁院長（中）參觀「臺灣地區民族源流勘考部份資料特展」，李冕世老師（右）、黃典權老師（左）在旁導覽（成功大學歷史文物館，民國 71 年 4 月 16 日）

國立故宮博物院蔣復璁院長參觀「臺灣地區民族源流勘考部份資料特展」，黃典權老師在旁導覽（成功大學歷史文物館，民國 71 年 4 月 16 日）

教育部次長（右三）視察「臺灣地區民族源流勘考部份資料特展」，成功大學共同科李士崇老師（左一）、黃典權老師（左二）在旁導覽（成功大學歷史文物館，民國 71 年 4 月）

教育部次長（右一）、莊芳榮專員（左二）等人視察「臺灣地區民族源流勘考部份資料特展」，黃典權老師（右二）在旁導覽（成功大學歷史文物館，民國 71 年 4 月）

成功大學歷史學系系務會議後聚餐，蔡茂松、丁煌、黃典權、何培夫合影（成功大學西餐廳，民國73年7月8日）

成功大學歷史學系系務會議後聚餐，黃典權、何培夫合影（成功大學西餐廳，民國73年7月8日）

英國皇家科學院院士、《中國的科學與文明》即《中國科學技術史》作者李約瑟（Joseph Needham）博士來訪成功大學，機械學系李克讓（中）老師、黃典權老師（右）等人陪同出席座談會（成功大學國際會議廳，民國 73 年 9 月 29 日）

中國文化大學史學系師生參訪成功大學歷史學系，蔡茂松、黃典權、何培夫三位老師負責接待（成功大學歷史學系圖書室，民國 74 年）

黃典權老師與選修「臺灣省誌」課程的同學戶外教學，吳娟、李宜憲亦在留影之中（臺南縣下營鄉茅港村觀音寺，民國 75 年）

中國文化大學史學研究所程光裕老師（右三）、華岡博物館館長陳國寧（左二）參訪成功大學歷史文物館，與李冕世、黃典權、丁煌、何培夫四位老師合影（成功大學歷史文物館，民國 75 年）

成功大學歷史學系系主任黃耀能老師（後排右五）率領該系多位老師與眷屬前往澎湖，一以勘考史蹟、二以聯絡情誼，黃典權老師（後排右六）是本次自強活動的主要導覽人（澎湖縣馬公機場，民國76年7月14日）

回顧成功大學歷史學系老師、眷屬合影的歷史畫面，有人變胖、有人變老、有人退休、有人逝世、有人結婚、有人讀大學，甚至生子；歲月匆匆，如是已近二十九載矣（澎湖縣西嶼鄉跨海大橋，民國76年7月14日）

成功大學歷史學系勘考史蹟，黃典權老師（後排左二）導覽臺閩地區第一級古蹟西嶼西臺（澎湖縣西嶼西嶼西臺，民國 76 年 7 月 14 日）

成功大學歷史學系勘考史蹟，迎海風，髮飄揚，心情舒暢；當日臺灣解除「戒嚴」，出海改由警察檢查（澎湖縣目斗嶼燈塔，民國 76 年 7 月 15 日）

臺南市市長林文雄出席成功大學歷史學系舉辦「臺灣史學術研討會」，系主任梁華璜、黃典權、何培夫三位老師陪同接待（成功大學國際會議廳，民國 78 年 11 月 17 日）

成功大學歷史學系「臺灣史學術研討會」會後餐敘，曹永和（前排右二）、黃典權（前排左二）、李豐楙（前排右一）、何培夫（前排左二）、丁煌（後排左）、高志彬（後排右）等人（民國 78 年 11 月 18 日）

目錄

黃典權教授生平年表　006
黃典權教授重要學術活動及教學紀實照片　014
局長序　臺南市文化局局長　葉澤山　035
主編序　成功大學歷史學系教授　丁煌　037
明末福建漳泉之海盜　041
鹿耳門古港道里綜考　071
三研「蔣公子」　141
臺南文教拾詠　225
臺南己巳、庚午文教風義即與錄　301
香火承傳考索　387
黃典權教授撰述碑記　407
附錄壹：文獻委員黃典權教授傳略及其治學業績　文／丁煌　417
附錄貳：黃衡五典權教授著作目錄待定稿　文／丁煌　443

編輯說明

一、本書所選篇目發表時間跨度極大，作者行文下筆之慣習時有所異，整理時原則上以首次發表時的文字為準，並重新調整章節層級使全書統一。

二、本書各篇皆有大量異體字，這牽涉到作者的行文慣性（沖／冲、廈／厦、峰／峯、倒／到）與個別的專有名詞（省略／《明季北畧》），此次編輯以尊重原作者為前提，除明顯錯漏衍字（多因昔時刊印排版所誤植）外，維持各篇用字原貌。

三、在不影響作者原意的前提下，本書於編輯時統一使用新式標點符號（如書名號），並酌情增（如頓號）改（如幾處分號改為逗號或句號）以利閱讀。此外，本書引用書名、篇名時標點方式各篇略異，現加以統一。書名使用《》，篇名使用〈〉，如書名篇名同時並列，則使用《》並以・號分隔。

四、本書選文多為史論，原文提及事件年代多以年號稱之並時附西元紀年以對照。為避免干擾閱讀，製作「明清年號與西元年份對照表」，以利讀者翻檢。明清前後少數年份則直接於行文中註明，不另行製表。

清代		明代	
順治	1644-1661	洪武	1368-1398
康熙	1662-1722	建文	1399-1402
雍正	1723-1735	永樂	1403-1424
乾隆	1736-1795	洪熙	1425
嘉慶	1796-1820	宣德	1426-1435
道光	1821-1850	正統	1436-1449
咸豐	1851-1861	景泰	1450-1456
同治	1862-1874	天順	1457-1464
光緒	1875-1908	成化	1465-1487
宣統	1909-1911	弘治	1488-1505
		正德	1506-1521
		嘉靖	1522-1566
		隆慶	1567-1572
		萬歷	1573-1620
		泰昌	1620
		天啟	1621-1627
		崇禎	1628-1644

【局長序】

審視過往，傳承文化

臺南市文化局局長　葉澤山

黃典權教授原籍漳州，生於一九二七年，畢業於廈門大學歷史學系，專長明清史研究。他於戰後安居臺灣，擔任過臺南市文獻委員會委員，對於臺南研究貢獻卓著。先生雖早已於一九九二年過世，但他所留下的研究資料，卻裨益臺灣研究後進甚豐。

二〇一四年在成功大學歷史系蕭瓊瑞教授的協助下，本局得知黃教授之研究資源，皆存放於土城正統鹿耳門聖母廟，經取得師母洪玲花女士同意，資料悉數捐贈文化局。本局也在同一年底，聯繫曾與黃教授共事的成大歷史系丁煌教授及黃教授門生何培夫教授，邀請他們協助編寫黃典權教授紀念專輯。

本書之所以編輯出版，主要目的在於彙整盤點黃教授的著作及學術貢獻，透過丁煌教授的導讀說明，重新呈現黃教授的研究內容，提供新一代研究者重要的參考資料。由於黃教授著作等身、典藏數量龐大，經與兩位教授討論，本書主要擇取黃教授生平最具代表性的著作為專輯內容；其中最特殊者，莫過於黃典權教授一九四七年在廈門大學的畢業論文《明末福建漳泉之海盜》，這篇文章可說是從未在臺刊登、出版的珍貴文獻。

黃教授除專精明清史，任教時也經常帶領成大歷史系學生進行紮實的田野調查，所累積的研究論述汗牛充棟，系列刊登於《史蹟勘考》中。每篇文章除有大量的文物照片，田調成果也相當豐碩，在臺灣史尚未成為顯學的當時，黃教授早已帶領眾多學生踏遍臺南、高雄及外島澎湖、金門一帶，對於建構臺灣史研究深具貢獻。目前在成大光復校區「歷史文物館」內所典藏的文物，即是黃典權師生一次次田野調查中所發掘出的重要文物。

黃典權教授一生治學孜矻，論學謹嚴，提攜後進循循善誘，真誠不虛，奉獻所學從不藏私。成大歷史系也因有黃教授加入而日益茁壯，迄今已開枝散葉。後來即使不幸遭逢車禍，身體不良於行，他仍堅持到校教學，研究不輟直到六十六歲過世。他所留下的眾多研究成果與學術貢獻，深深影響後學，功著杏壇。

本書得以順利付梓，要特別感謝丁煌教授、何培夫教授，以及洪玲花師母、教授哲嗣黃聯乙先生在編輯過程中的諸般協助。以此開啟契機，本局未來也將針對臺南研究有卓著貢獻的前輩學者專家，規劃出版一系列「臺南研究先驅叢書」，爬梳前輩們的研究貢獻及知識遺產，讓臺南研究更加紮實，也將這些永難抹滅的研究成果，傳給世世代代的臺灣研究後進以及臺南子弟。

臺南市政府文化局
局長　葉澤山

【主編序】

成功大學歷史學系教授　丁煌

臺南市政府文化局交付編纂《臺南研究先驅：黃典權教授專輯》壹書任務，我以黃教授身前同事兼好友，並董理他治喪事宜，知其行誼較稔，故責無旁貸。更邀何培夫棣分擔繁劇，為編輯協同主持人，曾國棟棣肩挑專任助理工作，冀能順利完成任務。編輯工作期間，承文化局葉澤山局長關切，業務人員溫勝智君行政上配合，甚為感念。

黃典權教授平生刊布文章繁富，本專輯僅屬選集，受限於拾捌萬字左右的約定，故僅能在不同屬性類目，挑選特出具代表的作品展示，供學者參考。

〈明末福建漳泉之海盜〉為黃氏大學畢業論文篇題，由歐陽琛教授指導，係刻板油印，世局變幻，先生亦未有存稿。先生歿後，為理次其遺作，我託厦門大學陳國強教授與葉國慶教授在該校圖書館覓得此文油印本，蒐在本選輯中，彌足珍貴。葉國慶教授為典權先生之師，授大三「明清史」，注意漳泉海疆史事，以鄭芝龍、鄭成功父子為焦點人物。先生大四由歐陽琛教授指導撰寫畢業論文，其後畢生從事明清史及臺灣研究，用志不紛，終成卓然名家。本選輯故蒐納其文，以明示其學術初源。

〈鹿耳門古港道里綜考〉壹文，後印成書，為臺南古歷史地理之研究，亦關涉鄭成功初登陸臺灣之地。當年學界爭論不休，喧騰一時。其後古物出土，證明典權先生之論精確，雜音終於戢止。〈三研蔣公子〉壹文，探究清代臺南歷史上的三位蔣姓職官蔣毓英、蔣允焄、蔣元樞，先生最後確定有「蔣公子」之稱者，係蔣元樞。勇於改正從前所論，求真之態度與治學之嚴謹，皆足為典型。〈香火承傳考索〉壹文，初研自古祭祀慎終追遠之祭義，兼及柴燎與用香之形質。

先生好作詩，月旦時事，臧否人物，最能體現其價值觀與心性見地，故特選〈臺南文教拾詠〉、〈臺南己巳、庚午文教風義即與錄〉詩篇為代表。

本輯更納入主編所撰〈文獻委員黃典權教授傳略及其治學業績〉、〈黃衡五典權教授著作目錄待定稿〉兩文，俾利後學深入探討。

中華民國一〇五年十一月八日晨九時三十分於臺南書寓

<1>

明末福建漳泉之海盜

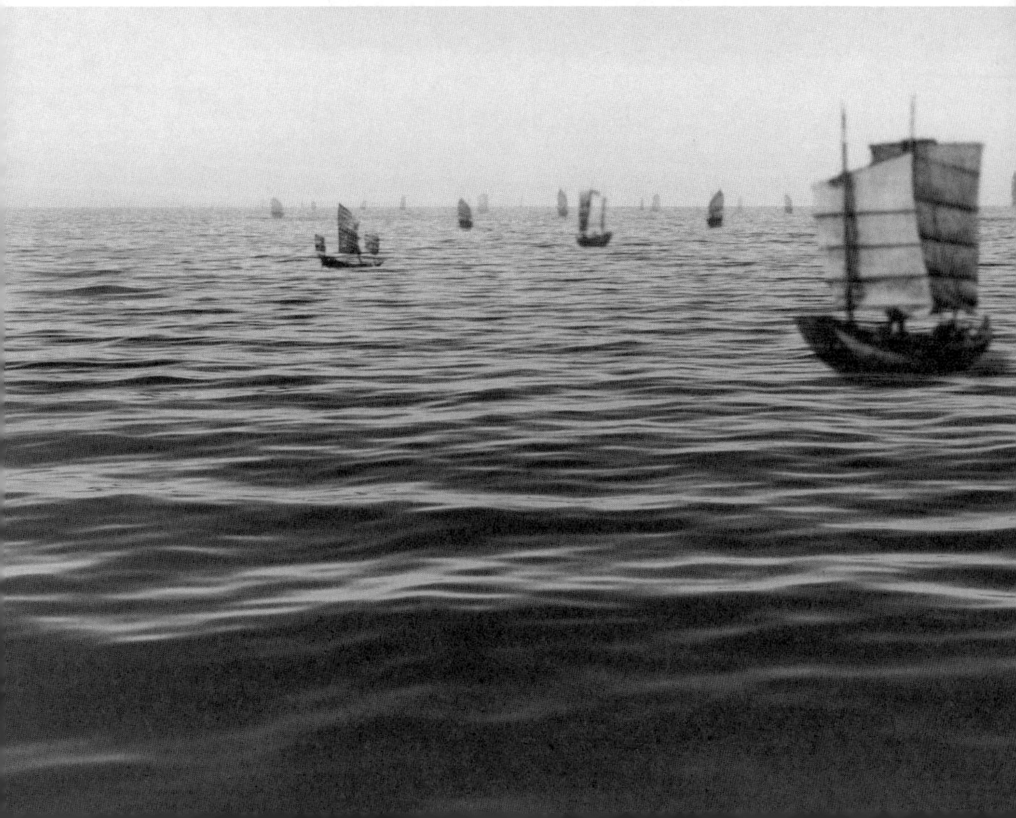

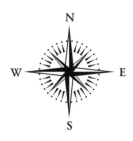

明末福建漳泉之海盜

引言

明代自嘉靖末倭寇衰歇後，沿海諸省漸見寧靖，而閩粵仍有海盜，漳泉尤盛。自嘉靖末至崇禎間，漳泉海盜之活動，未嘗間斷。

漳泉海盜所以特盛，與其地理環境，人民生活，以及政治不良，海禁制度均有密切之關係；而倭寇亂餘殘存之勢力寔為海盜之直接來源。

海盜特盛之區，必具有利於海盜之地理環境者。花崗岩岸為海盜滋長之所，若歐州之諾曼人為著名之海盜，其來源為斯干的那維亞半島，著名之花崗岩岸也。而僅有花崗岩岸，更無蜿蜒曲折之水道與深藏之入口者，則海盜亦不易滋生。漳泉之海岸既為花崗岩岸，而又有蜿蜒曲折之水道與深藏之入口者，則其地理環境已具備蕃見海盜之條件矣。

漳泉之人民生活，蓋受地理環境之影響甚大。漳泉諸地面海背山，港灣交錯，山嶺環繞，海邊可耕之平地既屬有限；陸地之交通，復極困難，遂形成人民入內地難，入海較易之局勢，故居民望海謀生者十居五六。漳泉人民之海上生活，要者有三：一曰業漁，二曰販洋，三曰出洋。販洋，與外人通販貿易也，其利甚豐。出洋，即移民南洋，沿海人口過剩之問題藉以解決者也。若三事行之甚便，則人民安庶；否則，生活受阻，人民除挺而走險外，別無他途。

政治腐敗，為致盜之主因。蓋明末政治腐敗為普遍情形。胡宗憲〈籌海圖篇〉引兵部尚書胡世寧之言曰：「自古盜賊起於民窮，民窮由於賦役之繁重；官吏之貪酷，又為致盜之大本也。（中畧）今朝廷累下恩詔，悉更舊弊，而盜賊猶未革心者，惟以平日貪庸之吏揚揚猶在民上。而其一二離職者，則又歸作富翁而坐享吾民之膏血，或反陞要職而更為貪吏之營窟。」[1] 當時官吏貪污而外，顢頇無能，尤為亂本。俞大猷《正氣堂集》有云：「今守令巡海之官，皆如傳舍渡舟，幸取一時之安，而不顧其後。」[2] 於是政府效能低落，威信掃地，人民生活秩序岌岌其危，而盜賊乘機大起矣。

然最直接引起海盜之原因，斯為明代屢頒之海禁制度。漳泉人民望海為生之情形已如前述。明自洪武間，倭寇騷擾，遂定下海之禁，以絕沿海奸民通倭之路，其後遂為有明一代制海大法。沿海人民本倚海為生，禁海之令，實直接危脅其生活。初禁而未嚴，海民謀生，未受大礙。迨嘉靖中數嚴海禁，人民謀生無路，下海為盜者乃夥。《籌海圖編》引主事唐樞有云：「自天順末以來，海上亦無盜。凡商於海者，武具而力齊，雖有小寇，無所容於其間。嘉靖初，市舶罷，流臣嚴其私情，商市漸阻。浙江海道副使傅鑰申禁於六年，張一厚申禁於十七年。六年之有禁，而胡都御史璉出；十七年之禁流延而有浙江巡撫楊九澤之疏，乃有朱都御史紈之出視。撫設而盜愈不已，何也？寇與商同是人也。市通則寇轉而為商，市禁則商轉而為寇；始之禁禁商，後之禁禁盜。」[3] 故海禁之寬嚴與盜賊之消長實息息相關。海禁如不開，漳泉海盜之患亦終不絕也。清中葉以前，以東南多事，仍嚴海禁如明時，故沿海每有巨魁出沒。迨鴉片戰後，海口開放，閩海始不復見大股之海盜。

明末漳泉海盜直接之亂源，寔為倭寇。早于明初，倭寇已開始侵襲福建，故太祖於洪武間已先後命周德興、湯和設防閩海。自洪武之初至嘉靖二十六年百餘年間，福建沿海倭寇未為大患。迨嘉靖二十六年而後，情形乃見嚴重，東南沿海盡受其害，閩疆罪殃之烈尤為前史未有。攷當時倭寇之能縱橫沿海數千里者，以有沿海內地奸民之勾誘也。時勾倭巨魁如王直、徐海、陳東、吳平之流，俱沿海人。後王、徐誅，倭寇不得勢於江浙；吳平降，倭寇始得就殲於閩海。至嘉靖四十二年，俞大猷、戚繼光、劉顯諸名將擊倭於平海衛，大破之，四十三年戚繼光又破之於漳浦，福建倭患乃告平定。倭患雖平，而勾倭之海盜不能盡去。遺孽尚在，閩疆終難安枕，而漳泉尤見紛擾。吳平亂之於前，曾一本、林道乾、林鳳，繼之於後；至崇禎間遂有鄭芝龍、劉香輩之出沒。故地雖限於漳泉，然因海盜活動區域廣泛，他處亦多涉及，然一以漳泉二地之海盜活動為敘述之主題耳。

本文願就倭寇平定後，漳泉海盜之發展與結局，畧加勾稽，起嘉靖四十二年迄清順治三年，以嘉隆間海盜吳平、曾一本輩之竄擾閩粵為第一期，萬曆十年而後之海疆小靖為第二期，天啟崇禎間之巨魁輩出閩海大擾為第三期，而以芝龍之就明撫降清廷，其子成功以殘餘勢力作民族抗爭為之結束。

壹、嘉隆間之海盜

嘉靖四十二年，倭寇敗於平海，其活動已近尾聲。而素與倭勾結之漳泉海盜，屢作患閩粵邊海，漳州之害最烈。中以吳平勢最大。

吳平者，漳州詔安四都人也，有智畧。時盜首尚有林道乾、曾一本輩，雖饒勇，皆推平為首，平儼然居群盜上。[4]初平從倭為亂，後自立黨與，數掠漳泉。茲據魏敬中《重纂福建通志·明外紀》云：

> 平，漳州人，先從倭流劫廣潮，後遂自立黨與，挾倭剽掠，漳泉二州尤被其毒。[5]

嘉靖四十二、三年間，閩粵多故，山海寇盜交侵，多為俞大猷平服。《明史·俞大猷傳》云：

> 四十二年十月，徙鎮南贛。明年改廣東潮州，倭二萬與大盜吳平相犄角，而諸峒藍松三、伍端、溫七，葉丹樓輩，日掠惠潮間。閩則程紹祿亂延平，梁道輝擾汀洲。大猷以威兵攝群盜。[6]

平勢既大，且時倭患尚劇，故大猷未遑以武力征剿之。乃遺使招之，平亦以倭新敗，遂恐而降，大猷置之梅嶺。《重纂福建通志·明外紀》云：

> 平見閩中諸倭盡為戚繼光所殲。心始攝。時大猷在潮州，平乞降，藉口剿倭贖罪。[7]

大猷招平之意，以其勢大，一時難平，且欲藉撫以分倭勢，而收以盜制倭之功。俞大猷《正氣堂集·與南贛軍門吳公集》有云：

> 吳平勢大，圖之未易。[8]

又云：

猷至彼處（潮州），尚欲諭招吳平。須吳平不合倭，則功易成也。[9]

然政府對平終有戒備之心，平亦桀梟，意圖再舉。時置平詔安梅嶺，梅嶺地便通海，本盜寇淵藪，[10]平居益練武納眾，仍劫掠廣潮間。《重纂福建通志．明外紀》云：

> 大猷令安置梅嶺，嶺徑數十里，四面環水，有二口通大海，僅容兩舟，內有三大堡相聯。平於堡創武場，日習兵事，造艦百餘艘泊海中。名雖歸順，而招納亡命。巡撫汪道昆廉知之，令（戚）繼光親巡漳州，相幾行事。繼光遣把總陳濠領兵屯漳浦。平探官軍有討己意，仍與賊黨陳晉卿駕賊下海，流劫廣東惠潮間。[11]

平叛後益擴充實力。《明史．俞大猷傳》云：

> 平未幾復叛，造戰艦數百，聚眾萬餘，築三城守之，行劫濱海諸郡。[12]

四十四年，平遂謀襲漳州，戚繼光先擊之，平遁去廣東。《重纂福建通志．明外紀》云：

> 四十四年（中畧），然（平）終為陳晉卿煽惑（中畧）密招土賊，謀襲漳州，繼光約大猷分路夾擊。平將家屬財貨盡運舟中，沖浪而出，（中畧）遂遁入廣東。[13]

平遁粵，據南澳為巢穴，是年夏再犯漳州。戚繼光與俞大猷先後擊敗之，十月平又逃潮州。《重纂福建通志》述剿吳平事甚詳：

> 四十四年（中畧）夏五月（中畧）海賊吳平復犯漳州。賊餘黨萬餘，集舟百餘艘入閩（中畧）。平在南澳，內築土堡木城，引舟港外。繼光督諸將自月港出，直抵南澳，賊舟退入港，據柵自圍。繼光下令載石鑿舟沈塞港口，盡以兵舟環列烈嶼、宰猪，大沙等澳。拘刷近海民舟，盡收入官，俟賊

> 平給領。平據險坐困，接濟路絕。光遣吳士巽齎文諭平獻謀主陳晉卿。平詭斬假級送軍前。繼光知平終不降，載柵木浮舟渡海，登龍眼沙，出柘林港，因地結營。平率眾出戰，繼光預刊〈脅從棄刃不死〉之檄，臨陣拋擲滿空。賊黨見檄俱無鬥志，平不敗而退。（中略）冬十月，時俞大猷以舟師三百艘至，平懼襲巢，遂不備大沙、宰猪二澳。繼光與大猷陰約師期。大猷督水兵守各澳口，繼光督陸兵趨宰猪澳搗巢。平獨立寨前石岩，張黃蓋，麾賊拒敵。官軍併力攻之，敗退居木柵，眾斬柵而登，賊潰，投崖溺水死者無數。平率八百餘徒，駕叭喇唬小船，遁入潮州。[14]

平遁潮州，據饒平，卒復遁海上，為湯克寬（俞大猷部將）追擊，遠遁不敢入犯矣。《明史·俞大猷傳》云：

> 平僅以身免，奔據饒平鳳凰山。繼光留南澳。大猷部將湯克寬、李起等躡賊後，連戰不利，平遂掠民舟出海。（中略）平卒為克寬所追擊，遠遁以免，不敢入犯矣。[15]

平重創遁後，《天下郡國利病書》載：

> 或言（中略）平亦變姓名，浪游江湖間，皆不可知。然往有人親見平鮮衣怒馬在京浙間為富商大賈。平已炙其面，面皆炙瘡，人無有識者。後平又乘肩輿過故友處，掘取金銀諸寶物。後不知所之。[16]

吳平敗後，其夥黨曾一本、林道乾輩尚存。道乾、一本均廣東潮州人，同為患閩海。詔安一邑首當其鋒，受害尤大。嘉靖四十五年後為二人活動時間。《天下郡國利病書》引《詔安縣志》云：

> 四十五年三月，吳平夥黨林道乾等舡二十餘隻自走馬溪登岸，攻陷五都山南村土圍，又攻廊下村土圍，焚殺不計。吳平黨曾一本等舡百餘隻自泊浦澳登岸，劫據港口等村。隆慶二年九月，曾一本夥

> 賊劫掠饒平詔安縣境。副總兵張元勳領兵由陸路劫殺於鹽埕，斬首三百餘級。又大敗曾一本于大牙澳，斬首三百餘級，三年五月間，曾一本誘倭千餘泊舡於雲蓋寺、柘林等澳。[17]

由上引觀之，知一本勢視道乾為大。俞大猷《洗海近事．呈張軍門條議》亦曰：「（上畧）一夥曾一本，其勢猖獗；一夥林道乾，向日勢微，近日方張者。」[18] 曾一本降而又叛。《明史．俞大猷傳》云：

> 海賊曾一本者，吳平黨也。既降復叛。執澄海知縣，敗官軍，守備劉茂木中礮死。[19]

一本之勢如此，加之道乾新大，如二人合作，閩廣將盡為席捲。而二人非但不合作，且自相水火。俞大猷乃主招林道乾，專剿曾一本，使二人相殘。俞大猷《洗海近事．呈張軍門條議》云：

> （上畧）惟均必欲並討之，兵力有所未及，莫如撫一而剿一。事至今日，曾一本可撫乎？雖至愚之人，亦不肯信。（中畧）曾一本為人愚悍，自無張主，奸黨常雜亂其心，故屢招屢叛，屢叛屢招，必至於滅而後已。林道乾凡事自決，推誠諭之，當可令其信從。[20]

道乾受招，未正式授降，然頗予曾一本以打擊，一本母妹俱為道乾所戮。[21] 林曾益水火，則大猷之策也。一本如吳平亦據南澳為巢。南澳處閩粵之交，故易藏匪類。《天下郡國利病書》引《詔安縣志》云：

> 南湾（同澳，《郡國利病書》「澳」俱作「湾」）在閩廣之交（中畧），洪武間，居民負險作亂，遂為賊藪。其澳周圍百餘里，劇賊許朝光、曾一本、林道乾、吳平等聚巢出沒。[22]

蓋南澳處閩粵之交，一有征剿，如他有不與，則賊仍可越界而逸。故欲加剿滅，非閩粵二有合作不為功。隆慶三年，明廷始命二省合剿，遂生擒曾一本，殺萬餘人。《重纂福建通志．明外紀》云：

> 隆慶三年六月，福建總兵官李錫與廣西總兵俞大猷，廣東總兵郭成合兵剿海賊曾一本，平之。[23]

《明史・李錫傳》載平一本事曰：

隆慶元年冬以（李錫）署都督僉事為福建總兵官。海寇曾一本橫行閩廣間。俞大猷將赴廣西，總督劉燾令會閩師夾擊一本。至閩，錫出兵禦之，與大猷遇賊柘林澳，三戰皆捷。遁馬耳澳，復戰。會廣東總兵官郭成率將王詔等以師會次萊蕪澳，分三哨進，一本駕大舟力戰，諸將連破之，燬其舟，詔生擒一本及其妻，斬首七百餘，死火者萬計。[24]

曾一本平，林道乾勢仍存。官兵於剿曾一本之後，實力大損，似難再剿林道乾，然終亦未能撫之也。俞大猷《洗海近事・與廣東巡撫熊及監軍道江潮州道楊書》云：

郭寶山說，林道乾有眾五千人，有白船一百隻，有大船六隻。賊未受拙而鋒完，兵已戰勝而氣惰。一舉而收萬全，豈非地方大幸，萬一為賊所拙，或賊結艅銜遁，雖其大船六隻難走，其白船連結數十隻，走出為各地之害，又須整搠器械糧餉窮追，未知何時乃可收拾也！[25]

道乾勢力之大，於此可見。然攷稽史冊，道乾後此似亦未能有所活動。萬曆初年，遂遠走浡泥，與林鳳走呂宋約為同時。

林鳳，潮州饒平人，道乾同黨也。萬曆元年冬犯福建，[26]不逞，自澎湖奔東番魍港，復入潮州，後為王望高所平，《明史・凌雲翼傳》云：

時寇盜畧盡，惟林鳳遁去。鳳初屯錢澳求撫，（殷）正茂不許，遂自澎湖奔東番魍港，為福建總兵官胡守仁追擊至淡水洋，沈其舟二十。賊失利，復入潮州。參政金淛諭降其黨馬志善、李成等，鳳夜遁。明年秋，把總王望高以呂宋兵討平之。[27]

鳳不得志於沿海，又求撫不得，終乃遠走呂宋，襲攻西班牙人不勝。[28] 林道乾於萬曆初尚同鳳活動於海上，約與鳳同時走南洋，惟鳳東走呂宋，道乾則西逃越南、柬埔寨。後道乾更走浡泥，建有道乾港。[29] 後此浡泥竟成海盜之巢窟云。俞大猷《正氣堂續集．與凌承山書》云：

> 海賊林道乾逃去西南番柬埔寨上山居住，似無復回之理。若回，勢亦不大，容易滅也。唯林鳳逃去東南洋呂宋港中，暫時泊船，勢必復回。但得六水寨，二參將，兵船齊整，何患不能撲滅乎？[30]

後此廣潮海盜尚有數夥，多曾一本、林道乾之殘餘。《明史．張元勳傳》云：

> 潮州賊林道乾之黨諸良寶，既撫復叛，襲殺官軍，掠六百人入海。再犯陽臯江，敗走，乃據潮故巢，居高山巔，不出戰，官軍營於淤泥中。賊出掠而敗，走巢固守。（張）元勳積草土與賊壘平，用火攻之，斬首千一百餘級，時萬曆二年三月也。（中畧）尋與胡守仁共平良寶黨林鳳，惠潮遂無賊。[31]

當時潮盜犯閩者為林道乾，及其黨林鳳、諸良寶。俞大猷《正氣堂續集．奉殷克齋書》云：

> 況海中有林道乾、朱良寶二酋，他賊不能越潮至閩也。[32]

由是知道乾，良寶，鳳三人約同時活動，而道乾最先起，良寶最先滅，鳳則後起而與道乾同逃南洋者也。

他如梁本豪，為曾一本黨，勢頗大，萬曆五年間，活動於潮海，未涉閩疆，茲不及。[33]

吾人綜觀嘉隆間海盜活動之情形，可得而言者有四。本期海盜，除吳平外，俱為潮洲之海盜。以潮州近漳泉，故擾及之，而詔安地處漳潮之交，尤為海患重心。此其一。本期海盜初俱與倭寇勾結，後倭寇衰敗，猶作掙扎，且常引倭為助，然終不免失敗，故可認此時期之海盜為倭寇之尾聲。此其二。本期海盜多經就撫而又叛，終用武力始克平之，而一股剿滅，他股又盛，此落彼起，故知海盜非單純之征剿與招撫所能消弭。驅民入海為盜者，厥為腐敗之政治與海禁制度。故非政治改良，海禁開放，海盜不能絕也。此其三。海盜失敗，多遠走南洋。如林道乾之開闢浡泥，林鳳之走攻呂宋。後浡泥且成為中國海盜之淵藪。不啻為閩粵人開一生路，南洋殖民因而日盛，是又為隆慶以後海疆小靖之一主因，吾人應予以注意者也。此其四。

貳、萬曆間之小股海盜

漳泉自隆慶間諸股海盜平後，沿海頗見安寧。致此安寧者，萬曆初年之吏治與漳州海禁之開放也。萬曆初十年，張居正輔政，「肩勞任怨，舉廢飭弛，弼成萬曆初年之治。其時中外乂安，海內殷阜，紀綱法度莫不修明。」[34]蓋「居正為政，以尊主權，課吏職，信賞罰，一號令為主，雖萬里外，朝下而夕奉行。」[35]故正德嘉靖以來官吏貪汙因循之風以戢。此吏治之影響于海盜者一也。

且居正持法嚴覈，對盜賊尤不姑息。《明史・張居正傳》云：

承平久，盜賊蝟起，至入城市劫府庫，有司恒諱之。居正嚴其禁匿弗舉者，雖循吏必黜，得盜即斬決，有司莫敢飾情。盜邊海錢米盈數例皆斬。然往往長繫或瘐死，居正獨亟斬之，而追捕其家屬。盜賊為衰止。[36]

此吏治之影響於海盜者二也。

再則萬曆間開洋市於漳州，可視為弛海禁之一例，亦能消弭海盜於無形。《天下郡國利病書》引傅元初〈請開洋禁疏〉云：

> 萬曆年間，開洋市於漳州府海澄縣之月港，一年得稅二萬餘兩，以充閩中兵餉。（下畧）[37]

然而善政不永，居正沒後，神宗「因循牽制，晏處深宮，綱紀廢弛，君臣相隔，小人好權趨利者，馳鶩追逐。（下畧）」[38]馴至末年，怠荒日甚，官缺多不補，而鑛稅之害民，尤稱毒烈。時福建稅監高宷在閩肆毒十餘年，萬眾洶洶，欲擊殺之。[39]江陵之治，至是盡壞。加以末年倭侵朝鮮，海市又閉，濱海之民，生理無路，兼以饑饉薦臻，而吳平之輩又起。《重纂福建通志．明外紀》萬曆三十三年下引注云：

> （上畧）及乎兵連禍結，諸奸且效汪直、曾一本故智，負海稱王，擁兵列寨，近可以規重利，遠不失為尉佗，於諸亡命之計得矣。[40]

然此輩海盜較之前期之林道乾、曾一本，實力遠遜，不堪官兵一擊。《重纂福建通志．明外紀》及《漳州府志》載：

> 二十五年，海賊無齒老寇漳浦古雷，把總張萬紀殲之。（中畧）三十二年海賊周四老作亂，詔安知縣黎天祚擒其二魁，斬于城上，賊遁去。（中畧）四十六年海賊袁八老劫詔安沿海村落，既而就撫。[41]

《泉州府志》則不見萬曆間海盜亂世之記載。

蓋時南洋之路大通，海盜多劫掠洋客，或事通番，上文引《福建通志》所謂「不失為尉佗」，當係指此。利有所資，不專恃劫掠沿海，故終萬曆之世，沿海受擾，遠較前期為輕。

然萬曆末年吏治之窳敗，已肇劇盜再生端，未幾而啟禎海盜大起。

參、啟禎間海盜之再起

《天下郡國利病書》引傅元初〈請開洋禁疏〉云：

萬曆間開洋市於漳州（中畧），至於末年，海上久安，武備廢弛，遂致盜賊劫掠；兼以紅毛番時來倡奪船貨，官府以聞，朝廷遂絕開洋之稅。然語云：「海者，閩人之田。」海濱民眾，生理無路，兼以饑饉薦臻，窮民往往入海從盜，嘯聚亡命。海禁一嚴，無所得食，則轉掠海濱，海濱男婦束手受刃，子女銀物，盡為所有，為害尤酷。[42]

於當時海盜再度興起之原因，敘之甚詳。萬曆末年，海盜已起，天啟五年，海澄人顏思齊據臺灣，海盜乃盛。《重纂福建通志．明外紀》：

五年（中畧）海寇顏思齊等入臺灣據之。（注云）思齊，海澄人，為勢家所凌，毆其僕致斃，慮罪逃入日本。久之積蓄頗饒。晉江楊天生，莆田洪陞，南安張宏，同安林福，南靖李俊臣，海澄陳衷紀等皆貫販日本，與思齊善。思齊見日本兵防怠弛，集諸人謀作亂。事泄，航海奔入臺灣。（中畧）率眾據其地，勾引亡命，時出劫掠，為閩浙患。[43]

據日人丸山正彥氏所作《鄭成功》一書中所載，除楊天生等六人外，思齊同夥尚有李英、莊柱、楊經、林翠、黃碧、張輝、王平、陳勳、黃昭、何錦、高貫、余祖、方勝、許媽、黃瑞郎、唐恭、張賓、傅春、劉宗趙、鄭玉勳、及鄭芝龍共二十八人，[44]多漳泉二地人。思齊等有大志，非等閒寇盜。觀其在日本之舉動，蓋類乎梁道明、陳祖義、施進卿輩之於南洋。而其首闢臺灣，實為後此鄭芝龍父子經營臺灣之張本。

時海上諸盜，分為十寨，寨各有主，頗能合作。彼等出掠洋船，是曰「放洋」。蓋每放一洋，預定歸一寨，不論多寡均予之。[45]此十寨是否為思齊同黨二十八人所分項，抑尚有他盜，考之正史雜餘均未言及。同年七月，思齊死，芝龍繼統其眾。《明史紀事本末》卷七十六〈鄭芝龍受撫〉云：

（上畧）芝龍與弟芝虎流入海島顏振泉黨中為盜。後振泉死，眾盜無所統，欲推擇一人為長，不能定。因共禱於天，貯米一斛，以劍插米中，使各當劍拜，拜而劍躍動者，天所授也。次至芝龍，再拜，劍躍出於地，眾咸異之，推為魁。[46]

按顏振泉即顏思齊，振泉其字也。[47]

時海上寇盜蜂起，孫承澤《春明夢餘錄》引何楷〈疏〉云：

自袁進、李忠發難，而後寇禍相繼者，二十餘年。（中畧）進忠之後，有楊祿、楊策；祿、策之後，又有芝龍；芝龍之後，有李芝奇，芝奇之後，有鍾斌；而斌之後，又有劉香也。[48]

按李芝奇當為李魁奇之誤。所謂相繼二十餘年者，自天啟末至崇禎中也。諸盜活動約為同時。今按《重纂福建通志》及陳衍《福建通紀》二書分記諸盜時間於下：

鄭芝龍：自天啟六年三寇漳浦至崇禎六年九月受撫。

（天啟）六年三月海寇鄭芝龍犯漳浦縣。[49]

（六年）夏四月，鄭芝龍犯海澄縣。[50]

七年夏六月都督俞咨皐率舟師討鄭芝龍，大敗而返。[51]

七年六月，鄭芝龍等犯福建銅山，中左所等處。[52]

崇禎元年（中畧）二月，海寇鄭芝龍犯廈門，同安知縣曹履泰，海澄知縣劉斯埰合兵擊敗之。[53]

懷宗崇禎元年（中畧）三月，禁漳泉人販海，芝龍掠福建浙江海上。[54]

（元年）九月，海寇鄭芝龍降，詔授防海遊擊。[55]

楊祿、楊策：天啟六年以前開始活動，而敗亡於崇禎三年。

天啟六年夏四月（中畧）初都督俞咨皐請於巡撫朱欽相招撫海寇楊祿、楊策。[56]

（崇禎元年）六月（中畧）降賊楊祿、楊策復叛。（中畧）三年（中畧）六月遊擊鄭芝龍斬楊祿、楊策於金門港，收其眾。[57]

李魁奇：崇禎二年以前開始活動，二年被鄭芝龍擊斬。

（崇禎）二年夏，降寇李魁奇復叛，攻陷金門後浦。（中畧）六月李魁奇寇海澄縣，知縣余應桂遣兵擊敗之。（中畧）秋八月李魁奇寇龍溪縣，把總吳兆燫、張天威擊敗之。鄭芝龍擊敗李魁奇於料邏，斬之。[58]

鐘凌秀：始于崇禎四年，七年為芝龍所擒。

（崇禎）四年春二月，廣東平遠賊鐘凌秀等犯汀洲。秋九月，福建巡撫熊文燦提兵入汀洲，會剿平遠賊。[59]

五年，鄭芝龍追賊至石窟都，鐘凌秀以賊二百受撫。二月，鐘凌秀弟復秀叛（中畧）七年四月，先是鐘凌秀既降復叛，為鄭芝龍所擒。[60]

劉香：始崇禎五年著，八年亦為芝龍所滅。

五年犯海澄、同安、連江諸縣。六年寇長泰縣。八年鄭芝龍討劉香，滅之。[61]

上舉五海盜巨魁，特其大者，於見於曹履泰《靖海紀畧》者，尚有郭芝葵、郭芝蘭、陳盛宇、周三、鐘斌、黃巽冲、葉郁等。諸盜時分時合。常與紅毛番通，一如嘉靖間王直輩之勾引日本人然。且多據臺灣為巢窟。《春明夢餘錄》引何楷〈疏〉云：

賊窟為何，臺灣是也。（中畧）其地廣衍高腴，可比一大縣。（中畧）初，窮民主其處，不過規漁獵之利已耳。其後見內地兵威不及，往往聚而為盜。近則紅夷築城其中，與奸民私相互市，夷盜合為一夥，屹然成大聚落矣。[62]

時漳泉沿海多受寇擾，其中又以漳之海澄，泉之同安蒙禍最劇，而中左所（即今之廈門市，時屬同安縣，設中左所）位漳泉間，幾成海盜之出入門徑，無時無盜。《春明夢餘錄》引王家彥〈疏〉云：

（上畧）中左居漳泉兩府之間，為全省之門戶，繇來為賊所從入之逕。[63]

曹履泰《靖海紀畧》亦云：

而中左片地，尚為犬羊蹂躪之鄉，未知當事者作何安頓？[64]

海澄縣盜亂之頻繁，據葉廷椎《海澄縣志》卷十八，天啟七年一載，鄭芝龍凡七掠海澄，崇禎元年海盜寇澄者亦七回。同安盜患當不下於海澄。《同安縣志》為民國新修，明代事不詳，於寇盜尤畧。而曹履泰《靖海紀畧》云：

> 同安濱海，獨當其衝。自春及夏，海盜橫行，地方之被毒者甚慘。[65]

則二地受害之烈，可以想見。

二縣當寇亂之鋒，頗賴賢明縣令之守禦。海澄縣令如劉斯崍余應桂，同安縣令如曹履泰熊汝霖，均廉能安民，武能備寇。葉廷椎等纂《海澄縣志》卷六名宦傳：

> 劉斯崍，字大容，江西南昌人，萬曆丙辰進士。天啟二年由零陵調澄。（中畧）待下以禮而方於事，權豪屏跡。學宮、港口二城且就圮，斯崍悉令易以石。（中畧）未幾寇逼近郊，斯崍靜鎮之，寇亦捨去。由二城與縣城相為犄角，民得入保云。築陴水滸，置銃待敵。後來銃城之制實仿之。[66]
>
> 余應桂，字二幾，江西都昌人，萬曆己未進士。初令龍巖，崇禎元年，以彊幹調。念澄所患者海寇，設銃城於港口之大泥。正當海門，又築溪尾銃城。對中港據水上流，而於中築關聯絡之，號曰中權關。沿溪砌石為腰城，長二百餘丈，置銃孔焉；賊嘗入犯，發銃擊之，十餘艘皆沒，自是賊不敢窺城下。[67]

應桂《明史》有傳。其中曹履泰尤以幹練著稱，吳錫璜纂《同安縣志》卷三十五〈人物錄〉：

> 曹履泰，號方城，海鹽人，天啟乙丑進士，任邑令。停征，甘於考拙，以紓飢饉；授兵，緩於登陴，以息負任無情之辭。（中畧）時鄭芝龍劫眾出沒海島中，履泰嚴保甲，練鄉勇，喻民以自衛。有暴子弟從賊者，按寔立置之法。招撫議起，未幾鄭芝龍受撫，同黨李魁奇挾鐘斌以叛，履泰乃陰攜其黨，不數日魁奇就擒攜，斌投水死。上官倚履泰為重。[68]

> 熊汝霖，字夢澤，號雨殷，餘姚人，崇禎辛未進士，任知縣。才高識明。（中畧）浯洲、嘉禾、烈嶼諸島及高浦、鼎美，去縣遙遠，值紅夷、劉寇交警，陵風冒刃，率鄉勇突擊之，各遠遁屏跡。[69]

汝霖《明史》有傳。由上所引，四人禦海情形大畧可知。且海澄與同安禦寇方法各有不同。海澄重築銃城，而同安重練鄉勇，由四人傳可以概見。據葉廷椎纂《海澄縣志》卷二〈規制篇〉載，除縣城外，尚有：大泥銃城，鎮海衛城，圭嶼城，錢嶼銃城，木嶼銃城。諸城有複層，置砲孔，故曰銃城。諸城於防禦上每奏奇效，故海澄在嘉靖間倭寇一至，輒遭殘破；至是，海盜來犯，以捍衛有方，常挫敗之。

同安縣則嚴保甲，練鄉勇，而不事築城置銃。《靖海紀畧》卷四〈團練鄉兵條約〉曰：

> （上畧）照得叛寇流突，沿海地方最宜戒嚴。本縣遵奉上司號令，團會鄉兵捍禦，業已一呼立應。據各鄉都會保團練，殺賊頗有成效。（下畧）[70]

同書尚載有訓練、造冊、給養、行賞之文例，法甚嚴密，終使同安免於寇盜之蹂躪。

雖海寇非消極之防禦所可了事。當時，女真崛起，明廷專務北方，故征剿已感無力，僅招撫一法可行。但海盜夥多，盡撫殆不可能，而芝龍勢最大，如能撫之，便可用以制盜也。惟楊祿、楊策、李魁奇、鍾斌與芝龍曾先後受撫，旋復叛去。芝龍先降於泉州巡撫海道蔡善繼。谷應泰《明史紀事本末》卷七十六云：

> （芝龍）縱橫海上，官兵莫能抗，始議招撫。以蔡善繼嘗有恩於芝龍，因量移泉州道，以書招之。芝龍感恩為約降。及善繼受降之日，坐戟門，令芝龍兄弟囚首自縛請命。芝龍素德善繼，屈意下之；而芝虎一軍皆譁，竟叛去。[71]

崇禎元年九月又降於巡撫熊文燦，邵廷寀《東南紀事》卷十一〈鄭芝龍傳〉云：

崇禎元年九月，（芝龍）因巡撫熊文燦請降。時方徵天下兵聚遼東，不能討芝龍，用撫羈縻之。[72]

芝龍降，朝廷責其報效，《明史紀事本末》卷七十六云：

工科給事顏繼祖言：「芝龍既降，當責其報效。」從之。[73]

芝龍降後，先後滅楊祿、楊策、李魁奇、鍾斌、鐘凌秀諸夥，均見前引《重纂福建通志》，最後又滅劉香，乃獨有南海之利。邵廷寀《東南紀事》卷十一〈鄭芝龍傳〉云：

流寇起，中原多事，而劉香、李魁奇等弄兵橫海外，芝龍始皆與深好，既假朝命討之，俱授首。芝龍兵善盛，獨有南海之利。[74]

自是因芝龍兵獨盛，海上再無劇盜。然芝龍仍不脫海盜習氣，跳盪海上如故也。

肆、鄭芝龍擁立唐王與鄭成功抗清

芝龍少即不羈，稍長，浪跡海上，終乃為盜。吳偉業《鹿樵紀聞》卷中云：

芝龍字飛黃，泉州南安縣石井人。其父紹祖為府吏。府之後有荔支樹，飛黃幼時，嘗與弟自牆外以石子打荔支，誤中太守。太守擒治之，見其姿容秀異，笑曰：「法當封侯。」即釋去。既長，益嫵媚，音律樗蒲，靡不精好。因烝後母，為父所逐，為巨商攜往海外。[75]

按太守即蔡善繼也。《明季北畧》述芝龍往日本後之浪漫生活云：

> 初至日本，各商有發貨置貨之煩，飛黃獨無其事，日就島主宴飲歌舞。時島主家有文君，悅之，即國姓鄭成功之母也。贅入為日本人婿。來艘又返，且未歸，生一子，國姓也。再一年，前艘與客又至，乃隻身附歸，至中途為海盜所劫，飛黃亦隨船貨作千金分與主寨之賊，賊嬖之。[76]

後縱橫海上，繼顏思齊統其眾。迨受撫滅劉香、李魁奇後，乃擁舟師，賁緣得總兵名號，專南海之利。惟其行徑猶不失海盜故智。張懋建《長泰縣志》卷十二云：

> 天啟六年丙寅，鄭芝龍起海上，船泊金廈二島，樹旗招兵，自號一寬。旬月之間，從者數千。派沿海居民助餉，有千金者派一百，有萬金者派一千，謂之「報水」。不從者，全家俘掠。下令不焚屋，不擄婦女牛畜，故不大擾民。年餘，聚眾數萬。事聞，降詔招撫，授芝龍參將，稍遷總兵。以是盤踞海濱，上至臺溫吳淞，下至湖廣，近海州郡皆報水如故，而勢燄愈大矣。[77]

芝龍除報水掠奪，且自收船稅。（闕名）《隆武遺事》云：

> 芝龍在海為盜，凡海盜皆其故盟，或其門下。自就撫後，海舟非鄭氏旗號不能往來。每舟例入三千金，歲以千萬計，富擬於國。[78]

臺灣亦為芝龍號令所及之地，且招集閩省飢民，使墾闢臺灣，而收其賦。吳偉業《鹿樵紀聞》云：

> 崇禎中，閩地大旱，芝龍招集流民，傾家資市耕牛粟麥分給之，載往臺灣，令墾闢荒土，而收其賦。鄭氏以此富強。[79]

芝龍既致富敵國，乃自築安平城于泉州西南六十里（按安平即今晉江縣之安海），且置私軍。《隆武遺事》云：

> 自築城安平，海梢直逼臥內，可逕達海。守城兵餉皆自給，不取官府，旗幟鮮明，戈甲堅利。[80]

更藉金寶交通權貴，百計營求。陸圻《纖言》下〈鄭芝龍傳〉云：

> 芝龍降後，授總兵，且以海利致富敵國，交通諸貴人間，浸以大顯。[81]

《明季北略》亦云：

> 後至崇禎末年，百計營求，欲得福閩全有正總兵，齎銀十萬至京師，大小司馬手長膽怯，不報也。至十七年，此銀為流賊所得。[82]

芝龍更招集八閩不逞，勢盡歸之。[83]甲申六月劉宗周論時事，至有令芝龍以舟師北伐之主張，計六奇《明季南略》有載：

> 亟起閩帥鄭芝龍，以海師直擣燕都，令九邊督鎮，卷甲銜權，出其不意，事或可幾。[84]

則廷臣對芝龍實力之重視可見。

芝龍一門喧赫，有弟三人，曰芝虎、鴻逵、芝豹。芝虎勇，前與劉香搏戰死。而鴻逵亦積勞得總兵。至甲申禍作，芝龍以鴻逵擁立唐王，遂總朝政。查繼佐《罪惟錄·鄭成功傳》：

> 甲申國變，福王立南京，鴻逵協力上流，禦平南左良玉有功，還屯鎮江。北師下，潰歸，以唐王入閩。即往封芝龍平鹵侯，鴻逵定鹵侯，從子彩為永勝伯。而以封疆事委三鄭。[85]

時文武濟濟，然兵餉戰守機宜，俱芝龍為政。

芝龍為政，肥己抑人。藉公事為名，重徵錢糧，勒派販餉，而沒為己有。《隆武遺事》云：

> 閩餉不足，芝龍遣給事中梁應奇入粵督餉。（中畧）芝龍又命撫按以下皆捐俸助餉。官助之外，有紳助，紳助之外有大戶助。又借徵次年錢糧。又括府庫積年存錢未解者，釐毫皆解。[86]

然餉糧未用之兵，故兵疲憊不可用。《明季南畧》云：

> 鄭芝龍所招關兵，不過疲癃數百人耳。[87]

芝龍徵派不足，又鬻官爵。倡優廝隸，藉以擾亂。《明季南畧》云：

> 不足又鬻官爵，部司銀五百兩，後減三百兩，武劄僅數十兩，或銀數兩而已。倡優廝隸，盡列衣冠。無俸，無銜門，空銜而已。其黠者倩軒蓋，僱僕役，拜謁官府，鞭撻里鄰。[88]

芝龍壓抑文臣，《明季南畧》云：

> 何楷與芝龍爭朝班，不合乞歸，中途盜截其耳。（中畧）兵部給事中劉中藻亦以忤鄭氏去。[89]

遂使有志之士紛然而退，而「舉朝如夢如醉，不特識者而知其敗矣。」[90] 唐王聿鍵，本英武有為，以受制芝龍，遂拱手聽之，一籌莫展。順治三年，清師下浙江，芝龍密使與清通款，盡撤仙霞關守兵。唐王狼狽逃，被執於汀洲。《東南紀事》卷十一〈鄭芝龍傳〉云：

> 丙戌七月，王師下浙江，芝龍密遣使請降，盡撤守關兵。師度仙霞，芝龍棄唐王，保安平，唐王陷於汀洲。九月，師入泉州，芝龍恃撤兵功，竟得厚賞；復猶豫慮以立王為罪，乃自安平引兵逃入海。貝勒令芝龍所親持書招之，略曰：「所以重將軍者，為能立唐藩也。若不輔立，吾何用將官哉？人臣事主，苟有可為，必竭其力；力盡不勝天，則投明而事，乘時建功，此豪傑事。今兩粵未平，令鑄閩廣總督印以待，吾欲見將軍者，欲閱地方人才故也。」[91]

芝龍之降，以戀閩故。蓋芝龍二十餘年之掠奪，田產已遍閩粵矣。《隆武遺事》云：

芝龍田園徧閩廣，秉政以來，增置莊倉五百餘所，駑馬戀棧，遂進降表。[92]

至是聞貝勒博洛閩廣總督之印乃欣然迎降。時子弟朋僚均苦諫，以為不可。《隆武遺事》云：

芝龍得書大悅，其子弟勸芝龍入海，曰魚不可脫於淵，不願降。[93]

《東南紀事》亦云：

成功力諫不聽。安昌王恭櫓，吏部尚書張肯堂，侍郎朱永佑，忠威伯賀君堯，武康將軍顧乃德，具言不可；平海將軍周崔芝泣訴芝龍曰：「誠惜明公二十年威望，一朝墮地。」[94]

芝龍不顧。降後不久，即貝勒博洛挾持北上。芝龍去，益堅鄭成功及其部屬抗清之心。《東南紀事》云：

貝勒接芝龍，大飲三日，極歡；忽夜半拔營，挾以北去。芝龍哀請子弟不肖，在海上恐為患。貝勒曰：「此與爾無與，亦非吾所慮也。」（中畧）而成功遂進兵鼓浪嶼，鄭彩亦扼廈門，鴻逵會攻泉州，閩海震動。[95]

從此成功招集海上勢力，抗清沿海，曾一度進抵南京城下，旋復敗歸。順治十七年成功佔臺灣，歷三世至孫克塽始降清，時康熙二十二年矣。其恃以抗清之主力則為芝龍舊部，即昔日縱橫閩粵海上之漳泉健兒。同時與鄭成功遙相呼應者，有孫可望、李定國、白文選之援護桂王鏖兵湘粵。可望等本流賊李自成部，至是亦一變而為抗清義旅。可望旋降清，有如芝龍，惟定國、文選則轉戰滇緬，文選後被執，而定國則力竭身殉，其忠貞寔足以媲美成功。海盜流賊，東西輝映，足使平時空談誤國，臨難靦顏事仇之士大夫愧怍無地矣。

（本文為黃典權教授之國立廈門大學畢業論文，一九四七年六月）

1. 胡宗憲，《籌海圖編》（明嘉靖四十一年本）卷十一，葉二。
2. 俞大猷，《正氣堂集》（味古書室本）卷二〈呈福建軍門秋厓朱公揭〉，葉七。
3. 《籌海圖編》卷十一，葉三。
4. 顧亭林，《天下郡國利病書》（商務《四部叢刊》本）第十六冊，葉一二五。
5. 魏敬中，《重纂福建通志》卷二六七〈明外紀〉，葉二七。
6. 張庭玉等奉敕，《明史》（開明《二十五史》本）卷二一二〈俞大猷傳〉。
7. 《重纂福建通志》卷二六七〈明外紀〉，葉三二。
8. 《正氣堂集》卷十五〈與南贛軍門堯山吳公書〉七首，其六〈論山寇多宜撫剿並用〉，葉十二。
9. 《正氣堂集》卷十五〈與南贛軍門堯山吳公書〉七首，其三〈宜緩諸巢而急征倭〉，葉十。
10. 《正氣堂集》卷二〈呈福建軍門秋厓朱公〉云：「漳，詔安縣之梅嶺也。此村有林、田、傅三大姓，共一千餘家。男不耕作，而食必粱肉；女不蠶桑，而衣皆錦綺，莫非通番、接濟、為盜、行劫中得之。」
11. 《重纂福建通志》卷二六七〈明外紀〉，葉三二。
12. 《明史》卷二一二〈俞大猷傳〉。
13. 《重纂福建通志》卷二六七〈明外紀〉，葉三三。
14. 《重纂福建通志》卷二六七〈明外紀〉，葉三四。
15. 《明史》卷二一二〈俞大猷傳〉。
16. 《天下郡國利病書》第十六冊，葉一二六，引《詔安縣志》。
17. 《天下郡國利病書》第十六冊，葉一二四，引《詔安縣志》。
18. 俞大猷，《洗海近事》（味古書室本）卷上〈呈總督軍門張條議三事〉，葉一。
19. 《明史》卷二一二〈俞大猷傳〉。

20. 《洗海近事》卷上〈呈總督軍門張條議三事〉，葉一。
21. 《洗海近事》卷上〈呈總督軍門張揭帖〉，葉二六。
22. 《天下郡國利病書》第十六冊，葉一二二，引《詔安縣志》。
23. 《重纂福建通志》卷二六七〈明外紀〉，葉三五。
24. 《明史》卷二一二〈李錫傳〉。
25. 《洗海近事》卷下〈書與廣東巡撫熊及監軍道江潮州道楊〉，葉六七。
26. 《重纂福建通志》卷二六七〈明外紀〉，葉三五。
27. 《明史》卷二二二〈凌雲翼傳〉。
28. 林鳳攻呂宋事，詳見張維華，〈明季西班牙在呂宋與中國之關係〉，《禹貢半月刊》第六卷第八、九合期，民國二十六年一月一日。
29. 《明史》卷三二三〈外國傳．四．雞寧山〉云：「嘉靖末，倭寇擾閩，大將戚繼光敗之，倭遁居於此，其黨林道乾從之。已道乾懼並所併，又懼官軍追擊，揚帆直抵浡泥，攘其邊地以居，號道乾港。」按道乾實于隆萬間活動沿海，見《洗海近事》、《正氣堂續集》。吳平敗後或曾竄居雞籠，而後再活動沿海，最後遁浡泥建道乾港應為萬曆初事，《明史》將其事繫於嘉靖末年倭敗之後，當誤。
30. 俞大猷，《正氣堂續集》卷一〈與凌洋山書〉，葉二七。
31. 《明史》卷二一二〈張元勳傳〉。
32. 《正氣堂續集》卷一〈奉殷克齋書〉，葉六。
33. 梁本豪亂事詳見《明史》卷二一二〈李錫傳附尹鳳傳〉。
34. 《明史》卷二二二〈張居正傳〉。
35. 《明史》卷二二二〈張居正傳〉。

36. 《明史》卷二二〈張居正傳〉。
37. 《天下郡國利病書》第十六冊，葉三三引。
38. 《明史》卷二一〈神宗本紀〉二讚。
39. 趙翼，《二十二史劄記》（世界書局民國二十五年本）卷三五〈萬曆中鑛稅之害〉，頁500。
40. 《重纂福建通志》卷二百六十七〈明外紀〉，葉三七。
41. 《重纂福建通志》卷二百六十七〈明外紀〉，葉三七，及《漳州府志》卷四十七。
42. 《天下郡國利病書》第十六冊，葉三十三引。
43. 《重纂福建通志》卷二六七〈明外紀〉，葉三八。
44. 張鑄六譯，日本丸山正彥著，《鄭成功》（東京四素寄廬本）第三章，頁5。
45. 計六奇，《明季北畧》（商務「萬有文庫」本），頁14。〈鄭芝龍小傳〉云：「海盜有十寨，寨各有主。停一年，飛黃（按即芝龍）之主有疾，疾且痼，九州為之宰牲療祭。飛黃乃泣求其主：『明日祭後，必會飲，乞眾為我放一洋。獲之有無多寡，皆我之命。煩緩頰懇之。』主如言，眾各欣然，劫四艘，貨物皆自暹邏來者，每艘約二十餘萬，九主重信義，盡畀飛黃」云云。可知時海上有十寨及放洋之事。
46. 谷應泰，《明史紀事本末》（光緒戊戌湖南思賢書局校刊本）卷七十六〈鄭芝龍受撫〉，葉一。
47. 丸山正彥，《鄭成功》。
48. 孫承澤，《春明夢餘錄》（古香齋袖珍本）卷四十二，葉二八引。
49. 《重纂福建通志》卷二六七〈明外紀〉，葉三八。
50. 《重纂福建通志》卷二六七〈明外紀〉，葉三九。
51. 《重纂福建通志》卷二六七〈明外紀〉，葉三九。
52. 陳衍等纂，《福建通紀》（民國十一年福州刻本）〈明・三〉，葉四。

53. 《重纂福建通志》卷二六七〈明外紀〉，葉四。
54. 《福建通紀》〈明．三〉，葉五引《明史紀事本末》。
55. 《重纂福建通志》卷二六七〈明外紀〉，葉四。
56. 《重纂福建通志》卷二六七〈明外紀〉，葉三九。
57. 《重纂福建通志》卷二六七〈明外紀〉，葉四一。
58. 《重纂福建通志》卷二六七〈明外紀〉，葉四一。
59. 《重纂福建通志》卷二六七〈明外紀〉，葉四二。
60. 陳衍等纂，《福建通紀》〈明．三〉，葉七。
61. 《重纂福建通志卷》二六七〈明外紀〉，葉四二至四三。
62. 《春明夢餘錄》卷四二，葉二八引。
63. 《春明夢餘錄》卷四二，葉三一引。
64. 曹履泰，《靖海紀畧》（商務《叢書集成》本）卷二〈與顏同蘭〉，頁2。
65. 《靖海紀畧》卷一〈上周衷元按臺〉，頁1。
66. 葉廷椎等纂修，《海澄縣志》（乾隆二十七年鐫本）卷六〈名宦傳〉，葉三三。
67. 《海澄縣志》卷六〈名宦傳〉，葉三三。
68. 吳錫璜等纂，《同安縣志》（民國十八年商務刊本）卷三五〈人物錄．循吏〉。
69. 《同安縣志》卷三五〈人物錄．循吏〉。
70. 《靖海紀畧》卷四〈團練鄉兵條約〉，頁51。
71. 《明史紀事本末》卷七六〈鄭芝龍受撫〉，葉一。
72. 邵廷寀，《東南紀事》（神州國光社《中國內亂外禍歷史叢書》本）卷十一〈鄭芝龍傳〉，頁282。

73. 《明史紀事本末》卷七六〈鄭芝龍受撫〉，葉二一。
74. 《東南紀事》卷十一〈鄭芝龍傳〉，頁282。
75. 吳偉業，《鹿樵紀聞》（辛亥商務鉛印線裝本）卷中，葉二一。
76. 《明季北畧》卷十一〈鄭芝龍小傳〉，頁2。
77. 張懋建，《長泰縣志》（民國二十一年十月發行本）卷十二，葉十五。
78. （闕名）《隆武遺事》（辛亥商務印本），葉二。
79. 《鹿樵紀聞》卷中，葉闕。
80. 《隆武遺事》，葉二。
81. 陸圻，《纖言》（《古書叢刊》本）下，葉九。
82. 《明季北畧》卷十一〈鄭芝龍小傳〉，頁2。
83. 《東南紀事》卷十一〈鄭芝龍傳〉，頁282。
84. 計六奇，《明季南畧》（商務萬有文庫本），頁59。
85. 查繼佐，《罪惟錄》（《四部叢刊》本）卷九下〈鄭成功傳〉，葉四八。
86. 《隆武遺事》，葉五。
87. 《明季南畧》，葉二四四。
88. 《明季南畧》，葉二四二。
89. 《明季南畧》，葉二四四。
90. 《明季南畧》，葉二四六。
91. 《東南紀事》卷十一，頁284。
92. 《隆武遺事》，葉十。

93. 《隆武遺事》，葉十。
94. 《東南紀事》卷十一，頁282。
95. 《東南紀事》卷十一，頁282。

<2>

鹿耳門古港道里綜考

鹿耳門古港道里綜考

中華民國五十年八月，由筆者主筆，與南市先進許丙丁、顏興、王鵬程、高崇煦、賴建銘諸先生，合作「鹿耳門古港道里方位考」，歲月不居，荏苒距今二十有四年。回念前塵，不勝感懷！這中間顏、王、許三先生先後謝世，每念哀生！幸崇煦、建銘二先生時能晤言切磋。這中間一則由海內學人不斷探研，撥雲開霧的新見解增加很多；再則臺灣銀行經濟研究室的「臺灣文獻叢刊」增刊了將近兩百種。我們所受的啟示，所得的新材真是與時俱進，而且愈近愈富。堪以自慰的是我們的前考雖需略作修正，但結論大體尚還不差。綜合同仁等「方位考」發表後的一些補證文章，[1]進而參考更多的文獻，融彙為一，草成此文。

壹、鄭成功著績鹿耳門時的古港里程與方位

「大明招討大將軍延平王國姓」成功，[2]也即通稱的鄭成功，捨澎湖外，他在臺灣著陸的始著區域是鹿耳門。有關史料中，首推身與復臺壯舉的成功隨員戶官楊英所著的《從征實錄》最重要。《實錄》

說：

（永曆十五年）四月初一日黎明，藩（鄭成功）「坐駕船」即至臺灣外沙線，各船魚貫絡繹亦至。辰時天亮，即到「鹿耳門線外」。本藩隨下小哨，繇「鹿耳門」先登岸，踏勘營地。午後大䑸船齊進鹿耳門。先時，此港頗淺，大船俱無出入。是日水漲數尺，我船極大者，亦無□□，[3]（亦天）意默助也。是晚，我舟齊到，泊禾寮港，登岸札營近街，坊梨□□□。（令宣毅）前鎮（陳澤）督虎衛將坐銃船札「鹿耳門」，（牽制）水師甲板，并防北線尾。[4]

這裏面，鄭成功「先登岸踏勘營地」的「鹿耳門」指的是鹿耳門港（水）道南瀨的陸地；而「大䑸船齊進」的是鹿耳門港道的水域。因之紀念鄭成功的理想的鹿耳門地區應該選定在古鹿耳門港道的南邊沿岸。

除了《從征實錄》，其他如阮旻錫《海上見聞錄》、夏琳《海紀輯要》、江日昇《臺灣外記》，以及臺灣府縣各志，風土雜記，凡與臺灣全島、全府或全省的全盤史事概述，或多或少都會提到鄭成功進軍鹿耳門的史事，他首次著績於此，是絕無可疑的。中文文獻如此，外國文獻亦然，茲但舉最重要的C. E. S.《被遺誤之臺灣》（*Verwaarlossde Formosa*）所記如下：

貿易風已經過去，他就利用機會在一六六一年四月三十一日拂曉[5]來到臺灣的海邊的可以望見Zeelandia城之處，帶著幾百隻戰艦，滿載著二五〇〇名兵士。他的兵士，都很勇敢，且因久與滿清人戰爭而富於經驗。國姓爺的副司令官也是一個Tartar人，叫做Bepontok[6]，是個老練的將官，他突然帶了艦隊進入Lakjemuyse（鹿耳門）水道中，在距Zeelandia城約二哩[7]

的北部的諸島之間。這條水道足可容二〇隻木船並列地開進去。然後他把他的艦隊分佈在Tayouan[8]和臺灣本島之間的海灣中，使他的軍隊全部登陸。[9]

這充分說明成功的艦隊全師悉由鹿耳門港駛進臺江。今天憑弔烈蹟，訪問古墟，無疑古鹿耳門港道是個最好境界。考證古代地理，古地圖無疑是上乘的資料。二十多年來，賴曹永和先生對荷蘭古圖的闡釋，林朝棨先生由地形變遷所作的探討，為我們立證祛疑，打開了重要的困惑。於是本如天書也似的荷蘭古圖，乃能如按手冊。下舉各圖，對鹿耳門古港的考定最有幫助：

一、「一六二九年 Jan Garbrantsz Block（簡譯勃洛克）所測繪大員圖」（以下簡稱「一六二九大員圖」），根據曹永和先生在民國五十一年六月出版的《臺北文獻》第一期所發表的大著「歐洲古地圖上之臺灣」一文，可詳悉此圖的內容。

本圖是一六二九年九月十三日在「大員溝」內的「Jacht 船 Texel 號」上測畫的海圖。圖上的一些有關標幟是考證鹿耳門古港的好資料，值得註記：

（1）圖上A字是 Zeelandia 熱蘭遮城的標幟。

（2）圖上B字是堡壘（de ronduijt）代號，即指「海堡」（Zeeburgh）而言。

（3）圖上C字代表 Proventie 市，即赤嵌街，殆指今臺南市民權路永福路交叉一帶的地方。

（4）圖上四個G字指 het eijlandt Papombaij 北線尾島，其中西北端的那一個G字，殆係表示鹿耳門村。

（5）圖上D代表「水溝或入口」het gadt ofte jncomen，也即北線尾島南端的港口，即今臺南市

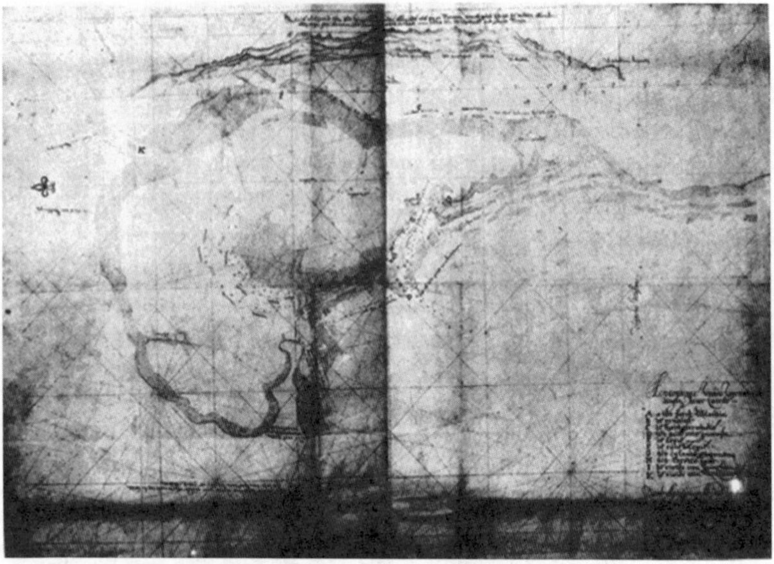

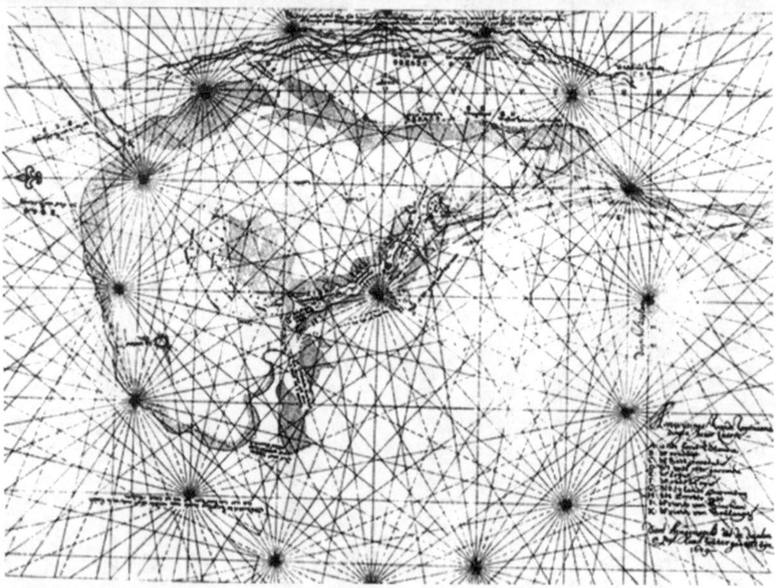

上／「一六二九年 Jan Garbrantsz Block 所測繪大員圖」（曹永和先生「歐洲古地圖上之臺灣」一文所附圖版 41）。

下／曹永和先生「中譯一六二九年 Jan Garbrantsz Block 所測繪大員圖」（出處同上）。

四草里。

（6）圖上H代表「北方的水溝」het Noorder gadt，也即鹿門港或鹿耳門水道。

（7）圖上I指新港溪 de rivier van Sinckan[10]

（8）圖上K指蕭壠溪，相當於今之曾文溪。

本圖的比例尺為 duijsche mijlen 荷蘭浬（海里）[11]註記在該圖的下方。一個荷蘭浬等於七四〇七・四一公尺。十五個荷蘭浬等於一個緯度。

本圖除比例尺外，還有經緯度。曹氏大作說該圖「上面的地形圖和下面的海圖之間，繪一橫直線，以點分劃相等距離的線段，並附有數字，最南端數字是50.其次是51.，52.，53.，54.……58.，59.，23.，1.，2.，3.，4.……10.，11.。……與現時的地圖……有約二分的偏差。」這偏差並不影響緯度的長短；換言之，此圖等於具備雙重的比例尺，標準一致而明確。

從這幅繪成在鄭成功復臺前三十二年的古地圖上，根據其比例尺可量出下列史蹟間的距離：

（一）Provintie 市——赤嵌街（今日赤嵌樓位置附近作基點）距 Zeelandia 熱蘭遮城，量計曹先生大作所附原圖影照的比例距離為〇・五六二荷蘭浬，換算公制得四・三六公里。

（二）de ronduijt——海堡距 Zeelandia 熱蘭遮城量得比例距離為〇・五荷蘭浬，換算公制得三・七公里。

（三）het Noorder gadt「北方的水溝」，即鹿耳門港的外（西）口距 Zeelandia 熱蘭遮城量得比例距離為一・二七五荷蘭浬，換算公制得九・五公里。

（四）het Noorder gadt 鹿耳門港的內（東）口距 Zeelandia 熱蘭遮城量得比例距離為一．一七五荷蘭浬，換算公制得八．七公里。

（五）以正北為零度，量計鹿耳門內外口的方向，其位置在熱蘭遮城北北西三十一至四十一度間。

拿上面計量的結果勘對今日的實測，今日赤嵌樓距安平古堡為四．三五公里，圖面量度雖說略多，但僅僅十公尺之出入，堪說非常接近，換句話說，這一六二九大員圖是經得起考驗的，它的準確性沒有問題。因之西元一六二九年古鹿耳門港在今安平古堡北北西的八．七至九．五公里等處。

二、「十七世紀 Zeelandia 市等地之海圖」，製作年代約在一六四〇—五〇年間。圖上一些標幟值得提起的有：

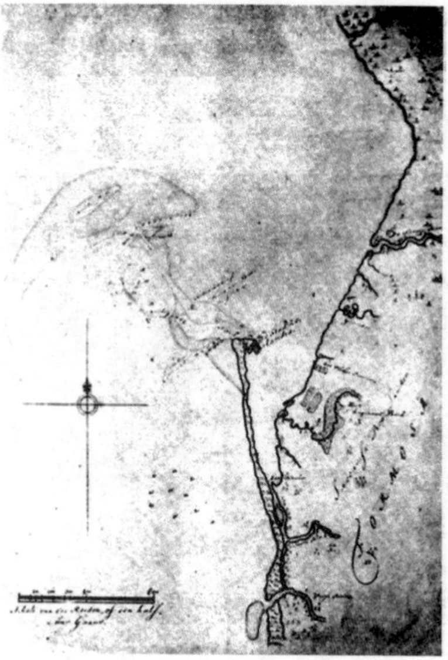

上／「十七世紀 Zeelandia 市等地之海圖」（曹永和先生「歐洲古地圖上之臺灣」一文所附圖版）。

下／曹永和先生「中譯十七世紀 Zeelandia 市等地之海圖」（出處同上）。

（一）'t Fort（城堡，即 Zeelandia 城）和 De Stad Zeelandia（熱蘭遮街，即楊英《從征實錄》所說的「臺灣街」）。

（二）t' Noorder Canaal 北方水道（在今四草）和 't Suider Canaal 南方水道（入安平大港之口）。

（三）Reduit Zeeburgh 方形海堡和 Plaat van Bassemboy（北線島）。

（四）Lacjemoie 鹿耳門（村）和 't gat van Lacjemoie 鹿耳門港（溝）。

（五）Verse Rivier 淡水溪（二層行溪本流）[12]和 Soute Riv 塩溪（即今三爺官溪）。[13]

（六）'t Hagenaars Bosh 哈赫拿爾——海牙森林，[14]今大林（大同路南北）一帶。

（七）het vleckje Provintie，普魯岷希亞（赤嵌）村。在今民權、永福兩路交會之大井頭一帶。

（八）Groendal 綠谷，即今開元寺附近的石頭坑（溪）。

（九）De Sincans Riv 新港溪。

此圖沒標出經緯度，卻有比例尺，原文是 Schale van 800 Roeden of een half uur gaans 意即八百 Roeden 或半小時行程的比例尺。這比例尺數十年來給筆者無窮困擾。根據圖表所示，Zeelandia 跟 Proventie 附近海邊四公里多的實際距離，以勘證這比例尺，一個 Roede 非等於十公尺不可。但不少臺灣研究的朋友卻認定當那十七世紀初，一個 Roede 絕不能等於十公尺，十公尺的比例標準要等法國大革命後才確立；證以比例另句說明是「半小時行程」，八百 Roeden 要是等於八千公尺半小時走得到，那非長跑健將不可，那麼這個比例是有問題的。但是很令人困惑的是，根據臺灣省文獻委員會函詢荷蘭學術機構和學者的結果，在十七世紀初 Roede 與公尺的比例有七種不同的標準，最長的是一比五．七四的標準。據此比例計量，赤嵌海邊，即今赤嵌樓一帶距安平古堡才兩千公尺，較諸臺南空軍醫院舊址（今為臺南市警察局交通隊）跟安平古堡的實際距離還要短。為此地學權威如林朝棨先生就只好不加採用而另找標準。[15]後來筆者讀到日本中村孝志先生的〈荷領時代臺灣南部之鯔魚漁業〉一文引自《大員商館日誌》指「Tancoya（打狗仔，即今高雄市）與猿山（Apen Berch）之間，有狹的水路」指的是今日高雄的港口，「不超過十五 Roeden」，又說「高約三十 Roeden 的猿山的北端，其頂上有縱十三 Roeden、橫五 Roeden 的平地……」。這裏跟 Roeden 發生關係有山有水，山即壽山，港即高雄港口，參考臺灣省文獻委員會刊行「臺灣叢書第七種」的陳正祥先生所編的《臺灣地名手冊》，其「高雄港」一條說：「港口極狹僅約一五〇公尺」，另云：「壽山之最高

「鄭成功登陸臺南時之地形與目前臺南市地形比較圖」（臺灣省政府建設廳公共工程局製）。

點為三六二公尺」。這「一五〇公尺」和「三六二公尺」跟《大員日誌》的「十五和三十 Roeden」簡直是若合符節，要是按照省文獻會從荷蘭調查回來的比例去套翻，那高雄港的寬度、壽山的高度都非截短半截不可。何況壽山頂上那「縱十三 Roeden 和橫五 Roeden 的平地」真才只三十幾公尺長，十幾公尺寬，不知如何而與「築城」的思想？所以這些 Roeden 要不都是一與十公尺的比例，就不能夠落實。拿這例證與「十七世紀海圖」比較更可知一個 Roeden 等於十公尺才是當年臺灣一帶荷蘭人每予採用的標準。為此，我曾請教過一位荷蘭友人，他說 Roeden 與公尺成一與十比，當然是荷蘭自古而然的一種標準，所以後日才會被採作統一的標準制度。為此過去以尺度比例過相責督的人士，應該冷靜地接受這些實證的結果。

確定了一個 Roeden 等於十公尺這個比例，那「半小時行程」的界說反而需要加以訂正。經過這一番討論，我們可以放心以這個比例去量計下列史蹟的距離來：

（一）het vleckje Provintie 赤嵌村海邊和 't Fort 熱蘭遮城的距離是四三五 Roeden，換算公制是四三五〇公尺，即四·三五公里。

（二）Reduit Zeeburgh 方形海堡距 't Fort 熱蘭遮城三七〇 Roeden，等於三七〇〇公尺，意即三·七公里。這二城堡在一六二九海圖都已存在，用該圖比例以計量，兩者的距離也一樣是三·七公里。

（三）'t gat van Lacjemoie 鹿耳門港外（西）口距 't Fort 熱蘭遮城為八七〇 Roeden，等於八七〇〇公尺，亦即八·七公里。

（四）'t gat van Lacjemoie 鹿耳門港內（東）口距 't Fort 熱蘭遮城為八三三 Roeden，等於八三三〇公尺，亦即八・三公里。

（五）以正北為零度，量計鹿耳門內外口的方向，其位置在偏西三六至四六度間，換言之即在北北西至西北西間。

三、「一六五二年 Cornelius Plochoy 所繪 Zeelandia 市等地之海圖」。和上題的「十七世紀 Zeelandia 市等地之海圖」可說完全一樣。但註記方式略異，且比例尺僅只畫出一半，即曹永和先生猜想的「四百 Roeden」比例線段，所以「推測」這兩幅「很可能是同一人在同時代所繪的地圖」。為此憑據本圖所讀出的 Zeelandia 與 Lacjemue（拼字與前圖稍異）的距離，與前題相同，可毋需複贅。

四、《被遺誤之臺灣》一書紀錄之探討，是鄭成功復臺時鹿耳門古港何在最直捷了當的解決方法。

前文所引已知「Lacjemus 水道」是「在距 Zeelandia 城約一浬的北部的諸島之間。」這句話臺灣省文獻委員會改譯成「北方島嶼間的鹿耳門水道距離熱蘭遮城約一浬多（Eene groote mijle）」。[16]

這「一浬多」的「mijle」究指多長，嘗困擾筆者長達二十餘年。請教過臺灣省文獻委員會，據該會發函荷蘭調查，所得答覆有二：⑴荷蘭萊典大學徐理和（Z. Zurcher）教授答覆說：「十七世紀一浬（mijle）應等於五・五五五六公里（即五五五五・六公尺）」。⑵荷蘭國立檔案館（Het Algemeen Rijksarchief ['s Gravenhage]）提供資料表示：「西元一七八〇以前的荷蘭國的航行浬為七四〇七・四〇公尺」[17]。

究竟「一浬多」的「浬」在這裏要等於「五五五五・五六公尺」，抑係等於「七四〇七・四〇七公尺」呢？這是首需探討的先決問題。其次那「多」的分寸也該細費斟酌。先談「浬 mijle」字。觀察地

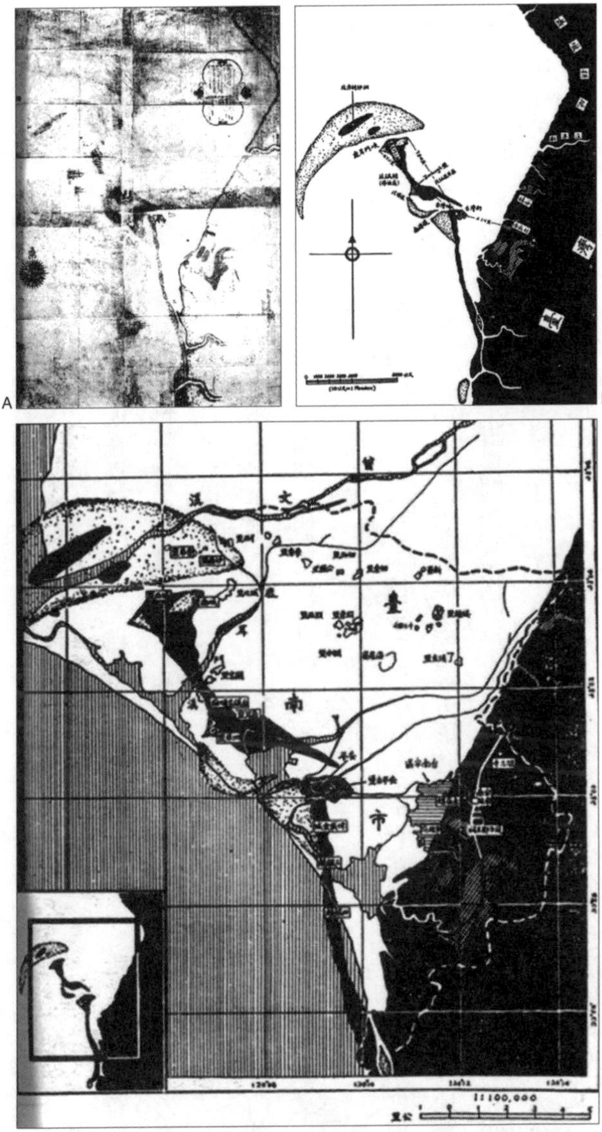

A／「一六五二年 Cornelius Plochoy 所繪 Zeelandia 市等地之海圖」
（曹永和先生「歐洲古地圖上之臺灣」一文所附圖版）。
B／筆者舊作「漢譯十七世紀安平圖」。
C／筆者舊作「十七世紀安平圖和現地圖的疊合圖」。

理景觀，熱蘭遮（安平）與鹿耳門港中隔安平大港的水域，其間海事活動頻繁，所以十七世紀初荷人畫出的這一帶的地圖幾乎一律是海圖（chart），荷蘭檔案館也才叮嚀似地說明這一時際航行「浬」的長度為何。前面所舉「一六二九大員圖」的「duijsche mijle」可說是最明確的實證，認真說來，「mijle」在這裏應該正譯作「浬」字，長度自然要採用七．四公里才會準確。這不僅是理論的問題，更重要的是有著堅強的證據在。因為當年荷人在臺灣的道里計程多數採用 mijle 的制度，所以它不是鹿耳門熱蘭遮城間獨佔專用的量度，其量制比例無疑需適應於絕大多數同一地區同一時代的紀錄；尤其沒有理由說它在甲處是一種比例，而在乙處會是另一樣長度。今天我們如果說臺南市的一公尺等於三市尺，而到高雄市要變成一公尺等於四市尺。豈不等於笑話。根據筆者找出的十七世紀初一些臺灣 mijle 的外文紀錄，除掉鹿耳門的這一條外共計有五，如採一個 mijle 等於五五五五六公尺的比例用作計算的標準，五處的答案都要歸於否定：

（一）Dapper 之《中國遊記》[18]曾說：「Tankoya 距 Tayouan 七哩。」[19] Tankoya「打狗仔」，即今高雄市，Tayoua 為今安平。我們參考張其昀先生主編，國防研究院出版的《中華民國地圖集第一冊臺灣省》一書，就高雄港[20]和安平古堡間作直線計量，得四十五公里。再取古紀錄的「七哩」討論：如按每哩等於五五五五五．五六公尺計量，才得三十八．八九公里，這要比直線的距離還短了六公里，顯然不符實際，而且無法解釋何以差異之故。再按每哩等於七四〇七．〇七公尺計算，得五一．八五公里，較直線距離多六公里多，其差異之故到可以解釋，因為古昔測量勢需分段轉折，自比直線的距離要長出若干。

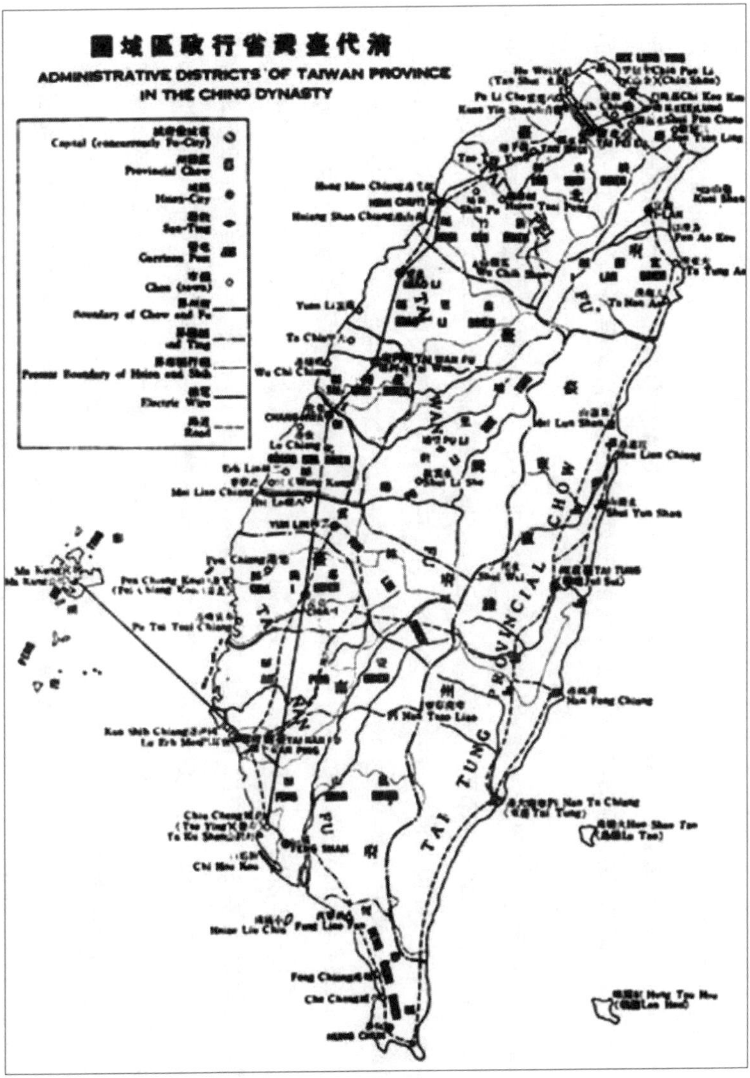

張其昀先生主編、曾 碩等先生編製《中華民國地圖集 第一冊 臺灣省》之「清代臺灣省行政區域圖」。

（二）德國 Ludwig Riess 所著《臺灣島史》（*Geschichte der Insel Formosa*）說鄭成功始登臺灣史事說：「國姓爺…帶了幾百艘木船和二五〇〇〇兵從廈門渡海來臺灣時……這些木船在離 Zelandia 要塞只一德哩（七・四二公里——譯者註）處靠岸，由臺灣的中國人用手推車和工具幫助，每次同時靠岸二〇艘，因此在兩小時之內，已經有幾千兵登陸了。」[21]《臺灣島史》這段紀錄，驟讀時會認為所寫的是鄭成功登陸「赤嵌」禾寮港的史事，細審不然。因為赤嵌距安平只有四千公尺左右，一德哩等於七・四二公里，所指自非其地。細讀上文，有「二〇艘船」的行動單位，和「二小時」的時間計數，再取讀本文開頭所引的 C. E. S.《被遺誤之臺灣》，可知「一德哩」，非等於七・四公里不可。

（三）臺南長老教會的牧師甘為霖（Campbell）著有《Formosa under tne Dutch》一書，在西元一九〇三年（清光緒二十九年）刊行。該書第三部份為「The Chinese Conquest of Formosa」大部份內容譯自 C. E. S.《被遺誤之臺灣》，[22] 其中荷文原本的「Eene groote mijle」，甘氏譯作「a good League」。英文的 League 在十七世紀的歐陸國家所用者多等於七・四公里。甘氏不以跟荷文 mijle 相當的英文 mile 去譯它，竟特採用 League 一字，可證《被遺誤之臺灣》的 mijle 的計量非作七・四公里就不會正確。

（四）日本學者村上直次郎著《熱蘭遮築城史話》[23] 引《萊希蒂連的旅行記》說：「這個島（大員島）的砂丘頂上有我們的城（熱蘭遮城），此地本係砂磧，距離大的福爾摩沙島（臺灣本土，按即今赤嵌樓附近）約有半哩的一島嶼。」[24] 這說明大員島（即安平）與赤嵌的距離有半「哩」。每哩為五五五五、六公尺，那麼半哩祇有二七七七・八公尺，而安平距赤嵌實際在四千公尺左右，足見這樣標準的哩程，大乖實際。換個標準，用一哩等於七四〇七．四〇七公尺計算，半哩等於三七〇三．七公尺。安平東邊海灘在今石門國校附近，那裏距赤嵌正一點不錯是三千七百公尺左右。於是「哩程」在當年那種計量水域的情況下應等於七．四公里，毋容懷疑。

（五）村上直次郎原（日）譯，郭威中譯的《巴達維亞城日記》之「西元一六三四年十一月」有記云：「距臺窩灣（安平）五哩地之 Wanchan（h 為 k 之誤）之水路 Canael 從來水深不過七八呎，……。」[25]所謂 Wankan 即魍港，亦稱蚊港，別名青峰闕，有荷蘭砲壘稱 Vlissingen，後毀另籌建 Wachtuijs（石造哨崗），[26]遺址在今嘉義縣布袋鎮好美里，土名虎尾寮。按據張其昀先生的《臺灣省圖》，好美里距離安平的直線距離是三六．五公里。據上引紀錄，「臺窩灣」—「魍港」間距離為「五哩」，乘以五五五五．六（公尺）倍，得二十七．八公里稍弱，較之前記尚差八．七公里。這比例之不切實際，跟前論 Tankoya 與 Tayouan 之距離情況相似，而刺謬尤有過之。再按以每哩為七．四公里的標準換算，兩地間的距離為三十七公里稍強，比三十六．五公里略多，而非常接近。這個比例的可靠性，於是又加強許多。

（六）《巴達維亞城日記》「西元一六三六年四月」又有記云：「距 Wangkan 北方約計六．七哩處之 Vavoralangh 村居民之和平亦有希望。」[27] Vavoralangh 或作 Favorlang，據日本學者中村孝志先生的「荷領時代之臺灣農業及其獎勵」所解說，約在今彰化縣員林鎮附近。[28]從員林到嘉義的好美里，今日地圖的量距在百公里以上，六、七哩的兩種標準都瞠乎不逮，原記當有所誤，或許是由於譯誤，或許未經實測，所以不能確定，才有六、七之間的「伸縮」。但兩者之遙距，多少仍反映出「哩程」之五五五五・六（公尺）之比例，距實更遠。故這條資料，雖然少具確證的積極意義，但一絲消極的旁證價值不能說沒有。

（七）《巴達維亞城日記》上舉同頁另一段紀錄謂 Girim 在「臺窩灣」（安平）北方二十至二十五哩。[29]假定此 Girim[30]即中文「二林」的荷譯，當在今彰化縣，距安平最近在一百二十至三十公里，最遠在一百四十公里上下，這條紀錄的「哩程」在「七四」、「五五」這兩種比例的中間，而較近於後者。不過這同前條所舉一樣是未經實測的約略哩程，其確證的價值無疑要遜乎前舉各條。

（八）Albrecht Herport 之《臺灣旅行記》中的「臺灣島及 Tejoan 的概況」一節有云：「臺灣島在北緯二十三度，與 Tejoan[31]……離中國大陸二十四哩，離澎湖羣島十二哩（12 Meylen）。」[32]

Tejoan 與大陸間相距的二十四哩，以七・四〇七四〇七（公里）的比例計算，得一七七・七七七七六八公里；如以五・五五五六（公里）作標準計算得一三三・三三四四公里諸實際，以前者的標準計量出來的數字較近實際。[33]

再看，澎湖馬公附近與安平的距離（起訖點的論判請參下條）為十二哩，依每哩等於七・四〇七四〇七公里計算，得八八・八八八八四公里；依每哩等於五・五五五五六公里計算，僅得六六・六六七二公里諸實情，前者的標準計算所得，與今日安平馬公間的實際距離幾相脗合。這又是一條「西元一七八〇年以前的荷蘭國的航行浬為七四〇七・四〇公尺」的力證。

（九）荷據時代一哩等於七・四〇七四〇七公里最有力證據，就存在於 C. E. S.《被遺誤之臺灣》同一書裏，該書卷上明載說：「在荷人的公司佔領臺灣島以前，他們在 Pekou（澎湖或稱 Pescadores）

建築了一座城堡，距臺灣島十二哩。」[34]為求慎重起見，筆者曾函請曹永和先生幫忙，查抄原文，並重作中譯，茲錄如下：

> C. E. S. 't Verwaarloosde Formosa Eerst Deel. B1.15: — Bevorens de Compagnie dit Eyland in besit kreeg, soo hadde delselue tot bekominge des Chinese handels in Pekou, anders de Piscadores genaamt, omtrnt twaalf mijlen van dit Eyland afgelegen, eene vestinge gebouwt,...
>
> 譯文：
>
> 公司佔據此島以前，為要獲得與中國人貿易，在Pekou（或稱Piscadores），距此島約十二浬之處，建築了一座城堡。——《被遺誤之臺灣》荷文本原文第一卷第十五面

上引文中的「十二哩（浬）」跟前條所引Albrecht Herport《臺灣旅行記》的資料可以互證。其出發點無疑起自澎湖荷蘭設城的馬公近港的地方，而終點就在安平。這除旅行記外，《巴達維亞城日記》編譯者村上直次郎引據荷蘭司令官古尼李士·雷也山（Copnelis Reijpsen）的《評議會決議錄》也有力證。那「決議錄」說：

> 司令官及大評議會以神明名義決定我城建置於澎湖各島主要地點，該島西南突出之端，并即著手開始工事。該島位於北緯二十三度三分之一，在Chinchieuw東南十八、九哩，臺窩灣（安平）西北西約十哩，……[35]

這條紀錄給我們兩點認識：(1)澎湖主要城堡建於該島「西南突出之端」正一點不錯是在今日馬公港的港邊。(2)澎湖與臺灣本島距離的終點一點也不錯地落於今安平（大員·俗譯臺窩灣）。(3)兩地間距

作「約十哩」，毋寧說是「十二哩」說的一樣佐證。馬公港安平間今日地圖上直線距離近九十公里。以「十二」乘以「七四〇七・四〇七（公里）」，得八九公里，雖略感不足，而實十分相近。要是以五五五五・六公尺計算，那就只得六十七公里，豈不十分離譜。倘拿上引雷也山的評議會紀錄之「十哩」計算，那五五五五・六公尺的比例就同樣要捉襟見肘了。

上面九條證據，足夠證明荷蘭「一七八〇年以前」的 mijle 一字所指的是七・四公里，不會是五・六（五）公里，中譯其文最好採用「浬」字，可省却很多誤會。[36]

討論過「浬（哩）程」的標準。接下應該研究「一浬（哩）多」裏的「多」字的程度。按照荷蘭徐理和（Z. Zurcher）的解釋，「一浬（哩）多」的原文「Eene groote mijle」，用英文應該這樣說：「Somewhat more than a mile」。前舉英人甘為霖（Cambell）則譯為「a good League」。綜合來說這「多」字不過是我國表象計數的「強」字。所以不會是很多，應該不超過〇・三，似乎在〇・一與〇・二之間。乘計的結果是①七四〇七・四〇七公尺的多〇・一是八一四七・一四公尺；②多〇・二的數計是八八八八・八八八四公尺；③多〇・三的數計是九六二九・六二九一公尺。「一浬（哩）強」，應在八千四百公尺左右，這跟前舉之「十七世紀」、「一六五二」年的「熱蘭遮海圖」所讀測的里程，幾乎完全一樣了。地質學者宿林朝棨教授（近年去世）在二十多年前作「鹿耳門古港道之位置考」曾說：「十七世紀安平圖的路上地形描寫已經進步很多。作者將該古圖和聯勤總部測量處所發行的二萬五千分之一臺灣省的臺南北部（二二一一六—Ⅲ—SE）和臺南南部（二二一一五—Ⅳ—NE）作了比較讀圖。雙方地圖雖然相隔約三百二十年之久，但古地國上所記載的大小河流的曲流形大致尚維持到現在。」[37]可證

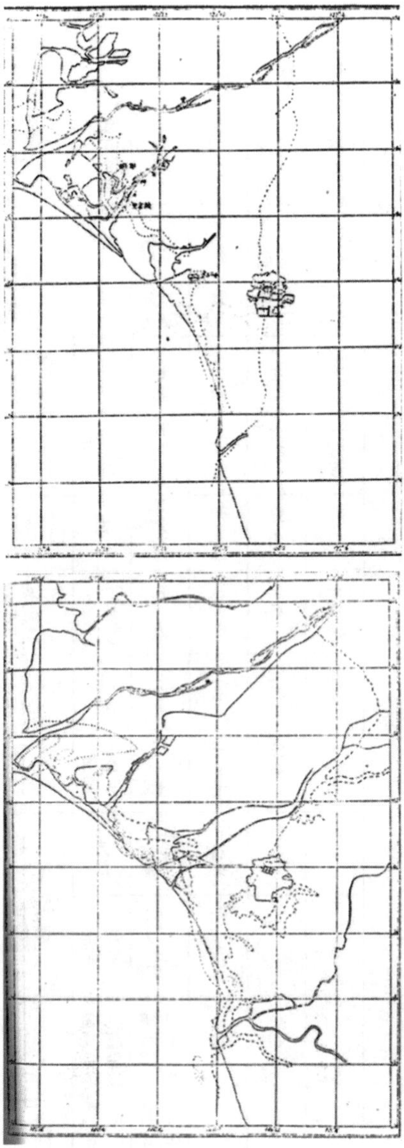

上／林朝棨教授所作「大員附近圖和現地圖的疊合圖」。
下／「十七世紀安平圖和現地圖的疊合圖」。

上舉的內容如一的兩幅「熱蘭遮海圖」與今日的地理景觀仍多可印證，所呈現的鹿耳門古港及安平間的里程數字與《被遺誤之臺灣》的「浬（哩）程」紀錄尤相一致。至「一六二九大員圖」，所見的「鹿耳門港」雖稍北，總是相離匪遙。這幾幅古圖替我們留下古港更早的方位紀錄，得悉滄海桑田，由古已著。現在為求簡括明瞭，作表如次。

表號	資料名稱／方位道里	年代	鹿耳門古港內口		鹿耳門古港南岸外口		海堡		赤嵌海邊		備註
			方位	道里（公里）	方位	道里（公里）	方位	道里（公里）	方位	道里（公里）	
1	Block 大員圖	明崇禎二年 西元一六二九	北北西	八・七	北北西	九・五	北北西	三・七	東方略偏南	四・三六	俱以熱蘭遮 Zeelandia 為量度起點或中心 筆者與友人廿年前舊著數字與本表略異，出入不大。
2	十七世紀熱蘭遮海圖	明崇禎永曆間	北北西	八・三	西北西	八・七	仝右	三・七	仝右	四・三五	仝右
3	Plochoy 熱蘭遮海圖	明永曆六年 西元一六五二	仝右	仝右	仝右	仝右	仝右	仝右	仝右	仝右	仝右
4	被遺誤之臺灣	永曆十五年 西元一六六一	北方	一浬多	北方	一浬多	北方	一浬多	北方	一浬多	

貳、清代鹿耳門古港之方位道里

討論清代鹿耳門古港，較前文討論鄭成功復臺時之古港要困擾滋多。因為清代之長期統治，加上鹿耳門的關鎖險譎，所以鹿耳門的方域、名所，頗不單純；需明其涇渭，才可減少滋擾。而以下名詞，尤需鑑別：

（1）鹿耳門港道，即北線尾島北瀕的港道。亦即本文考證的重點。

（2）鹿耳門嶼，指整個北線尾島而言。

（3）鹿耳門汛所。

（4）鹿耳門文館。

（5）鹿耳門武館。

（6）鹿耳門同知署。

（7）鹿耳門公館。

（8）鹿耳門天上聖母廟（簡稱鹿耳門聖母廟或鹿耳門媽祖廟）

上舉各名詞中尤以最前的五個境界或館舍，頗有不少紀錄籠統的用「鹿耳門」三字去描寫。在今天文獻豐富的條件下，予以鑑別，並不太難；釐訂專考，各易成文。可惜的是有些人不此之圖，故意港嶼不分，或廟汛混淆，給予鹿耳門古港方位道里的考證製造了許多不相干的謬誤。為此，本文所考在古港的道里，必須擺脫上述七類境界有別的岐節干擾。

上舉「一六二九大員圖」、「十七世紀熱蘭遮海圖」和「一六五二熱蘭遮海圖」不但是考定荷據、鄭氏時代「鹿耳門古港」道里方位的主要資料，現在要討論的清代該港同樣問題，它們依然是重要的根據。

清代二百年間的鹿耳門港道，前後的變化太巨，早期晚期的史料出入甚大。我們仔細閱讀過五百餘條資料，[38]給予分析取捨，歸納成考論的體系，理出一個頭緒：道光三年以前，鹿耳門古港週遭的海陸關係已逐漸在發生變化，[39]但並不利害，水域沙嶼，大概還保存晚明、荷據時代的老樣。縮小範圍來說，也就是道光三年以前，鹿耳門古港還保持住鄭氏當年的形勝。其後，由於長遠沖積，加上風雨突變，使得浩瀚臺江，一半成為新生的海埔，另一半則淤淺難航。鹿耳門古港淤塞了，鹿耳名詞被一條新生的溪河取用了，造成一個面目全非的景觀。謹分細目，研探於後。

一、清代前期的鹿耳門港

清代版圖中的臺灣，鹿耳門一開始便成唯一吐納的咽喉，在乾隆四十九年（一七八四年）以前，內地（大陸）來臺，依法非經鹿耳門掛驗不可；其後開彰化鹿仔港、淡水八里岔，氣勢稍降，然而牛耳長握，別港還無法取代。海防重鎮，勝景名區，成為歌詠的對象，更是官書所必載，資料之富，徵引難盡。現在按時代前後，把有關港灣的方位道里之資料編錄如次：

資料1.康熙三十三年（一六九四年）高拱乾始纂的《臺灣府志》說：

> 臺灣縣山……縣治西至於海，曰鹿耳門，在臺灣港[40]口，形如鹿耳，分列兩旁；中有港門，鎖鎮水口，……其港門甚隘，又有沙線。……曰北線尾，在鹿耳門南，與鹿耳門接壤。其南，即安平鎮也。離安平鎮未上里許，中有一港，名「大港」，紅毛時甚深，夾板船從此出入，今淺。[41]

資料2.康熙三十六年（一六九七年）武林諸生郁永河至臺灣，作《裨海紀遊》，在這年的二月二十四日（西曆3月16日）的日記說：

望鹿耳門，是兩岸沙角環合處，門廣里許，視之無甚奇險。門內轉大。……又迂迴二三十里，至安平城下。復橫渡至赤嵌城，日已晡矣。[42]

次（廿五）日（西曆3月17日）又記云：

鄭氏所謂臺灣城，即今安平城也，與今郡治隔一海港，東西相望約十里許。[43]

資料3.康熙四十二（一七〇三年）、四十八（一七一一年）年間的臺灣海防同知孫元衡，作《赤嵌集》，詩云：

七里風濤萬疊愁，歸來不道小瀛洲。

自註說：

安平在水中，距郡七里，余常以小瀛洲稱之。[44]

資料4.康熙五十一年（一七一二年）臺灣知府周元文之《重修臺灣府志》卷一〈封域志〉之「山川」條所記與前引高拱乾初修《府志》悉同。[45]

資料5.康熙五十二年（一七一三年），臺灣知府馮協一蒞府任，幕客吳江吳桭臣隨之，在「五月朔日」（西曆5月24日）進鹿耳門，在所著的《閩遊偶記》裏說：

是（四月廿九）夕，食至夜分；有商船經過（澎湖），知浪已平，「老大」即喚「起椗張帆」。（次日）午間，進鹿耳門。兩邊有沙似鹿耳；水極淺，水底有鐵板沙線，中如溝，溝底約寬二丈許。水面汪洋，莫識其下；略一偏側，船粘鐵線，不能行動，須用熟悉土人以小艇引之而入。進此即大港，周二十里。泊大馬頭，又名大井頭；岸灘水淺，舟不能近，俱用牛車盤運上岸。……時五月朔日也。[46]

所記「安平鎮城」「離府治十里許」。可作上引之一註腳。[47]

資料6.康熙五十九年貢生陳文達等始纂的《臺灣縣志》卷之一〈輿地志〉的，「里至」一目說：

康熙五十五年，皇上命大人渡海親丈，而里數遠近確有定據，與郡志所載大不相侔，……自紅毛樓起，東至保大東山麓三十五里，西至鹿耳門十里零七繩；東西廣四十五里。[48]

資料7.前條同年陳文達（臺灣縣貢生）、李欽文（鳳山縣貢生）等人始纂的《鳳山縣志》說：

安平鎮渡：自鎮至臺灣大井頭，相距水程約五、六里；風順片時登岸。[49]

資料8.雍正七年諸羅知縣劉良璧作「紅毛城記」道「鹿耳道里」：

由臺郡西出二十里水程為安平鎮，再十里為鹿耳門。[50]

資料9.乾隆十一年，巡臺御史范咸、六十七《重修臺灣府志》，卷一山川說：

鹿耳門在縣治西，水程三十里。……北線尾在縣治西北一十二里，與鹿耳門接壤，其南即安平鎮。[51]

資料10.乾隆十七年（一七五二年）德化進士王必昌受臺灣知縣魯鼎梅之聘，《重修臺灣縣志》，卷二〈山水志〉說：

鹿耳門港：在臺江西北。

又說：

鹿耳門嶼：距縣治西北二十五里。內為臺江，外為大海，水中浮沙突起。右有加老灣，左為北線尾。形似鹿耳，鎖鑰全臺。[52]

卷一「疆域封圻」又說：

西南至安平鎮水程七里。[53]

資料11.乾隆二十五年（一七六〇）臺灣知府（後任臺灣道）余文儀續修府志，名為《續修臺灣府志》，卷一「山川」說：

臺灣縣……鹿耳門在縣治西，水程三十里。……北線尾，在縣治西北一十二里，與鹿耳門接壤。其南即安平鎮。[54]

資料12.乾隆癸未（二十八年，一七六三年）抵臺任職鳳山縣教諭的朱仕玠，著有《小琉球漫誌》，得如下的紀錄：

（癸未六月）初七日（西曆7月17日）：癸巳，至鹿耳門。門約長三、四里，左右皆礁石，土人又名「鐵板沙」，潛藏波內，彎環屈曲。……既進鹿耳門，海中突出一嶼，周圍加以累石，寬平約一、二里，內立二稅館。[55]

鹿耳門的「道里」這裏雖不詳，但在同書的〈安平鎮詩〉的小序裏卻明白得見：

安平鎮在一鯤身上，府治對岸，有紅毛築城，方圓一里。……與鹿耳門稅館相對，……二地遙望，如石印二顆，分立海口。……府治至安平鎮，水行約十里；至鹿耳門稅館，水行約三十里。[56]

資料13.乾隆三十四年任臺灣海防同知、後（三十九年）任北路理番同知的朱景英，作《海東札記》，其首章〈記方堣〉說：

由厦門，……自澎湖……，入鹿耳門，易小舟棹內港二十里，經安平鎮，又十里抵郡西郭上岸。……臺灣縣倚郭，西至鹿耳門三十里。[57]

資料14.乾隆四十至四十三年任臺灣知府的蔣元樞，在臺建樹最多，繪圖附說，絹本精製，呈獻高宗，久存大內。現藏國立中央圖書館。其中〈新建鹿耳門公館圖說〉一文說：

查鹿耳門孤懸海面，離郡水程計三十里。雖在澳內，而海面寬濶，實與大洋無異。[58]

資料15.乾隆末洪亮吉所撰的《乾隆府廳州縣圖志》的「臺灣府」部份說：

鹿耳門，在縣西三十里，形如鹿耳，故名。[59]

資料16.嘉慶十二年謝金鑾、鄭兼才主纂的《續修臺灣縣志》卷一〈地志〉說：

鹿耳門嶼在邑西北三十里大海中，浮沙衡亙，形如鹿耳，尾迤南為四草嶼，首枕北為鹿耳門。[60]

同書卷四〈軍志〉雖然沒有鹿耳門港道的方位道里紀錄，但其汛所在「邑西北水程二十五里」卻值舉出作為比較參研之用。[61]

資料17.嘉慶間李元春[62]輯有《臺灣志略》，涉獵範圍頗廣，所記「鹿耳」道里最多，可惜鑑別不精，真贋並列，卷一〈地志〉：

臺灣縣東負山，西面海。……海西南至安平鎮七里，……西北至鹿耳門三十里。[63]

鹿耳門嶼在邑西北三十里大海中。浮沙衡亙，形如鹿耳：尾迤南為四草鎮，首枕北為鹿耳門。[64]

環臺灣皆海，自邑治計之，西北至鹿耳門，水程二十五里。（原註）康熙五十五年，欽差丈量，依旱程折算，僅十里零七繩。[65]

鹿耳門居邑治之西北。[66]

資料18.《嘉慶重修一統志》的〈臺灣府〉之「關隘」一目說：

卷二「軍政」：

鹿耳門汛，在邑西北，水程二十五里，全臺要衝。[67]

鹿耳門，在臺灣縣西三十里。[68]

資料19.道光四年（一八二四年）三月「總兵觀喜、署道方傳穟、署府鄧傳安上議建砲臺於鹿耳門」，其略曾說：

鹿耳門一口，百餘年來號稱天險者，……其中港門深僅文餘，……小船循此線東南行二十里，過安平鎮，為入郡咽喉。東東十里，然後達郡。[69]

資料20.道光年間濟寧許鴻磐，著《方輿考證》臺灣部份「關鎖」的鹿耳門紀錄是：

鹿耳門，在臺灣縣西五十里。[70]

道里方位的紀錄本就機械乏味，但有著二十處二十七條的資料，經過分析比較，仍有多彩多姿之感。謹為釐訂，研論如下：

（一）先談鹿耳門的方位，根據資料1.4.6.8.9.11.13.15.18.20.，在「邑治西」[71]。其餘除未敘及方位者外，概指鹿耳在邑治或臺灣縣的「西北」。這「西」與「西北」算不算矛盾，或者互相抵觸呢？先就上引資料求進一步瞭解，其中資料9.與11.，雖也說「鹿耳門」在「邑西」，而在它南邊的「北線尾」卻位處「邑」的「西北」。可知鹿耳門本就還在臺灣縣治「西北」方之北線尾的「北」方，「北」的意味實強過於「西」很多。認真說來，「西」的「絕對」含義究實不過是一條線；廣義說來，它才包含著整面的西南和西北。因之「西」和「西北」並不互相抵觸，也不發生矛盾。就實而論，「西北」的方位表象，較之「西」字還要近真。所以前引的一些鹿耳門在臺灣邑治「西」或「西北」的方位寫記，可以看成是足資表裏的共相。

（二）安平與府治的距哩，是計量鹿耳門、府治間道里重要的一段。上引資料加上尚未徵引的《臺陽筆記》，可得下記四種數字：

（1）十里說，見資料2.5.8.12.13.18.。

（2）五、六、七里說，見資料3.7.10.17.。

（3）二十里說，但見資料8.。

（4）十五里說，見翟灝《臺陽筆記》之「紅毛城」條。[72]

這紀錄雖有四種，但經過鑑別，只有第一種的紀錄是可靠的。先看最短的「五、六、七里說」。這一宗紀錄最不穩定，因為其計量出之以模稜的字眼（或字），同時長度也經不起實際的考驗。我們查讀舊志，府治與安平的距離大抵以今日民權路大井頭，也即臺南市警察局第二分局址為出發點，而以安平鎮城（即熱蘭遮城）為另一起點。兩者之間的直線距離得四．三五公里。根據劉錦藻《皇朝續文獻通考》的標準，換算清朝的部制（即俗稱的「臺尺」量制），等於七．五五公里（即俗稱的「臺灣里」），[73]是「五、六、七里說」任一數都趕不上的數字，這一說的有問題遂不言可喻。

再看「二十里說」，這條出諸諸羅知縣劉良璧的紀錄，細按資料本身加以剖釋，即可見其倒顛，得所修正：因為良璧的「紅毛城記」，緊接「郡西」、「安平」間「二十里水程」之後，緊跟的是「再十里為鹿耳門」。連貫起來，正是不折不扣的「三十里」，也即是「十里說」各條資料的大前提的「全程」數字。我們由於鄭氏時代道里方位探討，可明悉郡治安平間的距離，約等於安平、鹿耳門間距離的一半。這個比例，正好是劉良璧所記數字的顛倒。顛倒本身雖然不確，但二與一的誤記，卻是「一與二比」的一樣很好的倒影旁證。經過深入探討後，這「二十里說」。竟然是「十里說」一件有力的「反射」印證。

接下那翟灝的安平距府十五里說，也有問題，第一，因該說僅具孤證；第二，此說的長度比實際直線距離長了一倍，「過猶不及」，它跟「五、六、七里說」正好各走極端。

最後剩下的「十里說」，證據最多，而且計度合情，諒必最屬信確的紀錄了。我們在前面已討論過，府治安平間的直線距離是七里半強（七．五五）。紀錄的十里是水程，自然會因迂迴而拉長，七里半強衍成十里，增加率才僅三成，可說毫不過火，所以是經得起考驗的數字。

（三）「鹿耳門」至「府治」（臺灣「邑治」）的距離是我們研究的重心。這需要分開三個層次加以討論：

（1）「鹿耳門」與「府治」距離的兩端起點要先弄清楚。在前段「安平府治距離」研析中，我們已指出「府治」（邑治）的出發點在「大井頭」，在本段論鹿耳古港道里，同樣可以適用。而另一方面鹿耳門港道的出發點先需釐定，才能解決這個子題。

所以我們要先從親身經歷鹿耳門的古人的直接紀錄中，求其答案。先看前引郁永河《裨海紀遊》的「康熙丁丑（三十六年）二月廿四（陽曆3月16）日」的日記說：

> 望鹿耳門，是兩岸沙角環合處，門廣里許，視之無甚奇險，門內轉大，有鎮、道、海防盤詰出入。舟人下椗候驗，久之。即驗，又迂迴二、三十里，至安平城下。[74]

這裏告訴我們，「迂迴二、三十里至安平城」是在「鎮、道、海防盤詰」「既驗」以後的行程。那「盤詰」處無疑在於內港接近臺江處。上引吳振臣的《閩遊偶記》所說「進鹿耳門……進此，即大港」，也可印證。[75]而最詳確的證據當推朱仕玠的《小琉球漫誌》了。該書告訴我們，「內立二稅館」的地方是「既進鹿耳門」所見的「突出」於「海中」的「一嶼」。[76]朱景英的《海東札記》也說「入鹿耳門易小舟棹內港二十里」到了安平鎮。起程也是在港道的裏邊。蔣元樞在〈新建鹿耳門公館圖說〉中的「圖」所見「公館」的北、東、南三面臨水，差不多把朱仕玠所說的「突出海中」之情貌描繪出來。在〈說〉的文中（近年出土碑記內容同之）更指明它「雖在澳內」，而「與大洋無異」。在在說明「鹿耳」水程由此瀕接內海臺江處而發。這種情況直到道光初年迄未改變，所以前引「觀喜方傳穟鄧傳安」等人〈建礮臺議〉才說「大船入口，更易小船，循此線內東南行二十里過安平鎮」。

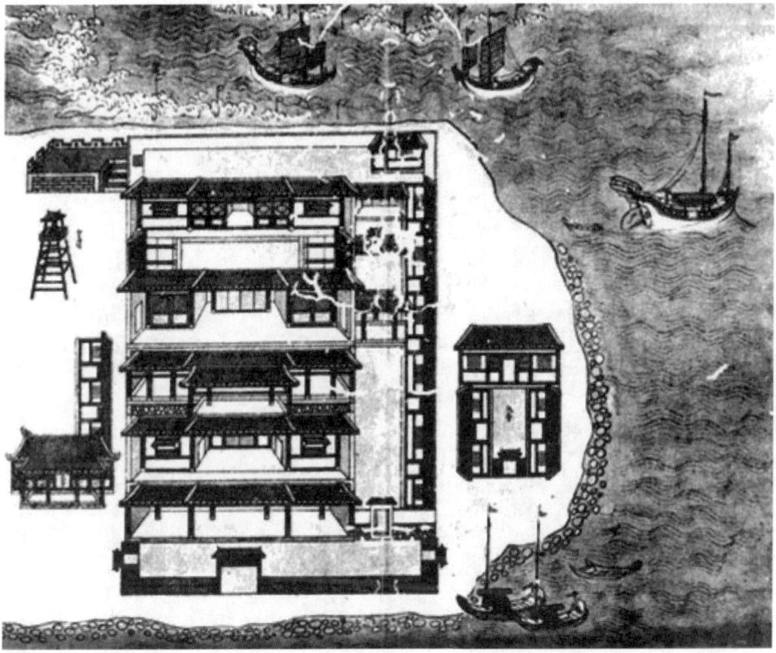

乾隆四十二年臺灣府知府蔣元樞（蔣公子）命匠所作之「新建鹿耳門公館圖」。

現在對此小子題我們可以作個小結：臺灣府治和鹿耳門古港一些計算里程方位的記錄的西北出發點是由古港入內海臺江處起算的。

（2）鹿耳門與府治間距離的出發點既知由古港內口起算，其間距離究有多長，現在可以討論。上引編錄的二十宗資料，顯有互歧。釐訂考定，不容苟簡。據錄求異，有著三種：

①資料2. 6. 17.的「十里」說。

②資料10.的「二十五里」說。

③資料2. 5. 8. 9. 11. 12. 13. 14. 15. 16. 17. 18. 19. 20.的「三十里」說。

這三宗互異的里程，稍按其根據多寡，記載立場，其真確程度不難研判；可是要知道各說並非信筆採記，深入一點地加以譎察，卻也感到它們都持之有故。因之詳予研析，是十分必要的。

①「十里說」，資料三條，要數6.號最具價值，因為它是「皇上命大人渡海」的親丈，不可沒有理由一口抹煞。此一紀錄的基礎以赤嵌樓為「起」點，很不含胡。不過這是一宗「里至」，也即記錄「疆域」的數字；它不是「鹿耳門港」與「府治」間的「里程」，所以凡用之作這一範疇的「里程」計度，只有自討麻煩。不妨加以考驗。假定「十里零七繩」是「鹿耳門港」里程的正確數字，換算公里應不足七公里；如稍寬算做七公里作半徑，拿赤嵌樓當圓心，畫個圓形，其西北九十弧度中，連四草里都要被置度外，其他城西、城南、城東、城北、城中、青草、沙崙，自然都在線外，就是最希望拉近鹿耳門港為短距離的顯宮哩，也仍摸不著邊際。所以這「十里零七繩」的里程，義不指此；它的實質意義是指府治西邊鹿耳門港南北垂直線與赤嵌城垂直線的最近距離。明乎此，再察前舉赤嵌樓正西七公里地方的垂

直北方正好落於城北、城中里，正是本文前述「十七世紀熱蘭遮海圖」和「Plochoy 熱蘭遮海圖」所見的「鹿耳門古港內口」的遺址。綜合起來說：「十里說」弄清楚它的含義，可知是一宗值得保留的紀錄。

②「二十五里」說，雖僅見於資料10.但資料17.亦見引錄。只是後者為輯錄的著作，幾乎鹿耳門各說的里程莫不俱備，而且毫無鑑別，故其所記不過因襲而已。嚴格說只有資料10.的《重修臺灣縣志》才見此異說。如扣掉所述之「安平」里程的七里，那剩下的「十八里」應該是「鹿耳門」距離安平的里程。十八與二十之差一公里略多而已，水程曲直有別，「重修縣志」或許根據的都是較不曲折的水道，才在兩段水程中各會短少。這是一種說得過去的鑑別。

另方面，根據資料16.也即《續修臺灣縣志》所陳，在「邑治西北水程二十五里」的卻是「鹿耳門汛所」，這也許透露出鹿耳門水程二十五里的境界係就「汛所」而言，所以《重修縣志》本身也說：「鹿耳門汛，在邑治西北，全臺衝要，離城西門水程二十五里。」[77]《續修縣志》纂修時間後於《重修縣志》近六十年，後者的藍本正是前者，如果前者的汛所與港道的里程同作二十五里無誤，後者續修時就毋需把港道的里程給鑑別出是「三十里」來。（汛所的里程保留為二十五里）；這正反映前此的資料10.數字的含混而不容再囫圇吞棗下去了。

③「三十里」說所得有十四條資料，其中固然不少是陳陳相因，但是從不同觀點測算所得的不只一種。這三十里說的水程，有如曲尺 L 的路線，朱景英《海東札記》的紀錄可說是標準的寫法。它說：「入鹿耳門易小舟棹內港二十里，經安平鎮又十里抵郡西郭（筆者按：指大西門）上岸。」[78]。這「三十里說」值得仔細分析的有：

(A)三十里分兩段，安平府治間為十里，前文已經討論；安平鹿耳間為二十里，遂乃無疑。這兩段距離的比例是1比2。

(B)我們拿資料2.郁永河「迂迴二、三十里」的紀錄放在「三十里」說的範疇，也許時賢會不願苟同。故需稍加說明。因為就「語意」的不定傾向論，如說「五六十個人」，「一二十個」，「一兩萬人」，莫不是把數量意義的重點放在後頭，即近六十、二千、兩萬而言；所以一百一十個人，總不至拿「一、兩百」來表達。是故「二、三十」的語意近「三」，不能給放在「二十」這範疇來看。

(C)資料20.，明說「鹿耳門在臺灣縣西五十里」，我們在文中、註裏都不加交代的就給放在「三十里」說，不是故意要招識惹斥嗎？其實不然。因為鹿耳距郡之為三十里，有清百餘年間紀錄不斷，由觀點不同可有二十里、二十五里說；獨此「五十里」說捨此莫遇；何況此說所出的《方輿考證》實廣輯現成的資料，其「五十里」說，無疑是引用自常見的一些臺灣志乘，這「五十」源係「三十」之誤抄，「三」之誤「五」，形近易訛。所以我們遂將此條資料歸類在「三十里說」。

(D)資料17.我們在「十里」說的分析已作討論，此處稍增剖釋：這宗資料是輯彙各家而未盡鑑別，有見輒鈔，所以枘鑿難免。不過它給各說彙聚一處，未嘗不是一種廣輯旁證的服務。

(E)「三十里」說，另一樣特色是它從郁永河康熙間始著其雛型紀錄始，直到道光年間鹿耳門古港劇變猝然發生為止，是官書長信久採的數字。另觀「十里說」，康熙年間《臺灣縣志》著錄後，僅經李元春廣蒐偶採外，其他志書一概不用，可見「說」雖有據，究竟不切實際，而終遭揚棄。益足反映「三十里說」的著實而堅強。

(F)「三十里說」的長存久採，雖說經得起考驗；可是事實，鹿耳門港道隨著歲月的推移在不斷的變化。它一成不變的紀錄，不正好是自身不切實際的證據嗎？這倒是值得一問的問題。二十多年來，長期的摸索，鹿耳門港之潮流口不斷南移已成不爭的事實，好在我們研討的結果，早揭舉出來，「三十里」水程的出發點在於內港那「突出」的「一嶼」（《小琉球漫誌》）。這個出發點卻不是潮流口，而是鹿耳門港道由北推南的扇形三角洲的「扇軸」，是變化極大的地形中最不易變化的部份。有此認識，我們對滄桑變巨的鹿耳門古港道能長維不變水程的道理才得到了合理的解答。

(G)前面我們討論過「安平府治間」的距離「十里說」和直線實際距離四．三五公里的水程曲折增差率為三成；現在憑據史證，細加分析，判定鹿耳門港內口和安平古堡間的水程以二十里為合度。二十里換算公制得十一．五二公里。按前文考出「十七世紀熱蘭遮海圖」和「Plochoy 熱蘭遮市海圖」的「鹿耳門古港南岸內口」與熱蘭遮的距離為八．三公里。拿這兩個數字比較，可知水程曲折增差率得百分三八．八而近乎四成。這正表示安平鹿耳間的水道，因為傍岸迂迴要較安平直放府治為曲折。但大體說府治、安平、鹿耳這三者屈折距離約為一與二比，則荷蘭古圖之所見與我國史籍之所記，幾乎可以說是若合符節。

（3）上面根據清代文獻探討出「鹿耳門在府（邑）治西北三十里水程」是由古港東邊的口岸起算的；進一步，我們要問鹿耳門古港道本身實應有多長。在上舉資料中僅「12.」之《小琉球漫誌》有明白的紀錄：「門約長三、四公里，左右皆礁石」。求證他書，似僅同治《重纂福建通志》有資參考，該志說：

> 鹿耳門距城西北三十里大海中，沙嶼橫亙，形如鹿耳。……[79]
>
> 鹿耳門港一名隙仔港，在治西北，水程三十五里，介南北二汕間。……其外為大洋。[80]

「三十五里」的水程扣去港東內海的「三十里」，得「五里」，大概要算港道本身的長度了。這「五里」跟「小琉球漫誌」的「三、四里」比較，顯然有所出入。這正可看出時代前後之有不同紀錄。「三、四里」代表的是乾隆二十八年（一七六三年）的資料；「五里」根據可能是「嘉慶」中期的文獻。[81]筆者雖不敢斷言這四、五十年間的鹿耳門港一定要確切拉長一里多，但這中間港門拉長而趨向西南延伸了，當是不可否認的事實。

綜據上引二十宗資料，三大點以及更多子目的討論，使我們從康熙三十三年至道光三年這一百三十年間的連續紀錄，得到一個結論，鹿耳門古港的東口在「臺灣府（臺灣縣）治西北水程三十里」此一交通關係前後的變化不大；而整條港道由東向西緩斜的潮流口，卻是與時俱長，而逐漸南移的。這一系列的結論與荷據、鄭氏時代的三圖一文的資料所得的方位道里，互多印證。可知鹿耳古港直到百餘年前依然是明延平王鄭成功復臺著績的名區。[82]

二、清代後期滄桑大變的鹿耳門港

鹿耳門港道屬潮流之口，鹿耳門嶼（北線尾島）係沿海沙洲，都是易變的地理景觀。前文論例，作表記程，明崇禎二年（一六二九年）與永曆六年（一六五二年）的荷蘭古圖中，鹿耳門的港道有著南移的清楚跡象，尤其是面對臺灣海峽的外口，顯然移動得利害。不過前此的變化僅是積漸的，還未至面目全非的階段。到道光三年（一八二三年）巨變突起，鹿耳江山，遂乃不可復識。國立中央研究院歷史語言研究所編印的《明清史料戊編》中的〈大學士曹振鏞等奏摺〉說：

> 臣等伏查：府城為全臺根本重地，西門外地方與鹿耳門、安平鎮互相犄角。……道光三年以後，內海之濱，沙日淤墊，北自嘉義之曾文溪，南至郡城小北門外，四十餘里；東自洲仔尾海岸，西至鹿耳門內，十五、六里，俱已漲成陸埔。[83]

臺灣銀行經濟研究室編印的《臺案彙錄甲集》有〈閩浙總督程祖洛奏酌籌臺灣善後事宜摺〉也有相同的紀錄。[84] 清臺灣道姚瑩的《東槎紀略》所輯的「籌建鹿耳門砲臺」的〈上議〉也有類似而且更詳細的文獻：

> 道光三年七月，臺灣大風雨，鹿耳門內，海沙驟長，變為陸地。四年三月，總兵觀喜、署道方傳穟、署府鄧傳安上議……曰：「……上年七月風雨，海沙驟長。當時但覺軍工廠[85]一帶沙淤，廠中戰艦不能出入。乃十月以後，北自嘉義之曾文、南至郡城之小北門外四十餘里，東自洲仔尾海岸、西至鹿耳門內十五、六里，瀰漫浩瀚之區，忽以水涸沙高，變為陸埔。漸有民人搭蓋草寮，居然魚市。自埔上西望鹿耳門，不過咫尺。北線內深水，二、三里即係淺水，至埔約五、六里。現際春水潮大，水裁尺許；秋冬之後，可以撩衣而涉。自安平東望埔上魚市，如隔一溝。昔時郡內三郊商貨皆用小

船由內海駁運至鹿耳門。今則轉由安平大港始能出入。」[86]

這一巨變當然是多年風水冲積和地盤隆起等作用的表面化，使得臺灣府城之小北門外以北的臺江內海新生了一大片海埔地。鹿耳門頓失堂奧，港道亦杳，祇剩下一截港口的殘跡而已。船隻只能靠泊外港，或改灣（停泊）安平。於是交通樞紐地位大落，「連帆」舊觀乃不得復睹：道光年間《臺灣採訪冊》說：

鹿耳門港，郡龍關鎖之水口，昔年可泊千艘，《志》所謂「連帆」者是也。今北畔冲漲，港內浮淺，往來船隻俱泊港外矣。[87]

三、鹿耳門溪的誕生和鹿耳門港的訛化

臺江北部海埔新生，續長不已，稍歷年所，即與鹿耳門嶼（即北線尾島）連成一片；那些原注古臺江的河流，頓失歸趨，自然望新生續長的埔地上陣闔縱橫，連帶介入鹿耳古嶼，或沖刷、或割裂，弄得面目全非，不可復識。所以《臺灣採訪冊》說「彌時溪道紛更，此臺、嘉分界所以難憑溪道為準繩也。」[88]在紛更的溪道中，有兩條水流值得特別注意。

第一是「新港溪」，《臺灣採訪冊》的「水勢」一目說：

新港溪，臺嘉交界，一受分水山之水，西北受剛仔林、大小尖諸山之水，經左鎮之南，又西為新園溪，西北與本藩溪合流。一受木岡山溪，出左鎮、卓猴之間，與新園溪合流。一受噴噴哩溪，經舊社溪、與咬狗溪合流。西入許寬溪，西北受大坵田湖仔內之水，西入蔦松溪，與新港溪合流，會柴頭港，注於臺江。[89]

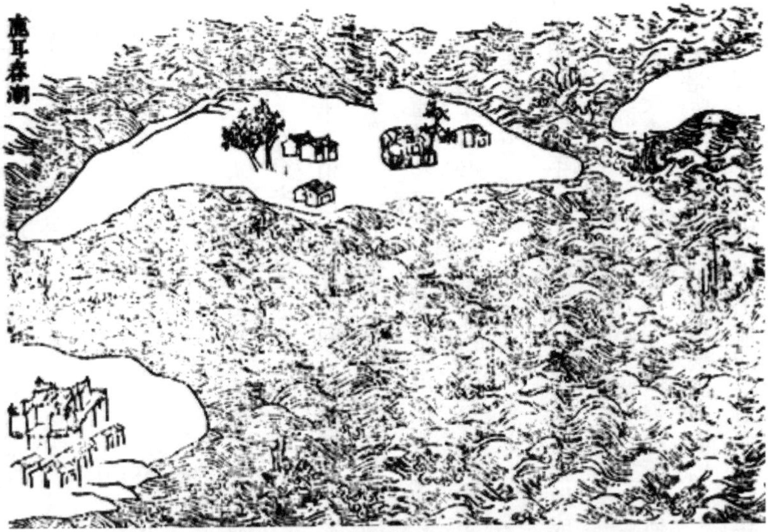

上／「鹿耳春潮圖」（乾隆府志）。
下／「鹿耳連帆圖」（嘉慶臺灣縣志）。

同冊對它末流的變化，另有明確的描寫：

臺嘉分界之新港溪口，近經沙壓絕流，其上頭原水斜南，橫過三嵌店前，透出柴頭港溪，合流注於臺江。[90]

第二條值得注意的是道光十年（一八三〇年）七月尚未命名，而後日稱為「鹿耳門溪」的水流。《臺灣採訪冊》說：

其臺界外北流一溪，原由曾文溪透菅寮出西注海；今從菅寮溪尾入臺界，曲出鹿耳門礁口旁，又分支斜南，透出安平角大港口入海。[91]

這兩條水流稍後由於埔地向南的擴展而受影響。根據《治臺必告錄》引《斯未信齋存稿》的「開港議」、「移船廠議」和「報廠港竣工書」等文，知咸豐初年「小西門外迤南一帶」，已是「平坦之處」，「堪以建」軍功船「廠」。而且「港道」俱需「就平地」「開挖」，[92]都證明「埔地」南移頗遠。這「埔地」的南進，自必對原注臺江的溪道發生影響，不用說新港溪跟鹿耳門溪關係最大。所謂新港溪即今日的鹽水溪。道光三年（一八二三年）臺江北部初淤，它流注南部的殘壑，而後來非在安平大港出海不可，足以證明道光三年「臺江」殘存的南半塵飛埔成，無復剩水可趨了。

再看在臺江北半埔地形成的「臺界外北條一溪」，本由鹿耳門古嶼（即北線尾島）「礁石」旁斜透而入大港，後來勢必因為臺江南部的海埔續生而改道。也許就在道光十年（一八三〇年）以後被阻南流，乃向西衝開原來北線尾島的最窄腰身處而出海。筆者與友人多次踏勘「鹿耳門溪」道，不難看出它確從曾文溪（菅寮溪）分出。它上流的港道六十四年頃似尚殘存得只剩小水溝的模樣，所以當地人稱為「死溪仔底」。其蜿蜒之處，正好是鹿耳門古港進渡臺江的地方，也即前引《採訪冊》所說的「曲出鹿耳門礁口旁」。[93]咸豐臺灣府訓導劉家謀的〈海音詩〉有「鹿耳門前礁石多」之句，自註說：「內港多礁石」。[94]可證鹿耳門「內港」也即該水道入渡臺江處的內口，確多礁石。《採訪冊》所謂的「礁口」於是得其正解。這條原無名字的溪流，就因為流經「鹿耳門礁口旁」，所以才叫做「鹿耳門溪」。命名之故，本在河床的託跡與依傍。豈意空名傳會，竟讓人們貿然錯認溪流成為了古港的流道，於是張冠李戴，遂乃以訛傳訛。

鹿耳門溪李戴了鹿耳門古港，是道光中期及其後的歷史資料告訴我們的，二十多年前才在學術界由許丙丁、高崇煦、賴建銘諸先生和筆者共同切磋公開提出。臺灣道姚瑩另著《中復堂全集》的〈臺灣十七口設防圖說狀〉，是庚子（二十年，一八四〇年）鎮道的會稟，所陳的鹿耳門就顯非古港舊跡，狀說：

> 四草海口……遙望安平，約十里，……鹿耳門，距四草不及五里。[95]

同集〈臺灣不能堅壁清野狀〉，是辛丑（二十一年，一八四一年）九月的文件，內容相似：

> 過四草五里則鹿耳門廢港。[96]

唐贊衮光緒十七年（一八九一年）以臺南知府署臺灣道，是年作《臺陽聞見錄》，其中「山水」一目的「海口」條說：

> 四草海口，……鹿耳門距四草湖不及五里。[97]

上引的這三條資料，把清代後期[98]的鹿耳門之方位道里，寫得極不含胡，港口位置跟當時的鹿耳門溪根本在一處；而與嘉慶以前的臺灣府治「西北三十里」的古港紀錄迴不相牟，跟「Block 大員圖」、「十七世紀安平海圖」和「Plochoy 熱蘭遮海圖」也完全逕庭。再一研察清代後期的輿圖，跡象更加明顯，如夏獻綸的《臺灣輿圖》[99]和稍後的《臺灣地輿全圖》[100]和張曉峰先生主編的《中華民國地圖集第一集》的「清代臺灣省行政區域圖」等地圖或圖說，標指位置就與當時的鹿耳門溪口完全一致了。這古、近「府治西北三十里」和「四草北五里」的兩個鹿耳門，時代分野是夠明確的了，可以採作鑑別史料的原則。前舉《中復堂全集》的作者姚瑩曾為我們分別提供寶貴的證據。前面所引的他在道光二十、二十一年間的文章，鹿耳門無疑俱在「四草以北不及五里」的溪（港）口，再看另文所寫的嘉慶年間事，內容就兩樣了。《全集》裏的〈識小錄〉中「王提督」一條說：

嘉慶十一年，蔡牽進鹿耳門，結臺灣匪民數萬人，圍臺灣府城，為陸營於洲仔尾，大小船數百號，自鹿耳門至府城下，聯絡三十里。[101]

這同一作者，不同年代的不同寫記，真是「鹿耳門港」在古代「三十里說」和「五里說」時代分野最堅強的證據了（姚氏嘉慶二十四年任臺灣知縣，臺江滄桑未變）。

另一可算旁證的一種反映是：時代在前的「三十里說」會混用到「五里說」的時代裏來；反之「五里說」絕不會跑進道光以前的紀錄中去。如同治十年（一八七一年）纂修的《福建通志》就有證據說：

鹿耳門距（府）城西北三十里大海中，沙嶼橫亘，形如鹿耳。[102]

照理，同治十年鹿耳一名久已李戴南移，但《通志》依然採據「三十里說」的古紀錄，正可以反映舊說沿用之習慣一時難除，足以證明古紀錄的堅強存在而深中於民心了。

前段，由求異標準的應用，我們打開的僅是古近紀錄中「三十里」與「五里說」糾纏的死結。另一個稍涉末節的問題是，這本屬李戴南移的鹿耳門新港，本身前後就出入甚大。

（一）道光二十年所指的鹿耳門，較之今日的鹿耳門溪道，還北出不少。這一點，二十年前，我們是忽略了，多少受了部份取鬧人士囂聲干擾之影響。因為他們振振之詞，彷彿咬定「四草北五里」一定宅處今日的鹿耳門溪道。未加勘察之前，真不會懷疑這派論調竟有問題。在一次非常偶然的機會，筆者感到「四草北五里」之「鹿耳門」的「出發點」和「境界」值得加以推敲。先看出發點，姚瑩所指之新的鹿耳門，由於鴉片戰爭臺灣「十七口設防」，需要「說狀」，才見諸紀錄。其出發點無疑在「四草」設防建立砲墩的地方，即在今臺南市立安南區四草里的「鎮海國民小學校」內。由這出發點按五里計算，「五里」折算公制是二．八八公里，原紀錄說不足「五里」，就去掉八十公尺不算，僅拿二．八公里作準。試以「國校」作圓心，北北西十度至溪口的二．八公里這一弧段，全部在今日的鹿耳門溪北。根據所見的全部古圖就沒有見過鹿耳門港口會在四草「國校」正北的地方。所以說道光二十年左右的李戴鹿耳門，也在今日鹿耳門溪北數百公尺的地方。至是始感那些振振之詞，囂張之聲，真是所為何來，質其用心，難予苟同！

（二）再則李戴鹿耳門絕對不會在今日鹿耳門溪以南的一樣最主要的證據是：今日鹿耳門溪南邊沿岸及其附近沒有地下的淡水。但看道光庚子（二十年，一八四〇年）六月廿三日姚瑩的「夷船初犯臺洋擊退狀」却說：

鹿耳門正口雖已淤廢，而小船尚可出入，且該處淡水所在，向為　船汲取，恐有偷漏。委前署蘭廳閣令為總巡，特令會同水師所派左營千總梁鴻賓，督帶兵役，專駐鹿耳門，防守策應，南北兩路，分頭巡緝。[103]

「淡水」之有無跟地質的關係最切。這裏說「該處淡水所在」，可知港口附近的南岸當有汲取淡水的地方。今天的鹿耳門溪南除非是用水管從別處引進，否則要在溪南以迄鹽水溪岸的陸地挖井汲取淡水，真是緣木求魚。

經過小心求證，一番分析，可知今古鹿耳門有一波三折之變化，不但道光初年有劃時代的滄桑巨變，就是道光三年以後的新溪代港，跟今天的溪水曲流也大有分別。原委要終，安可一概而論，涇渭漢楚，那容沆瀣不清！

四、國姓港的研究

「四草以北不及五里」的鹿耳門之為「張冠李戴」，且其與道光初年以前的「古港」不同，這一論結，由於「國姓港」的出現，跡象更顯。「國姓港」這個名詞，清代的文獻差不多都有隱諱的寫法：如姚瑩《中復堂文（選）集》稱「國賽港」、「郭寨港」，丁紹儀《東瀛識略》稱「國寨港」[104]，楊岳斌《楊勇慤公奏議》稱「國使港」，唐贊袞《臺陽聞見錄》稱「郭寨港」。其實這個港的正名應稱「國姓港」，在清代早已著聞，所以新竹王石鵬在日據臺灣後的第五年著《臺灣三字經》就彰明甚著地說：

國姓港、鹿耳門，安平北，大安墩。[105]

其後，連雅堂氏，略予發揮，作為簡記說：

國姓港，在安平之北，延平入臺，泊舟於此。而臺灣以國姓名地者尚有數處。山川草木，由我發揚，正朔衣冠，俾無隕落，故後人追溯其本，肇錫佳名，以傳千古，是亦崇德報功之意也。[106]

簡勁小品，正名的作用大極了。他這「延平入臺泊舟之所」的說法，參照前引《從征實錄》的資料，[107]可知即指「臺灣外沙線」及「鹿耳門線外」而言。「沙線」指港口流動不固的沙灘，「線外」正是「口岸」外邊的意思。當年鄭成功大軍候潮進港泊灣之所，不用說佔了很寬的範圍，當分佈在鹿耳門古港西（外）口的南北岸。鄭成功進軍臺灣本為三百多年前事，地以人著，「國姓港」一名自應起於當時，距今應有三百二十餘年；可是文獻上與有相關名詞的出現，卻遲遲直到《中復堂文集》之「鹿耳門距四草不及五里」說出現時才同告著錄，距今不過一百四十五年。其中想必有故。探索這個問題，不妨再按前文。根據清代前期資料，可知官書幾乎把「鹿耳門」一詞用以指稱「內港接近臺江處」那一隅，外港以及口外的水域似未再立專名，偶生事件，輒以「鹿耳口外」這一類普通的名詞去指稱。[108]由於王石鵬《臺灣三字經》的舉證，可知「國姓港」清代已著。無疑是故老相傳，由來已久，而且是出諸與鄭成功關係尚切感恩難忘的早期臺灣老百姓，非在明末，必在清初。只是「國姓」一詞為清人所諱，加以外港不關掛驗，紀錄鮮及，所以「國姓港」名也就長期不入紀錄；直到道光三年（一八二三年）由於臺江海埔新生地鹿耳門港淤塞才有所透露，因為新生的海埔上蜿蜒着「臺界外北條一溪」，經鹿耳內港「礁口」旁橫斷「鹿耳門嶼」而出口，竟獲得了「鹿耳門溪」的佳名。溪有出口，自然形成新的港灣，港緣溪名，也稱為「鹿耳門港」了。鹿耳之名既由新港李戴以去，鹿耳門所指的內口又因淤塞而消逝；使得古港外口與「鹿耳」舊稱的奧援與呼應，一時俱失，於是那久用未彰的「國姓港」古名遂告脫穎以出，而常見於紀錄。未加細察，很容易認它是新生的港灣；加以清人素忌鄭成功的徽烈，諱其賜姓，音寫遂作「國賽」、「郭賽」、「國使」等詞，十足的「賈語村（蠢）言」，「甄事」那能不「隱」！「國姓港」之本屬鹿耳門古港的外口港門，由勘考所得，是證自多方，有如輻射的返軸，暗線的合龍。請看下舉資料：

姚瑩《中復堂文集》及《東溟奏稿》的資料最多，分舉如下：

資料1.〈臺灣水師船礮狀〉：[109]

（新）鹿耳門迤北臺嘉交界之國賽港水深二丈一、二尺。[110]

資料2〈夷船初犯臺洋擊退狀〉：[111]

本職[112]、職道[113]……、委候補府經歷、縣丞龐裕昆持令同水師所派署千總李瑞麟，督帶兵役，坐駕漁船，赴鹿耳門以北國賽港沿海一帶巡查防守。[114]

資料3.〈覆鄧制府[115]籌勘防夷狀〉：[116]

而安平大港外之四草及鹿耳門、北去二十里之國賽港，[117]均為邇來商船停泊之所。……皆郡城門戶。……其四草、鹿耳門、三鯤身，亦多築 墩，自十餘丈至二十餘丈不等。[118]

資料4.〈臺灣十七口設防圖說狀〉：[119]

安平大港口，……北去二十里之郭賽港，近雖可泊商艘，若至郡城，亦必易小船，由安平內港而行。……

郭賽港，在鹿耳門北十里，為臺嘉二縣交界之所，本即北汕，為水衝成港。口門頗深，近年大商艘多收泊於此。水底沈汕蜿蜒，非熟悉水道者不能輕入。港內有新長沙埔一片，文武汛館在此稽查商船。四面背水，兵勇不能駐守，然商船亦不能進至安平。派外委二員帶戰船二隻，弁兵八十名，文員一人，帶鄉勇二百人，防守口內。其東北岸上，令在地頭人練義勇千人，在地防禦。[120]

資料5.〈駁臺灣令壯勇不能登陴議〉：

次雇募壯勇防守　墩，……國賽港、鹿耳門、四草、二鯤身諸處，非安平之比，或可免其登陴。[121]

資料6.〈厦門有警臺餉不敷狀〉：[122]

議將鹿耳門廢口同國賽港、三鯤身三處口門，用在廠不堪修葺哨船四隻，並買民船十五隻，加以木桶數百箇，裝載碎石，預備臨時填塞。[123]

資料7.〈臺灣不能堅壁清野狀〉：[124]

過四草五里，則鹿耳門廢港，用石填塞。更六、七里為國賽港，其處水口寬深，用不堪修葺哨船並買民船鑿沈，堵塞港內。仍設鄉勇屯丁。對岸一帶，復聯集村莊團練壯丁設伏，以防登岸。[125]

資料8.〈夷船復來臺洋遊弈狀〉：[126]

茲於八月初五日（陽曆9月9日），接據臺灣水師協邱鎮功、臺防同知仝卜年及文武委員義首人等稟報，是日午刻，瞭見國使港外洋有三桅夾板夷船一隻，自西南駛來，由西北外洋而去等情。本職[127]、職道[128]當即飛行各文武，將各處壯勇酌量添設，慎密防範。續據探報，該夷船於是夜三更時，在國賽港迤北之馬沙溝外洋北汕停泊。當飭邱副將督帶水師商、哨船十九隻及水勇竹筏多張，馳往攻擊。併飭國賽港委員候補同知徐邦柱，督率守口壯勇，在岸陳列防堵。[129]

資料9.〈與王提督書〉：[130]

臺灣口岸甚多，最要者郡城之安平大港，……其次則以安平、鹿耳門以北之國賽港，大港甚近之三鯤身，此又左右輔翼於大港者也。三鯤身與大港甚近，易守，惟國賽港遠，而其他沙汕不可立足，內埔雖設文武汛房，而四面環水，兵無退步，此兵家所忌也，守之不便。議：俟臨時塞其港。[131]

資料10.〈覆曾方伯商運臺米書〉：[132]

其米多可糶者，惟鳳山、嘉義、彰化三縣而已。鳳山無大口，……米皆載至郡中，俟厦門商船夏至國賽港、冬至四草湖，以為出糶。[133]

資料11.〈會商臺灣夷務奏〉：

茲復欽遵聖諭，與王得祿同心協力。……統計現在勘辦臺灣郡城要口三處，曰安平大港、曰四草、曰國賽港。……鹿耳門昔稱天險，自道光二年以來已成淤廢，商船不能出入。[134]

資料12.〈雞籠破獲夷舟奏〉（夾片）：

又查郡城重地，口門不可過多。其鹿耳門廢口，同國賽港、三鯤身三處口門，用在廠不堪修葺哨船四隻，幷買民船五隻，加以大木桶數百箇，裝載巨石，預備臨時填塞。[135]

資料13.〈遵旨籌議覆奏〉（夾片）：

一曰賽港。……臺郡近城，惟國賽港與三鯤身之新港最為寬深。新港現用大竹簍及木桶載石填塞。國賽港則以不堪用之哨船數隻，並製大木籠千餘箇，載石堆貯水中，攔其大小船隻。港內岸上，均設兵勇首之。[136]

再次，續讀稍後之紀錄，查索一些有關國姓港的資料，續錄如下：

資料14.《臺案彙錄甲集》的〈臺灣鎮武攀鳳、臺灣道熊一本會奏臺灣猝被風災情形摺〉說：

又據安平協副將轉據該營游擊、守備等報稱：本（道光二十五、一八四五）年六月七日（西曆7月11日）午後，大雨傾盆，陡起東南颱颶，猛烈異常；加以內山溪流冲出，海潮漲溢，平地一片汪洋。至卯刻風稍間，潮始漸退。……國賽、鹿耳門等處[137]海口，拋泊內營載差哨船，暨大小商漁船隻，擊碎損壞甚多。……

又據署同知徐廷掄報稱：國賽港海口沈失內地過臺哨船清四、金一、金三、海二、湯三、勝七等六號，淹斃管駕額外季萬進一名，無眷水兵十一名。[138]

資料15.丁紹儀《東瀛識略》之〈海防〉說：

海舶到臺，多泊百里外之國寨港，另一小舟，盤運而進。……時際夏秋，風狂湧大，即國寨港亦不能泊。[139]

資料16.楊岳斌《楊勇慤公奏議》的〈恭報抵臺籌辦情形摺〉（光緒十一年二月十二日）：

惟是，臺南[140]地面遼闊，自去冬至今春，更形喫緊。如安平、國使港、旂后、大沙灣、東港、枋寮、瑯嶠，鵝鑾鼻及布袋嘴各口，無日不有法兵輪……時圖窺竄。[141]

資料17.《法軍侵臺檔》的〈督辦福建軍務左宗棠咨報往來臺澎漁商各船被法船轟擊情形〉所開：

（光緒十年）「臺灣道稟報法船游弋各口焚擊各船情形」……十一月三日，法船赴國賽港轟擊民船。——電報局報。……

又臺灣道稟續據各處報法船轟擊民船情形……十一月廿五日，有嘉義縣新港莊駁船戶曾挨紀花獅、曾扁頭犁等駁船載運花生往郡；至國賽港外，被法船焚燬，人船俱沒。——中路水勇營稟。[142]

資料18.西元一九〇三年（光緒二九年）美國記者James W. Davidson作《The Island of Formosa-Historical View From 1430-1900》[143]，敘「國賽港」是「臺灣府以北五英里處」[144]，另記有「一八六一年十二月」「暹羅船Kossuth」[145]、「一八六六年九月」「荷蘭船Pielides號」[146]「英國縱帆式三檣帆船Kwang Fong號」[147]分別在Koksikong國賽港患風、擱淺、遭劫。

資料19.臺南知府唐贊袞的《臺陽見聞錄》的「防務」之「海口」一目說：

郭賽港在鹿耳門[148]北十里，為安、嘉二縣文界之所。本即北汕，為水衝成港。口門頗深，水底沈汕蜿蜒，非孰習水道者不能輕入。[149]

上舉十九宗資料，由道光年間迄光緒二十年，由各種不同立場的記事所見之「國姓港」資料，很可作多方面的討論，試析如下：

第一、國姓港的諱名問題。我們從上舉資料中，「國姓」之諱「國賽」或「國使」佔絕大多數。這「國姓」之諱「國賽」或「國使」，因為還保留住其首的「國」字，而且「姓」、「賽」同聲，諱變的跡象甚明，只一提及，便可領會。問題是「郭賽」港名的紀錄，與「國姓」大有出入。在國語與閩南語的讀訓，「國」、「郭」固然同音，但閩南口語的音訓就完全不同了。因之有很多不願「國姓港」一名存在的人士，就堅決咬定「郭賽」的絕非「國姓」。為此，非加疏證不可。其實「郭賽」與「國賽」最原始的紀錄俱出姚瑩的《中復堂文集》，而「郭賽」一名僅出諸姚氏〈臺灣十七口設防圖說狀〉一文（資料4.），而姚氏其他有關史料如「資料1.」、「資料2.」、「資料3.」、「資料5.」、「資料6.」、「資料7.」、「資料8.」、「資料9.」、「資料10.」、「資料11.」、「資料12.」、「資料13.」，「郭賽」一名，卻俱作「國賽」或「國使」。數量佔絕對多數，時間上又或前或後；所見資料的文體、動機，更是多彩、多目。有這麼多的證見，很可反證姚氏在〈十七口設防圖說狀〉上的「郭賽」如非誤書，便當出於更徹底的有意隱諱了。否則，如「國」誤、「郭」確，那麼在〈說狀〉之後又必然不會再讓「國賽」出現。足見問題的癥結，無疑在「郭賽」之有毛病。再按「資料14.」的〈風災摺說〉和「資料16.」的〈抵臺籌辦情形摺〉，更可知「國賽（使）」寫記之無誤。至於「資料15.」和「資料19.」的「郭賽」那是較後的採輯記事，取材於「十七口說」的跡象甚明，傳抄因襲，無助證補。清官的諱避「國姓」是政治的一種現實手段，本不足怪，倒是後來還有人要強調立異，那才真是不可思議。[150]

第二、國姓港的轄屬問題。這問題所以重要，是因為它是國姓港與鹿耳門古港的潮流口是否「為一」的關鍵所繫。二十多年前我們討論這一問題時，一位已故友人用很不為然的語氣說「國姓港根本在曾文溪以北，而且古屬嘉義縣。」認定「國姓港」古在曾文溪以北的論者，不知憑藉甚麼證據敢於這樣肆言。筆者苦索二十多年，就始終沒有發現清代該港灣屬於嘉義縣的證據。而細案姚瑩的〈臺灣十七口設防圖說狀〉（資料4.），十七口分區陳說，「國賽」屬「郡城門戶」彰明甚著，了無可疑。其他「資料1. 3. 7. 9. 10. 11. 12. 13. 14.」都是「國賽」之在臺灣縣屬很有力的證據；「11. 12. 13.」三條，尤為直接明確的力證。反觀「國姓港」在曾文溪北而屬嘉義說，那只是臺灣割日後的一些訛誤，而且是不善瞭解臺灣堡圖的積非成是之見而已。

第三、國姓港該在何處。根據前引十九條資料可作兩方面的討論：

（一）國姓（賽）港在「臺嘉二縣交界之所」，資料4.與資料19.明確可按。

（二）「國姓（賽）港」之里程資料，可列如下舉：

「資料3.」：安平北二十里。

「資料4.」：安平北二十里，新鹿耳北十里。

「資料7.」：新鹿耳門北六、七里。

「資料15.」：（府治）百里外。

「資料18.」：臺灣府北五英里處。

「資料19.」：新鹿耳門北十里。

這中間里程與出發點是頗見參差的，可歸納三點：（1）國姓港在安平北二十里，未見牴觸。（2）國姓港距新鹿耳門或作其北「十里」，或作「六、七里」，且同出一個作者姚瑩。這歧異之故值得細研詳審。（3）國姓港距府治百哩，不用講失之太遠。因為清代百里等於五十七公里，從古府治中心的中區起算，要遠達今日雲林縣口湖鄉的海邊，這跟臺（安）嘉交界之曾文溪，顯然太過離譜。再看「資料18.」的「府治北五英里」說，五英里折公里為八．〇四六七公里。就拿最常計數的直線距離為準，才不過達到今日四草的海邊，還遠在當時的新鹿耳門以南。因之這兩條以府治為起點的里程資料，只好因其過與不及而捨棄。小結這國姓港里程問題，以安平之北二十里這一說的資料跡實而可信。

第四、國姓港的地理景觀有何特色？

（一）四面背水，見資料4. 9.。

（二）水深、沉汕蜿蜒，見資料1. 4. 7. 9. 13. 19.。

（三）新長沙埔，沙漬不實：見資料4. 9.。

第五、國姓（賽）港的水道有其特殊，這特殊是就航行難易而言，跟前題的水深而且沉汕蜿蜒自然有關，所以才「非孰習水道者，不能輕入。」見資料4. 19.。

第六、國姓（賽）港有著特具規模的官方設施，那就是「文武汛館在此稽查商船」。見資料4.

9.。

由於上面的六點分析，則由其地望、地形、方位、景觀、人事與設施，國姓港與古鹿耳港的外港不但若合符節，而且還兼而具備了古鹿耳門內港的一些官方任務，茲舉其類同要點於下：

第一，古鹿耳門港內港距安平水程二十里，其外港稍遠，而國姓港距安平的水程[151]二十里，位較偏西，垂直距離甚且稍近安平。

第二，古鹿耳門港「水底皆沙，縱橫布列」，[152]國姓港之沈汕蜿蜒，竟也相似。當然鹿耳門兼有港道，國姓則僅一港口而已。

第三，臺灣府治或臺灣縣轄，除安平及府城外，「文武汛館」俱全者實僅鹿耳門一處而已。國姓港具備「文武館員」仍在那裏查驗商船，足見汛址猶在原處。反觀李戴得名的新鹿耳門，與文武汛館了無牽涉，其非古港，昭然若揭。

第四、國姓港屬臺灣縣而在臺嘉交界之所，是很可確定的事。在臺江新成海埔之前，臺嘉在西邊接壤，因海域盪漾，涯涘難踪。到海埔新生的初期，也由於「溪道紛更」，「分界」一時難憑準繩。[153]後來終於以曾文溪的臺嘉二線的交界。國姓港及其埔地在於曾文溪口南邊切近，港域往往也指及溪口一帶。道光末臺灣道仝卜年〈上劉玉坡制軍論臺灣時事書〉[154]說：

> 一曰臺嘉劃界：道光十二年張逆（筆者按：指張丙）作亂，程前憲[155]東渡查辦，以嘉義一縣地方遼闊，酌量劃歸臺灣縣就近管轄。因地制宜，誠屬精當。惟查原奏，以灣裏溪為界，自發源之雙溪口

起，直達新溪口洋面鹿耳門外汕上。[156]

「灣裏溪」即曾文溪，也即臺嘉分界的自然新分野。由於曾文溪口是「鹿耳門」口外的浮沙小嶼即所謂「汕外」。可知曾文溪口與古鹿耳門是何等的切近，而與國姓（賽）港聯成一氣。所以清季的文獻不但數見不鮮地說國姓（賽）港在臺嘉交界之所，而有時仍說臺灣縣「西北，鹿耳門界嘉義縣」[157]或「西北界：至鹿耳門，與嘉義為界。」[158]這已是同治初年的紀錄，可證清代末季，海埔新生的鹿耳門舊港區，常用國姓港之名指喚之。參考有關清末臺灣地圖，很容易辨識國姓港之與古鹿耳門實屬不可分的二而一，且俱屬臺灣（安平）縣轄。如西元一八八五年 C. Imbault-Huart 所著《臺灣島之歷史與地誌》（*L'ile Formose, Histoire Description*）所附的《臺灣島全圖》（*Carte De L'ile Formose*）[159]有「國賽（姓）港」

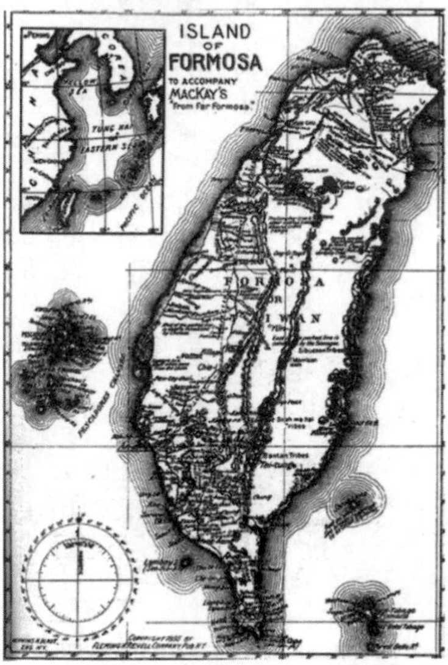

上／法國 C. Imbault-Huart 一八八五年所著「臺灣島之歷史與地誌」所附「臺灣島全圖」，其上有「Port-Kok-si-kong」一國姓港。

下／ Mackay 所著《From Far Formosa》〈臺灣六記〉所附「臺灣島地圖」（1895 年）。

（Port Koksi-Kong），約處北緯二十三度三分左右，核以張其昀先生《中華民國地圖集》「臺灣省」的「臺灣歷史地圖」很相一致，舉以對照臺灣省政府民政廳監製的「臺南市圖」和上引的張其昀先生「臺灣省圖」，國姓（賽）港位置約在臺南市安南區城西里的西南部，跟《十七世紀熱蘭遮海圖》上「北線尾島」西北角尖端，也即古鹿耳門港的外口所處的位置幾可疊合。再按一般公認是清代完成最後，且較為進步的《臺灣地輿全圖》，在其首幅〈全臺前後山總圖〉上，「國使（姓）港」標記在「曾文溪」口的南邊，而與「（新）鹿耳門」並列於「鹿耳門溪」[160]口，確屬最清楚的描寫。

結語

鹿耳門古港的道里，三百六十二年（一六二四年迄今）來滄桑演變，既多且鉅；但記錄豐富，脈跡可尋。加上古代地圖俱在，案考一目瞭然；再經由時賢努力，古今疊合，古港的投影全在今日鹿耳門溪以北的頗遠距離，殆無疑義！[161]用這古港道里認識作基礎，鹿耳門其他自然、人文的一些歷史景觀，可憑以稽考研析。再參閱下舉各圖，具體明確，沈沙史蹟，遂昭然可撫了。

中華民國七十五年八月卅一日重訂完稿

（本文為單行本，一九八六年五月）

1. 這些補證文章包括下列舉諸文：

一、〈鹿耳門古港方位道里新考〉——許丙丁、賴建銘、高崇煦先生與筆者合作。

二、〈鹿耳門古港方位道里補考〉——作者同上。

三、〈北港道與鹿耳門〉——賴建銘先生作。

四、〈由兩幅古圖談鹿耳門考證〉——郭水潭先生作。

五、〈答覆『鹿耳門古港道里方位考』的誤會者〉——作者同上舉第一條。

以上五篇俱見筆者主編之《臺南文化》第七卷第三期，中華民國五十一年九月二十五日出版。

六、〈鄭成功復臺時鹿耳門古港遺址考證〉——許丙丁、高崇煦、賴建銘諸先生與筆者合作。

七、〈古鹿耳門港與海堡（Zeeburgh）〉——作者同前文。

八、〈鹿耳門史料新探〉——作者同前文。

以上三篇見《臺南文化》第七卷第四期，民國五十二年九月三十日出版。

2. 鄭成功力克臺灣與荷蘭長官揆一所訂和約的署名之荷譯是「Teibingh Tsiaute Teysiancon Coxin」，所據當係「大明招討大將軍國姓」，所以成功本人賜姓賜名後，當不再用原姓的「鄭」字。但一般史料仍多用「鄭」這一姓字去配合「成功」，學人撰述也少有例外。本文遂也不能免俗。

3. 原錄缺字，當為「無礙」等近似意義的字眼。

4. 引自國立中央研究院歷史語言研究所影印本，頁150。亦見臺南市文獻委員會主編之《臺南文化》五卷四期，頁91。及臺灣銀行經濟研究室主編之「臺灣文獻叢刊」第三十二種，頁186。

5. 按譯者周學普先生在古註云：「鄭成功的入臺是一六六一年四月三十日上午七時半。」據曹永和先生函告：「按七時半係誤排，應作六時半」。「二五〇〇名兵士」應作「二五〇〇〇名兵士」。

6. Bepontok 是閩南語「馬本督」的荷譯，筆者嘗作〈鄭成功復臺名將 Bepontok 中文原名考〉，有所論列。

7. 按此之「二哩」實是「一哩」之誤。
8. Tayouan 僅指今安平，有誤作全臺之稱者，值榷。
9. 《被遺誤之臺灣》中譯本為周學普先生所譯，編列臺灣銀行研究室編印之「臺灣研究叢刊・第三四種・臺灣經濟史三集」，上引錄自該集頁59－60。
10. 新港溪為今之鹽水溪，不過今日縱貫公路以西的溪段，在道光初年以前屬於臺江的海域，是其不同處。
11. duijsche mijlen 曹永和先生大作原作「德浬」，時荷蘭留華學人施博爾先生認為 duijsche 義同英文的 Dutch，應譯作「荷蘭浬」較妥切些，曹先生的初譯大體意思仍不算錯。後筆者曾把施氏意思轉達曹先生，很表贊同，認為可以採作自己的訂正。
12. 見林朝棨先生〈鹿耳門古港道之位置考〉（預報）稿本。筆者按：朝棨先生廿四年前以此稿本提供參考，衷心感激，沒齒難忘。
13. 見仝上引林朝棨先生文。
14. 按 't Hagenaars Bosch 曹永和先生原音譯作「哈赫拿爾」指為人名，無誤。荷蘭施博爾（Schipper）嘗為筆者進一步說明：Hagenaars 這字猶言「海牙的人」或「海牙的」的意思。故此一荷蘭名詞亦可譯作「海牙森林」。海牙因國際法庭設在那裏而馳名於世，我國人也孰悉其名。
15. 林朝棨先生在其大著〈鹿耳門古港道之位置考〉有云：「十七世紀安平圖中有三點可以作為考證基點，即安平古堡、普魯民遮村和綠谷。」
16. 見臺灣省文獻委員會《鄭成功復臺登陸地點考證報告書》。
17. 見臺灣銀行經濟研究室主編之「臺灣研究叢刊第三四種」《臺灣經濟史三集》，頁21。
18. Dapper 的《中國遊記》原名極長，為一六七一年所出版，作者嘗遊臺灣。筆者曾與荷蘭施博爾博士合譯其中若干篇。

19. 所引在郭懷一 Faiet 抗荷一篇。
20. 荷蘭關於高雄的紀錄多以港口為中心，故此處取作起點。
21. 臺灣銀行經濟研究室主編之「臺灣研究叢刊第三四種」《臺灣經濟史三集》，周學普先生譯文，頁21。
22. 參見《被遺誤之臺灣》，中譯本為周學普先生所譯，編列臺灣銀行研究室編印之「臺灣研究叢刊第三四種臺灣經濟史三集」，頁59–60。
23. 文見《臺灣文化史說》，頁33–89。
24. 萊希蒂連，荷蘭人，其旅行記係指他「一六二八年十二月八日至一六三三年七月十二日止之旅行記」，本文所引之資料出他旅行記的「一六三二年五月二日關於臺灣之記事」，是身歷其境的第一手好資料。筆者為慎重計，特乘北行，請教曹永和先生，案對原書，查證原始資料，所引無誤。
25. 見《巴達維亞城日記》第一冊，頁136，該書民國五十九年六月臺灣省文獻委員會發行，王詩琅、王世慶二先生翻譯。
26. 俱見上引《巴達維亞城日記》。
27. 見《巴達維亞城日記》，頁168。
28. 中譯文見臺灣銀行經濟研究室編印「臺灣研究叢刊」第二五種《臺灣經濟史初集》，頁59，原文據日據時代的行政區域，所以註語為「臺中縣員林附近」。
29. 見《巴達維亞城日記》，頁168。
30. Girim 在《巴達維亞城日記》中譯本中，記錄原文除此文字外或作 Gielim 或作 Gilem（俱見頁348），或作 Gielem（頁420）。
31. 臺灣古昔為今安平附近一隅之地名，此 Tejoan 為臺灣閩南音的德文譯名，猶荷文之 Tayouan。當代臺灣史研究同道，每以「大員」一詞，代表古初原義，以別於常指全島的「臺灣」一名。

32. 《臺灣旅行記》，周學普先生中譯，見《臺灣經濟史三集》，頁114。

33. 查考申報館民國三十六年版地圖，安平距大陸最接近的地方相距約在二百五十公里左右，一七七・七公里的長度似相差很遠；一三三公里的數字之迥不相牟，就更為清楚。

34. 引自《臺灣經濟史三集》，頁44。這段資料，筆者曾煩曹永和先生查抄原書原文並予重譯，參考價值極高，爰錄於後：

「Herport, Albrecht: Reise nach Java, Formosa, Vorder-Indien und Ceylon, 1659-1668; neu hrsg. nach der zu Bern im Verlag von Georg Sonnleitner im Jahre 1669 erschienenen original-Ausgabe. Haag, 1930.

「S. 38: -Dieser Platz Piscabores (also genamt wegen dess schonen Fischfangs) liget 12. Meylen von Tejoan;...」

「這些Piscadores（是因為優越的漁場而得名）的位置，在距 Tejoan 12浬之處。（一九三〇年刊本第38面）」。

35. 見《巴達維亞城日記》中譯本，頁12。

36. 曹永和給筆者的兩段譯文 mijle 譯作「浬」高明甚。

37. 林朝棨先生大作稿本，給筆者時尚未刊行。筆者所據者為其大作抄本。後先生大作發表於《臺灣文獻》，附圖陸之1及2即採自《臺灣文獻》。

38. 廿三年前我們查得的資料約四百條，今天增加的其實不只百條。

39. 鹿耳門古港週遭的海陸關係指鹿耳門嶼、臺江內海、安平、大港一帶海陸形勢而言。

40. 「臺灣港」，高拱乾《府志》以後重修續修各府志及臺灣各版邑志，俱稱「臺江」。鄙見：「港江」同音，只聲調不同而已。「江」實緣訛讀而成。訛而成習，世遂不認為誤。

41. 見臺灣銀行主編「臺灣文獻叢刊」（以下簡稱「文叢」）第六五種卷一「封域志」，頁10。

42. 《裨海記遊》，民國三十九年方杰人（豪）先生輯有合校本，由臺灣省文獻委員會出版。此據「文叢」第四四種，頁8。「文叢」本亦方先生實校。

43. 見《裨海記遊》，此據「文叢」第四四種，頁8。
44. 詩及註見「文叢」第十種頁53，詩題：「自安平鎮風中返棹，波濤甚惡，歸臥竟日而心猶悸，作詩自嘲」。按此詩前接之〈秋日雜詩二十首〉嘗云：「三年身入幻，味物海東丞。」則「安平返棹」跟「雜詩」一樣是他抵任三年，即康熙四十四年的作品。
45. 周志資料見「文叢」第六六種，頁10。（其第一頁，標題「封域志」誤作「封城志」。）
46. 見「文叢」第二一六種《臺灣輿地彙鈔》，頁15。文中「大馬頭」，應係「大碼頭」之誤。
47. 見「文叢」第二一六種《臺灣輿地彙鈔》，頁18。
48. 見「文叢」第一〇三種，頁3。
49. 見「文叢」第一二四種，頁29。
50. 劉良璧雍正五年任諸羅知縣。八年署鳳山知縣。九年、十一年兩任溪龍縣。十三年任漳州府海防同知。乾隆二年陞臺灣知府。五年陞臺灣道，八年秩滿。六年重修府志，收此文於該志卷二十「藝文」。見「文叢」第七四種，頁56。
51. 見「文叢」第一〇五種，頁9。
52. 見「文叢」第一一三種，頁35、38。
53. 見「文叢」第一一三種，頁26。
54. 余文儀《續修臺灣府志》是臺銀經研室未編印「文叢」以前，獨一易見之「府志」。自乾隆間梓行，道光間略有增訂。二百年間為臺灣區域史事參研之中心。刷印既多，乃致缺殘。如本條所引，原臺灣省立臺北圖書館（今國立中央圖書館臺北分館）藏本之「三十里」的「三」的中間一劃就掉了。驟看即像「二」字。不過仔細觀察，仍能清楚看出二「橫」間的隔離太開。這是「臺銀經研室」的「臺灣研究叢刊第六十二種」的大本細字《臺灣府志》的「鹿耳門」之「水程」所以作「二十里」的原因。然而較臺北藏本原始的臺南市立圖書館庋藏的「府志」，情形較佳，「三」字卻完好勿失。廿年前有位熱心人士，為恐此字的遭受破壞，特拿它到臺南地方法院「公證」存案。真是學術界難遇的趣事。「臺銀經研室」自然有見及此，所以在「文叢」重排此志時，已把原據的錯刻「二」字，改正過來，其「一二一」種的第十頁遂能不誤。本文所引，即據之。

55. 見「文叢」第三種，頁12–13。
56. 見「文叢」第三種，頁18。
57. 見「文叢」第十九種，頁2–3。
58. 見「文叢」第二八三種，頁61。
59. 「臺銀經研室」節錄改題為《臺灣府圖志》編列「文叢」一二六《臺灣輿地彙鈔》，上引見頁41。
60. 見「文叢」第一四〇種，頁22。
61. 見「文叢」第一四〇種，頁253。
62. 李元春刪輯的《臺灣志略》記事止於嘉慶十四年。
63. 見「文叢」第一八種，頁3。
64. 見「文叢」第一八種，頁8。
65. 見「文叢」第一八種，頁13。
66. 見「文叢」第一八種，頁18。
67. 見「文叢」第一八種，頁64。
68. 《嘉慶重修一統志》，清道光二十二年撰成，所輯事實止於嘉慶二十五年，商務印書館就清宮寫本景印線裝行世。戰後在臺重刊以十六開裝訂行世。引文見卷四三七，葉十五。亦見「文叢」第六八種《清一統志．臺灣府》，頁26。
69. 見「文叢」第七種《東槎紀略》「籌建鹿耳門砲臺」，頁30。又「文叢」第一七種《治臺必告錄》引《東溟文集》，頁176。另見《福建通志》卷八十六及「文叢」第八四種，頁37。

70. 《方輿考證》的臺灣部份，「臺銀研究室」節錄標題曰《臺灣府方輿考證》，編入「文叢」第二一六種《臺灣輿地彙鈔》，引文見該書頁68。

71. 「邑治」、「臺灣縣」以及前此後此的一些「府治」名詞，所指義同，因為「臺灣縣」為府治附郭。

72. 見「文叢」第二十種，頁34。

73. 清劉錦藻纂《皇朝續文獻通考》，卷一百九十一的「樂考四」列有「中國度量衡與法國邁當制度之比較表」，「表」中的「中國度數合法國度數」的「里」是「五百七十六邁當」，「邁當」即metre，也即今譯的「米突」；反之，一「啟罗邁當」等於「三百一十二丈五尺即一里又一百三十二丈五尺」，「啟罗邁當」即Kilometre，也即今譯的「公里」。比例計算，清部制的一里（也即俗稱的「臺灣里」）等於〇・五七六公里，公制的一公里等於一・七三六里。所以四・三五公里等於七・五五「臺灣里」。

74. 見同註42，唯稍詳。

75. 見「文叢」第二一六種《臺灣輿地彙鈔》，頁15。

76. 見「文叢」第三種，頁12–13。這裏的「嶼」字，義猶半島。

77. 見「文叢」第一一三種，頁250。在卷八〈武衛志〉，「汛塘」條。

78. 見「文叢」第十九種，頁2–3。

79. 見「文叢」第八四種該志節本《福建通志臺灣府》，頁59。

80. 見「文叢」第八四種該志節本《福建通志臺灣府》，頁63。

81. 《福建通志》雖屬同治間重纂，但有關鹿耳門港記錄並不能代表同治年間的景觀，因為那時鹿耳門港久廢，不再有港道的存在。此處指為嘉慶間資料，是參考謝金鑾、鄭兼才《續修臺灣縣志》的紀錄所得的看法。

82. 筆者這段結論，跟廿多年前的舊考稍有出入處，在廿多年前對港道與時俱長的關係不如今日清楚，主要原因在今日資料較豐，彙訂得詳故也。

83. 見《明清史料戊編》第二本，葉四九。另見「文叢」第三一種《臺案彙錄甲集》，頁126。

84. 見「文叢」第三一種《臺案彙錄甲集》，頁110。

85. 筆者按：軍工廠在今臺南市西區民安里菱洲一帶。

86. 見「文叢」第七種，頁30–31；第一七種，頁176–177；第八四種，頁37–38。

87. 見「文叢」第五五種，頁27。

88. 見「文叢」第五五種，頁5。

89. 見「文叢」第五五種，頁12。

90. 見「文叢」第五五種，頁88。

91. 見「文叢」第五五種，頁88。所引為「道光十年七月初五日臺灣縣士紳曾敦仁、黃本淵、陳國瑛合報」，時該溪尚未命名，此為確證。

92. 見「文叢」第一七種，頁297–299。

93. 見「文叢」第五五種，頁88。

94. 〈海音詩〉「臺灣省文獻委員會」刊有吳守禮教授的校訂本。「文叢」則收入《臺灣雜詠合刻》為第二十八種，此引自「文叢」一本，頁10。

95. 姚瑩《中復堂全集》，臺灣大學圖書館有藏本，「臺銀」經濟研究室輯選有關臺灣之文獻，曰《中復堂選集》，列「文叢」第八三種。此引自《選集》頁77–78。

96. 見「文叢」第八三種，頁103。

97. 見「文叢」第三〇種，頁117。

98. 這裏後期是種概略的講法，詳細說來則起自鴉片戰爭開始的道光二十年，而迄乎光緒十七年，計一百五十一年。

99. 《臺灣輿圖》是臺灣道夏獻綸命山陰余寵所「創為」，梓行於世。臺銀研究室收為「文叢」第四五種，鹿耳門見第2、3頁的「全臺前後山總圖」和6、7頁的「臺灣府臺灣縣分圖一」，詳在後圖。

100. 《臺灣地輿全圖》是臺灣府改制臺南府以後的產物。中華叢書本的連橫《臺灣通史》採之作為附圖。「文叢」列此圖集於第一八五種。鹿耳門但見於「安平縣圖」，標名在於鹿耳門溪口。而鹿耳汛卻在溪北。52、53兩頁有「臺南府全圖」，則鹿耳門之名不刊，而「鹿耳汛」則標記甚明，在於溪北。

101. 見「文叢」第八三種，頁219。

102. 見「文叢」第八四種，頁59。

103. 見「文叢」第八三種，頁64。引文中的「前署蘭廳閣令」名炘，河南新鄭人，以羅源知縣署蘭廳，道光二十年任臺灣縣令。

104. 「寨」與「賽」字形近音近。

105. 王石鵬著《臺灣三字經》，自序年款尚題「光緒二十六年庚子」，故國之思，字裏見焉。舉稱「國姓」，良有以也。引文見「文叢」第一六二種，頁9。

106. 見「文叢」第二〇八種《雅堂文集．臺南古蹟志》之「國姓港」一目，頁242。

107. 《從征實錄》資料，請參註4。

108. 分見《明清史料》丁、戊、己各編，茲不細舉。

109. 此狀原註：「庚子六月初一日總兵會銜」。查對西曆：「庚子道光二十年」為西元一八四〇。「時憲六月初一」是西曆6月29日。總兵為達洪阿。

110. 見「文叢」第八三種，頁62。

111. 原註：「庚子六月二十三日」，西曆為7月21日，餘請參註109。

112. 「本職」，總兵達洪阿自稱。

113.「職道」，臺灣道姚瑩自稱。
114.見「文叢」第八三種，頁64。
115.「鄧制府」，指閩浙總督鄧廷楨。
116.原註，此狀呈於「庚子九月」。請參註109。
117.此處之「二十里」為「國賽港」距安平之里程，詳下舉資料。「鹿耳門北去」云云，略有語病。
118.見「文叢」第八三種，頁73。
119.原註：「庚子九月鎮道會稟」。請參註109釋語。
120.見「文叢」第八三種，頁76、78。
121.見「文叢」第八三種，頁89-90。
122.原註：「辛丑（道光二十一年）七月廿六日」，西曆為「一八四一年九月十一日」。
123.見「文叢」第八三種，頁97-98。
124.原註：「辛丑九月」。請參註122。
125.見「文叢」第八三種，頁103。
126.原註：「壬寅（道光二十二年）八月」，西曆為「一八四二年九、十月間」。
127.「本職」，總兵達洪阿自稱。
128.「職道」，臺灣道姚瑩自稱。
129.見「文叢」第八三種，頁107。
130.「王提督」當指王得祿，前後任閩浙水師提督，嘉義人。原註「庚子八月」，請參註109。
131.見「文叢」第八三種，頁129。
132.「曾方伯」，名望顏，廣東香山人。道光二十一年任福建布政使。此文原註：作於「辛丑九月」，請參註122。

133. 見「文叢」第八三種，頁136。

134. 見「文叢」第四九種《東溟奏稿》，頁30–31。

135. 見「文叢」第四九種《東溟奏稿》，頁36。

136. 見「文叢」第四九種《東溟奏稿》，頁85。

137. 同件前文敘鹿耳門災情尚云：「鹿耳門海口一帶，淹斃淘海民人三百四十二命，遭風商船十一隻，淹斃水手四十命。」

138. 見「文叢」第三一種，頁178。

139. 見「文叢」第二種，頁51。

140. 謹按楊岳斌〈奏議〉此處所指之「臺南」，實指臺灣「南路」而言，此議前文嘗云：「光緒九年內，劉璈稟請，分：山前：自恆春至鳳山及臺灣之曾文溪為南路，自曾文溪至嘉義及彰化之大甲溪為中路，自大甲溪至新竹、淡水及宜蘭之蘇澳為北路；後山自花蓮港、成廣澳、埤南、三條崙至鳳山界為後路，臺灣海前之澎湖為前路。」可知「臺南」也者自曾文溪以迄鵝鑾鼻。

141. 見「文叢」第六二種，頁35。

142. 見「文叢」第一九二種，頁351、354。

143. James W. Davidson 此書，臺北文星書局（該店已歇業多年）近年重刊之，冠附中文譯名為《二十世紀前臺灣滄桑錄》。民國六十一年「臺灣銀行經濟研究室」刊發該書蔡啟恒先生譯本，名作《臺灣之過去與現在》，編列「研究叢刊」第一〇七種，引文中譯據之。

144. 見文星重刊本頁180，中譯見「研究叢刊」第一〇七種，頁126。

145. 見文星重刊本頁180，中譯見「研究叢刊」第一〇七種，頁127。

146. 見文星重刊本頁182，中譯見「研究叢刊」第一〇七種，頁128。

147. 見仝前註，另更詳敘述見文星本頁181，及「研究叢刊」第一〇七種，頁129。

148. 「文叢」刊本「鹿耳」二字顛排。

149. 見「文叢」第三〇種，頁117。

150. 有一種人，「郭賽」的諱飾引用還不夠，另到鄉間，用其走樣的象聲記錄，把「郭賽」變成「撲（博）賽」，杜撰了一個子虛烏有的人物，真是不可原諒。

151. 請參前引「資料4.」，所謂「郭賽港，近雖可泊商艘，若至郡城，亦必易小船，由安平內港而行。」可知其里程屬「水程」。

152. 見「文叢」第一四〇種《續修臺灣縣志》「鹿耳門港」條，頁25。

153. 見「文叢」第五五種《臺灣采訪冊》，頁5。

154. 按：「劉玉坡」名「韻珂」。

155. 按：「張逆」指張丙，「程前憲」指閩浙總督程祖洛。

156. 見「文叢」第一七種《治臺必告錄》，頁244。

157. 見「文叢」第一八二種《臺灣府輿圖纂要》，頁88。

158. 見「文叢」第一八一種《臺灣府輿圖纂要》，頁90。

159. 見「臺灣研究叢刊」第五六種，頁2。該書為已故臺灣大學教授黎烈文先生所譯。

160. 圖上「曾文溪」南有小水，東北西南走向，雖未標題，但其為「鹿耳門溪」，一讀可辨。

161. 筆者本文純就清代以前的鹿耳門古港的變化作考，古港以外的「鹿耳門村」、「鹿耳門古廟」、「北線尾古嶼」、「鹿耳門的古砲臺、古衙署」則需另文細論，容俟得暇賡續。時賢倘有所指教，不勝企盼。

<3>

三研「蔣公子」

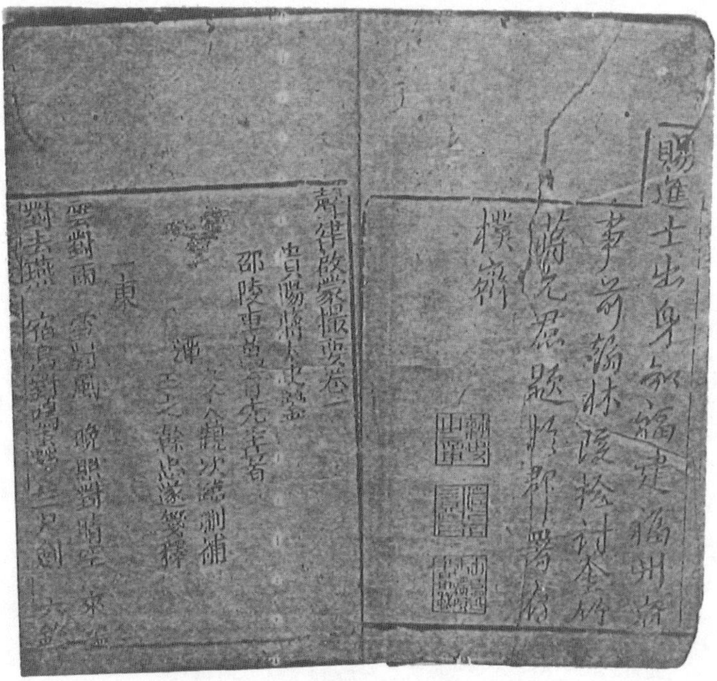

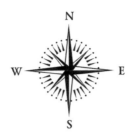

三研「蔣公子」

壹、蔣公子之傳說

民間傳說往往是歷史故事的轉形，傳說難免不經怪誕，但不少可貴掌故卻常藉由傳聞，綿延不已。「說」或不實，而「事」出有因，憑作線索，鉤稽漫引，真價史蹟，每獲大白。

臺灣民間的傳說不少，夙昔首善之區的臺南，尤其豐富。筆者從事臺灣區域歷史的研究三十餘年，里巷耳聞，輒加採輯。據個人淺見，在臺南，傳說依附最多的主人翁無疑是鄭成功；其次就要算那清代臺灣知府的「蔣公子」了。「蔣公子」的傳說多彩多姿，常傳熟聞的有下面幾則：

（一）大岡山（在高雄縣）是座很高的山，古代臺灣知府「蔣公子」想在山上建個佛寺。因為山高地偏，磚瓦的搬運非常困難。於是聰明的「蔣公子」想出辦法，派人散佈了一個動聽的消息：說是某月某日，知府大人要在大岡山「駛飛瓦」上山建寺。消息一傳，遐邇轟動。到那天，四面八方雲集萬千人潮到大岡山要看「蔣公子」「駛飛瓦」。於是「蔣公子」對大家說：「要看『駛飛瓦』須得到山上。大家上山吧！請大家順手帶一兩片瓦上去吧！』一兩片瓦輕而易舉，觀眾們都順手帶著上山。想不到山上瓦片竟被上山的人潮捲帶淨盡。到了山上，大家好奇地渴等著「蔣公子」「駛飛瓦」。這時蔣公子才對大家說：「瓦片嗎，已全部借諸位的雙手飛駛上來了；現在山下已無瓦片可飛了。謝謝諸位！」這麼一來，大家才醒悟上了個當。但感太守機智，他們反而欽佩贊歎。後來「蔣公子」就利用那些「飛瓦」建造了有名的超峰寺。

（二）臺灣府城東安坊嶺後街嶽帝廟（即東嶽殿，在今臺南市民權路二段），本就陰森嚇人。每天下午，行人每每聽見受刑慘叫的號聲。此廟奉祀陰曹地府的十殿閻君，本已容易叫人疑神疑鬼；現在多了午後的怪聲，就更可怕。從此，嶺後街一到下午遂告行人絕跡。有一天，「蔣公子」從那兒經過，也聽到了那唬人的聲音，但他不怕。把那廟宇一加端詳，看出那廟宇是個「鳳穴」，一個活「地理」，嶽帝廟建在上面自然要作怪。他馬上想個辦法，派人在廟的兩邊建造鐘鼓樓，壓在「鳳穴」兩翅上，把作怪的活穴給鎮住了。從此嶺後街上受刑慘號的聲音消逝了，下午又恢復了熙往攘來的行人。

（三）臺灣府永康里的法華寺（在今臺南市東區法華街），是個臥牛穴，寺前池子，常會無風起浪。「蔣公子」訪遊看出，心裏有數。不久在寺前半月池前建造一座「觀月樓」，像是一塊豎立在地上的綁牛的栓子。臥牛從此縛牢，不致在池中翻滾作祟。

（四）臺灣府城二老口的「卯橋別墅」一帶（今臺南市公園路省立啟聰學校附近）是「猛虎跳牆」的活穴，這表徵這一帶會出壞人。「蔣公子」發現此一孽穴，當然不肯放過。於是就在那兒建造一座「梳妝樓」，使那「猛虎」再也跳不起來。

（五）臺灣府西定坊大天后宮，是個「活蟹穴」，「蔣公子」在廟前建了一堵「照牆」給壓住。

（六）臺南開元寺附近有條水流叫做「石頭坑」，水泉旺盛，旱而不竭。經「蔣公子」一番勘察，知有怪象，於是勒一鉅碑，加以鎮壓。

（七）「蔣公子」有膽有識。臺灣府城北門有黃蘗寺（遺址在今臺南中山公園內），據說寺僧是個異人，頗有問題。有一天「蔣公子」突然奉閩浙總督轉來部文，要拿黃蘗寺僧，原來他是個謀叛首領。經過一番調查，瞭解那寺僧有極高武藝，加上徒眾工夫都不尋常。要想武力圍捕，怕引起大禍。於是「蔣公子」深入虎穴，把利害情形，以及自己不已衷情坦陳於黃蘗寺僧的面前。想不到黃蘗寺僧說跟公子生有夙緣，願一死為報，竟俯首受縛。

此外零零星星還有不少關於「蔣公子」的故事，最籠統的，是說他在臺灣府城建立了「七寺八廟」，把臺灣一些作孽的巢穴都鎮住了。

貳、初研「蔣公子」

上述這些傳說，筆者初聞，時在民國三十九年。當時在臺南，不容易得到可供參考的豐富資料；加以自身涉獵不廣，難期研究的滿意成果。好在當時耆宿如許丙丁先生、葉書田先生、顏興先生、石暘睢先生（均已久歸道山），得隨時請教；加以故蹟遺碑，也易勘考。因而綜合一番，深感「蔣公子」真人所指，應該是乾隆間先任臺灣知府、後任分巡臺灣道的蔣允焄。於是在民國四十二年寫下第一篇關於「蔣公子」的研究，題作〈由蔣公子說到蔣允焄〉，分載於當年出刊的《臺南文化》之三卷一期和三期。[1]子題有三：（1）蔣公子的傳說、（2）蔣允君閩海十六年的事蹟、（3）蔣公子傳說的因由。最後子題，筆者曾這麼說：

蔣允君好好的一個太守，為什麼會被人改稱「公子」呢？試推釋如后：在古代，「公子」本是貴族子弟的尊稱。到後來，尊貴的意義沒有了，在社會上它變成是朋友兒子的雅稱，或是用以指稱少年，或是用以指稱聰明的少年人，有時卻是作為風流哥兒們的代名詞。允君的家世暫不可考，縱使他少年以佳公子名世，那也只可能在他遙遠的故鄉才會被人知道。所以臺灣人給他加上「公子」這雅號，當與其年齡家世無關。說到他的聰明，是不成問題的；風流的事，觀其園室的經營，及南湖浮艇，觴詠其中等行為看來，可能會有些。或許蔣允君就因為聰明而又風流，遂被臺民加上「公子」的雅號。綽號容易掛上口，「公子」遂代替了「蔣太爺」而流傳了下來。

蔣允君塑像（像存臺南市東區法華街法華寺）

參、二研「蔣公子」

〈初研蔣公子〉後之十年間，筆者承臺灣銀行經濟研究室之邀，為「臺灣文獻叢刊」編輯《臺灣南部碑文集成》：北起雲林，南迄屏東，東及花東，西包澎湖，遺碑散碣，廣為訪蒐，得六百餘件；遺漏固多，而個人新知卻因而增加不少；這中間二位乾隆間的蔣知府之原始資料不斷新呈眼前。其中一位即蔣允焄，另一位則為過去較少注意的蔣元樞。尤其元樞的碑記，圖文並富，在臺灣無疑是空前的，似乎未見為繼。

先看蔣允焄的碑記：

（1）鴻指園記（乾隆三十年）。[2]

（2）重修關帝廟增建更衣亭碑記（乾隆三十年）。[3]

（3）重修天后宮增建更衣亭碑記（乾隆三十年）。[4]

（4）重修龍神廟增建更衣亭碑記（乾隆三十年）。[5]

（5）水仙宮清界碑記（乾隆三十年）。[6]

（6）德安橋──大老爺蔣重修德安橋記（乾隆三十年）。[7]

（7）蔣公允焄去思殘碑（乾隆三十一年）。[8]

（8）蔣公堤碑記（乾隆三十六年）。[9]

再看蔣元樞的有關碑記：

（1）奉憲禁免當舖採買碑記（乾隆四十一年）。[10]

（2）恭修萬壽宮碑記（乾隆四十二年）。[11]

（3）郡城佐屬公館碑記（乾隆四十二年）。[12]

（4）護理臺澎兵備道臺灣府正堂蔣德政碑（乾隆四十二年）。[13]

（5）鼎建臺澎軍工廠碑記（乾隆四十二年）。[14]

（6）重修海會寺碑記（乾隆四十二年）。[15]

（7）重修臺灣府孔子廟學碑記（乾隆四十二年）。[16]

（8）重修關帝廟碑記（乾隆四十二年）。[17]

（9）重建臺灣縣廟學碑記（乾隆四十三年）。[18]

（10）重修先農壇碑記（乾隆四十三年）。[19]

（11）重修天后宮碑記（乾隆四十三年）。[20]

（12）澎湖西嶼浮圖記（乾隆四十三年）。[21]

（13）恩憲大人蔣捐買園業碑記（乾隆四十三年）。[22]

另外蔣元樞尚遺圖碑六件，對其建設績效，極具參考價值，它們分別是：

（1）萬壽宮圖（碑）（乾隆四十二年）。[23]

（2）臺灣府學全圖（碑）（乾隆四十二年）。[24]

（3）接官亭圖（碑）（乾隆四十二年）。[25]

（4）軍工廠圖（碑）（乾隆四十二年）。[26]

（5）皇清重修城隍廟圖（碑）（乾隆四十二年）。[27]

（6）重修海會寺圖（碑）（乾隆四十二年）。[28]

上舉資料後來輯錄編進《臺灣南部碑文集成》出版，隨檢甚易；但當年筆者是露曝豔陽，扶梯搬凳，艱苦細讀，現場記錄，因而感受特深，體會有三：

（一）關於蔣允焄史事，增加了不少認識。從前錄碑記裏瞭解他「為政近人」的有力表現：他把文武官吏、仕紳耆商，團結一起，蔚成一時風尚，安定了社會，產生了「熙熙皞皞」、「尊卑渾忘」的交融境界。[29]允焄的史事值得進一步加以勘考。祇是由資料的新增，反而沖淡他與「蔣公子」傳說的神祕關係；「蔣公子」這一課題的研析竟需另選角度，允焄本身的史事反而要在別的範疇裏另作處理。

（二）由於「護理臺澎兵備道臺灣府正堂蔣德政碑」內容的明確可據，「蔣公子」的真正主人應為蔣元樞，遂昭然若揭。筆者一樣釐正舊考的動機從此遂縈懷不去。

（三）臺灣銀行經濟研究室在周憲文先生的主持下，大量翻印臺灣文獻叢刊，從八十種以後，筆者幸獲贈送一份。加上臺南文獻委員會的鞭策；自身對臺灣史的認識乃增進不少。上下人物的關係，漸能比較貫串。於是康熙二十三年臺灣知府蔣毓英的治績遂得多方檢識，得個輪廓。毓英的惠政親民，跟允君、元樞竟也多方彷彿，「蔣公子」一名固與不相涉；但時間的累積，這三位蔣知府的流風餘韻自然交織融會在「公子」這一名詞的範疇中，大大充實了傳說的內容。

民國五十五年，華岡中華大典，由張曉峰先生具名徵編《臺灣文物論集》，筆者就上舉三點「新知」和感懷，遂撰〈蔣公子研究〉（副題「臺灣知府蔣元樞治績考」）[30]一文應徵。這是筆者的二研蔣公子。在此一文中自己作有一番檢討：

> 我十年前對「蔣公子」的初步研究，事後即自感疑問。第一，我輕輕放過傳說本身的價值。傳說雖難盡信但傳說值得推敲；缺少了分析與印證的工夫，使得那些傳說所寄託的史事之價值無由表現，所作結論自難近真。第二，我對「蔣公子」雖費辭解釋，頗感掉以輕心，認為「公子」是老百姓隨意混起的綽號，忽略它可能蘊含實質的意義。我認為替「蔣公子」一詞尋求印證，仍是不能放鬆的工作。因而在後此歲月裏，對此一問題仍時加留意。十年來難得的是臺灣銀行大量翻印「臺灣文獻叢刊」，夙昔難於一齊看到的五版《臺灣府志》、三版《臺灣縣志》以及省內廳縣各志，都先後問世。筆者教讀之暇，輒加涉獵，積居歲月，心得漸增，關於「蔣公子」問題的瞭解比前深刻不少。
>
> 首先我注意到在臺灣地方史事裏前後有三任事蹟相仿的蔣知府。他們是康熙二十三年首任知府蔣毓英、乾隆二十八年蒞任的知府蔣允焄和乾隆四十年蒞任的知府蔣元樞。根據採訪所得的資料去對照方志的紀錄，找「蔣公子」的傳說與三位蔣知府行蹟相印證，反而使人有些迷惘。因為傳說的內容，跟某一位蔣知府或可拉得上關連；而任一位蔣知府的事蹟又無法絲絲入扣地去概括有關「蔣公子」全部的傳說。如：

（一）大岡山「駛飛瓦」的傳說，有史事可以照應，盧德嘉《鳳山採訪冊》乙部「地輿」「諸山」條說「山腰超峯寺，祀觀音佛祖，為前太守蔣允焄建」。

（二）嶽帝廟，歷考臺灣府縣各志，與蔣知府均無關係；唯據《續修臺灣縣志》，此廟乾隆「四十三年，里眾何燦輩修」，時間與蔣元樞任期相當，或有關係。

（三）法華寺，「舊為夢蝶園，康熙二十二年改為寺。知府蔣毓英以寺後曠地二甲零為香燈費」（《續修臺灣縣志》卷五〈外編〉）。「火神廟，即法華寺前殿，乾隆三十年知府蔣允焄修。」（前引同書卷二〈政志〉）。允焄有〈新濬永康里南湖碑記〉云：「城南法華寺前十數武有地沮洳，廣可數畝。……今因勢利導，潴而為澤。……北岸邇寺前，南岸砌舞榭。」（前書卷六「藝文」引）這可看出「臥牛穴」的故事可拉上三位蔣知府的關係，而與蔣允焄尤切。

（四）所謂二老口的「梳妝樓」，其實就是「卯橋別墅」。臺南市立民族文物館（前稱「臺南市立歷史館」）藏有「咸豐元年署」任、「四年回任」（陳培桂《淡水廳志》卷八〈職官表〉）的淡水同知朱材哲撰題〈別墅〉木聯云：「二老締鄰交，勝地重經，借他遠岫叢篁，聊耽吏隱。十年憐宦景，塵容偶謝，恍對晴川芳草，無限鄉心！」材哲附〈跋〉說：「此地俗稱二老口，為許茂才遜榮所構別業。余權蛤仔難五載，於己酉（一八四九年）夏初晉郡，僑寄者幾二載。辛亥奉委淡川，旋代府篆。至壬子（一八五二年）春卸任，再過斯園，修廊曲榭，裕子厚太守葺治一新。因題長聯以志爪印云爾。小春上澣荊南朱材哲書並跋。」可證「梳妝樓」是知府裕鐸（子厚）所修，與三蔣都沒有關係。

（五）西定坊天后廟（宮）乾隆「四十年，郡守蔣元樞修，有碑記」。這看出此廟跟元樞關係特切；

但與蔣允焄也有關係。乾隆三十年署南路營參將趙宗潤所撰〈重修天后宮增建更衣亭碑記〉有云：「后宮在郡西偏，殿宇峨峨，廟貌奕奕……太守蔣公，念□建之未周，規模之未□……覓地廟右二畝許，構廳三進，為更衣所。……公諱允焄，字為光。……」（見筆者所編、收入臺灣銀行經濟研究室印行之「臺灣文獻叢刊第二一八種」的《臺灣南郡碑文集成》）

（六）所謂開元寺「石頭坑」勒建鉅碑鎮壓地脈事，可說出乎誤會。因為所謂鉅碑指的是「皇清誥贈奉政大夫祖考登昌陳先生墓道」碑，「乾隆十年歲次乙丑季春吉旦，山西汾州府分府孫陳奇典立石」。（碑現陳列赤嵌樓畔）與三蔣了無關係。不過石頭坑左近的開元寺卻與蔣元樞大有關係，《續修臺灣縣志》卷五〈外編〉說：「海靖寺，舊名海會寺，亦名開元寺，……乾隆四十二年知府蔣元樞修。」元樞勒有碑記，且鐫圖碑（詳後）。

（七）黃蘗寺僧與「蔣公子」的關係，舊誌弗詳，唯連橫《臺灣通史》卷二十二〈宗教志〉「佛教」一目有至為生動的描寫。《通史》說：「黃蘗寺……僧不知何許人，逸其名，居寺中，絕勇力，能蹴庭中巨石，躍去數丈。素與官紳往來，而知府蔣元樞尤莫逆。一日元樞奉總督八百里密札，命拿此僧，不得則罪。潛訊之，知為海盜魁。恐事變且得禍，乃邀僧至署，盤桓數日，欲言又止。僧知之曰：『窺公似大有心事者。大丈夫當磊磊落落，披肝見膽，何為效兒女態哉？』曰：『不然。事若行，則上人不利；不行，吾又不能了。故踟躕爾。』出札示之。僧默然良久，曰：『不慧與公有前世因，故一見如舊。今願為公死，但勿求吾黨人。不然，竭臺灣之兵，恐不足與我抗。』曰：『省憲祇索上人爾，餘無問。』僧曰：『可。』命招其徒至，告曰：『而歸取籍來。』徒率眾肩入署，視之，則兵卒、糧餉、器械、船馬之數。一一付火。元樞大驚。僧曰：『我祖為鄭氏舊將，數十年來久謀光復。臺灣雖小，地肥饒可霸。然吾不猝發者，以閩粵之黨未勁爾。今謀竟外洩，天也！雖然，公莫謂臺灣終無人者！又以贈公。公亦好速歸；不然，荊軻、聶政之徒將甘心於公也。』元樞送至省，大吏訊之，不諱。……」這說明與黃蘗寺僧有關係的「蔣公子」是蔣元樞。[31]

上文所指的七寺八廟與「蔣公子」的關係，幾乎是盡人皆知的故事，前舉「七則」，大半與有關連，其餘則事蹟略嫌籠統。臺南市文獻委員會在民國五十年初嘗開會專論這「七寺八廟」之正確所指，筆者主持此會，所得結論頗值一述。現在就列表以印證其與蔣姓知府有關的史實。

七寺	考略
開元寺	《續修臺灣縣志》載：乾隆四十二年知府蔣元樞倡修之。前文所記「重修海會寺碑記」為第一手證物。[32]
竹溪寺	考志載，蔣毓英、蔣允焄、蔣元樞似俱無關。[33]
法華寺	詳見前引舊作，知與蔣毓英、蔣允焄俱有關。
彌陀寺	志載蔣毓英、蔣允焄、蔣元樞俱無關係。
黃蘗寺	詳見前引舊作與蔣元樞有關。
重慶寺	志載蔣毓英、蔣允焄、蔣元樞俱無關。
龍山寺	志載蔣毓英、蔣允焄、蔣元樞俱無關。

八廟	考略
大天后宮	詳見前引舊作，與蔣允焄、蔣元樞俱有關；而元樞修葺規模鉅大，關係尤切。
大關帝廟	《續修臺灣縣志》：「乾隆三十一年署巡道蔣允焄修，增建更衣廳於廟左。四十二年，知府蔣元樞修。」二人俱見碑記著蹟，關係都切。
嶽帝廟	志載蔣毓英、蔣允焄、蔣元樞俱無關；惟其修葺時間與元樞任期有相合者。
府城隍廟	《續修臺灣縣志》：「乾隆四十二年，郡守蔣元樞修。」據元樞碑記，廟似創自蔣毓英。
龍神廟	《續修臺灣縣志》：「乾隆三十年，知府蔣允焄修，有碑記。」
風神廟	《續修臺灣縣志》：「乾隆三十年，知府蔣允焄，四十二年郡守蔣元樞修，皆有記。」
藥王廟	考其廟有蔣允焄撰記殘碑。[34]
水仙宮	《續修臺灣縣志》：「乾隆二十九年，商人蘇萬利等倡修，郡守蔣允焄有清界勒石碑，記見藝文。」

另有大上帝廟，亦屬古臺灣大廟，頗有人指在「八廟」之列。據《續修臺灣縣志》：「康熙二十四年，知府蔣毓英修」；允焄、元樞俱無關。

肆、三研「蔣公子」

一、蔣公子一名所指

根據傳說與史實比較，顯而易見「蔣公子」傳說的憑據與蔣毓英關係較淡，而與蔣允焄、蔣元樞則牽涉多方，同時好像允焄比元樞似還更密切似的。這就難怪一般人多指認「蔣公子」的傳說來自蔣允焄了。但筆者始終對那公子兩字無法索解而放不下心，因而對志書所載的兩人文章屢經細讀。就因臺灣銀行經濟研究室委託筆者編輯《臺灣南部碑文集成》，從方志所遺的古碑殘碣裏，對於允焄、元樞兩人的有關文獻錄輯稍加，讀研之餘，得到幾點小見：

（一）這兩位蔣知府的勤政為民很相類似，所得民心都深刻厚實，跟他們六七十年前的「前輩」蔣毓英之甘棠餘思一樣永存社會，長留青史。所以三人都獲老百姓建立「德政」「去思」之遺碑；衍為傳說，就容易混成一個範疇。

（二）蔣元樞跟蔣毓英不同的是，後者恬退，前者積極；元樞和允焄的出入在處世的方式：允焄好像很會做公共關係，所以凡有作為除自撰碑記外，往往還有人另立一道頌揚的副碑，筆者在《臺灣南部碑文集成》裏所錄之〈重修關帝廟增建更衣亭碑記〉[35]、〈重修天后宮增建更衣亭碑記〉[36]、〈重修龍神廟增建更衣亭碑記〉[37]、〈德安橋—大老爺蔣重修德安橋記〉[38]、〈蔣公堤碑記〉[39]都屬其類。元樞不然，他的碑文（詳後）較有廊廟的氣息。他官拜知府，上面還壓著監司的道臺，可是元樞文中議論直抒，很少無聊的客套，更少惺惺作態的卑氣降求：顯出氣局與一般官吏不一樣。這到顯出「公子」一詞在高貴方面的那種氣質。

（三）當筆者讀到現勒臺南市南區碑林的乾隆四十二年「護理臺澎兵備道臺灣府正堂蔣德政碑」[40]時，前此那無法索解的「公子」意旨，終於得到答案。碑云：「竊為政之道，首重利民。利民之事，本無鉅細；然惟經濟無不裕，而後事功無弗周。我恩憲大人蔣，代受國恩，兩世相業昭垂，功在社稷，尚矣！」這「昭垂」的「兩世相業」，點出了蔣元樞的簪纓華貴。「兩世」指其父祖，相業則推崇他父親和祖父都任過大學士，元樞之允稱「公子」，在這裏得到一個正確的背景。當時我們就習聞傳說依附的程度衡量，似感元樞略遜於允焄；但就勘查所見，則元樞之作為，比較允焄之業績，不獨數量不遜，而且規模遠大殆有過之。是以本文後段的重心遂專注於元樞的治績。祇是在這裏我們可要注意「蔣公子」傳說從蔣元樞在乾隆四十三年滿任開始後，經過二百年來的流傳衍化，事實已揉合了臺灣歷史上三位蔣知府的大部事蹟，所以要談「蔣公子」的問題，元樞前任的蔣毓英和蔣允焄兩人的臺灣治績，仍有介紹的必要。

二、蔣毓英治臺事蹟考

在〈蔣公子研究〉一文中，筆者對蔣毓英的治績曾予探討。茲略加修訂並補附考註，敘記如后：

說到蔣毓英，他的傳記以高拱乾《臺灣府志》卷十〈藝文志〉之〈蔣郡守傳〉最原始最詳細，〈傳〉云：

蔣毓英，字集公，奉天錦州人。前守泉，泉故用武地也，大（清）師雲集，羽檄交馳，公一切措辦，游刃有餘。天子廉其治狀，賜一品服褒嘉之。

康熙二十二年，臺灣歸命，督、撫念海邦重地，非公不可，會疏薦公，移守臺。始至，見其井里蕭條、哀鴻未復，慨然曰：「是豈不足為政耶？」

因躬歷郊原，披荊斬棘，界分三縣[41]封域，相土定賦，咸則三壤。其役之不急者罷之，土番之雜處者飭勿擾之。招流亡，詢疾苦，時召父老子弟而告之以孝弟焉。又思化民成俗，莫先於學，力贊憲副周公（昌）詳請開科，以興文教。至民貧不能備修脯者，復捐俸創立義學，令詣其中，延師課督之。嘗於官舍之勞，構一草堂，顏曰「安拙」。人謂：「公之才，當羽檄交馳時，應之綽有餘地，今顧自安於拙，何也？」公曰：「才以理繁劇，而拙所以安新附也。」任滿，報遷湖廣鄖鹺道。臺人士皇皇若失，涉汪洋重繭詣大中丞告留。中丞憐其遠來良苦，具題准借一年。會江右觀察使缺，皇上特勑公為之。士民不敢為再三之瀆，立碑紀其績焉。榮行之日，攀轅送者無慮數千人，咸感泣數行下；公撫之，亦涕涔淫不自禁。

既去，郡人復就公所建書院，塑像祀之，以比周人之愛甘棠云。[42]

同書另輯有清大學士李光地〈臺灣郡侯蔣公去思碑記〉[43]，內容與前傳相若，但有三點可資補充，（1）記人民去思深情，較傳文詳切，記云：「公三年報最，擢楚觀察，分督鄖鹺。將去之日，全臺如失怙恃；三老子弟，咸肖公之像而尸祝之。四庠桃李盡出公門，崇報之心，尤深寤寐。」（2）說明籍貫，足補前失，記云：「公籍雖遼左，實浙東諸暨人。」（3）碑記毓英「號翁集」，與傳「字集公」，有小別。

茲輯採志書，作毓英治績簡表如次：

事蹟	考略
臺灣府志稿	成於毓英任期（康熙二十三—二十八年）中，計十卷。後高拱乾撰府志，即據之增訂。（詳高拱乾府志，及方豪先生〈關於若干臺灣方志的新認識〉，見《臺灣風物》十六卷一期）。[44]
葺府署	匾其堂曰「開疆立本」，志新造也。（高拱乾府志）
修府學	康熙二十三年，與臺廈道周昌共修，改額曰「先師廟」，懸清聖祖所書「萬世師表」匾於殿中（筆者按，匾尚存），廟貌煥然。（高拱乾府志）
立社學	學有三，二在臺灣縣東安坊，一在鳳山縣土墼埕。（高拱乾府志）[45]
建書院	稱「鎮北坊書院」，二十九年士民肖蔣毓英像祀焉。（高拱乾府志）[46]
置府學學田	計五甲，在臺灣縣文賢里，二十三年置，為府學師生燈火之需。（高拱乾府志）[47]
修大枋橋	橋在東安坊嶺仔後，康熙二十三年大水衝圮，毓英捐俸修葺之。（高拱乾府志）[48]
修上帝廟	已詳前「八廟」題後考按。
建法華寺	已詳前「七寺」題後考按。

（前表資料，康熙五十七年）周元文《重修臺灣府志》俱得考之，時代較後之府縣各志，已見刪削，未若高、周二志之完整，茲不一一注明。[49]

康熙二十七年臺灣知縣王兆陞有〈蔣公祠序並詩〉，謳思描寫，頗出真情，是紀念這位臺灣首任蔣知府的好文章，謹錄如次：

臺疆初闢，帝簡名賢；瀛海方澄，天畀良牧。惟公鍾松山、杏山之秀，播召父、賈父之恩；不賞不怒，番黎盡戴慈雲；克寬克仁，士庶久遊化日。歌去思而共銘口版，荷涵蓋而莫寫心丹。是以作繡買絲，每瞻仰而如依慈母；范金鑄像，一飲食而必禱神君。展也益郡風流，允矣桐鄉俎豆！陞素叨厦庇，深沐甄陶，方欣御李於東寧，倏長遷鶯於彭蠡：謳思彌篤，圖繪難傳。今者幸藉餘暉，得叨哀秩，亦將揚帆而西返，不禁景範而增懷。恭寫俚唫，用貞文石云。

昔日東寧今豫章，德兼威惠政非常。潁川有鳥皆成鳳，召國無花不作棠。處處絃歌膏澤厚；年年俎豆姓名香。仁人積慶知方郡，衮繡升朝佐我皇。

西來紫氣傍雲明，夫子聲華信莫京。岡嶺己因名德峻，鄱湖更為使君清。歸鴻附驥登臨遠，蔦草綠松霄漢縈。每過舊遊吟畫錦，幾回翹首不勝情！[50]

上文所指的「蔣公祠」，前引高拱乾《臺灣府誌》的〈蔣郡守傳〉僅云就「所建書院」塑像祀之。據同書「書院」一目可知名為「鎮北坊書院」。[51] 據陳文達始纂的《臺灣縣志》，此書院應在「小上帝廟」後。[52]《志》云：

小上帝廟，偽時建。總鎮張玉麒[53]調臺，中流震風。夢神散髮跣足降於檣，波恬浪靜。抵岸，因重新帝廟焉。其後為郡侯蔣公毓英祠，時江西觀察命下，士民不忍其去，故立祠祀之。

三、蔣允焄治臺事蹟考略

在〈蔣公子研究〉文中，筆者以主題不在允焄，故考證用略，列表舉要而已。此處「三研」，不想作太大改變，原因是允焄值得長文加以處理，擬俟將來。現在把若干補充先予提出。

蔣允焄臺灣任職和期間，鄭喜夫先生纂著、臺灣省文獻委員會編印之《臺灣地理及歷史卷九官師志》的第一冊「文職表」交代最詳，抄記如次：

> 蔣允焄，乾隆二十九年十二月以臺灣知府護理（福建分巡臺灣道），——乾隆三十年五月在任。[54]
>
> 乾隆三十四年由福州知府陞任（福建分巡臺灣兵備道），二月十一日到任。乾隆三十六年正月初三日卸，調任汀漳道。[55]
>
> 乾隆二十八年八月初六日由漳州知府調任（臺灣知府），乾隆三十一年七月二十一日卸，調任福州知府。[56]

允焄憑其政績，堪列志傳；不巧他在《續修臺灣府志》纂修時間入臺。「不為生人列傳」加上此志後此不再修纂，允焄自然與府志的名宦絕緣。到是臺灣「崇文書院」掌教訓導陳鵬程[57]跟該院生員勒有「去思碑」，頗存事蹟。可惜碑石斷裂，風化又多，零落不可卒讀，節拾大意如下：

> 公諱允焄，號為光，黔省貴陽人也。公以文章華國兼具幹濟才。聖天子知之，俾以民社之寄，爰除外任，歷試懷安、餘姚諸劇邑。……所在有政績，至今民謳思弗替。癸未歲（乾隆二十八年）揀調臺守。……公甫下車，興利除弊，（護任）道篆，攝理防憲篆，平斗斛、正錢法，以及恤商賑貧諸善政。……（新建）萬壽宮，整修各廟宇，營建官廳，無非公之大有造於臺。……（崇文書院）於府治左，諸生親受甄陶，出藻鑑公明，不啻水衡玉尺，……捐給膏火；細至構文棹櫈，不惜捐俸備造。……三年中，（改建）海東，新設「南湖」，俾兩書院巍煥壯觀，多士得絃誦其間。……[58]

另外筆者手頭參考可及的允君傳記似以清光緒丁丑冬鐫沈定均《漳州府志》的卷二十七〈宦績四〉值得一引，《漳志》云：

> 蔣允焄，字為光，號金竹，貴州貴筑人。乾隆丁未進士。二十五年知漳州府。三十六年再任汀漳龍巡海道。平易近民，因俗為政，軍門馬負書[59]稱其一片婆心。每際嚴冬，尤加意夜巡，謂「是時戶有蓋藏，恐奸民生心竊發也」。兩任十載，百廢俱舉。遷按察使，百姓丐留不可，乃勒石道左以志去思。

綜合上舉記、傳，與前引鄭喜夫先生撰作之文職表，允君曾任「懷安、餘姚」知縣，來臺知府任上護任過巡道外，似也曾攝任過臺灣府海防同知。《漳志．宦績．允君傳》中「丁未進士」一語係「丁巳」之筆誤，值得指出。[60]還有他中舉年份為「丙辰」（乾隆元年）恩科。[61]「丁巳二年」，即在次歲，可知允君是連捷進士，真是才華早具，跟他在臺灣頗顯風雅的治績，互資印證。

蔣允焄在漳的「平易近民、因俗為政」的風格，同樣表現在臺灣的府、道任上，茲列表簡記：

事蹟	考略
海東書院	舊廈遷靡定，允君為擇址於府城寧南坊府學西崎下。（即今臺南市中區忠義國民小學校址）（詳「《續修臺灣縣誌》卷之三「書院」條及同書〈藝文二〉所收允君所撰「改建海東書院碑記」）
崇文書院	允君親督課業（詳前引「去思碑」）。
南湖書院	乾隆三十年，允君在法華寺左傍南湖，捐廉俸建之。允君去職後告廢。（詳《續修臺灣縣誌》卷之三「書院」條及同書「藝文二」選刊之允君所撰「新建南湖書院碑記」）

鴻指園	乾隆三十年，允君就府署舊「四合亭」新建（詳所撰「鴻指園記」，碑石現存「延平郡王祠」內）。
禔室十三勝	乾隆三十一年，允君就道署隙地，造「【原刊作『木義』】月樓」、「魚樂檻」、「叢桂徑」、「延薰閣」、「小仇池」、「花韻欄」、「得樹庭」、「接葉亭」、「花南小榭」、「挹爽廊」、「瑞芝巖」、「疊雲峯」、「醉翁石」等十三勝。各自撰有記（《續修臺灣縣志》卷之二載其略記）。
斐亭	乾隆三十一年，允君就道署原亭移建「延薰閣」之下（詳同前引）。
澄臺	乾隆三十一年，允君新修粉刷之（詳同前引）。
萬壽宮	允君暨巡道奇寵格等擇東安坊海東書院廢址新建之。經始乾隆三十年，次年成之（《續修臺灣縣志》卷七〈藝文二〉允君所撰「新建萬壽宮碑記」）。
風神廟	廟在臺灣府大西門外接官亭後，乾隆三十年允君修之，有記，今無考（詳《續修臺灣縣志》卷之二「壇廟」）。
火神廟	乾隆二十九年，允君重建之，次年成（詳同前引）。
武廟	乾隆三十年，允君修之，並增建官廳於廟左（詳趙宗潤所撰「重修關帝廟增建更衣亭碑記」，見拙編《臺灣南部碑文集成》六一頁，又見同前引）。
天后宮	乾隆三十一年，允君修之，增建官廳於廟右（詳趙宗潤所撰「重修天后宮增建更衣亭碑記」，見《臺灣南部碑文集成》六四頁）。
龍神廟	乾隆三十年，允君易舊廟而更新之，增建更衣亭（詳趙宗潤「重修龍神廟增建更衣亭碑記」，見同前書六六頁）。
藥王廟	乾隆三十年左右修之（筆者親勘該廟嘗見允君所撰殘碑，惜零落不可卒讀）。
鎮北坊天后宮	乾隆三十年前後修之（見《續修臺灣縣志》卷之二「壇廟」條）。
水仙宮	乾隆二十九年，允君令清廟前官道，撰文勒石記之（碑尚存今廟，完好可按，全文《臺灣南部碑文集成》六八—七〇頁錄之，《續修臺灣縣志》卷七〈藝文〉錄其文，有刪削）。
超峯寺	允君修建之，詳前文考證。

南湖	乾隆三十年，允君清濬之，以資蓄洩，並供遊觀（詳《續修臺灣縣志》卷之七〈藝文二〉）。
德安橋	乾隆三十年，允君捐廉俸購備木材重建之（詳《續修臺灣縣志》卷七允君所撰「重建德安橋碑記」及《臺灣南部碑文集成》七十頁「大老爺蔣重修德安橋記」）。
墘岸橋	乾隆三十年，允君新造木橋十四。三十三年允君升臺灣道，復抵臺，見其損壞，復捐俸修之（詳《續修臺灣縣志》藝文允君所撰「新建墘岸橋記」及《臺灣南部碑文集成》八八頁「蔣公堤碑記」）。

上表是〈蔣公子研究〉一文中的簡記，所以未甚擴充改寫，原因在允君之與「蔣公子」傳說的關係未見增強。另外理由是允君的宦績在我國區域研究中，資料日見豐富，足以作專題的深析，以展現古代地方吏治運作的案例，並彰其政治藝術化的足堪欣賞。打算另題研析，為此遂不大事擴寫。但記三事已見允君的風華不凡：

（一）乾嘉間臺灣貢生章甫《半崧集》，有〈法華寺懷古〉詩，附有小記，甚見風雅。記云：

（法華寺）古夢蝶園舊址，蔣金竹太守布山門景勝，鑿池、造龍舟，建半月樓，觀美人競渡。今廢矣！

詩云：

法華景勝幾時荒，剩水殘山惹恨長！蝶化空尋高士夢？龍歸不鬬美人妝！通幽縱曲高低徑，隨喜難分上下方。舊事風流何處問？月樓無語自淒涼！[62]

這正如咸豐間臺灣府學訓導劉家謀在〈海音詩〉註說裏所稱的「為政風流者矣」。[63]「偕樂」「群黎」，給予後人的餘思，是歷久緜長的。

（二）《半崧集》另有〈郡守蔣金竹太史遊龍潭記〉，全文如后：

貴陽太史蔣金竹，守閩漳，調臺郡，司寇蔡公諸紳士序云：「虎渡雙江，遠接鹿門之水；丹霞片嶼，遙連赤嵌之城」。詞林賴公贈詩云：「玉堂花下舊仙班」。蓋「風流太守雅，不俗吏自安」。嘗言「人生如鴻指鶴迹，隨處寄託。」豪於興建，宦臺尤多。公餘之暇，每樂於龍潭是遊，古人所謂「水不在深，有龍則靈」乎！

環潭，漁樵耕牧於是乎在。辛卯花月望，構山亭、水閣，釣艇、鞦韆，歌舞與民同樂，熙熙焉如登春臺云。

隔岸，虹橋飛渡，紅霧綠陰，有蘇隄煙柳意。

潭中，張紗幔畫航，扇扇窗開，似米家船然，名公、鉅卿、紳士，相與臨流觴咏。於時百花繡簇，四面錦鋪；魚鳥飛躍，都供幽賞。

太守管領物勝，袖山圖之古，磨水鏡之平，未之竟也！暮靄已橫落照中矣，興復不淺，張燈水面，萬點星羅！洗爵更盞，不醉無歸。人海爭觀，訝為蜃樓縹緲！頃月浸水心，畫航隨流上下，歌聲遏雲如奏鈞天，仙吏宛在月中遊也。

已而村雞報曉，好風送客，太守歸矣，遊者亦散。予以風流韻事，詰朝而筆於書。64

這裏看出蔣允焄的風流韻事是與民共之。時在「辛卯花月望」，即乾隆三十六年二月十五日（一七七一年三月三十日）。「人海爭觀」，足見得民之厚。

（三）十多年前，筆者在舊書攤翻到一本毛邊紙質古版的《聲律啟蒙》，竟然發現書裏尚殘存二葉半蔣允君親筆的序文（附影一葉）。茲錄於后：

車萬育先生嘗取對偶，自一二字以至十餘字，叶以上、下平三十韻。所用故實，多取習見，且細為詳註。分為二卷，名曰《聲律啟蒙撮要》。余偶得寫本。見其切近，易於記誦，思付剞劂，偏□童蒙。且今功令：凡大小試，以及考課館閣，莫不以聲律為殿最。是書也，匪僅為幼學切要之功，□可俾操觚□士，執是書以習□故實。進而求之，因以窮討四庫，備極宏博，用諧聲律，以鳴當代□望，豈不休哉！出即以是書為編綵歲華觀祀之羽翼，殆無不可。

書刻成，用題數語，以弁其端。

乾隆三十三年戊子季春，賜進士出身，知福建福州府事，前翰林院檢討，金竹蔣允君題於郡署存樸齋。[65]

蔣允君親筆聲律啟蒙 序

由此序文，可知允君之重視聲韻，故能鑒以定之，並鼓勵其出版推廣。福州是全國文風著稱的城市。錢謙益評明代文風之興替，獨許該地的鏗鏘不墜。入清以後，似益有進，允君能夠在那裏樹聲風雅，足見「鴻指鶴逑」、「玉堂」處處，「月中仙吏」，已「熙登春臺」（句採上引諸文）者矣。蔣允君之非「蔣公子」固已確定，但其洒脫風格，愈加探討，愈顯現其與「公子」互有掩映的韻味在！難怪傳說附麗，彷彿關連。

四、「蔣公子」益加昭彰的政績

筆者在〈蔣公子研究〉文中，主旨在探討蔣元樞臺灣知府任上的治績。由他家世的探討，進而作治績的研究，分了二十子題：（1）修郡城，（2）修府學，（3）修臺灣縣學，（4）修萬壽宮，（5）修接官亭，（6）修先農壇，（7）鼎建臺澎軍工廠，（8）創立澎湖西嶼燈塔，（9）修臺灣府城隍廟，（10）修開元寺，（11）修關帝廟，（12）修天后宮，（13）修開基天后宮，（14）修風神廟，（15）修馬公廟，（16）修水仔尾橋，（17）修鯽魚潭橋，（18）營佐屬公館，（19）捐建海東書院學田，（20）建設義塚殯舍。

上舉的研究，從民國五十五年十一月發表後，筆者仍不放鬆本題的繼續探討。到五十八年，臺灣銀行經濟研究室來函借閱筆者主編之《臺南文化》四卷二期「文物專刊」，並徵求同意影印刊中的六通圖碑（碑圖細目詳前文），同時蔣元樞的《重修臺灣各建築圖說》[66]行將刊行也由此獲悉。五十九年五月書出，筆者很快獲得臺銀贈送二冊。於是發現舊作缺漏滋多，很需重加研究，以補前失。未料歲月流逝，倏將念載，竟未實現。月前念及，乃勉力動筆。

《建築圖說》計四十題：（1）重建臺灣郡城圖說（附北礟臺泉圖說），（2）重修臺灣府署並建迎暉閣、景賢舫圖說，（3）恭修萬壽宮圖說，（4）重修海會寺圖說，（5）新建鯽魚潭圖說，

（6）移建臺灣佐屬公館圖說，（7）重修臺灣府學圖說，（8）孔廟禮器圖說，（9）文廟樂器圖說，（10）佾舞圖說，（11）鼎建鹽課大館記，（12）重建洲南鹽場圖說（附福井圖說），（13）建設臺邑望樓圖說，（14）建設鳳邑望樓圖說，（15）建設諸邑望樓圖說，（16）建設彰化縣望樓圖說，（17）建設淡水廳望樓圖說，（18）鼎建傀儡生番隘寮圖說，（19）重修風神廟並建官廳、馬頭、石坊圖說，（20）重修關帝廟圖說，（21）鼎建臺郡軍工廠圖說，（22）重修臺郡崇文書院魁星閣圖說，（23）重建臺灣縣學圖說，（24）捐修臺鳳諸三縣養濟院、普濟堂圖說，（25）重建臺郡橋梁圖說，（26）重修塭岸橋圖說，（27）重修臺灣府城隍廟圖說，（28）重修臺郡先農壇圖說（附靈濟泉說），（29）重修臺郡天后宮圖說，（30）修築安平石岸圖說，（31）新建鹿耳門公館圖說，（32）重建洲南場禹帝廟圖說，（33）重修瀨北場上帝廟圖說，（34）重修龍王廟圖說，（35）建設南壇義塚並殯舍圖說，（36）捐建北門兵丁義塚圖說，（37）移建中營衙署圖說，（38）捐建南路兩營公署圖說，（39）捐建各營兵屋圖說，（40）捐建澎湖西嶼浮圖圖說。

這四十題，比舊作恰好加倍。這說明在筆者上次研論本題時，對元樞政績有近半的疏漏。現在就用上舉「圖說」一目次為綱，配合新舊的研讀成果，重作剖析。先道元樞身世。

五、蔣元樞的簪纓家世

「蔣公子」一名所指的蔣元樞，在現存的臺灣方志裏，有其缺陷。原因是，他離任後府志不再纂修；《縣志》雖修，則關係疏淺，不詳記他的身世。還好元樞的故鄉常熟有《常昭合志》，附其兄蔣棅，有元樞傳。讀此傳，我們才曉悉他那「兩世相業」的父祖是誰。〈梻傳〉說：

> 蔣梻（聯捷進士，二甲第一名）……溥長子，……弟元樞，字仲升。以舉人任福建知縣，歷陞臺灣府知府。重建木城，培單為複；濱海處增創堞樓礟臺，規劃經久。護理學政，添立澎湖人應試者為「澎字號」，歲科取進一名。增葺文廟學宮，禮樂器皿咸備。俸滿歸卒。[67]

據此可知元樞是蔣溥的次子（由其名字推知）。溥生康熙四七年，卒乾隆二六年。乾隆二十四年任東閣大學士。溥父廷錫生康熙八年，卒雍正十年。雍正六年授文華殿大學士。在古代，「兩世相業」是極難得的事，廷錫與溥都是很有政績、賢聲和才華的「相」爺。講到廷錫，康熙四十二年賜進士。五十六年擢內閣學士。六十年十二月，充經筵講官。雍正元年遷禮部右侍郎。二年六月，調戶部右侍郎。四年二月，遷戶部尚書。八月遷順天鄉試正考官。十月命兼管兵部尚書。十二月丁母憂。六年三月，授文華殿大學士，仍兼理戶部。六月，充「纂修聖祖仁皇帝寶錄總裁」。七年十月，加太子太傅。八年二月，充會試副考官。八年二月，充會試正考官。十年閏五月卒。謚「文肅」。他在禮部右侍郎任內，世宗賜詩給他，有「在公勤夙夜，懋績有賢聲」之句。世宗是出名利害精明的皇帝，對他的嘉言絕不虛溢。廷錫「工畫，其逸筆寫生，風神生動，意度堂堂，點綴坡石水口，無不超脫。」著有《尚書地理今釋》、《青桐軒》、《秋風片雲》諸集。[68] 廷錫之藝術高風直接遺傳於蔣溥，間接似還影響及元樞，為臺灣留下了非常獨特的文物（詳後）。

元樞父溥，雍正八年進士。十年丁父憂。十一年，授編修。十二年，遷侍講。十三年，遷左庶子，充日講起居注官。乾隆元年，遷侍講學士。四年，擢內閣學士。五年，授吏部右侍郎；尋轉左。六年奉旨密陳各省督撫積弊，高宗多採納其言，敕各省督撫改進。二月，兼署刑部左侍郎。六月，充浙江鄉試正考官。七年二月，充經筵講官。八年閏四月，署湖南巡撫。十月實授。十年，授吏部右侍郎，軍機處行走。十一年，兼理戶部侍郎。十三年三月，充會試副總裁。四月，擢戶部尚書。十五年，晉太子少保。十七年，充文獻通考館正總裁。十八年，協辦大學士，兼署禮部尚書，掌翰林院事。二十四年，授東閣大學士兼管戶部尚書。二十五年，充會試正總裁。二十六年卒。溥綜覈名實，從不少懈。在古代政治易於姑息瞻徇的風氣裏，他負責敢為，汰冗員，去衰頹，彈諱飾，禁擾累。故乾隆帝嘗賜其詩云：「簡畀羅英俊，咨時切治安。」溥畫得家法，工花卉，隨意布置，自多生趣。每進呈，高宗多給「御題」，有「師承家法間圖出，右相丹青有後生」之句。他的畫風主要由蔣棡繼承下去。[69]

由於廷錫父子經歷的介紹，對於元樞的臺灣治績可得若干瞭解：（1）蔣家兩相都當過禮部和戶部尚書，任過主考，當過總裁（總編輯）可體會他們不獨懂得教化選務，同時也有經濟的實用之學。（2）蔣家賢聲嚴肅，十分可能對元樞深有薰陶，使他為政有力求實效的風範。（3）蔣家的藝術傳統在清代是難求比擬的，元樞是否也長繪事，在臺灣可惜未見作品，也暫無紀錄可查；但他的家庭藝風終究從他的行事遺物表現出來，為臺灣地方留下比任何官吏更多寶貴的文物。（4）元樞父祖都在他蒞任臺灣以前很早就去世了，他的治績實際全是自身能力的表現。（5）元樞的父祖兩代拜相，業績昭垂，有世莫與京之慨。傳統的觀念認為那才是不朽的偉業；觀之元樞，五品黃堂，「俸滿歸卒」，好像非常平淡。其實「不做廊廟宰，當做州縣宰」，（許地山〈窺園先生詩傳〉引許南英語）地方官能作得有聲有色，對於民生的貢獻還是足以永垂青史的。（6）元樞以邊海官宦，官非高品，地處僻遠，竟能將所作建設，繪圖著說，奏報於朝廷。這跟他先代高官獲天子獨特之認識，享有關係；同時也足以顯示清廷對臺灣有著特別的重視。所以元樞的臺灣治績足以比美父祖而相得益彰。

六、蔣元樞臺灣治績

元樞任職臺灣之前，在乾隆「三十七年」至「四十年」間任廈門「海防同知」。[70] 廈防同知任滿，在四十年四月才履任臺灣知府，至遲至四十三年六月卸任，其間「四十一年十二月二十九日」護任臺澎道，至「四十二年四月二十九日卸事」。（《續修臺灣縣志》及《臺灣採訪冊》）在他約三年兩個月的臺守任期中，元樞幾乎留下清代地方官的最高治績紀錄，最多的現存文物；至其繪圖著說，進呈朝廷，在臺灣更是空前之舉。

乾隆四十二年三月臺灣府西城的「媽祖樓街、金龍街」（今臺南市西區忠孝街、正義街一帶）眾舖戶所立的「護理臺澎兵備道臺灣府正堂蔣德政碑」，對元樞有概括性的頌揚，很可作為他治績的總綱，碑說：

> 我大恩憲大人蔣，初下車，即念臺灣僻居海外，民番雜處，最易滋生事端；而其道則在嚴治竊匪、勦抑強宗，使不得生事擾民，共安袵席。今之四處晏如，此其明驗也。而且修城垣以衛民居，設望樓以防民患，崇黌序以正民風，新神廟以成民事，辯疑獄以重民命，廣賑恤以贍民窮：其經濟事功，彰彰如是。[71]

這一段頌詞，初讀有溢美之感，疑或言過其實；但按之志書古碑和《重修臺郡各建築圖說》，實際的政績還超過前碑之所述。現在就「圖說」目次，分考如下：

（一）重建臺灣郡城：筆者前考鈔記如下：修郎城：根據清世宗的主張，臺灣府是「建城非宜」，所以祇定城基，「栽種刺竹，藉為藩籬」。乾隆元年建設石城門，樓堞窩舖稍為有點配備；但經過幾十年，臺灣的城守，總是不能「完善」。蔣元樞一到臺灣，即請示「大府」（上級）、「謀諸寅好，各捐俸以倡」。再遴選各縣實在可靠的紳士，「醵金董事」，把那城基原本立柵的地方增立得更密；原來種植樹木（刺桐）、刺竹的地方補種得更加倍稠茂。環繞竹、柵都有巡邏的小道。半里多路增設「敵臺」一座，「窩舖」的設備都達到標準。這一來，此城「聯絡迴環」，鳴鑼擊柝，才成了一個維護居民安全的有效體系。臺灣府城特點在西面臨海，他因地制宜，把兩座舊砲臺修復，又增設了三座，再加添木柵，建立敵臺；特別創立水西門、廠大門各一。於是海上方面的治安也得到確保。本來這是個「海安、農嬉、賈好」的太平盛世。他獨能在「無警之時」，施「不弛之備」。平時當戰時，不能不說是深有卓見。[72]

《圖說》可以看清楚「有關扼要處所，各建敵臺一座，安置礮位於上，雉堞一如城樓式，共計一十有八座。」[73]另外《圖說》中附記的「北礮臺泉」，更是甚具創意的建築，《圖說》云：

> 小北門外，向有礮臺一座、營房數間。其地與鹿口[74]緊對，建立礮臺，實為扼要；年久臺圮，急須修整。元樞於建城時親詣其地，臺旁見有泉源，酌之甚甘。因照舊臺故址，新為建築；外疊方臺五級，設大礮三座。上覆以亭，週遭扶以石欄。疏鑿泉源，濬為深池；引泉自臺後繞亭左右，澄碧光瑩，拱如玉玦：幽遐之致，可備登眺。築斯臺也，原以還舊觀而嚴守禦；境之勝概，則固曩時之所未有也。[75]

（二）重修臺灣府署並建迎暉閣、景賢舫：這一子題，筆者〈蔣公子研究〉文中未涉及，《圖說》適補其缺。《說》云：

> 査臺灣府署，自雍正己酉年（一七二九年）前知府倪守（象愷）所建。越二年辛亥（一七三一年），王守（士任）又踵修之。乾隆乙酉（一七六五年）前臬憲蔣諱允焄守郡時，於署之西偏創建鴻指園以為讌集之地。
>
> 元樞抵任後，相度形勢；府署前則面南，地勢頗高；自三堂以後，漸就低窪；愈北愈低，高下竟至數丈。其東北一隅，不及鴻指園之半。地勢既高低不齊，基址又偏而不整。臺郡為海外重任，署齋為司土者所居：綱紀政地，自宜整飭，以壯觀瞻。元樞謹捐資，自三堂內署而後以至北隅，就其低窪，用土填築；與署前地勢，其高相等。復度東北偏缺之處，購買民居數畝；與署右西偏鴻指園，其方相埒。並於署內堂後創建迎暉閣一所，敬奉天后聖像；閣後建夜告臺。又另建景賢舫一進，舫後建屋七楹為書齋；左右各置廂房，周圍高築墻垣。墻外崩崕斷岸築以堅土，繞岸衛以珊瑚、刺竹，以保永久。現在府署形勢整齊，較之舊時頗為改觀。[76]

臺灣府署的舊址在今臺南市中區衛民街和民族路間，遺跡雖邈；但那街、路南北間的陡斜邊道，彷佛不難在慢行中去體會那「三堂以後漸就低窪之勢」。

（三）重修萬壽宮：筆者前考，錄如下文：「修萬壽宮：宮在東安坊（今臺南市開山、府前二路間），是地方官年節朔望朝拜皇帝的地方。元樞對之當然「葵忱所嚮」、「思增彤采」。他有〈恭修萬壽宮碑記〉說：「郡中萬壽宮，自前按察使臣蔣允焄守郡時恭建者，地既博敞，規模亦肅，越今十餘歲。

臣元樞來守郡，每值拜舞屆辰，仰瞻殿陛，恒惕惕然思所以增其彤采、屹其棟阿者，久之。爰謹練日程功，次第構飾，雲棨龍桷，炳煥海隅。」[77]《續修臺灣縣志》說修建在乾隆四十年考元樞勒碑在四十二年，縣志應當根據碑款訂正。元樞在萬壽宮也造有「圖碑」。現在「記」「圖」兩碑都存南門碑林；可惜圖碑上額已損了一大塊。

《圖說》文簡，內容遜於〈碑記〉。而「宮圖」之金碧輝煌，雲棨龍角，確足令人歎為海東之觀止。[78]

（四）重修海會寺：海會寺，即開元寺，在今臺南市北園街，筆者前考有如下記：開元寺本係鄭經洲仔尾園亭，亦稱「北園別館」（舊志稱別館係經為其母董氏建之說甚誤，筆者嘗為文曰「董夫人與開元寺」[79]以闢之，此不贅），康熙間巡道王效宗、總兵王化行改建為海會寺，亦稱開元寺。元樞在乾隆四十二年修它。所撰〈重修海會寺碑記〉[80]志書未采，現存寺中。另有「海會寺圖」碑，勒於寺內彌勒殿右室。根據〈恩憲大人蔣捐買園業碑記〉[81]（現存寺中）他還替此寺捐置了田園七筆，每年可收「園稅銀一百二十四員六錢」（古代這數目可抵現在新臺幣一、二百萬之譜，相當可觀）。蔣元樞對開元寺似乎有特別的情感，所以「碑記」寫得異常生動而又典雅，請讀下文：「余也偶過斯寺，循廊拾級，目睹摧殘：飯僧無□，庇經無舍，婆娑洋外，一燈熸矣。於是揆日庀徒，工作具舉：層軒飛閣，精室珠林，丹雘耆闍，金資寶相，以次營造，內外咸飭。更為釐其舊產，歸諸迦衛。庶幾蔭法雲於真際，曜慧日於康衢者歟？且夫儒者之疾言佛法也，為其無為出世也；然亦有不盡然者。夫處此毗舍耶中，炎海瘴鄉，眾生苦惱。是安得化猛鷙於慈仁，濯澳汙於清淨；拯□□以悲憫，覺迷罔以圓明者乎？則於彼法中，要不可少此締固也：何況興廢之故，因緣繫焉。……悟成敗之迴環，感機緣之影幻，後之視今，當更何如耶！」《半崧集》的〈春遊海靖寺〉詩有「談禪半日閒分我，洞在諸天第幾重！」有註說：「琴川蔣太守建『洞天半日閒亭』[82]，更可反映元樞在這裏確有寄託。

再從《圖說》的文字加以研究，竟然與碑旨大異其趣，在寺況結構方面有著詳細的描寫：《說》云：

寺以年久缺修，田為僧人盜賣；椽頹桷朽，滿目荒涼！上年欽奉恩詔修葺廟宇，念茲海外絕無勝地可供遊涉，此寺載在「郡志」，有關名勝，若任其摧殘、不行及時葺治，勢必日就圮壞；後來即欲修理，無從措手。於是鳩工飭材，大加修整。其前正屋三楹為山門，門內供奉彌勒佛像；兩旁塑護法尊者二像，高二丈許。其後金剛四尊，高亦如之。又內為甬道，左右建鐘、鼓樓各一座。樓之旁，各建廂房三楹。中為大殿，供奉如來、文殊、普賢佛像，獅、象、蓮座，皆高丈餘。殿內左右塑羅漢像，皆以金飾。殿後，供奉韋陀。中為川堂；再進，正屋三楹，內奉大士，繚以高垣。舊時寺基止此，其餘左右所建屋宇皆係新構。其右邊正屋一進，為官廳。前留隙地，隔以短垣；旁闢小門，繞以長廊。由官廳而前，穴垣為門；門外左側，有屋數楹。大士殿後隙地數十弓、又園二十餘畝，種植雜糧、蔬菜，可供寺僧齋糧。周遭，圍以刺竹。折而之東，□箭亭。亭之左，有屋五楹，廻曲如廊，深二丈；可置几筵，以為遊時讌集之所。凡此，皆新建之屋也。迄工之後，士女時有遊涉者；覩莊嚴之慧相，可覺迷罔之愚民，化其猛鷙、拯其苦惱：則此寺之修，其初為恭承聖詔以存名勝，而於世道人心亦未始無關也。

寺僧所賣舊產，為時已久，半難清查。今為贖其可稽者，並為另置田畝，勒之貞珉。每歲可得租銀六百餘圓，住持之僧，無慮饑寒。後來經理果能不廢，可期垂諸永久。[83]

由之不難瞭解那「二十餘畝」的「雜糧、蔬菜」「園」地，還有「圍以刺竹」的寺地，今天大半放租發賣或被久佔成私，早成為廣大的北區住宅商業區了。

（五）新建鯽魚潭：筆者前考中有「修鯽魚潭橋」一目，與有關連，但頗異其趣。謹重記於下：「修鯽魚潭橋：《續修臺灣縣志》云：『橋在永康里蔦松崁下……計長百二十餘丈。潭渟泓瀲灩，為邑勝景。乾隆四十三年，郡守蔣元樞宴遊於此，以橋堤坍壞，乃圖修舉，屬其事於鄉紳鄭其嘏。其嘏謀於眾，遂與里人林中鶴、季應璽、李鼎興輩共修之，勒石紀其事，郡守作記，改其名曰龍潭橋。』今元樞碑記已被盜毀，古蹟亦堙，筆者嘗往探五次，了無餘痕。」當時（民國五十五年）筆者未進成大，在崑山工專兼差，工專適在潭址上。因此對這一史蹟極力探求，但終未發現相關的遺蹟。逮讀《圖說》，才知古代勝概在茲，而無法復睹。考元樞《圖說》云：

鯽魚潭，在鎮北門外十里；內山之流，悉瀦於此：蓋有關於水利者也。臺灣地皆沙土，崕岸為水所齧，時久日就低窪。以是潭面較昔愈寬，蓄水益多；東西相距廣可十里，長亦如之。潭之左右西北各岸，各枕山麓；其東南為鳳諸之境，則崇山峻嶺、層峯疊嶂隱現於雲霞蓊靄之中，為海外名勝地。往時僚屬紳耆雖知有茲潭之勝，而登臨遊屐從無一過者焉。

近因因公郊外，偶過潭上。查潭隸臺邑，年納漁稅，向有潭戶課館數椽。伏念斯潭既關水利，不可任其久晦；而臺郡僻在荒外，官斯土者三年乃得代去，則敷政之暇偶爾憩息，殆不可少。元樞既修海會寺以供遊涉，又於此地面潭建屋五楹為官廳。其後為後軒，軒之右為箭亭，與官廳相並。自箭亭前數武，為半舫。自半舫折而東，引潭水為曲港，界於官廳之左；通以小橋，別置行廬茅舍。由橋而東，架以虹橋。潭中，構湖心亭一座。以竹筏為船，蕩漾潭中，可觴可咏。臺郡自入版圖百餘年來涵濡聖化，海邦士女熙熙皞皞，如登春臺。觀山川之勝概，當益樂昇平之盛世矣。[84]

檢〈說〉後的「鯽魚潭圖」可知元樞在這裏發揮他即景生情的藝術頭腦，把為政愛民的理念，寄託在畫意詩情的建築裏。他的「官廳」標的是「四照亭」，「行廬」、「茅舍」則有「望耕亭」、「待雨軒」和「煙蘿處」。「湖心亭」又名「掬月亭」。「四照」表示周遭的風光都是那麼美好；[85]也隱含著為官「四知」的大義在。「望耕」、「待雨」勸農而愛民；「掬月」與「煙蘿」，則謙隱之思，高逸遠引，飄然之風，悠然自見。

（六）移建臺灣佐屬公館：筆者前考：《續修臺灣縣志》記其事云：「初臺屬佐雜公廨居文廟西垣之外，至是蔣公以教官廨舍甚狹，乃捐貲為佐雜別營公廨，以西垣外址建學署。」[86]元樞此舉，是一般府州官守所不願為，所以他的措置引起屬吏極端的感激。他們特立〈郡城佐屬公館碑記〉，紀錄事實，表達衷情：〈記〉說：「郡城佐屬公館設於乾隆三十一年（筆者按：為蔣允焄所設），以舊時海東書院改作，老屋數椽，蓋仍其舊。屬僚畢集，每形窄隘；然而久未有以易也。歲在丁酉，係我大恩憲琴川蔣公號香巖守郡之次年，政通人和，百廢俱興。己捐俸，購斯屋為佐屬館。規模宏大，數倍於舊，即輿隸下人，無虞露處；凡我佐屬，因公至郡，皆得所焉。……起蛟（筆者按：姓葉，時任府經歷）等幸在宇下，被澤高厚，館於斯者，報稱之心，更當油然生矣！不寧唯是；即後之來者，皆將觀感興起。公廣厦之庇，其功德又可安勝量哉！」[87]佐屬公館，相當於現在的公務員宿舍，目前是政府施政要目；在古代，這種事務卻被官長認為是不屑介懷的鄙事。元樞能為屬吏營購宏大的佐屬館，正看出他能愛護幹部，看重下屬，說他是走在時代前面的政治家，也不算是溢美之詞。元樞《圖說》詳道「規模」，引記如后：

> 查臺郡佐屬公館，係前臬憲蔣諱允焄守郡時所建，近在府學西側。臺郡佐雜員數甚多，如或因公進郡及帶眷初來臺郡者，往來相值則爰居爰處，非湫隘之地所能安其行李也；且逼近廟學，制亦非宜。於是易為府學廣文衙署，捐資於龍王廟之側另購民居之宏敞者，新為構造。其前為頭門，顏以區額。其內為正廳，左右皆有廂房。又內正屋三楹，旁為耳房。四圍高築墻垣，井、竈、湢、廁咸備：較前規模，頗為宏敞。[88]

文中「龍王廟」遺址在今臺南市南門路刑警隊，其「側」極可能就是目前的臺南市警察局或臺南市政府。到《續修臺灣縣志》的嘉慶十二年，「公館」還繼續在居用，距元樞建之乾隆四十一年既歷三十餘載，締構尚還不錯。可知經始認真，堪資考驗。

（七）重修臺灣府學：蔣元樞修葺臺灣府學，是件偉大的工程，筆者前考力求其詳，錄記如下：臺灣府學即今日臺南的孔子廟。始建於明永曆年間，歷史相當悠久。元樞也許由於家學淵源，對文廟規制很有認識，所以在其「重修臺灣府孔子廟學碑記」中有過允當論斷：

> 夫既設學，必立廟，則夫戟門、頖沼、堂廡、寢筵、欂櫨、宲桷之有其制，雷洗、觴觚、爵鹿、俎豆、籩旅、禁壺之有其器，鐘、磬、瑟、鼓、笙、鏞、鞉、鐸之有其音，籥翟、綴兆、盤躄、頫仰之有其節，與夫書策、几席、藏修、息游之有其所，均系焉。凡此令甲所須，有司領之；然克備者，蓋尠。[89]

上文所謂「制」是指廟學的結構大小。所謂「器」是指盛裝祭品的禮器。所謂「音」，即演奏音樂的金石古樂器。設備齊全者少見，這是元樞各地歷官為宦的經驗之談；臺灣府學當時似乎也具備了一切的缺點，所以元樞就需要大大為他修葺一番。

〈碑記〉說：

歲乙未，余來守是郡，每謁廟，輒歎其棟宇摧頹，丹粉陳暗，若或剝之！前繚以垣，若或障之！值春秋上丁，舉行釋奠，禮饗、樂佾，器用缺如，將何以肅觀聽？博士身司教，擁臯無數弓地，曷以傳道而授業？蓋愁然於心者久之。爰乃鳩工、購材，聿新殿廡，門牖咸飭，金艧爛然。又疏其前除表以石坊，軒豁呈露，氣象改觀已！[90]

元樞為孔廟的一番修葺，為使改觀後的廟制長垂勿失，除立〈碑記〉外，還刻鐫一方「臺灣府學全圖碑」存其結構，龕明倫堂內，現存。所表石坊，額書「泮宮」今立南門路側，是臺南現存四座坊表之一，刻鏤頗精。

至於文廟釋奠禮樂所需的彝器，元樞也下了工夫，故「一石一物，必澤於古」，而「遠求吳市」（蘇州），想必出於精工所製造。無疑早成為臺灣省名貴的古物了。

元樞在碑中還指導當時士子一段為學之道，今天讀起來還有因地施教、切符實際之感。碑云：

閩處南服，距中州遠甚，前代如羅、李、朱、蔡諸大儒，

蔣元樞命匠所勒泮宮坊（現存臺南市中區南門路孔子廟前）

> 誕毓其鄉，為理學，為名臣，若親接席於尼山、泗水之間也者。謂非善所師，因以覘其學之正歟？郡雖僻處海外，閩封也。學者高山在望，觀型不遠，有志者寧甘自外耶？然則余之汲汲謀此也，亦竊為諸生一燈之導也夫。[91]

讀此可知元樞修此廟學的意義絕不僅在肅觀瞻之消極作用；他的目標無疑在乎「教化之行」的積極價值。

待參「重修臺灣府學」、「孔廟禮器」、「文廟樂器」、「佾舞」諸「圖說」，元樞對「府學」的重修，含義之深，用力之廣，又得有更為切實的認識。茲錄各〈說〉於後：

（1）重修臺灣府學圖說：

> 查臺郡建設府學，歷時已久；缺於修整，傾圮堪虞。伏念我國家聖聖相承，重熙累洽；迺年以來，海東文教，媲於鄒魯。學校為崇奉至聖栗主、振興人材之所，自宜炳煥，以昭誠敬。茲敬謹選材擇料，敬將大成殿暨東西廡及五王殿虔加修整，宮墻周加塗塈，泮池亦行疏濬：規模視舊更肅觀瞻。
>
> 查南郊魁斗山，郡學之文筆峯也。舊時櫺星門，其制甚卑；門外蔽以重垣，山遂隱而不見。今所建櫺星門較舊時移進數武。加崇五尺；門外之垣，改為花墻：山形呈拱，如在廟廷。從此，文明可期日盛。
>
> 再查學內向建魁星傑閣，歲久倒壞。現照舊址興建，規模較前崇煥。
>
> 元樞周覽廟學形勢，艮位奎閣既已傑然高峙，巽方亦應酌建坊表，以資鎮壓。臺地並無石山可取石料，石工亦未覩坊製。茲於泉郡採取鉅石，精擇良匠刻鑿石坊，制度頗稱精備；自泉運廈，由海艘

配載至臺，建於學之巽方，以壯規制。竊念廟貌改觀，人文益當振起，以表聖朝菁莪棫樸作人之治化；是亦元樞職分之所當為者也。

往時，學廨屋甚偪仄。查佐屬公館附建學側，於制非宜；今移建於龍王廟左。即於其他添建正屋二進，以為學廨。既於規制相宜，而學官亦得安其居處矣。

是役也，元樞首為捐俸；而鉅工之速竣，亦由紳士之踴躍捐輸焉。[92]

（2）孔廟禮器圖說：

明禋崇聖，典為至鉅。廟廷禮、樂諸器自宜美備，庶足以昭崇敬而肅享祀。查臺郡孔廟禮器皆用鉛錫，已屬質陋；而豆、籩、簠、簋既非合度，且多未備。元樞謹按闕里制度，自吳中選匠設局、購銅鼓鑄，備造禮、樂各器——計用銅萬餘斤，運載來臺，敬陳於廟，以昭明備而彰鉅典。

至廟中所用禮器制度，承牲者，曰俎——有跗、有蓋；承帛者，曰篚；書祝文，曰版——設版有案。祼獻之器，曰爵、曰彝、曰斝（原文誤斚）——爵皆有坫（原文誤玷），斟酒者曰勺，覆尊者曰冪。縮酒之器，曰茅沙池；陳設之器，曰泰尊、犧尊、象尊、山尊、雷尊；盛酒醴之器曰著尊、曰壺尊——皆有冪、有案。盛粢盛之器，曰登（原文與圖均誤登）、鉶、簠、簋、籩、豆。爇香者，曰鼎、曰香盤——鼎之小者曰爐、焚蕭脂者曰燔爐、陳於陛中以燃照者曰庭燎；燭臺，曰檠。貯水盥洗之器，曰罍；斟水之器，曰枓（原文誤抖）——形如尊彝之勺，盥爵及盛棄水之器曰洗——有架。陳祭品者，曰案——置簠、簋、籩、豆之實各少許。於盤，曰饌盤；盛毛血之器，曰毛血盤。供花者，曰花瓶；承福胙者，曰胙盤。廟中鐵器二種：焚燎時擎帛者，曰燎叉、曰瘞鍬。齋日樹於門者，曰齋戒牌。引導之物，曰龍旗、路燈、提爐、執爐、官扇、繖蓋：以上皆廟中應用之禮器也。現在禮、樂諸器皆稱明備，春秋丁祭，虔肅將享；於崇聖明禋之鉅典、制器尚象之精意，庶或有得焉耳。[93]

（3）文廟樂器圖說：

查孔廟所用樂器：編鐘、編磬、笙、鏞、琴、瑟、排簫、洞簫、壎、篪、龍篴、鼗鼓、楹鼓、足鼓、搏拊、相鼓、鼗鼓、柷、敔、籥、翟、手版、麾、節諸器。康熙五十八年，頒中和韶樂於闕里，其器用敔一、柷一、編鐘十六、編磬十六、琴六、瑟四、笙六、簫六、壎二、篪（原文誤同前）四、排簫二，益以舊器並陳於露臺之上。蓋禮兼四代、樂備六代，鏗鏘鼓舞之節、聲容之盛，其典至鉅。伏念海隅僻壤，囿於聞見，舊器半多臆造，殊失虔昭禋祀之道。茲謹按闕里樂制，自吳中製運來臺，陳於文廟，命工肄習春秋丁祀，庶幾以昭明備；而海隅多士，亦可闢其聞見已。[94]

（4）佾舞圖說：

查佾舞，文廟或云用八佾，或云用六佾。今圖分列而繪九十六人者，照「饗祀備考」之十二圖，備舞容而非佾數也。迎神，奏昭平之章；初獻奠，奏宣平之章：亞獻，奏秩平之章；終獻，奏敘平之章；徹饌，奏懿平之章；送神望燎，奏德平之章：麾以起樂，節以節舞。故並繪麾、節於幀端；而殿上所陳之繖、扇、執爐、路燈與陛下之庭燎並附焉。

考籥翟之勢有十：翟豎而籥橫，齊眉為執、齊目為舉、平心為衡、向下執為落、正舉為拱、向耳偏舉為呈、兩分為開、相加為合、納翟於籥為幷、向下為垂、相接為交。又樹籥翟曰植、擎籥直向前曰舒、平擎籥曰橫、翟籥相近處曰並、橫翟於上以籥拄之曰支、豎持籥翟於腋間曰掖、荷籥翟於肩曰肩、並籥翟舒於臂曰抱、兩手向臂相抱曰抱手、拜手至手曰拜手。舞者立容有五：向內、向外、向上、相對、相背也。首容三：仰、俯、側身（身疑衍）也；身容五：正身、躬身、側身、回身、直身也。手容五：起手、垂手、出手、拱手、浼手也；足容七：蹺足、點足、出足、屈足、移足、交足、踏（原文誤蹈）足也。步容二：進步、退步也。體容九：授受、辭讓、謙揖、拜跽、頓首、舞蹈也，共三成：此舞者容節之大凡也。

唐開元時，文德武功之舞，兼用於廟。自宋迄明，佾而不干；國朝因之。是以圖只繪佾，而干、戚、金、鐸諸器不繪於幀者，所以遵王制也。[95]

讀元樞這四〈說〉，可知他對孔廟的制度，從建築到禮、樂和佾舞：都先掌握了闕里的標準，使得禮器合制而齊全。他把佾舞的舞姿，作原則性的扼要說明，繪製成圖，使執籥之勢，身首手足各容，都有清楚的模式：那不是一般書本所能讀到，值得學術界特別重視。

（八）鼎建鹽課大館：鹽課大館的創建，筆者前考未及研討。最切實寶貴的資料，當數「圖說」本身。其〈說〉為：

〈鼎建鹽課大館記〉：

查全臺鹽政，係臺灣府專管。郡治產鹽之地，分置洲南、瀨北、瀨南、瀨西、瀨東、洲北等六場。大館則為總滙之地，貼附府署之右西偏。前覺羅四陛守（明）創屋三間，以為吏胥經理之所；規模隘陋，年久傾圮。竊念大館為上輸國課重地，苟簡從事，實乖體制。元樞抵任後，相度形勢，謹捐資建設頭門一進、官廳一進。廳左附署，並無隙地；廳之右，建屋七楹。廳之後，為中堂；堂後之屋，為後館。其旁（原文作傍），為耳房、為廚房。復建東西廂，以為臥室。大館正屋之北，隙地甚多。附建廠屋六間，為馬廄：規模頗稱宏壯。與經理輸課之所，較前實為完備。[96]

鹽課大館在府署之右西偏，當在今臺南市中區衛民街、青年路間的憲兵隊部附近。考「圖」，崇文書院的魁星閣就在附近。這鹽館機構，過去不很受文人重視，地方性的紀錄不易詳盡，彩圖更屬少見，此之記錄及圖片，還不僅是「珍貴」二字足以形容。

（九）重建洲南鹽場：鹽場是今古通稱，臺灣通稱曰鹽埕，或叫鹽田。古代臺灣最大的鹽場曰洲南場，遺址在今臺南縣永康鄉、三民、鹽行、洲美等村一帶。最詳確的史料，以下面抄錄這段《圖說》最重要：

〈重建洲南鹽場圖說〉：

查臺郡鹽課分六場，洲南產鹽獨多，輸課尤足。其地在鎮北門外十餘里，四面環海，形圓而土黑。中設課館，周列鹽倉，外置鹽埕；此舊制也。歲久傾圮。伏念場為產鹽供課之區，不宜任其倒壞。謹捐貲重建正屋三楹，左右各置廂房。其館外左側，向有小屋數間，以為哨丁住宿之所；今照舊址另建。鹽倉亦多倒壞，茲於整舊之後復行添蓋，新舊共計二百餘間。其鹽埕積鹵之處，亦皆修整。規模視舊，頗稱完備；而核計近來場鹽亦多旺產，可無慮絀。

附〈福井圖說〉：

洲南場四面濱海，斥鹵之區，不生草木。其地無泉可汲，附場各莊民約有萬戶來郡汲水，載以牛車，甚苦不便。元樞於勘修課館時，建鹽埕之左，地生青草；有窟不盈尺，津津有水。詢之土人，則云「草則經冬不凋，水則經旱不涸；不知其為泉也」。味之，水極甘冽，頗勝郡中諸泉。濬而導之，泉脈湧出；過三尺，其味仍鹹。因就窟面數□為井，不加深鑿，並覆以亭；取井卦爻辭之義，名曰「福井」。此井□淺，而鄉人群汲，泉源不涸；較之曩時遠載郡城之水，殊有□□□□矣。[97]

洲南場，自古著稱，而道光間因海埔新成而廢。元樞圖繪有挑滷、耙晒、挑鹽、船運等動態，都是難見的畫面。

（十）建設臺邑望樓：筆者前考未及，錄記其「說」，以見一斑：

建設臺邑望樓：

查臺邑雖附郡郭，而四郊所至，俱屬荒陬。自西至海五里，東至羅漢門莊外門六十五里，南至二贊行溪與鳳邑交界二十一里，北至新港溪與諸邑交界二十里。在城，則分東安、西定、寧南、鎮北四坊；在鄉，則分新昌、仁德、文賢、依仁等十六里。其里內之蔦松腳、隙仔口、喜樹仔、角帶圍、土地公崎、崗山、石門坑、梨仔坑尤臨溪負險，為奸匪伏莽竊發之所。相其形勢，其要害計二十六處；四圍築石為墻——各高八尺，環以雉堞。中設望樓，高五尺餘；樓下各蓋草寮，以避風雨。鄉人俱踴躍趨事，按日輪巡，鳴鑼擊柝；有警則各樓響應，四面截擊（原文誤擎），賊無倖脫：蓋亦明斥（原文誤坼）堠於鄉遂、嚴守望於井疆之遺意也。[98]

（十一）建設鳳邑望樓：鳳邑即鳳山縣，在蔣元樞任知府時，縣城仍在今左營（興隆里）。望樓設置，《圖說》詳之：

建設鳳邑望樓：

鳳山縣，在郡南七十餘里。其縣治之東至傀儡山五十里，西至打鼓山旗後港十里，南至枋寮口、南勢埔八十五里，北至臺邑界之二贊行溪五十五里：通計所轄四百四十五里。其港西，則分長治、維新、文賢、嘉祥、仁壽、大竹、小竹、觀音為八保；其港東，則大路關、犁頭鏢各莊，俱逼近傀儡番界。港西之大湖、覆金鼎、二濫、坪仔頭與港東之旗尾、高朗朗、阿猴街俱係僻路，宵小潛藏。茲分設望樓十八座，皆倣臺邑之制。[99]

（十二）建設諸邑望樓：諸羅後因林爽文之變，改稱嘉義，延稱至今。當時北路開發較差，治安不好。望樓之設，正合時宜。筆者舊考，乏材研討。讀此圖說，猶屬新穎。錄之於后：

建設諸邑望樓：

諸邑，距郡北百二十里。其南與臺邑之新港交界，北至彰邑之虎尾溪六十里，西至海四十里，東至山二十里。所轄善化、新化、安定、茅港……共三十餘保，地多曠僻、而白沙墩、八漿溪、大崙腳、斗六門，尤為險要。茲分設望樓五十一座，星羅碁布，實資裨益。[100]

上錄〈說〉中，「善化、新化、安定、茅港」俱屬今臺南縣轄。至「斗六門」則為現在的雲林縣治，古代的諸羅—嘉義，其轄區龐大，非現代縣境所能比。因之它的望樓總數五十一座，較之臺、鳳二邑的合計四四座還多出許多。

（十三）建設彰化縣望樓：彰化的治安情況，比諸鳳山、諸羅又不如，望樓設立的必要性更高，請看下舉〈建設彰化縣望樓圖說〉中的文字：

彰化縣，距郡北二百三十里。其南與諸邑虎尾溪交界，北至淡水之大甲溪三十里，西至海二十里，東至山三十里。所轄東西螺、南北投、水沙連等十六保；其上下半治莊、湳仔莊、三家春、林圯埔、大里杙（原文為栈）、大坪頂、阿密母等處，傍水依山，尤為盜藪。茲分設望樓四十八座——周圍石墻，各高丈二，實以土，砌磚樓於其上；較臺、鳳、諸三邑，更稱完固。於是奸匪斂跡，民賴以安。[101]

彰化縣的「望樓」「較臺、鳳、諸三邑更稱完固」，發揮了更高的績效。「於是奸匪斂跡，民賴以安。」蔣元樞的一番措施，對中北部的開發有很積極的貢獻，最顯著的現象是鹿仔港在後此的五年時間即成為「對渡」的正口，績效之佳，幾如立竿見影。

（十四）建設淡水廳望樓：淡水廳治在今日新竹市，古稱「竹塹」。元樞的《圖說》云：

淡水廳，居臺郡之極北。南與彰化大甲溪為界，北至雞籠城，西至海二里，東至山五里。自大甲而北，地極荒涼，防禦尤宜嚴謹。茲分設望樓二十五座，其規制更勝於彰邑；而派丁輸巡，則與各縣相同。

伏思海外遐陬，敷治匪易；而惠保民生，首宜弭盜。是以元樞悉心熟籌，督率廳、縣建造各望樓；蓋冀海表肅清、民歌安枕，慶苞桑之永固，以仰副委任海外之重寄。分繪五圖，按幅而稽；則全臺之山川形勢，亦可瞭如指掌矣。[102]

在上引文中，後段是元樞建設各縣廳「望樓」用意的總結，表達自己對被「委任海外之重寄」的「悉心熟籌」。所以不可忽略他「分繪五圖，按幅而稽；則全臺之山川形勢」，「可瞭如指掌」的功能。

（十五）鼎建規傀儡生番隘寮：所謂「傀儡番」指今日恆春、車城、鵝鑾鼻（沙馬璣頭）、四重溪一帶的山胞。在早期這是一個糾紛時生的地區。元樞隘寮之鼎建，是極富見識的果敢作為，請按其〈說〉：

查臺灣南北二路，各有生番。北路地廣山深，番離莊遠，又設『土牛』隘口；層層巡警，歷年安靜。南路之傀儡生番，最稱凶狠。且沿山居民逼近番界，約計二百餘莊。從前限以山根溪溝為界，雖設武洛、新東勢、山豬毛、枋寮口、糞箕湖、巴陽莊等六隘，撥番分住巡守；但所撥之番為數無多，又無隘寮居住，其勢自不能常川守衛。且今昔情形不同：前此生番出沒之處，今則番跡罕到；前者從未出沒之區，今則有路可通——如雙溪口、大路關、毒口溪等處是也。情形異昔，法宜變通。元樞前巡南路，細察情形，殊失扼要。現雖生番安靜，萬一遇有越界之事，備禦宜周。因就山腳遍勘，於生番出沒之處添建隘寮、酌移舊隘，添撥番丁連眷同住，永資捍衛；稟蒙大憲批允辦理。隨經示諭，衿民樂從；捐銀輸料，爭先恐後。謹委專員會同營弁慎選董事，督同興建。除舊有之糞箕湖、巴陽莊、新東勢等四隘仍照舊址改建外，其山豬毛隘移建於雙溪口、武洛隘移建於加臘埔、枋寮口移建於毛獅獅，並添建大路關、毒口溪等三隘，共計十座。外則砌築石墻，濶五尺，高八、九尺及一丈不等，周圍約計一百二十丈及一百四、五十丈不等。中蓋住屋五、六十間，亦有八、九十間者，俱照社番居屋建蓋。仍撥鳳邑所轄之阿猴、武洛、上淡水、下淡水、搭樓、茄藤、力力、放番等八社熟番住守，並按地勢之險夷、酌派番丁之多寡，連眷同居，以堅其志。附隘埔地，聽其墾種，以資衣食；分立界址，以杜佔爭。隘寮之後，另建寮房六所；周圍以木為柵，柵內蓋屋四、五、六十間不等。另生番通事攜帶壯丁守禦，與熟番互為聲援。又令近山居民：大莊則設望樓二座、小莊一座；每樓派三、四人，日則遠眺，夜鳴鑼柝。每月自朔至晦，預期派定，大書望樓之上，以專責成。如有生番蹤跡，即行鳴鑼；各莊聞鑼，互相救援。現在防禦甚嚴，立法頗備：既分地以裕隘番口食，復豎界以息隘番紛爭。番散難馭，設隘首以歸約束；丁眾難防，住通事以專稽察。且稽查漢奸牽娶番婦，則諸弊可杜；明定生番交易日期，則透漏自絕：實於杜絕生番之中，兼寓防奸除弊之意。

前巡憲視歷南路勘查番界，蒙以元樞籌建隘寮、望樓各事合於機宜，可資扼要；諭以「從前雖以山根溪溝為界，但山形起伏不一，水溝衢徙無常，日久恐有混淆；應照北路規制，建立「土牛」，俾民番永遵。業已附摺入奏，務須妥速辦理」。兼荷仰述聖諭，以釐定番界為第一要務。元樞遵即嚴督鳳邑李令（桐）妥速趕辦，以期上遵聖訓、下惠黎元。自今以後，界址永清，無虞混淆；該番畏守禦之日嚴，自必益臻寧謐，沿山黎庶永慶昇平矣。[103]

從這邊詳盡的資料，可知元樞如何「變通」處置、如何發揮「熟番」的「住守」潛能，如何防止「漢奸」的偷取番婦。使得南路「界址永清，無虞混淆」，「釐定番界」的「要務」，暫時達成。

（十六）重修風神廟並建官廳、馬頭、石坊：這項建設，筆者在前考文中分成「修接官亭」和「修風神廟」兩個子題撰寫，抄記如下：

（1）修接官亭：《續修臺灣縣志》說：「（乾隆）四十二年，郡守蔣元樞捐俸修；並於左側搆官廳，於海口砌石為埭，加坊表焉。有碑記其事。」[104]可惜碑記早失，幸而圖碑現存臺南市南門碑林，按圖尚可索驥。坊表則巍峙特立，可品為全臺灣現存最雄偉的古石坊，到原址（臺南市南河里）觀察那坊上的題額、聯語、落款，頗能瞭解接官亭的作用。石坊正面橫額「鯤維永奠」；石柱左聯：「疊嶂重洋，鞏內外千年鎖鑰」；右聯：「揆文奮武，壯東南半壁金扃！」上款「乾隆四十二年丁酉十月吉旦」，下款「福建知臺灣府事蔣元樞鼎建」。坊背橫額「鰲柱擎天」，上款「丁酉孟冬」下款「琴川蔣元樞書」。石柱左聯：「萬年聖烈，奠南天牛女，躔分舜野」；右聯：「一路福星，迎北極風雲，會際堯衢」。款作「乾隆四十二年十月穀旦，知臺灣府事蔣元樞鼎建」。

（2）修風神廟：《續修臺灣縣志》云：「乾隆四年巡道鄂善建。……三十年，知府蔣允焄修；四十二年，郡守蔣元樞修，皆有記。」[105]今天二蔣知府的碑記都失掉了。不過既撰碑記，可知修葺的規模不會太簡單。廟中有元樞塑像，足見關係密切。

現在再讀元樞的《圖說》，更可得圓融的認識。〈說〉文錄後：

查臺郡風神廟，在西門外。凡自鹿耳門抵郡登陸及駕小船赴鹿口配船往廈，皆必取道於此：蓋往來臺、廈之要津也。舊制：前為頭門，內建正屋三楹為官廳。廳後之屋，供奉神像。後屋數楹，中奉大士。舊時廟制如是。凡往來文武官僚迎送酧接，皆集於此。此地既偪仄，年久將頹；於是興工飭材，修其屋宇，以還舊觀。

元樞於鹿耳門創建公館，來往住宿者既已得其所矣。伏念臺郡建城以後，管鑰嚴謹；其自鹿耳來郡，倘值昏暮或遇風雨不能進城，勢必徬徨終夜，露處堪虞：則此地公館之不可少，正與鹿口無異。茲就廟側之左購買民居，鼎建公館一所。其深、廣，與廟相等。前為頭門，中留隙地，繚以短垣；穴門其中，內建正廳三楹。廳後正屋一進，計五間；旁（原文作傍）置兩廂，廚廁咸備。不但往來此地者可以安居，而迎送祖餞亦有其地；不必如舊時酧酢於神前，於昭虔妥神之道殊有得焉。再，向來未建馬頭，登舟上岸，甚苦不便。此地為進郡要路，宜宏規制，以壯觀瞻。乃自泉郡購造石坊，運載來臺，建於馬頭之上。坊前砌以石階，以便登涉。現規模宏壯，氣象改觀。[106]

（十七）重修關帝廟：筆者二度考文，如後錄：

舊志稱，廟在臺灣府城鎮北坊，今在臺南市中區永福路。始建於明永曆間。清代修為武廟，列入祀典。元樞以「守土主祀事」，在乾隆四十二年加以修葺，撰有碑記，現存廟中左壁。考其碑，可知他的用意一在「肅明禮而妥靈佑」：因為他「撫茲郡境，嶺海晏然；妖氛不作，民無夭札，歲月順成，蒙福者遍海表，將享者當何如處潔耶？」[107]這是宗教方面的境界。其次他覺得關公是忠義的象徵，尊神培氣，想對臺灣當時的囂風有所感化，故碑記又說：「至誠者何？忠義而已矣。蓋盡心所事謂之忠；而孤忠所結，自能申大義於

蔣元樞命匠所勒接官亭石坊（現存臺南市西區和平街風神廟前）

蔣元樞塑像（像存臺南市西區和平街風神廟）

千古。斯固凡為人臣者作之鵠，勿謂郡處僻遠！仰止神明，用鼓其忠誠義烈之氣，而潛化其恣睢囂競之風。習俗轉移，不當如是耶？斯又余所兢兢自惕，而更為此邦氓庶共相淬礪也夫。」[108]這是社會教育的運用。除了修廟，元樞應該也替廟中設備一些祭器，現存的一件香爐，形體花紋甚佳，怕是僅存的碩果了。

元樞《圖說》於「廟制」方面，大有補充，錄之於后：

> 查臺郡關帝廟凡數區，其在鎮北坊者為春秋秩祀之所。此廟自前明業已建蓋，迄今百有餘載；規模雖備，傾圮日甚。廟制：前為頭門三楹，中為大殿，供奉神像；其後，正屋一進。廟門外側有屋二進為官廳，周圍繞以高垣。元樞既已興建各工，伏念武廟關於政典甚鉅，修整不可稍緩。因為捐俸，並勸樂施；飭材庀工，重加修葺。其規模仍循其舊，而廟貌巍煥則如新構。
>
> 再，廟後右側有屋數楹，內奉大士；其旁雜疊神祇，殊非昭虔妥神之道。玆並加修建，以奉大士；其諸神之像，另屋供奉。旁有屋宇，亦行繕葺，以祀保生聖母神像。廟貌既飭，自當益庇神庥。[109]

在此文中，看出他整理「右側」大士殿中的「雜疊神祇」，「另屋供奉」，是件很具嚴肅態度的措置。殿的正中元樞的「天地同流」匾尚存。這「另屋」，即側殿的「西社」。殿中「所奉大士」，拈花微笑，出元樞命名匠所塑，寶相天然，見而欣敬。其他大天后宮的大士則莊嚴妙相，小媽祖廟的大士則相肅氣正：規格相似而表象咸殊，匠心規畫，同出名家。元樞政績，臻於藝術的境界，在這些地方正見其妙運。

（十八）鼎建臺郡軍工廠：臺灣是個海島，水師最為重要，定額配備戰艦八十一艘，分編平、定、澄、波、綏、寧等字號。戰艦會壞會沉，需修需造。到雍正三年以後，戰艦修造的任務交由分巡臺澎兵備道負責，因此道臺偶也有「廠道」之稱。自來修造戰船，多臨時倩工，就便在海邊搭寮製造。沒有固定的場所，管理不善，浪費材料，沒有規模，沒有制度，「兵胥舞智」，「工匠營私」，自然是必有的現象。元樞洞悉其病，到他護理臺澎兵備道時，遂加改革，並予創建，所作〈鼎建臺郡軍工廠碑記〉說：

乾隆四十一年十二月，予以郡守兼護臺道篆，頗悉其流弊所由。爰會營員，詳加糾察，嚴立規條，革除一切陋習，刊列榜文，俾垂永久。復亟捐廉俸，相其地勢，廣拓之，盡撤舊廠（筆者按：此廠字意指臨時蓋搭之竹棚），鼎新建造：其前為轅門，列差房六間；中間為官廳三楹，左右科房各二；又進為大堂三楹，川堂三楹，兩旁料庫各七間；又後為內房七楹，左右廚房、料庫亦各有七；計前後大小廳房共五十餘間。周樹木柵，並修葺天后宮及風神、潮神、輸般各廟，均於軍工相維繫者，塗堲丹雘，聿新其舊，所以揭虔妥靈也。通費洋鏹二千五百有奇。經始於四十二年二月朔，越三月告成。110

元樞還強調他的鼎建工廠，「非僅為侈規模，新堂構計也；蓋重其務，不能不舉所重以肅觀瞻；備其法，不能不申所備以昭典守。」「軍國所寄，勿敢怠遑。」可見這是當日臺灣海防的大事。碑記以外他還勒建「軍工廠圖」一碑，也完好地保存在赤嵌樓畔，古蹟概梗，可由之領略。

再按《圖說》，工廠建造的情形，比諸前引碑記反較遜色，但概括的營造輪廓，簡明瞭然，值得一引：

臺郡軍工廠，事隸臺灣道專管。設廠在郡治之小北門外，廠內係貯木料、釘、鐵、油、麻諸物要地。

> 舊時僅建小屋二進，規模卑陋；不但貯物無地，而驗船時文武官僚竟無託足之所。元樞修竣城垣後，蒙憲委護道篆；竊念軍工重地，興建自不可緩。謹捐資建造頭門一進、大堂一進；堂之左右環建廂房十四間，以為釘、鐵、油、麻諸庫。堂後建屋一進，計七楹，為司稽察廠務者住宿之所。廠在城外，向無關閉；茲繞廠另建木柵並設廠門一座，撥役以司啟閉。其廠之北隅，向建天后神祠，日漸傾圮；亦為修葺。現在規模宏敞、鎖鑰嚴密，於軍工重地實有裨益。[111]

（十九）重修臺郡崇文書院魁星閣：崇文書院是臺灣知府直轄的書院，元樞與有密切關係，自不待言。謝金鑾《續修臺灣縣志》於元樞史事，分別多所論析，獨此書院之重修竟然全部遺漏了。所以拙作前考遂付闕如，因而《圖說》變成補我缺失的大好資料：

> 查臺郡書院二所：一為「海東」，一為「崇文」；俱係前覺羅四陞守（明）所建。其崇文書院，近附郡署東偏。院之左側巽方，建有魁星閣；閣後建堂一進，崇祀朱子神牌。歲久，漸就傾壞。元樞前護道篆，於講堂、齋舍俱加修整；其魁星閣及祠旁兩廊，皆另行建造。現在規模宏敞，一如舊制。並捐資置鳳邑魚塭一所，每歲計取租息番鏹五百元；除海東書院撥銀二百元外，其餘三百元歸入崇文書院，以添肄業生童膏火之費，較前無虞支絀矣。[112]

前面提到《續修臺灣縣志》崇文書院元樞史事獨缺之可怪；在上引資料裏更存在著一個啟疑的問題。那就是「崇文書院」那「鳳邑魚塭一所」之「租息番鏹」「三百元」也失載了。到是「海東書院學田……巡道蔣元樞捐添烏樹林魚塭租銀一百九十二兩」[113]記得頗為清楚。這會不會是元樞厚置於「崇文書院」的學田被侵吞了，所以毀滅了證據，乃抹煞了史事，使後此三十多年續修的志書無緣採訪而致闕如？然乎？否也？正待高明！

（二十）重建臺灣縣學，筆者前作及之。

縣學修建之事本多縣官主持，元樞管到這方面來，更可以看出他興學的熱心。他作〈重建臺灣縣廟學碑記〉說：「臺灣倚郭邑也，其立業蓋創自設縣以來，迄於今垂百年矣。中間雖屢有修葺，顧完善則有待也。嗣經邑人士醵貲興工，構造殿廡門逕；閱兩稔，以役巨未臧厥事。頃合詞來曰，乞余竟其功。余年來經營郡學，亦□告備矣；念茲役不容中止，遂力任其事。督同縣令郁正、學博陳天杏、孫芳時，庸匠購材，次第畢飭；蓋自是邑學與郡學相望輝映矣。」[114]據此可知臺灣縣學能夠規制完備，達到「竦崎巍煥」的標準，還是由於元樞的捐貲出力，「以續成之」。捐貲事元樞碑文沒有提到，而《續修臺灣縣志》見之。碑文《志》說載藝文，[115]一加查考，才知遺漏了。原碑尚存南市南門碑林中。

元樞《圖說》比《續修縣志》還更完整，足補縣志之不足。〈說〉云：

臺邑附郡設縣後，即經立學；歷今百年，久已側圮無存。邑人雖思修建，以工鉅未能興役。元樞抵臺後，即與前縣解令（文燧）熟籌；時因捐費無多，建大成殿而後，事即中止。解令旋亦卸事。茲於郡中各處工程次第興舉，郡學亦已竣工，邑中紳士呈請繼修完竣。茲謹督同郁令（正）按照舊址，將大成殿重加繕整；並建五王殿及東西兩廡，以奉牌位。其櫺星門、大成門、泮池、宮墻，亦俱謹用制度建造。往時因地勢偪仄，明倫堂並未建設；而縣學教諭、訓導，僅於學之左右賃屋居住：殊非體制。茲復買湊民地，並為創建，規模一如郡學。現在制度巍煥，人文儒術自當益慶昌明。[116]

（二一）捐修臺鳳諸三縣養濟院、普濟堂：養濟院、普濟堂類似現在的仁愛之家，古代屬善政，但不很受重視，要看善心的地方官愛心的發揮，才會提高實質的意義。元樞的政事，正好也在這方面大有所成，可惜志書忽略了！[117]《圖說》云：

> 乾隆四十二年，親奉恩詔飭將鰥寡孤獨及殘廢無告貧民加意撫卹，通行欽遵在案。臺屬四縣原俱設有收養貧民之所，除彰邑所設養濟院坐落彰城、飭縣善為撫卹外，其臺、鳳、諸三縣所有養濟院、普濟堂俱在郡城，收養老幼孤貧殘廢男婦，分別額內、額外給予衣食，以廣皇仁。元樞親赴各處查勘，其臺灣縣養濟院一所共屋八十九間，坐落郡城鎮北坊；又普濟堂一所共屋十間，坐落縣城隍廟之旁。鳳山縣養濟院一所共屋五十三間，坐落郡城西定坊。諸羅縣養濟院一所共屋九十五間，坐落郡城鎮北坊。俱係建蓋多年，歷久未經修葺；以致棟折墻崩、上漏下濕，難以住宿。爰即捐俸購料，飭匠興修，尅期完竣。從此，海外無告貧民俱得安其棲息，可免失所之虞矣。[118]

（二二）重建臺郡橋梁：筆者在〈蔣公子研究〉舊文裏，唯一提到的修橋史事是「水仔尾橋」。舊文如下：修水仔尾橋：《續修臺灣縣志》云：「此橋在西門外水仔尾街大廠前，初以木板為橋。乾隆四十三年，郡守蔣元樞架木使高，車馬行人賴焉。」[119]其中年代有誤，慢記了一年。「護理臺澎兵備道臺灣府正堂蔣德政碑」正因此事而立，該碑的年款是四十二年三月，這自可訂正《縣志》之失。碑述修橋事甚詳：「廠前板橋，向為春夏之口，大路積水，不便行旅，因置小橋，以通來往，法良善也。然橋身離地不踰二尺，凡車載之道經乎此者，必起橋然後使行，而藉端漁利之徒或從而生發，窮民稍不遂意，即為爭競，往往如是。公勘驗至此，即為蹙然曰：『此以便民，而實以厲民也！』爰尅日興工，即為另建木橋，加高丈許。上可便輿馬徒行，下不礙車輛重載。遠近居民經斯道者，實利賴焉。」[120]單此修橋之功；算不得元樞的了不起大政；但是由於此橋之修，有著研究發展，使臺灣郡城橋梁獲得全面的調查改善，這才值得史筆大書。碑云：

予小民之歌功頌德者，雖屬一己之私；而公之充類至盡，旋飭各鄉保舉報臺治之有類乎此橋者，均用增改而更張之。將見四境皆尊王道之蕩平，而萬姓共戴仁恩之無疆也。

這一來「臺治」橋梁的全面改善，已由元樞的毅力加以貫徹，下舉的《圖說》正足以說明：

查臺郡四面大海，其東為臺邑郊外地——通羅漢門一帶，南與鳳山接壤，北門則諸、彰、淡水往來要衝。海濱沙土高下不齊，崩崕圻岸，登涉為難；夏秋霖雨，尤苦泥濘。又鄉遂之民赴郡貿易，皆用牛車捆（原文誤摑）載；是以城內雖無河道，而絕潢斷港，時接於道：是必藉橋梁始可以通行旅。郡治各橋歲久俱壞，今逐加修建，料必堅固，以期久遠。其牛車經過之橋，視舊加高數尺。共計旱橋若干、溪橋若干。現在民無病涉，咸以為便。[121]

這文中的「臺治」（臺灣〔府〕縣城）的橋梁，說得攏統：參閱其圖，構繪甚美。橋名也才歷歷可數，它們是德慶橋、磚仔橋、枋橋、縣口橋、樂安橋、德安橋、安瀾橋、廠口橋（即前文所論的水仔尾橋）、保安橋、新橋、濟津橋、慶成橋等。

（二三）重修塭岸橋：前文未及，《圖說》足補缺失。在前文蔣允君臺灣治績表中略已提及，唯志書記載，元樞事功竟全缺略。幸《圖說》補此一失：

坑仔底，在郡北去城十餘里，係往北路孔道；眾流所歸，沙漬土鬆。地多魚塭，故名曰「塭岸」。

其地無橋梁，即行旅病涉。乾隆初年（一七三〇年代後期），築堰岸、造橋梁，屢修屢圮。前臬憲蔣諱允焄守郡時，復大修之；今亦崩壞。元樞親勘其地，橋之易壞，由於少設水門；上流之水驟至，急難宣洩，是以有衝決之患。今重構大小橋凡十四座，木料選用堅固；於隄下增設水門以資疏洩，陂渠似可無虞冲突。高築堰岸，以固其防。苟遇旱澇，所瀦之水可蓄可洩；不但行旅無憂徒涉，而農田亦得其利矣。[122]

（二四）重修臺灣府城隍廟：在舊文裏，對此頗有論列：廟在東安坊郡署之右，在今臺南市中區青年路。始建於明永曆間。乾隆四十二年元樞修之，自撰「新修郡城隍碑記」，收於《續修臺灣縣志》卷七而碑石久佚。直至十年前，始復出土，斷裂泰半，對照縣志，始勉可卒讀。但據之仍可收校勘的功能。與「碑記」相配的還有「重修城隍廟圖」（部份斷裂，修補後保存在赤嵌樓畔。）從這「圖」上得看出此廟的規制相當宏大，可以印證「碑記」「廟制高廣，一準官置」的說法。元樞所以修此廟，有幾點道理：一是「城隍之名見於易，即戴記八蜡祭水庸之遺……」。明清兩代且都列入祀典，所以這是有典有據合乎制度而應重視的神祀。二則他看出「此邦氓庶，昕夕來祠下，牲醪雜然。」感到「城隍之神」，「接於人也較近，則其利於人也較靈。」，修廟正好是一種便民之措施。三則因為「天下府州縣所在，有城衛民，有隍固城，既領之長吏，復凜以神明，幽明之故，呼呼通焉。非可漠然視也。」可見城隍是神化的官長，修廟是一種申張官府威儀的象徵作法，還隱然使老百姓對於官府在潛意識裏滋長一番神秘的敬意，「幽明之故」，「呼呼通焉」的道理似乎正是此意。《圖說》簡括扼要，值得抄記作結：

查臺郡城隍廟，在府署之西數武。廟制：前為頭門三楹，前為戲臺。門內有廊，如川堂式。中為正殿，供奉神像。其後正屋三進，雜祀諸神。廟之左右，各啟小門。自頭門而至正殿，兩旁基址皆建廂房五楹，復隔以墻，為僧人住居之所。右廊之北，於墻間另闢□門，內建小屋三楹。周圍繞以高垣，廟制頗稱宏敞。神之感應最靈，祈報殆無虛日。建廟之後，歲久缺修，將就傾圮。

伏念神列於祀典，福庇海邦；亟宜修整，以妥神靈。因為捐俸，並喜紳士樂輸；乃飭材庀工，易其棟宇、塗其丹雘（原文誤臒）、厚其垣墉。基址雖仍其舊，而廟貌彌加崇煥矣。

再，臺灣設郡後，其初守郡蔣公諱毓英有功斯土，郡人至今不忘；向於廟之右側建祠奉祀，迄今年久傾圮。茲仍照舊址修建，以永昭前賢之懋績於不朽耳。[123]

（二五）重修先農壇：修先農壇在乾隆四十三年春，志書失載，二十年前得考其事，全憑元樞所撰的「重修先農壇碑記」。碑說：「郡中置設壇宇，規模略具，歲久日漸傾陊。又耕耤無田。……妥飭其壇壝，新其棟宇，堅其垣墉。復即荒原而墾闢之，引渠激水，沃壤低平。……更就其旁側拓營公所，屆杏花菖葉之候，庶幾主伯亞旅聿來沾飫也哉！」碑文最後元樞系詩一首，很可看出乾隆盛世臺灣「豐稔有加」的情形，也可體會設壇「耕耤修祀」之意義。詩曰「：海東春及占農祥，土膏壤潤榮青陽。惟田有祖社與方，紘以琴瑟封豕羊。耕耤修祀典有常，□□□□□□□。草不宅兮禽不慌，有秋千萬盈倉箱。受天百祜歸我皇！要豐黍稌繇金湯。肅乂之應時雨暘，視此半壁永樂康！」[124]

碑記可惜下截斷掉七個字位，《圖說》附〈靈濟泉說〉多少可補證元樞碑記之缺失。錄之如後：

查臺郡先農壇自雍正年間，奉詔恭建壇宇，規模雖具，歲久俱就傾圮。元樞伏思耕耤為祈穀之重務，興建不可稍緩。從前，繚垣之內，僅建一壇；壇之北，設有八角小亭一座，以奉先農神牌。至於百官舉行祭典時，如遇風雨，並無憩息之所。謹按壇制，重加修飾：周圍墻垣，亦行塗塈。其奉先農神牌之八角亭，新為建蓋，視舊加崇。另建中廳一進、左右官廳各三楹，以為祭時文武員弁分憩之所。

伏查詔制，耤田田限四畝九分，每歲以耤田貯存餘穀，糶充祭費。而臺郡耕耤舊未置田，僅就壇外平原舉推耒耜；以鉅典而視為具文，殊與詔制有悖。茲元樞謹就壇外平原墾闢耤田，以符制度。臺郡勸農之禮尚未舉行，亦乖政體；元樞就新建官廳，作為勸農之所。鉅典既舉，自可永行；伏願海外年書「大有」，以仰副聖天子廑念民依之至意於萬一耳！

（附）靈濟泉說：

八角亭之北隅，向有小屋數楹，供大士像；屋久傾圮。茲亦庀加修葺，以還其舊。屋後有井，厥泉也。康熙辛丑（六〇、一七二一）六月，提督藍公（廷珍）殲剿朱寇，駐師於此；三軍就汲，泉忽濆湧。因名之曰「靈濟」，並作歌勒石以記其事。今樞復建小亭一座，更以誌靈異於勿替云。[125]

（二六）重修臺郡天后宮：這廟本是明永曆年間寧靖王的府第。康熙二十二年稍後施琅改作天后宮。根據《續修臺灣縣志》，元樞修廟在乾隆四十年。[126]筆者親采現存廟中元樞的碑記，署款為「四十三年」，落款作「前護理分巡臺澎兵備道」，元樞護道任至四十二年四月滿任。所以縣志的「四十年」修廟說是站不住的，應以「碑記」的年款為準。元樞的碑記對於修廟的情形，敘述得很簡單，祇有「諏吉起工，廟貌以新」兩句話。但我們想像得出這次修葺的規模相當宏大，今天廟中的許多精美石刻，栩栩神像，可能都是當時產物。目前在臺南的其他古蹟裏還難找出足相比擬的文物。廟中也有一件跟武廟一樣精美的香爐，鐫文清楚，也是元樞所置。他的碑記是一篇精練的文字，可惜略有風化，壞了十三個字。茲舉該碑首段，以見其概：「環瀛而處者，莫不述天后靈蹟。所在構璇宮，設寶幄，爇栴檀，奏紘匏，潔粢蕰牲，結幢釃醴，而奉者相望也。蓋靈越百神，莫之與京矣。此邦啟疆內附，及乎奮威殄逆，天戈所指，靈潮應焉。是用蔚為華區，措之磐石者百年。然則，神慈之覆育斯郡，不更厚且遠哉？記有之：『有功德於民者則祀之』。郡戴神之功德既重，則其享禮祀於茲土也固宜。」[127]

蔣元樞碑中修廟情形僅落落二句；在《圖說》裏面，交代就詳細多了：

查郡城西定坊之天后宮，未入版圖以前，即已建造。郡垣廟宇，此為最久。天后福庇海洋，靈越百神；我朝征剿「鄭逆」，天戈所指，靈潮突長，舟師得以穩抵郡城，無虞險阻。迄今百餘年來，此邦土庶暨往來海道士宦商民，無不仰戴神庥。神之覆育斯民，功德最鉅。春秋列於祀典，將享虔肅。舊時廟制：前為頭門，門外有臺以為演戲之所；門內兩廊咸具。中為大殿，供奉神像。其後正屋二進，雜祀諸神。廟之右畔，有屋三進為官廳；周以墻垣：規模制度，頗稱宏敞。特以歲久缺修，將就傾圮。元樞蒞臺後，一切有關政典鉅工既已次第興舉，因首捐廉俸並勸紳士之樂善者，選工飭材，重加修整：棟桷之朽壞者易之，丹粉之陳暗者塗之。現在廟貌巍然，呈輝煥彩；將見靈爽益昭，環海之永叨神庇正無既極也已。[128]

（二七）修築安平石岸：安平修築石岸，元樞此一《圖說》外，實在無法細考；《圖說》自身是最好的史證，謹錄如次：

查臺屬安平地方為協營駐兵重地，民居、兵屋甚多；且設有鳳邑倉儲，為支放兵米攸關。又有紅毛舊城，關係形勢。該處四面環海，岸由沙積，質本浮鬆；朝夕潮水冲擊，易於坍損。是以乾隆十四、二十七等年，疊蒙前憲飭令過臺商艘每船務將壓重沙石二擔，常川堆貯，以禦風潮，以固堤岸。祇緣船戶運貯沙石均係細石浮沙，零星散貯；一遇潮水長發，則石被浪移，沙隨水卸。非若鳩工砌築，可期堅固。矧鹿耳門之四草地方，數年來新漲砂磧二重約三、五里不等，潮勢自西而東，直對安平冲擊，以致近年埔岸漸崩，民屋類皆坍壞，遷移者眾。即營署，亦因水勢日進，漸被冲損。其有關於民生地勢，實非淺鮮。若不急為砌築完好，不特目前故址悉移，且恐將來日衝月陷無所底止，何以資保障而固地方！元樞親赴查勘，周詳審視，實為必不可緩之工。惟是堤工關重，經理非易；一時欲得經手妥洽者，實難其人：是以未趕冒昧舉行。茲有安平中營林遊擊（朝紳）[129]於工程事務諳練，且一切公事頗稱實心；因即會同熟籌，林遊擊亦樂與共勷厥成。元樞隨捐備工價、運費，飭匠於漳、泉等處購辦石料，分船運載到臺；自紅毛城東勢起、至較場頭灰窯尾止計五百十九丈九尺，深埋木椿（原文誤樁）、密砌石條，以三合土抿縫，期於永固。一切工料，俱託林遊擊就近管理，督匠妥辦。業於乾隆四十三年五月初二日興工，於閏六月十八日工竣。現在岸已完固。民得安居；既遇潮長，足資捍禦，可免冲損之虞矣。[130]

（二八）新建鹿耳門公館：鹿耳門自古是臺灣要口，從鄭成功入臺，憑以飛渡，震爍青史，及今未沫。自清初實行對渡，鹿耳門與厦門互驗，一直維持到乾隆四十九年前後，才有鹿港的新口與分吞吐。蔣元樞府任之際，獨口的局面未改，幾乎任何職官或私人，抵臺掛驗，非此莫屬。[131]加以早東晚西的天氣型態，[132]鐵版沙線的航道限制，[133]口上耽擱，每生困擾。於是蔣元樞乃有新建公館的措施。他的《圖說》云：

查鹿耳門孤懸海面，離郡水程計三十里；雖在澳內，而海面寬濶，實與大洋無異。其地周圍皆有沙汕，名「鐵板沙」。若遇風暴，船觸沙汕即裂。地稱至險，首郡又遙；倘或昏暮進口、不能抵郡，不得不到口居住。向來只設文、武二汛矮屋數間，為吏書、弁目稽查船隻出入之所；多人抵口，並無旅舍可以借居。往來官僚，殊苦未便。近時又奉恩旨：凡官臺者准帶眷口；則凡暮夜進招者，未免臨時周章。至於迎送往來或因公赴口，情形亦然。茲謹與海防同知鄔丞（維肅）[134]度其形勢，捐資籌建公館一所；共計正屋五進，東西各置耳房，周圍繚以墻垣。鹿耳門向有礮臺，亦就傾圮；今亦重加修整。

此舉也，不但往來抵口者無虞露處，而於天險要地既壯其規模、又資其防守，於封域形勢之說，亦似有裨益也已。[135]

鹿耳門掛驗稽查的任務，主要由臺灣海防同知負責；所以臺防同知往往也被稱為「鹿耳門同知」。[136]元樞在那裏想建公館，遂與當時任職的鄔維肅共計籌劃。遺址當在今臺南市安南區城南里一帶，碑記在民國七十年出土，圖碑想必遺留城南里的「廟地窟」，有朝諒必出土。

（二九）重建洲南場禹帝廟：洲南場的禹帝廟，方志不載，傳說未彰，苟無元樞圖說，幾乎無法瞭解他的文獻地位。先看其〈說〉：

從來神之有功德於民者，則祀之。至若平地成天、萬世永賴如禹帝者，其功德尤無乎不被也。洲南濱大海，向置鹽埕濟民食。惟夫潮汐以時、風濤晏息，斯堤岸固而鹽產以盈也。場民思報，本建禹

> 帝廟於場之東南，奉香火以祈福佑者有年矣。顧廟祇一椽，場民裸體跣（原文誤蹝）足徒倚於神之前，則慢褻尤甚；而又風侵雨蝕，日就摧殘。樞過而謁之，不禁怦怦有動於中也。迺就其地捐俸而更置之，廣其殿宇，凡二進。旁設耳房，繚以周垣。蓋較向之湫溢而塵涸者，有別矣。並募司香火者居之，經其產以資日費。
>
> 廟既成，因繪圖綴說以存其事。[137]

洲南場鹽民崇祀禹帝，元樞在任的乾隆四十二年已說是「場民思報」，「奉香火以祈福佑者有年矣」！可知此廟老早就已經好有一段歷史。十多年來，筆者常到臺南縣永康鹽行村，參觀那既經再遷改建的「禹帝宮」。觀圖比照，規制倒還十分相像，祇是「耳房」已調反方向。廟中有元樞塑像，栩栩如真。其他神像：禹帝樣子體面，兩個小宮監；土地公公，還有文武兩判；注生娘娘，以及抱嬰的婆姐：無一不精妙傳神。可說蔣元樞在這裏尚留下一批很珍貴的文化資產。

（三十）重修瀨北場上帝廟：瀨北場址在臺南市南區鹽埕一帶，上帝廟尚在。《圖說》正為這一著名的古鹽場提供最可貴的歷史材料：

> 上帝廟，居瀨北場之左，不知創自何年。夫場為晒丁聚族之所，惟疫厲災眚

蔣元樞塑像（像存臺南縣永康鄉鹽行村禹帝宮）

※註：2011年縣市合併，實際地名請比照更動後之地名。

（原文誤青）之不作，然後丁得盡力於晒而鹽產以盈；此非邀庇於神，無由奠其居而樂其業也。歲戊戌，場之民以帝廟年久傾壞，請命於樞。樞念神之福佑斯土也，物阜民安，久蒙呵護；忍令漂搖風雨、失所憑依，「崇德報功」之謂何！爰捐清俸，鳩工庀材，仍其舊而整新之；募鄉民之謹愿者司其啟閉，以時灑掃。於是，居民奉香火以祈福者踵相接焉。用以卜明神之式鑒，其降康正未有窮也。是為記。[138]

（三一）重修龍王廟：龍王廟址恰好在今臺南市南門路市政府右邊的市刑警隊部。《續修臺灣縣志》在此廟的沿革中也把蔣元樞的事蹟給遺漏掉，好在《圖說》足彌此缺：

查龍王廟在郡治之寧南坊，康熙五十五年臺廈道梁諱文科[139]所建。廟制：前為頭門三楹，中為正殿。殿後隔以高垣；建廊，制如川堂。其後正屋一進，中祀龍神。廟之西偏，另建頭門一座；門內兩旁，皆有廊屋。其中為正廳，凡百官春秋祭祀以及朔望謁廟，皆集於此。其後正屋一進，中奉大士，旁為僧房。其崇高廣狹，一如前屋：廟制頗宏敞可觀。歲久缺修，日就傾圮。元樞首捐廉俸，並勸紳仕捐輸；重加葺治：易其椽桷，飾其剝蝕。規制煥然，一如新構。

龍神司掌雨水，澤庇生民。廟制既崇，享祀益肅；將見靈爽昭垂，海邦永慶神庥矣。[140]

（三二）建設南、北壇：筆者前考有所論列，抄記於下。

元樞除對生人的一些行政、措施或作為；另外他還有幾樣「澤及枯骨」的「仁心惠政」。他表明過政治理想是「生則為之謀其衣食之源，死則為之安其體魄之所」。[141]古代的臺灣有著嚴重的「體魄」不安的停棺之俗，那原因在元樞所作之〈建設義塚殯舍碑記〉分析得最為清楚，〈記〉說：「閩俗惑於風水之說，每停棺歷久不葬以為常，而臺灣尤甚。蓋臺灣多流寓客死者，或希反首邱，或艱營窀穸，率庋柩於南、北壇。土著家亦有貧不克葬，或吉壤是圖，均至淹擱於此。」[142]以致造成「郊野青燐逐隊，黃壤無期」的景象。元樞「日觸心酸，曷能以已」，就派人在竹溪寺後找到一片八甲多的園地當「義塚」，又在附近買下了一所頗為寬曠的「竹園」建「寄櫬之舍」（筆者按：《續修臺灣縣志》卷二〈政志〉之「義所」條誤「竹溪寺」為「法華寺」）。元樞於是定下約如後述的辦法改革那停棺陋俗：（1）旅殯無法歸葬的暨貧不克葬者，就給埋在「義塚」裏。（2）「寄櫬」寫明年月，家屬有力歸葬者，聽其自運。（3）「寄櫬」無力搭運，官為配船運送。（4）「寄櫬」超過一年，限親屬三月內營葬，過期有罰。（5）無力營葬則在三月期限內親屬就「義塚」自行掩埋，過期有罰。（6）「義塚」的塚墓，年久傾圮者，隨時給予培補。（7）已故戍兵在大北門外較場邊二甲五分地裏埋葬。此外關於埋填僱工、齋奠僧人，募倩巡丁，有經理給賞之費，都由元樞首倡，再勸樂施者襄其事。他用心很長，故「臚次應行事宜，立為規條，存諸檔案，以垂永久」。所以臺灣縣志贊美說：「蔣公是舉，惠政仁心，澤及枯骨！」[143]

《圖說》有兩個專題專道其事，分錄於后：

（1）建設南壇義塚並殯舍圖說：

查臺郡有南北二壇，俱為寄櫬之所。南壇在郡治之南郊，北壇在北門外。臺郡習俗惑於風水，每多停棺不葬；又流寓而死者，或不能運柩還鄉、或無人為營窀穸：皆寄柩於二壇。土著家，每有貧不能葬或圖吉壤，均致淹擱於此。寄櫬之舍，卑仄而破；久之，暴露不免，且有損壞之虞——其姓氏亦無從稽考。郡南北郊及魁斗山等處，皆有義塚。但閱歲既久，葬者益多；纍纍井槨，穿陷於道：殊為可憫！元樞伏念義塚列於恤政，有關功令。上年欽奉恩詔：「地方官加意增設義塚」；聖訓諄切，尤宜遵辦，以廣皇仁。於是相度南門外竹溪寺後，有園地一片，計八甲有奇——按地計百餘畝。又有竹圍一所，亦頗寬曠：均屬民業，立券買之。以園地為義塚，葬旅殯之無歸暨家貧不能營葬者。又於竹圍內另建寄櫬之舍共二進，兩廂各六間——木料堅固，屋宇寬深；募僧守之。來寄棺者，設簿記其姓名、鄉貫及寄棺之年月，以備稽查。其有欲歸故土者，聽其自運；或實因無力搭運，則為之定□鋪戶，配船運之。至寄停之棺實有姓名可稽、親屬現在者，計其月日已在二年外者，限以三月：有力者促其營葬，無力者則動支經費即就義塚掩埋。如逾期，有罰。若其已葬塚墓年久穿陷者，隨時培補之。其已故戍（原文誤戍）兵，則別置北郊曠地掩埋——另有圖說附後。復於義塚之旁（原文作傍），設立化骨臺：檢收殘骸，以火焚化，置於萬善同歸所。凡買園地、建殯舍與夫收殘骸、埋棺槨僱工、買灰、盂飯、紙錢、飯僧、齋奠、募巡丁、廩司胥並運骸歸葬配船給資以及經理給賞諸費，皆係元樞首先倡捐並勸樂施者襄其事。凡有捐輸，勒名於石，以誌好善。其應行事宜，立為條規，詳存檔案；並通稟大憲批示存案，以垂永久。元樞之舉是役也，殫精瘁力，蓋以欽遵聖詔，仰播恩澤於斯民耳。144

（2）捐建北門兵丁義塚圖說：

北壇，在郡治北門外較場之西北隅。其地有地藏菴，祀孤之典，於此舉行；地勢極高。菴前向立天燈，終夜燃照；海艘在洋遙見燈光，知將進口，以此為準——如標的然。旁有殯舍，大小三座；與

> 南壇均為停柩之所，兵民無別。查臺郡戍（原文誤戌）兵，三年班滿，始回內地；病故者隨時埋葬，不能擇地。元樞既於北壇建設義塚、殯舍，埋寄民棺；因念兵民相雜，易起爭端，必須另籌區別。隨於較場之東，查有民業五甲有奇——計地六十餘畝，地頗廣寬。立契購買，建立義塚，專為戍（原文誤同前）兵埋棺之所；別於民人，以杜爭競。其條規，一與南壇無異——詳見前說，不復贅陳。[145]

這兩篇義塚圖說跟前引的元樞「殯舍碑記」，在情理處分各方面互可補充的地方很多。特別值得提出討論的是北壇地藏菴前的「天燈」，無疑是近海指引迷津的小燈塔。這顯得元樞很有現代交通標示的頭腦，他該是一位很具前瞻精神的人物。

（三三）移建中營衙署：也許「臺灣鎮中營」跟知府的關係較為密切，元樞才會特別照顧而為其衙署作移建。下面的《圖說》卻說出一些令人肯首的道理：

> 臺灣中營衙署，原建在郡城永康里。歷年久遠，因循未備；以致日久月長，署屋漸見傾圮。且原定方向，未甚合宜。而所轄兵士原有額設伙房派撥居住，但俱散住鎮臺衙署之後；其去中營衙署頗遠，未免鞭長莫及。一遇應辦公務，兵丁既苦奔走之煩；而呼喚需時，恐滋貽誤。況署屋既為辦公之所，又屬瞻觀所係；應速修整，未便聽其歷久坍廢。元樞因即會營熟籌，就東安上坊隙地，將舊署移建；一切應需工料，俱由元樞與劉遊擊（潢）[146]捐備。向之坐西朝東署，今則改為坐東朝西，方向頗為合宜。
>
> 署屋現已聿新，並於新署之後，另置陳姓民屋十間——其價亦由元樞捐給，分撥兵丁住宿；俾一呼

即應、差遣便捷，辦公自無誤矣。[147]

《說》中說明為兵丁的方便、署屋的觀瞻，安全的擔慮，是移建的動機，都表現了元樞處事實際，辦理迅速。由於「分撥兵丁住宿，俾一呼即應、差遣便捷，辦公自無誤矣」這幾句話，可知「中營」也許是派受知府節制呼喚的特種部隊。

（三四）捐建南路兩營公署：《圖說》云：

查臺灣南路參戎、都、守分防鳳邑，凡遇因公晉郡，乏所棲止，往往借居民屋；擬就郡城建設公署以資辦公而未得也。元樞蒞臺三載，如郡城、望樓暨隘寮、橋路等項——凡有關於民生者，罔弗勉力舉行；又如學齋、佐雜公館、中營衙署及鹿耳門風神廟公所——有益於官方者，亦俱逐一辦竣。若南路營公署，自應一律籌辦。適有東安坊民陳姓將屋出售，爰即捐給價值，置為來郡公署；並鳩工庀材重加修葺，移營收管。雖暫時之棲息，亦辦公所必資云。[148]

這裏看到元樞「有益於官方者，亦俱逐一辦竣」的熱情。古曰「官方」，我們現在卻說是「公家」。元樞的力疾從公的辦事精神，在這裏正發揮到超出飽和的程度。

（三五）捐見各營兵屋：《圖說》云：

查臺灣郡城設有中、左、右三營暨城守營，駐城防守。各營衙署之旁俱經另設伙房，分撥兵丁住宿；由來舊矣。祗緣歷久未修，兼之時遇地震，以致各營兵屋或則墻柱傾圮、或則倒壞無存。元樞因念伙房坍壞，則兵丁棲身無所，難免向隅；自應急為修葺，以資戍（原文誤戍）守。當經會營勘明，捐俸購料，招匠興工。其倒壞者，循其舊址另為建蓋；其傾圮者，估定工料即為興修。計共建

> 蓋中、左、右三營暨城守營兵屋七十八間，修理五十六間。又因中營衙署現已移建東安上坊，其舊有兵屋與新署頗為隔遠；故就新署之後另置陳姓民屋十間充作兵屋，以資棲息，以便辦公。現在工俱完竣，兵得安居矣。[149]

蔣元樞本是文官，而能關懷到兵士的棲息，這正表現他的光明磊落，衝越了職務所作的服務，何等親切，何等認真！

（三六）捐建西嶼浮圖：舊作對此一建設給予很高的評價。所以說：元樞創立了西嶼燈塔，在我國航海史上值得大書一筆。雖然主辦建立燈塔的是澎湖通判謝維祺，[150]但動機之起，卻發自元樞；經費籌劃，更大半倚賴他的支持。元樞的〈澎湖西嶼浮圖記〉（按澎湖通判蔣鏞《澎湖續編》、林豪所纂《澎湖廳志》採錄此記俱題作〈創建西嶼燈塔碑記〉，與原碑異；碑現存澎湖西嶼鄉外垵村外垵宮）說：

> 澎湖居臺、廈之間，而西嶼尤為衝要。蓋當風信靡常，則官、商船舶，莫不就西嶼以為依息也。然而宵昏冥晦之時，風濤震蕩，急欲得西嶼而安轉，或別有所觸者，此無他，無以為之準也。余自奉命守臺以來，凡遇由澎泊止者鮮不以西嶼為斤斤，心用惻然！欲為樹之標準，俾往來收泊者利焉。卒以澎湖之未有同志也，弗果行。[151]

這是動機。關於籌費情形，該碑又說：

> 第其工程頗浩，為費匪輕。欲醵金澎湖，而土瘠民貧，力弗能舉。余復以興修郡邑各工，接踵多費，未克獲獨擎。因念鹿耳門口歲集商船，不下數百計，而於澎之西嶼，非其所止泊，即其所經行也。酌以每船勸捐番鏹二元，不費之力，以成不朽之惠。迺謀之海防鄔公。公亦欣然題捐，樂為之助。

並念要工不容久待，而善果貴在速成。既與別駕謝公先捐清俸，一面鳩工構材，並諏吉孟冬動土興建。而海防鄔公（筆者按：名維肅）亦先約計歲內到口船數，預墊番鏹若干，一併賚赴工所，俾得如期舉事。[152]

看元樞這一碑文，他自己好像沒出甚麼錢。而考之當時謝維祺所立的〈創建西嶼浮圖記〉[153]，全部募款計二千四百一十四元，元樞就獨力捐助了五百元，可知他對這航海標幟的「浮圖」是如何的重視了。這個燈塔，「下座凡五丈，甃石為浮圖七級，級凡七尺，惟樸固，期永遠。其頂設長明之燈，東照鷺門，西光鯤島，南達銅山、東粵。」這一來，在，「一望無際」的海上，「知所定向」。（俱引自元樞〈碑記〉）嘉慶間臺灣縣貢生章甫《半崧集》有〈西嶼燈〉詩，小序說：「嶼在澎島，三十六嶼之一。琴川蔣太守造塔設燈，捐俸置資，俾舟人夜渡認燈收澳，至今賴之。」[154]此詩對元樞的遺惠餘澤，更是低徊詠贊：「黑夜東洋裏，紅燈西嶼頭；搖風圍塔定，照水共波流。一島浮光現，千航認影收；安瀾紀功德，長荷使君庥！」[155]

回頭轉讀元樞的《圖說》到反有平淡靜穆之感；但扼要不煩，卻頗能把握實際。抄記如下：

查澎湖居臺、廈之間，四面環海，島嶼紛排；波濤洶湧，地最危險：為往來臺、廈船隻所必經。西嶼一處，尤為衝要。凡遇風信靡常，則官、商船舶莫不就西嶼以為依息。然當宵昏冥晦之時，風濤震蕩，急欲得西嶼而安之，轉或別有所觸，屢致船隻損壞者；蓋因四望茫然，一無標準故也。元樞抵臺後，查悉情形，急圖所以利行舟之法。當經札商澎廳，囑就西嶼古塔基址，廣其下座——計周五丈，用石築為浮圖。其高五級，級凡丈許。預設長明之燈，西照鷺門，東光鯤島，南達銅山、東粵；俾一望無際之餘，知所定向。又於浮圖之前，建天后宮；另設旁屋數椽，召募妥僧住持，兼司燈火：使風雨晦明，永遠普照。所需工費，元樞倡捐；其餘不足之數，經來往商、漁各船踴躍捐湊：業已擇日興工，尅期完竣。自此船隻往來收泊，知所憑準；所全實多矣。[156]

（三七）修開基天后宮：此廟是臺灣最原始的天后廟，今通稱「小媽祖」，廟中有明崇禎年間的神像。《續修臺灣縣志》云：「鎮北坊水仔尾（筆者按：在今臺南市北區自強街），俗稱小媽祖宮，則始初廟祀也。郡守蔣允焄、蔣元樞皆嘗修焉。」[157]元樞既未立碑記，《圖說》亦略，大概不是他所重視的修舉。廟中十八羅漢和觀世音菩薩像，俱精妙生動，殆亦元樞修廟時，所命鉅匠的傑作。

（三八）修馬公廟：《續修臺灣縣志》記云：「馬王廟，在東安坊，祀馬祖，乃天駟房星之神。偽時建。乾隆四十二年，郡守蔣元樞修。」[158]縣志這段紀錄有問題，第一「馬王」應為「馬公」之誤。第二「馬公」是唐開闢閩南名將陳元光的部下馬仁。其「天駟房里」之說，可能是後代的附會。祇有「元樞修廟的紀錄」沒有錯。今按臺南市中區開山路「馬公廟」所存咸豐六年的〈重建馬公廟捐緣啟〉的一段話，可以更清楚。它說：「臺郡東安坊供祀馬公爺，神籙幽遐，誌書莫考；廟楹紀載，事蹟堪傳：闢遐荒於閩嶠，任重干城；揮神策於霞漳，功成弓弩。……此創建規模，則遠追鄭氏；而重加修葺，則繼踵蔣公也。」[159]

（三九）修小南天：小南天（忠義路一七二巷二七號）是一個土地廟，何君培夫在該廟倉庫中發現一腳久廢的下聯，題存「牽風荇傍帶船牕，琴川蔣元樞書」等字。[160]在筆者看來，這殘聯聯文及題款真是一字千金。這表示元樞修過此廟，同時也領略了廟址所宅這一帶禾寮港的風光。「荇」是河邊隨風搖曳的水草，生長茂密，可拂船窗，幽清景色，想望悠然。這表示元樞在這裏還乘過船。至少，我們體會出這位知府的親民之政，達到小南天這樣小廟的基層，該說徹底而深入。

（四十）蔣元樞抵臺未久，即執行「奉憲禁當舖採買」的措施，在乾隆四十一年，這是穩定金融的要政，是經濟史的重大問題；但是就蔣元樞治臺大政而言，不算是需加討論的要目，故此為擱。

筆者檢討舊作，參研新材，三研「蔣公子」的史事，綜合臺灣知府蔣元樞的重要政績，凡三十九子題，較之過去，幾乎擴大了一倍。元樞臺灣治績，大體俱在。他忙著興修臺灣「郡邑各工，接踵多費」（見所撰〈澎湖西嶼浮圖記〉），似乎難得為自己找游息、謀享受，因之在志書、遺碑裏，還沒發現他為所居的衙署作特別的營造。開元寺的「洞天半日閒亭」（見前引章甫〈春遊海靖寺〉詩註）算是它較為悠閒的創作了。再則章甫〈鯽潭月夜泛舟〉七言律自註說：「琴川蔣太守結彩亭於舟上，名『江上水心亭。』」藝術氣氛是夠濃厚的，但綁紮在舟上的花費究竟有限，元樞這種享受，料想精神多於物質。從治績，從生活去考驗這位相國「公子」，我們覺得他得到歌頌、美評，毫不過份。老百姓懷念他決不在於一時，當他離任之年，即在寧南坊為建「蔣公生祠」（址在今忠義路三官堂享殿後）。生祠以後雖因清高宗禁令而毀，但他的政績永繫人心，衍變成為傳說，卻長流而不絕（生祠石額殘件尚存）。

結語

三研「蔣公子」，考證蔣元樞臺灣知府任內的治績，我們覺得他成果之多、施惠之宏，清代臺灣同級的官吏幾乎無人足以倫比。就因史蹟積厚，才產生了比別人豐富的傳說；傳說起了衍化，加重他傳奇的色彩，提高史學之觀感，遂需要細密的考證。就考證的結果論：元樞所勒現存孔廟等處的六通圖碑，在臺灣地方史上不獨空前，可能絕後，配合他的《臺灣府各建築圖說》的精美詳實的內容，為藝術史、建築史，甚至政治史留下了上乘材料。他所監製的孔廟彝器、天后宮石刻、神像、香爐、以及兩座石坊，各種建設，學術的評價都很高。這一切無疑是元樞藝術稟賦的自然表露，可見他父祖的特長對他是大有影響的。就其「經濟」事功評價，他做到政通人和，百廢俱興，惠及小民，澤及枯骨。處處表現積極，事事求得效果，程功有期，立範垂遠。這真足為地方官樹立楷模，而經得起時代的考驗。所以留下了動人的傳說，不朽的口碑。「蔣公子」一辭本就象徵著年青、高貴與有力，元樞的臺灣治績長新寶島，必將照耀著歷史，啟迪後昆於無既。

民國七十六年清明節

（本文原刊《國立成功大學歷史學報》第13號，一九八七年三月）

1. 《臺南文化》創刊於民國四十年，本文刊載於四十二年六月出版的第三卷第一期，頁67–71及同年九月出版的第三卷第二期頁65–70。
2. 此記筆者編次於臺灣銀行經濟研究室編印之「臺灣文獻叢刊」（以下稱「文叢」）第二一八種《臺灣南部碑文集成》第一冊，頁60–61。
3. 此記編次「文叢」二一八種第一冊，頁61–63。
4. 此記編次「文叢」二一八種第一冊，頁64–66。
5. 此記編次「文叢」二一八種第一冊，頁66–68。
6. 此記編次「文叢」二一八種第一冊，頁66–67。
7. 此記編次「文叢」二一八種第一冊，頁70–71。
8. 此記編次「文叢」二一八種第一冊，頁73–74。
9. 此記編次「文叢」二一八種第一冊，頁88–89。
10. 此記見國立成功大學歷史系、臺南市政府合編之《臺南市南門碑林圖誌》，頁8–9。
11. 此記編次「文叢」二一八種第二冊，頁100–101。
12. 此記編次「文叢」二一八種第二冊，頁101–102。
13. 此記編次「文叢」二一八種第二冊，頁102–103。
14. 此記編次「文叢」二一八種第二冊，頁103–105。
15. 此記編次「文叢」二一八種第二冊，頁105–106。
16. 此記編次「文叢」二一八種第二冊，頁108–109。
17. 此記編次「文叢」二一八種第二冊，頁109–110。
18. 此記編次「文叢」二一八種第二冊，頁111–112。

19. 此記編次「文叢」二一八種第二冊，頁112–114。

20. 此記編次「文叢」二一八種第二冊，頁115–117。

21. 此記編次「文叢」二一八種第二冊，頁117–118。

22. 此記編次「文叢」二一八種第五冊，頁530–532。

23. 筆者民國四十三年曾攝影此碑，編入所編之《臺南文化》（臺南市文獻委員會發行，時筆者任該會編纂組長）第四卷第二期，頁29。「文叢」第二八三種《重修臺灣各建築圖說》頁6曾轉載影附，惜左右反印（後同）。

24. 此碑影照見《臺南文化》四卷二期，頁29。「文叢」第二八三種頁14轉載此影。

25. 此碑影照見《臺南文化》四卷二期，頁28。「文叢」第二八三種頁38轉載此影。

26. 此碑影照見《臺南文化》四卷二期，頁30。「文叢」第二八三種頁42轉載此影。

27. 此碑影照見《臺南文化》四卷二期，頁28。

28. 此碑拓片影照見《臺南文化》四卷二期，頁30。

29. 此記編次「文叢」二一八種第一冊，頁66–67。

30. 《臺灣文物論集》由中華大典與臺灣省文獻委員合作出刊，拙作編次頁121–145。

31. 引自拙作〈蔣公子研究〉，見《臺灣文物論集》頁123–125。當時行文引據俱括註文中，是以與本文考註文後者略異，尚幸學術界及青年朋友們鑒而諒之。後文尚有相似情形，不復贅焉。

32. 此記編次「文叢」二一八種第二冊，頁105–106。

33. 此所謂志載，「志」字所指包括：高拱乾始纂《臺灣府志》（文叢第六五種）、周元文《重修臺灣府志》（「文叢」第六六種）、劉良璧《重修福建臺灣府志》（「文叢」第七四種）、范咸《重修臺灣府志》（「文叢」第一〇五種）、余文儀《續修臺灣府志》（「文叢」第一二一種）、陳文達始纂《臺灣縣志》（「文叢」第一〇三種）、王必昌《重修臺灣縣志》（「文叢」第一一三種）和謝金鑾《續修臺灣縣志》（「文叢」第一四〇種）等書；下同，不復贅。

34. 按藥王廟在立人路，原路狹小，為汽車不通之巷道，是稱立人街；後拓開大路，廟在路中，遂拆除。原碑石質似為將樂烏石，三十年前在該廟讀其碑，惜未錄其文。

35. 見「文叢」第二一八種，頁61。

36. 見「文叢」第二一八種，頁64。

37. 見「文叢」第二一八種，頁66。

38. 見「文叢」第二一八種，頁70。

39. 見「文叢」第二一八種，頁88。

40. 見「文叢」第二一八種，頁102－103。

41. 「三縣」指附郭臺灣縣、南路鳳山縣、北路諸羅縣，定制在康熙二十三年。時臺灣、鳳山交界約在今臺南市府前路邊南幹線排水溝；故臺南市南區在康熙間及雍正十年前泰半屬鳳山縣轄，安平區亦然。

42. 見「文叢」第六五種，頁259－260。

43. 見「文叢」第六五種，頁268－269。凡高拱乾府志所載，周元文《重修臺灣府志》均照錄，此不贅。後註同之。

44. 論者謂陳夢雷《古今圖書集成》中「職方典」之《臺灣府》即其稿本。異同之議論，頗滋學界；值進一步加以研究。

45. 見「文叢」第六五種，頁32－33。其中「鳳山縣土墼埕」今在臺南市南區臺南地方法院一帶。

46. 見「文叢」第六五種，頁33。所謂「鎮北坊書院」在該坊「真武廟」緊鄰，廟亦稱「小上帝」，建於永曆年間。該廟數經圮損。第二次世界大戰，盟機襲臺，此廟中彈，多傾塌。戰後復建，頗異舊貌。

47. 見「文叢」第六五種，頁34。

48. 見「文叢」第六五種，頁41。「東安坊嶺仔後」一名指「鷲嶺」，今為民權路。

49. 見「文叢」第六五種，頁268–269。周元文《重修臺灣府志》編次「文叢」第六六種。
50. 見「文叢」第一一三種王必昌《重修臺灣府志》，頁190。
51. 見「文叢」第六五種，頁33。
52. 見「文叢」第一〇三種，頁211。
53. 張玉麒，陝西榆林人，康熙三十七迄四十年，任臺灣總兵官。
54. 見該書第一冊，頁18。
55. 見該書第一冊，頁19。
56. 見該書第一冊，頁28。
57. 陳鵬程，福建侯官人，乾隆歲貢。乾隆二十一年任臺灣府彰化縣儒學訓導，二十二年以母憂去職。二十七年十月或由順昌訓導調任臺灣府學訓導。據前舉官師志，乾隆二十九、三十一年各有繼任人員。鵬程或已去職。然鵬程乾隆三十一年為蔣允焄勒碑時署款是「沐恩崇文書院掌教訓導」，可知他的訓導職銜猶在，羈臺未返，掌教崇文，實如山長。
58. 見「文叢」二一八種，頁73。
59. 馬負書，漢軍鑲黃旗籍，乾隆元年丙辰武狀元。乾隆十六年調臺灣總兵官，未履任。
60. 允君「丁巳」成進士、太學進士題名碑、貴州通志、及前舉允君碑記可證。
61. 見民國五十七年臺灣華文書局影印清靖道謨等撰乾隆六年刊本《貴州通志》卷二十七葉二十八（華文書局版，頁556）。
62. 見「文叢」第二〇一種《半崧集簡編》，頁19。
63. 見「文叢」第二八種，頁23。
64. 見「文叢」第二八種，頁77–78。

65. 此書僅存上卷，計三十八葉，縱十七點六公分，橫十點七公分。封面題籤俱失，止於十四寒。
66. 《重修臺灣各建築圖說》編次「文叢」第二八三種。
67. 《常昭合志》筆者在南港中研院傅斯年圖書館借閱抄記。嘉慶二年刊本，言如泗主纂。
68. 廷錫前述史事，主據蔡丐因《清代七百名人傳》民國二十六年世界書局版，頁98–99，及美國國會圖書館印行《清代名人傳略》（*Eminent Chinese of The Ching Period*, 1943, PP.142-143）。
69. 蔣溥史事主據蔡丐因《清代七百名人傳》世界書局版，頁1849–1851。及《清代名人傳略》P.143。
70. 見「文叢」第九五種周凱《廈門志》「乾隆朝職官文秩」，頁373。
71. 見「文叢」第二一八種，頁102。
72. 引據以「文叢」第一四〇種謝金鑾《續修臺灣縣志》，頁511–512。
73. 見「文叢」第二八三種，頁1–2。
74. 「鹿口」，「鹿耳門」（港汛）口之簡稱。
75. 見「文叢」第二八三種，頁2。
76. 見「文叢」第二八三種，頁3。
77. 見「文叢」第二一八種，頁100–101。
78. 《建築圖說》中萬壽宮一圖，「文叢」第二八三種六頁後縮印黑白縮影，宮廷氣息，一見可感。其彩繪原圖，放之幻燈，則富麗逼人。
79. 拙作〈鄭成功夫人與開元寺〉，載民國四十七年八月出版之《臺南文化》，頁2–15。
80. 見「文叢」第二一八種第二冊，頁105–106。
81. 見「文叢」第二一八種第五冊，頁530–532。
82. 見「文叢」第二八三種，頁7–8。

83. 見「文叢」第一四〇種，頁14。
84. 見「文叢」第二八三種，頁9。
85. 據《山海經》則「招搖之山有木焉」「其花四照」「配之不迷」。庾信〈燈詩〉云：「五衢開辨路，四照起文風」。唐太宗〈詠燭詩〉：「久龍蟠焰動，四照逐花生。」都表徵著光彩四生，有著引發正氣的含意在。
86. 見「文叢」第一四〇種，頁146。
87. 見「文叢」第二一八種第二冊，頁101－102。
88. 見「文叢」第二八三種，頁11。
89. 見「文叢」第二一八種第二冊，頁108－109。
90. 見「文叢」第二一八種第二冊，頁108－109。
91. 見「文叢」第二一八種第二冊，頁108－109。
92. 見「文叢」二八三種，頁13－14。
93. 見「文叢」二八三種，頁15－16。
94. 見「文叢」二八三種，頁17。
95. 見「文叢」二八三種，頁19－20。
96. 見「文叢」二八三種，頁21。
97. 見「文叢」二八三種，頁23。
98. 見「文叢」二八三種，頁25。
99. 見「文叢」二八三種，頁27。
100. 見「文叢」二八三種，頁29。
101. 見「文叢」第二八四種，頁31。引文中「大里杙」的「杙」字是土字，據筆者淺見「杙」本身也是個誤字。原因這個地方叫「大里杙」，「杙」的意思是「樁子」，讀如「騎乙」切，是下入（陽入）聲，跟「乞」字音近。「大里杙」即今臺中縣大里鄉，古屬彰化縣，烏日溪的盡航處，船隻不會很大，故「灣」（靠）岸大多綁在「杙」（樁）上，「杙仔」的數目不少，是稱「大里杙」，久之遂成該地的特色。因而也就變成地名。「杙」字漸漸寫成「杙」字。積非成是，鮮見分辨。林爽文是當地人，因反清事大，「大理杙」遂著稱於世。清高宗乃有「大里之杙兮」的詩句。（按藝文印書館影殿版《唐書》卷十第三葉有「杙」字，「與即切」，與此「騎乙」，聲母有別。）

引文中的另名詞「阿密母」可能是「阿罩霧」的另種音寫，是臺中縣霧峯鄉的古稱。

102. 見「文叢」二八三種，頁33。
103. 見「文叢」第二八三種，頁35-36。
104. 見「文叢」第一四〇種第一冊，頁90。
105. 見「文叢」第一四〇種第一冊，頁61。
106. 見「文叢」二八三種，頁37。
107. 見「文叢」第二一八種第二冊，頁109-110。
108. 見「文叢」第二一八種第二冊，頁109-110。
109. 見「文叢」二八三種，頁39。
110. 見「文叢」第二一八種第二冊，頁103-105。
111. 見「文叢」二八三種，頁40。
112. 見「文叢」二八三種，頁43。
113. 見「文叢」第一四〇種第二冊，頁174-175。此條資料，筆者在〈蔣公子研究〉一文中，以「捐建海東書院學田」為目曾予引證。
114. 見「文叢」第二一八種第二冊，頁109-110。碑中「縣令郁正」，江蘇婁縣人，舉人出身。乾隆四十年由歸化調知

115. 臺灣。「學博（教諭）陳天杏」，福建沙縣人，乾隆六年拔貢。四十一年十一月由漳浦教諭調任臺邑。「學博（訓導）孫芳時」，福建永春州人，乾隆二十四年舉人。四十一年九月由詔安訓導調臺邑。四十五年陞浦城教諭。
116. 縣志引文俱見「文叢」第一四〇種，頁150。
117. 見「文叢」第二八三種，頁45。〈說〉中所云「前縣解令」，名文燧，江西永豐縣人。解元，中乾隆三十一年進士。三十八年由海澄知縣調知臺灣。後於四十五年知南靖縣。
118. 請參「文叢」第一四〇種《續修臺灣縣志》第一冊「義所」一目，頁90。
119. 見「文叢」第二八三種，頁47。
120. 請參「文叢」第一四〇種《續修臺灣縣志》第一冊「橋渡」一目，頁12–13。
121. 請參「文叢」第二一八種，頁102–103。
122. 見「文叢」第二八三種，頁49。
123. 見「文叢」第一四〇種第四冊，頁509–511。
124. 見「文叢」第二八三種，頁53。
125. 見「文叢」第二一八種第二冊，頁112–114。
126. 見「文叢」第二八三種，頁55–56。
127. 見「文叢」第一四〇種第一冊，頁64。
128. 見「文叢」第二一八種第二冊，頁115–117。
129. 見「文叢」第二八三種，頁57。
130. 林朝紳，福建同安人。後陞任廣東大鵬營參將。
131. 見「文叢」第二八三種，頁59–60。
見「文叢」第二八三種，頁61。

132. 鹿耳門正常天氣，早上吹東風，下午吹西風，故午前出港、午後進港，幾乎成為原則。

133. 鹿耳門港道窄狹，僅容兩艘，必插竹標以識，南白北黑，名曰盪纓，船隻須視標以進，否則觸礁立碎。礁石堅銳，故曰鐵版。（綜合志書）

134. 鄔維肅，貴州清鎮人，原籍順天大興，優貢生。由同安知縣陞補海防同知。

135. 見「文叢」第二八三種，頁61。

136. 筆者讀國立中央研究院歷史語言研究所刊行的《明清史料戊編》，屢見不鮮。

137. 見「文叢」第二八三種，頁63。

138. 見「文叢」第二八三種，頁65。

139. 梁文科，號瀛侯，奉天漢軍正白旗，康熙十四年舉人。五十四年由福建糧驛道調任臺廈道，五十六年十一月陞任廣東按察使。

140. 見「文叢」第二八三種，頁67。

141. 見「文叢」第一四〇種第四冊蔣元樞「建設義塚殯舍碑記」，頁512-513。

142. 見「文叢」第一四〇種第四冊蔣元樞「建設義塚殯舍碑記」，頁512-513。

143. 上面所引多取材「文叢」第一四〇種，頁92。

144. 見「文叢」第二八三種，頁69-70。

145. 見「文叢」第二八三種，頁71。

146. 劉潰，安徽旌德人，乾隆三十七年武進士，四十三年任臺鎮中營遊擊。

147. 見「文叢」第二八三種，頁73。

148. 見「文叢」第二八三種，頁75。

149. 見「文叢」第二八三種，頁77。

150. 謝維祺，號介堂，浙江會稽人，貢生。乾隆四十二年任通判。
151. 見「文叢」第二一八種第二冊，頁117－118。
152. 見「文叢」第二一八種第二冊，頁117－118。
153. 見「文叢」第二一八種第二冊，頁118－121。
154. 見「文叢」第二〇一種，頁15。
155. 見「文叢」第二〇一種，頁15。
156. 見「文叢」第二八三種，頁79。
157. 見「文叢」第一四〇種第一冊，頁65。
158. 見「文叢」第一四〇種第一冊，頁65。
159. 見「文叢」第二一八種第三冊，頁314－317。
160. 見七十四年元月臺南市政府編印、何培夫著《臺南市寺廟匾聯圖集》，頁18。

<4>

臺南文教拾詠

臺南文教拾詠

筆者不敏，逐日拾詩。去（七七）歲，刊史蹟之散詠，幸親朋與共鳴。乃繼武續賡，擴大其範圍：目曰「文教拾詠」，幸存近年教讀之點滴，稍申古都之周概。大雅君子，幸垂教之！

一、七十五年八月十二日，下午聽警廣記者陳明峰先生報告：為當年落榜考生楊姓青年奮勵成功事作講評，作為今天未取諸生之鼓勵，感成四句：

當年聯考落孫山，製帽從容意自閑！
今日日生超廿萬：經營盛譽滿人間！

二、八月十四日，入夜竟乏詩材，自嘲云：

半月磋磨日有詩，今宵苦索竟無題！
自嘲自笑𤼵𤼵甚：白卷高懸可罷矣！

三、八月十九日，讀無名氏「思緒」：

篤孝築成寶塔多，盈千累萬鬱嵯峨！

新潮誤導悲難繫，遂使中華苦受磨！

四、八月卅一日，上午急雨陣陣，焚香溫通鑑，見燕魏之交坑，嘆晉室之不振，感時興思，有不能自己者。

通鑑精嚴世莫京，焚香細讀栩如生！
秋霖窗外瀟瀟下，萬古幽懷逸興并！

五、九月一日，晨讀《王陽明全集》，其治贛政績，足範千古：

饒州府境有刁民，抗命抗租代久承：
施教施恩寬厚限，終消冥狡啟維新！

六、九月三日，年前悶熱，汗下如雨，讀《說文解字詁林》之「學」字部，於「學而時習」之義，益有領會。下午大雨一陣，感快非常。

秋火如焚勝炎天，悶昏揮汗出霖漣！
忽來午後傾盆雨，快洗心胸讀「學」篇。

七、九月四日：《中庸》「率性」之旨，在「明誠」與「誠明」：「明誠」者，天之所賦，不求自至；若資限「誠明」者，則需「博學」、「明辨」而至「人十」、「己百」，力行而致之。是以「率性」，人人可為，此陽明先生所謂「良知不間賢愚」者也。數日來重讀「禮記本」《中庸》，十年前圈點未盡者，努力補之。

夙昔中庸未點完，焚香開卷細加丹

「至誠」大旨悠然悟，歲月從今不浪殘！

八、九月六日，點完《中庸》，重讀一過，由「贊天地之化育」、「至誠通神」等義，感體「仁」字與最高聖人共義，即與為記：

「仁」字探研卅五年，始知「二」表地和天！
「誠明」定可修而致，化育通參信確然！

九、九月八日，購本月份《讀者文摘》，芸兒、蒂兒爭閱，老父向隅。

文摘積藏二十年，洋洋世事可資研。
購新二女爭先讀，老父通常最後掀！

一〇、九月十二日：七十一年冬罹車禍，一昏幾絕。賴潘大夫榮貴診斷正確，幸告痊癒。然藥不能斷，每週五必往公保中心取藥，於今三年已過。今日又遇潘大夫，即與：

公保中心兩載多，隔周周五必需過：
抽筋製藥無容斷，長累名醫久候痾！

一一、十月二日，慨拒參與某會議：

古蹟廢存興所之，任憑惡少肆胡嗤！
今天會議傷難與，避伍□□省浪辭。

一二、十月十四日，上午會計系一年級始上通史課。

會計今天第一堂，大班濟濟七排行。

校方人少嚴規定，高額緣何未察詳！

一三、十月二十日，怪象錄二。

（一）

眼澀栽毛帶尾鱗，大言不許聘他人！

一雙霸住西□□，系裏沈濛氣莫新！

（二）

中古歐洲本墨暝，今天群起出頭爭！

老狐竟也揮戈出，先詛後謙說不行！

一四、十月廿一日，被借一課。

和尚遠來會念經，函邀慨諾即南行！

麻煩却在需群眾，像樣排場借學生。

一五、十月廿二日，夜明史李惠珠問四角號碼，慨焉系之！

殷勤講授十年餘，「四角」精通似尚稀！——王雲五先生四角號碼檢字法，靈便索引，故舉以授之諸生，期能學業大進，惜效果未見彰著。

接受緣何難普遍？原因少小未培基！

一六、十月廿三日，讀中央副刊杜維運教授之〈世紀的憂患〉，先得我心，感慨系之！

憂患堪傷世紀悲，滿盤西化最堪嗤！

沈哀莫訴愚民策，十億純良久化癡！——愚民指文化大革命。

——小樣大小如通用之名片，專為同學習作之用。

一七、十月廿四日，往三義街裁卡片七千張。

作卡於今二十年，分題分代各如淵。
訂裁小樣三千片，導引諸生仔細研！

一八、十月二十七日，日夜間明史課為諸生道作卡集材之方法。

錄卡彙綜雜誌題，有關明史集歸齊，
連編影印成專輯，絕好新材共研稽！

一九、十一月五日，讀《通鑑》，慨六朝之人心浮亂，驗以時事，感慨系之！

數周通鑑未曾翻，午後重溫竟鬱煩：
晉宋政情堪浩歎！時風低劣類其喧！

二〇、十一月六日，聞有指導學生讀正史竟不知利用工具書者，為之浩歎！

直翻目錄索人名，傷腦費時笨莫銘！
自誤且深遺後症，痛心承害屬諸生！

二一、十一月七日，下午往公保，幸遇潘主任榮貴，特以情緒與生理問題請教之，獲益良多。

情緒低昂條件多，無關血液懼風波！
荷蒙腦痼攸關重，心境休容在致和！

二二、十一月十日，學校整掃一番，非常潔淨，頓覺臺灣地區大學校園之美無出成大者，自歎能賞而不負斯境者幾稀：

榕園修潔直流連，校慶明天盛管絃！
我亦懷思饒意義，戒煙二十四週年！

民國五十一年，突有反胃嘔逆之感，煙癮為主要原因。十一月十一日起遂戛然停吸，以迄於今。今逢各地禁煙運動，乃得先機預見之快焉。日期適與成大校慶同之，尤有公私交感之樂云。

二三、十一月十一日，成大校慶，我為閒人。戒煙二十四周年，感賦四絕。

（一）

五度莊嚴示戒煙，每緣細故自更絃！
後來終喜堅長絕，單靠決心永脫愆！

（二）

初戒煙時氣易張，友朋無故輒情傷！
約經半載歸平靜，撰寫長文不斷章。

（三）

初戒煙時鬢感麻，半年乃得見輕賒。
「猛抽鎮靜」純偏見，絕癮精神不會差！

嘗聞抽煙能鎮靜神經之說，個人深感純屬偏見。

（四）

抽煙常害在傷喉，一咳長連痛震頭；
戒絕迅能除宿疾，課堂暢論不需愁！

二四、十一月二十九日，孟子書城觀書：

文史類刊一覽餘，明朝成果總零虛！
漢唐上古加思想，依舊戰前老例書！

二五、十二月九日，會計系一年級通史課論民族精神。

（一）

往聖經書列課程，一參聯考竟拋生！
待詢肯定自難判，空負文山衣帶聲！

（二）

及今仁義歎趨沈，自我完成喜獨尋；
有利奮然隨攘奪，良知汩沒互交侵！

（三）

人互交侵各自危，縱多成就感徒為！
虛心靜慮懷誠意，立命安身志卓維！

（四）

民族精神光似陽，心扉獲暖格無雙！
堅持莫失清明在，不懼不憂永自強！

二六、十二月廿一日，聽警廣星期學術講座，稍不注意，竟忘講者。

（一）

講題「高處不勝寒」；主旨女強擇偶難。
學歷年齡多故障，挑挑剔剔到春殘！
（二）
本座高談似「電臺」，夫君靜受乃和諧；
強人最忌強人偶，凡事咻爭各逞才！
（三）
惡偶不如不結婚，小姑長處永藏溫！
翛然物外無牽累，總勝香蓮訴府門！
（四）
金失來還不肯收，太爺嘉許為謀籌：
原為三兩加成四，折二平分各喜休！

二七、七十六年一月六日，勉企業管理系三年級同學。

（一）
企三今日課終堂，勵勉叮嚀事三方：
善訂程功朝夕恪，品操學業自輝煌！
（二）
減輕壓力貴堅強，莫使無聊浪曙光！

逐日完成當日事，不留包袱惹憂傷！

（三）

每天成績倘賡連，積累春秋到臘年；

結果自然琳滿目，欣怡享受定豐鮮！

（四）

科技尖端資訊強，其中電腦最靈光！

如能相應豐才識，宿昔艱難今易彰！

二八、一月十二日，讀報即與：

暴力橫行觸目驚！議壇前面逞囂聲！

空言依法將懲辦，雨小雷鳴頃刻晴！

二九、一月十三日，有慨！

設法宣傳騙學生，西洋中古甚通精；

原來偷用先師稿，印出誆錢且盜名。

三〇、一月廿四日，作品送系有感：

十二年來感慨多，誤聞誤問誤蒙唆！

待知真相成長憾，喧鬧周圍盡楚歌！

三一、二月廿六日，大仁藥專董長葬身火窟。

大人董長夠豪華，千萬別莊顯傲誇！
充作賭場糟蹋甚，蒂煙生焰遂焚家！

三二、二月廿三日，上午教室所見：

發洩學生有簿符，長留教室任狂塗：
一年累積堪流覽，中有辛酸有疾呼！

三三、二月廿四日，感慰而勿喜：

陰謀□□最奸梟，緊要關頭耍毒招！
豈意飄然來妙着，絕多高票上層標！

三四、三月四日：

升等困人事故多，造謠已夠惹風波！
堪虞外審無標準，仰望穹蒼可奈何！

——筆者送審作品為《鹿耳門古港道里綜考》。

三五、四月五日：

整天不出趕長論，倦極沈然竟欲昏！
晚上還需勤剪報，五更略盡鳥鳴紛！

三六、四月十八日，參加導師會議有感：

（一）

溝通細節亂如麻，開放狂聲大肆誇！

——聞同仁讜論。

姑息竟然成有理，疏仁倡議變匏瓜！

（二）

學業勤修第一功，闡揚論理不容鬆！

少參校外無聊事，把握四年莫使空！

三七、四月廿五日，今夜立「新典故」專卡：

剪報新知日湧來，奇辭異義每堪裁；

專題裒集歸同類，立卡裝箱省費猜！

三八、六月十三日，讀報，青年蔡藍欽有志未伸，遽爾長逝，令人殞涕：

（一）

建國高材大學機，歌謠創作擁群癡！

宣傳音帶方將拍，消逝無踪歎已遲！

（二）

展露才華未斂鋒，飄瀟擴散竟成空！

並非造物存猜忌，堪恨時潮競搶風！

三九、六月十四日，　蔣夫人「贈言」讀後：

（一）

夫人睿智致嘉言，道徹「自由」惹禍煩！

狂妄每妨公正事，是非顛倒善栽冤！

（二）

天下英才教壞之，「自由主義」信堪嗤！
四年大學培狂傲：怪眼看人總現疵！

四〇、七月廿五日，體王陽明道人生大害意：

（一）

惡事大端在利名，伯安高見似明燈！
良知天命何需找？能致吾心格自澄！

（二）

去利滌貪不罔求，昭昭胸臆轉澄流，
安之若素如磐石，春夏秋冬曷用愁！

四一、七月廿六日：

（一）

讀報忡忡歎世風，癡迷濫賭已如瘋！
大家投注何家樂？結果成悲信可恫！

（二）

愛獎開時到處狂，不通電話計程荒，

「自由主義」為一乖張學派，非主人道之自由思想。

謀財害命因之發，夫婦失和職是殃！

四二、八月八日：

報載飆車玩命狂，害人害己信荒唐！

輿情熱切施呼籲，可奈冥頑不曉裝！

四三、八月十五日，學府有感：

泡公大學易生存，騙色周延邁國門！

妨害家庭遮護照，負心隔目另成昏！

四四、八月十七日，寫完〈族譜在南明臺灣史研究上之功能〉，即與：

牒譜功能照八方，人文研究最光彰！

其中史學尤資賴，起廢存亡積廣昌！

四五、九月二十日，檢古今圖書集成職方點鎮江府，有見存疑：

蘄國夫人史著梁，職方述錄氏茅揚！

別裁最是為難處，註記他時待考詳。

四六、九月廿四日，榕園即與

雨後榕園景色新，攜機隨處攝存真。

徜徉多是他方客，校裏師生少問津！

四七、九月三十日，有見：

真老狐狸兩眼紅，一聲驚問弄妖丰。
原來昨夜通宵局，辯說觀書達曉蒙！

——政府寬待教授，減其授課時數；少數竟用之賭博，白日不足，且繼之以夜，動輒說謊解嘲，可慨也夫！

四八、十一月一日，讀《皇明文衡》胡廣〈皆少軒記〉即與：

牧馬滁陽獲息繁，寄情施畫自娛歡：
「皆山」「醉記」深矜式，築室紆流爛蔚觀！

四九、十一月三日：

中研近史久徵文，今日同函表意般。
屈指稿期行見近，紆思動筆迅宣勤！

五〇、十一月六日，讀《皇明文衡》宗先賢黃公淮〈省愆集序〉即與：

夾輔春宮監國難，圖惟報稱竟乖歡！
十年雖系錦衣獄，懲艾怡神蔚彩翰！

五一、十一月十四日，讀《中副》無名氏〈半紀楮墨瑣談〉，即與得二：

（一）
億萬千秋本易過，莫因名利事多磨！
却緣有限堪珍惜，奉獻專心可放歌！

（二）
永恒剎那累思維，寫實狂濤易發揮！

總為爭強貽害大，不如浪漫抒芳菲！

五二、十一月廿四日，讀《皇明文衡》周敘〈正統十四年啟疏〉，隱括其意，聊當筆記。

（一）「勵剛明」

剛健欽明勵至尊：馭英偉斷絕邪渾！
物情莫遁無容制，震慴頌聲天下敦！

（二）「親經史」

經史內廷奉研知，興亡俱載蹟堪資！
庶幾睿智偕時進，庶政詢徵秀彥孜！

（三）「修軍政」

軍政練兵選將難，多方推舉乃登壇；
勵操淬鍊飢寒恤，厚賞結恩域圉干！

（四）「選賢才」

治國賢才核實難，小人易進善營鑽！
考嚴慎舉清廠濁，吏部首須飭內端！

（五）「安民心」

民心向背係安危，邊事饋供大力維；
思以安之邀悅服，為旌賢守任久隨！

（六）「廣言路」

言路廣開察邇遐，人人建白暢亨嘉！

裁擇可否施行後，治底無為眾樂嗟！

（七）「謹微漸」

早朝退後午門場，相與君臣密勿商！

履薄先機微漸殺，嘉謨陳布懋貞祥！

（八）「修庶政」

萬機庶政日推移，布列大臣慎審之！

革罷監司專委寄，內修外攘績宏施！

五三、十一月廿五日：

明史教材重整分，諸生一一獲參耘。

深宵配定期刊目，翊日從容各祇勤！

五四、十二月八日，讀〈吳大猷的憂與喜〉即與：

警世之音似震雷，高風激盪久低徊！

我心本就同斯格，讀後如迎遠客來！

五五、十二月十二日，讀「萬里長城」專冊即與：

萬里關山眼底過，肅臨偉蹟放豪歌！

一　殺音賽。

九邊巨鎮荒涼甚，為理專章備切磋。

五六、七十七年一月卅一日，閱卷即與：

材料一班一百人，講書閱卷倍勞神！
普通教室難容納，勉假「視聽」說古真！

——成大七十六學年度上學期，工學院材料系三年級之中國通史課為筆者所授，選課學生竟達百人。

五七、二月一日，深夜看臺視趙寧先生與洪冬桂女士共主之「客來夜談」節目有感：

（一）趙君談新舊體詩

新舊體詩譬火鍋：新如夏日舊冬和；
孰高孰下憑收視，觀眾哄堂判若羅！

（二）

趙君高論感同心：新舊自由莫互侵！
寫到愜情深刻處，必然讀者與哦吟！

五八、二月九日，俯仰感憶，積鬱難抒，偶念三十五年前，嘗點讀《周易注疏》一過：圓神方智，啟廸我心。茲因困生，偶舉疏解，隨手翻閱，竟得〈小畜〉。從此開始，日讀一卦；既以自勵，並藉知新。即與：

（一）

正反顛連百許秋，互攻互許幾時休？
易經六度循環格，比應相資妙解愁！

（二）讀〈小畜〉

周天「小畜」局芳休，一女五男暢莫愁！
得失在能貞慎止，寧安去恤復何憂？

五九、二月十日，讀《易．大畜》即與：

（一）

大畜盈豐貴止防，山天積健兆升陽：
初三與二遭艱厲，四五上爻却吉祥！

（二）讀《易》憶往

一天一卦漫研求，不迫輕鬆積理稠。
憶昔距今三五載，半欄逐日點盈周。

六〇、二月十一日，因慚讀《易》，故先從困艱諸卦入手。讀〈否〉即與：

匪人君子可憐生，亨吉「拔茅」貴守貞！
不取「承羞」「包禍亂」，「苞桑離祉」否終傾！

六一、二月十二日

（一）赴公保疹療中心取藥，

見通告有感：

䷈小畜，亨，密雲不雨．自我西郊．彖曰．小畜．柔得位而上下應之曰小畜．健而巽．剛中而志行．乃亨．密雲不雨．尚往也．自我西郊．施未行也．象曰．風行天上．小畜．君子以懿文德．初九．復自道．何其咎．吉．象曰．復自道．其義吉也．九二．牽復．吉．象曰．牽復在中．亦不自失也．九三．輿說輻．夫妻反目．象曰．夫妻反目．不能正室也．六四．有孚．血去惕出．无咎．象曰．有孚惕出．上合志也．九五．有孚攣如．富以其鄰．象曰．有孚攣如．不獨富也．上九．既雨既處．尚德載．婦貞厲．月幾望．君子征凶．象曰．既雨既處．德積載也．君子征凶．有所疑也．

時點讀版本為藝文印書館景阮刻，十六開上下二欄，每天僅點讀半頁。附：

䷙大畜．利貞．不家食．吉．利涉大川．彖曰．大畜．剛健篤實輝光．日新其德．剛上而尚賢．能止健．大正也．不家食吉．養賢也．利涉大川．應乎天也．象曰．天在山中．大畜．君子以多識前言往行．以畜其德．初九．有厲．利巳．象曰有厲利巳．不犯災也．九二．輿說輹．象曰．說輹．中无尤也．九三．良馬逐．利艱貞．曰．閑輿衛．利有攸往．象曰．利有攸往．上合志也．六四．童牛之牿．元吉．象曰．六四元吉．有喜也．六五．豶豕之牙．吉．象曰．六五之吉．有慶也．上九．何天之衢亨．象曰．何天之衢．道大行也．

䷋否之匪人．不利君子貞．大往小來．彖曰．否之匪人．不利君子貞．大往小來．則是天地不交而萬物不通也．上下不交而天下无邦也．內陰而外陽．內柔而外剛．內小人而外君子．小人道長．君子道消也．象曰．天地不交．否．君子以儉德辟難．不可榮以祿．初六．拔茅茹．以其彙．貞吉亨．象曰．拔茅貞吉．志在君也．六二．包承．小人吉．大人否．亨．象曰．大人否亨．不亂群也．

逢春六日不施調，喜氣來時病自瘳！
習俗溫馨多可愛，難從科學析分描！

（二）夜讀〈蠱卦〉

山下有風競未流，振衰抒恪慎懷柔！
無聊粉飾徒增吝，用譽清虛樹楷儔。

六二、二月十三日，讀《易・訟卦》得二：

（一）

上天下水訟興爭，反向違方互阻行！
不永逋歸渝命吉，錫鞶三褫迄无成！

（二）

九五因何訟吉元，處尊秉正判莊喧。
若如居二狂剛愎，懼竄逋歸幾惹煩！

六三、二月十四日，讀《易・剝卦》得二：

（一）

孤山不幸矗平洋，群小營居競斲傷！
大勢如斯貞蔑用，盈虛消息待觀詳！

（二）

六三・包羞・象曰・包羞・位不常也・九四・有命无咎・疇離祉・象曰・有命无咎・志行也・九五・休否・大人吉・其亡其亡・繫于苞桑・象曰・大人之吉・位正當也・上九・傾否・先否後喜・象曰・否終則傾・何可長也・

䷑蠱・元亨・利涉大川・先甲三日・後甲三日・彖曰・蠱・剛上而柔下・巽而止・蠱・蠱元亨而天下治也・利涉大川・往有事也・先甲三日・後甲三日・終則有始・天行也・象曰・山下有風・蠱・君子以振民育德・初六・幹父之蠱・有子・考无咎・厲終吉・象曰・幹父之蠱・意承考也・九二・幹母之蠱・不可貞・象曰・幹母之蠱・得中道也・九三・幹父之蠱・小有悔・无大咎・象曰・幹父之蠱・終无咎也・六四・裕父之蠱・往見吝・象曰・裕父之蠱・往未得也・六五・幹父之蠱・用譽・象曰・幹父用譽・承以德也・上九・不事王侯・高尚其事・象曰・不事王侯・志可則也・

䷅訟・有孚・窒惕・中吉・終凶・利見大人・不利涉大川・彖曰・訟・上剛下險・險而健・訟・訟有孚窒惕中吉・剛來而得中也・終凶・訟不可成也・利見大人・尚中正也・不利涉大川・入于淵也・象曰・天與水違行・訟・君子以作事謀始・初六・不永所事・小有言・終吉・象曰・不永所事・訟不可長也・雖小有言・其辯明也・九二・不克訟・歸而逋其邑・人三百戶・无眚・象曰・不克訟・歸逋竄也・自下訟上・患至掇也・六三・食舊德・貞厲終吉・或從王事・无成・象曰・食舊德・從上吉也・九四・不克訟・復即命渝・安貞・吉・象曰・復即命渝・安貞不失也・九五・訟元吉・象曰・訟元吉・以中正也・上九・或錫之鞶帶・終朝三褫之・象曰・以訟受服・亦不足敬也・

由足緣身盡體膚，重重盤剝欲天呼！
唯期碩果投君子，倖免傾廬眾意輸！

六四、二月十五日，讀《易．損卦》得四：

（一）

低居下澤竟培墟，蒸汽成春草木舒。
水土保留山色秀，盈虛消息自欣如！

（二）

酌損持終咎罔生，利貞立志莫多營！
「一人」慎往絪縕妙，至上無為自化行！

（三）

讀易方知損莫傷，審時度處志悠揚！
年終不懼行添歲，每日知無自勉強！

（四）

損之最上論婚姻，博取濫交志莫真！
孤詣貞心情到處，蒼天自許最芳親！

六五、二月十六日，農曆除日，讀《易．謙卦》得二：

（一）

䷖剝．不利有攸往．彖曰．剝．剝也．柔變剛也．不利有攸往．小人長也．順而止之．觀象也．君子尚消息盈虛．天行也．象曰．山附于地．剝上以厚下安宅．初六．剝牀以足．蔑貞．凶．象曰．剝牀以足．以滅下也．六二．剝牀以辨．蔑貞．凶．象曰．剝牀以辨．未有與也．六三．剝之无咎．象曰．剝之无咎．失上下也．六四．剝牀以膚．凶．象曰．剝牀以膚．切近災也．六五．貫魚．以宮人寵．无不利．象曰．以宮人寵．終无尤也．上九．碩果不食．君子得輿．小人剝廬．象曰．君子得輿．民所載也．小人剝廬．終不可用也．

䷨損．有孚．元吉．无咎可貞．利有攸往．曷之用．二簋可用亨．彖曰．損．損下益上．其道上行．損而有孚．元吉．无咎．可貞．利有攸往．曷之用．二簋可用亨．二簋應有時．損剛益柔有時．損益盈虛．與時偕行．象曰．山下有澤．損．君子以懲忿窒欲．初九．已事遄往．无咎．酌損之．象曰．已事遄往．尚合志也．九二．利貞．征凶．弗損．益之．象曰．九二利貞．中以為志也．六三．三人行．則損一人．一人行．則得其友．象曰．一人行．三則疑也．六四．損其疾．使遄有喜．无咎．象曰．損其疾．亦可喜也．六五或益之．十朋之龜弗克違．元吉．象曰．六五元吉．自上祐也．上九．弗損．益之．无咎．貞吉．利有攸往．得臣无家．象曰．弗損益之．大得志也．

䷎謙．亨．君子有終．彖曰．謙亨．天道下濟而光明．地道卑而上行．天道盈虧而益謙．地道變盈而流謙．鬼神害盈而福謙．人道惡盈而好謙．謙尊而光．卑而不可踰．君子之終也．象曰．地中有山．謙．君子以裒多益寡．稱物平施．初六．謙謙君子．用涉大川．吉．象曰．謙謙君子．卑以自牧也．六二．鳴謙．貞吉．象曰．鳴謙貞吉．中心得也．九三．勞謙君子．有終吉．象曰．勞謙君子．萬民服也．六四．无不利撝謙．象曰．无不利撝謙．不違則也．六五．不富以其鄰．利用侵伐．无不謙亨君子「有終」成，初涉大川吉罔驚！
「鳴」既貞敷「勞」不越，柔居鄰富用強征！

（二）

三謙在下重「鳴」「勞」，各抒卑光不逞豪！
上體輕麾「師」妙用，利昭富致擁旌旄！

六六、二月十七日，戊辰元旦，讀《易．恒卦》，深有惕焉：

（一）

雷風配合道成恒，忌浚安中羞莫繩！
六五德貞從唱吉，四非上振各荒能！

（二）

二五咸中志立恒，雙雙堅守莫夷升！
人天合正如經義，毫髮難容肆減增！

六七、二月十八日，讀《易．咸卦》得二：

（一）

感咸來電古今同，今古流行却異風：

利．象曰．利用侵伐．征不服也．上六．鳴謙．利用行師．征邑國．象曰．鳴謙．志未得也．可用行師．征邑國也．

䷟恒．亨．无咎．利貞．利有攸往．彖曰．恒．久也．剛上而柔下．雷風相與．巽而動．剛柔皆應．恒．恒亨无咎．利貞．久於其道也．天地之道．恒久而不已也．利有攸往．終則有始也．日月得天．而能久照．四時變化．而能久成．聖人久於其道．而天下化成．觀其所恒．而天地萬物之情可見矣．象曰．雷風．恒．君子以立不易方．初六．浚恒貞凶．无攸利．象曰．浚恒之凶．始求深也．九二．悔亡．象曰．九二悔亡．能久中也．九三．不恒其德．或承之羞．貞吝．象曰．不恒其德．无所容也．九四．田无禽．象曰．久非其位．安得禽也．六五．恒其德貞．婦人吉．夫子凶．象曰．婦人貞吉．從一而終也．夫子制義．從婦凶也．上六．振恒．凶．象曰．振恒在上．大无功也．

䷞咸．亨．利貞．取女吉．彖曰．咸．感也．柔上而剛下．二氣感應以相與．止而說．男下女．是以亨利貞取女吉也．天地感．而萬物化生．聖人感人心．而天下和平．觀其所感．而天地萬物之情可見矣．象曰．山上有澤．咸．君子以虛受人．初六．咸其拇．象曰．咸其拇．志在外也．六二．咸其腓．凶．居吉．象曰．雖凶居吉．順不害也．九三．咸其股．執其隨．往吝．象曰．咸其股．亦不處也．志在隨人．所執下也．九四．貞吉悔亡．憧憧往來．朋從爾思．象曰．貞吉悔亡．未感害也．憧憧往來．未光大也．九五．咸其脢．无悔．象曰．咸其脢．志末也．上六．咸其輔頰舌．象曰．咸其輔頰舌．滕口說也．

今日鍾情初見定，古時貞定久居功！

（二）

咸拇咸腓繼股隨，憧憧九四往來非！

咸脢无悔居中位，輔頰舌高自芳菲！

六八、二月十九日，讀《易・節卦》得二：

（一）

節卦猶如水庫形，初為內戶二門庭。

該當儲備該當放，制度攸關慎執行！

（二）

戶庭當塞要門亭，不節憂虞泛嘆聲！

相應安甘由下輯，悔亡處苦總緣情。

六九、二月二十日，讀《易・夬卦》得二：

（一）

九初壯趾勝為難，二莫有戎惕自安，

鳩壯夬三凶罔咎，劣優四五上憑攤！

（二）

五陽薈萃並騰揚，上號終凶卻自傷！

䷻節．亨．苦節不可貞．彖曰．節亨．剛柔分而剛得中．苦節不可貞．說以行險．當位以節．中正以通．天地節而四時成．節以制度．不傷財．不害民．象曰．澤上有水．節．君子以制數度．議德行．初九．不出戶庭．无咎．象曰．不出戶庭．知通塞也．九二．不出門庭．凶．象曰．不出門庭凶．失時極也．六三．不節若．則嗟若．无咎．象曰．不節之嗟．又誰咎也．六四．安節亨．象曰．安節之亨．承上道也．九五．甘節吉．往有尚．象曰．甘節之吉．居位中也．上六．苦節貞凶．悔亡．象曰．苦節貞凶．其道窮也．

䷪夬．揚于王庭．孚號有厲．告自邑．不利即戎．利有攸往．彖曰．夬．決也．剛決柔也．健而說．決而和．揚于王庭．柔．乘五剛也．孚號有厲．其危乃光也．告自邑．不利即戎．所尚乃窮也．利有攸往．剛長乃終也．象曰．澤上於天．夬．君子以施祿及下．居德則忌．初九．壯于前趾．往不勝為咎．象曰．不勝而往．咎也．九二．惕號．莫夜有戎．勿恤．象曰．有戎勿恤．得中道也．九三．壯于頄．有凶．君子夬夬．獨行．遇雨若濡．有慍．无咎．象曰．君子夬夬．終无咎也．九四．臀无膚．其行次且．牽羊悔亡．聞言不信．象曰．其行次且．位不當也．聞言不信．聰不明也．九五．莧陸夬夬．中行无咎．象曰．中行无咎．中未光也．上六．无號．終有凶．象曰．无號之凶．終不可長也．

大勢形成功既定，法嚴施祿待分彰！

七〇、二月廿一日，讀《易・井卦》得二：

（一）

挖井安能濫肆行？層層次次豈容征！
必需待甃凝寒後，勿幕孚元汲取成。

（二）

初泥無水舊相同，二谷浮泉鮒未容，
三再渫深經甃後，陽剛上六兩成功！

七一、二月廿二日，讀《易・困卦》得二：

（一）

困酒困株困蒺藜，金車雖吝有終締！
說徐赤紱興隆祀，動悔提升吉有禔！

（二）

顛連叠厄信難堪！命運横來勉忍含！
立志剛中唯守正，終亨舒放氣和南！

七二、二月廿三日，讀《易・蒙卦》得二：

䷯井・改邑不改井・无喪无得・往來井井・汔至亦未繘井・羸其瓶・凶・象曰・巽乎水而上水・井・井養而不窮也・改邑不改井・乃以剛中也・汔至亦未繘井・未有功也・羸其瓶・是以凶也・象曰・木上有水・井・君子以勞民勸相・初六・井泥不食・舊井无禽・象曰・井泥不食・下也・舊井无禽・時舍也・九二・井谷射鮒・甕敝漏・象曰・井谷射鮒・无與也・九三・井渫不食・為我心惻・可用汲・王明・並受其福・象曰・井渫不食・行惻也・求王明・受福也・六四・井甃无咎・象曰・井甃无咎・脩井也・九五・井洌寒泉・食・象曰・寒泉之食・中正也・上六・井收・勿幕有孚・元吉・象曰・元吉在上・大成也・

䷮困・亨・貞大人吉・无咎・有言不信・彖曰・困・剛揜也・險以說・困而不失其所亨・其唯君子乎・貞大人吉・以剛中也・有言不信・尚口乃窮也・象曰・澤无水・困・君子以致命遂志・初六・臀困于株木・入于幽谷・三歲不覿・象曰・入于幽谷・幽不明也・九二・困于酒食・朱紱方來・利用享祀・征凶无咎・象曰・困于酒食・中有慶也・六三・困于石・據于蒺藜・入于其宮・不見其妻・凶・象曰・據于蒺藜・乘剛也・入于其宮・不見其妻・不祥也・九四・來徐徐・困于金車・吝・有終・象曰・來徐徐・志在下也・雖不當位・有與也・九五・劓刖・困于赤紱・乃徐有說・利用祭祀・象曰・劓刖・志未得也・乃徐有說・以中直也・利用祭祀・受福也・上六・困于葛藟・于臲卼・曰・動悔有悔・征吉・象曰・困于葛藟・未當也・動悔有悔・吉行也・

（一）

出山泉水最清純，育德憑剛養正倫！

難免圖金兼遠實，凌威峻「擊」護童真！

（二）

蒙發包剛棄損躬，吝生困作遠雙陽。

童尊順巽謙招吉，上阻諸陰「擊」禦場！

七三、二月廿四日：

（一）

升等今天沒問題，原因著作勉高梯。

交由外審還公道，巧計陰謀化井泥！

（二）

升等今朝會議時，□□毒計苦難施！

臨場胡謅無聊話，寄語搖憐莫詈之！

（三）

其實何嘗有詈之，替天行道斥謊辭！

曾言進士光先蹟，太學題碑却乏資！

（四）

䷃蒙．亨．匪我求童蒙．童蒙求我．初筮告．再三瀆．瀆則不告．利貞．彖曰．蒙．山下有險．險而止．蒙．蒙亨．以亨行．時中也．匪我求童蒙．童蒙求我．志應也．初筮告．以剛中也．再三瀆．瀆則不告．瀆蒙也．蒙以養正．聖功也．象曰．山下出泉．蒙．君子以果行育德．初六．發蒙．利用刑人．用說桎梏，以往吝．象曰．利用刑人．以正法也．九二．包蒙吉．納婦吉．子克家．象曰．子克家．剛柔節也．六三．勿用取女．見金夫．不有躬．无攸利．象曰．勿用取女．行不順也．六四．困蒙．吝．象曰．困蒙之吝．獨遠實也．六五．童蒙吉．象曰．童蒙之吉．順以巽也．上九擊蒙．不利為寇．利禦寇．象曰．利用禦寇．上下順也．

□□突然遁脫逃，鐵鍾校警歎空牢！
文書偽造徒留案，禍轉□城也是糟！

（五）

□□竟然改□東，莫銘不孝穴來風！
可憐棺蓋論難定，戶籍名銷永蝕空！

讀《易．蹇卦》得二：

（一）

蹇利西南不利東，水山重險慎持中！
反身修德明真相，苦幹凌鋒勉可通。

（二）

往蹇當「初」候得宜，匪躬「六二」喜「三」儀！
「四」連令應「五」朋聚，從貴碩來「六」利卑！

七四、二月廿五日，寒假最後一日，有感：

今日假期最後辰，煩紛殊感不勝陳！
簽名拜託真多事，一一如儀夠累人！

讀《易．履卦》得二：

（一）

為隱惡揚善，故以□為記，然其格依平仄絕不取寬！下同。

䷦蹇．利西南．不利東北．利見大人．貞吉．彖曰．蹇．難也．險在前也．見險而能止．知矣哉．蹇利西南．往得中也．不利東北．其道窮也．利見大人．往有功也．當位貞吉．以正邦也．蹇之時用大矣哉．象曰．山上有水．蹇．君子以反身脩德．初六．往蹇來譽．象曰．往蹇來譽．宜待也．六二．王臣蹇蹇．匪躬之故．象曰．王臣蹇蹇．終无尤也．九三．往蹇來反．象曰．往蹇來反．內喜之也．六四．往蹇來連．象曰．往蹇來連．當位實也．九五．大蹇朋來．象曰．大蹇朋來．以中節也．上六．往蹇來碩吉．利見大人．象曰．往蹇來碩．志在內也．利見大人．以從貴也．

蒸發上升履道生，虎威擾嚇賴堅貞！
以柔順建興亨泰，民眾欣從帝德成！

（二）

履素履幽履跛行，貞凶祥吉不同情！
格威位正森然夬；檢視周祥上有成！

七五、二月廿六日，整理明史討論教材：

明史期中作小題，兩年裒集彙材齊。
付刊全是真成績，大勝胡鈔肆惘迷！

讀《易・豫卦》，感慨系之：

（一）

春日發舒動震雷，東風漫盪郁心扉！
眾陰怠渙招凶悔，九四承歡五女隨！

（二）

「初」鳴凶至「二」貞祥，「三」悔盱張惹禍殃！
九四明簪欣有得，乘剛尊位「上」渝良。

（三）「豫」之凶象幾盡見於今日，悲夫！

順差逸豫建諸侯，成果豐盈享浪蕪！

䷉履虎尾・不咥人・亨・彖曰・履・柔履剛也・說而應乎乾・是以履虎尾・不咥人亨・剛中正・履帝位而不疚・光明也・象曰・上天下澤・履・君子以辯上下・定民志・初九・素履往・无咎・象曰・素履之往・獨行願也・九二・履道坦坦・幽人貞吉・象曰・幽人貞吉・中不自亂也・六三・眇能視・跛能履・履虎尾・咥人凶・武人為于大君・象曰・眇能視・不足以有明也・跛能履・不足以與行也・咥人之凶・位不當也・武人為于大君・志剛也・九四・履虎尾・愬愬終吉・象曰・愬愬終吉・志行也・九五・夬履貞厲・象曰・夬履貞厲・位正當也・上九視履考祥・其旋元吉・象曰・元吉在上・大有慶也・

䷏豫・利建侯行師・彖曰・豫・剛應而志行・順以動・豫・豫順以動・故天地如之・而況建侯行師乎・天地以順動・故日月不過・而四時不忒・聖人以順動・則刑罰清而民服・豫之時義大矣哉・象曰・雷出地奮・豫・先王以作樂崇德・殷薦之上帝・以配祖考・初六・鳴豫・凶・象曰・初六鳴豫・志窮凶也・六二・介于石・不終日・貞吉・象曰・不終日貞吉・以中正也・六三・盱豫悔・遲有悔・象曰・盱豫有悔・位不當也・九四・由豫・大有得・勿疑朋盍簪・象曰・由豫大有得・志大行也・六五・貞疾・恒不死・象曰・六五・貞疾・乘剛也・恒不死・中未亡也・上六・冥豫成・有渝无咎・象曰・冥豫在上・何可長也・

一待群鶯飄亂後，揮師翦緝大征誅！

七六、二月廿七日讀《易．姤卦》，感世之女強人，猶卦中之「壯女」也，深為歎之！

（一）

壯女無容力取求，徒求難久祇蒙羞！
咸章品物剛猶正，時義大行暢似流！

（二）

金柅苦繫往終凶，「二」有「三」无俱乏衷！
稍遠蒙羞「包」受害，「五」中「上」吝健難窮！

七七、二月廿八日，讀《易．噬嗑》得二：

（一）

上下刑封位失陽！遭艱遇毒歎陰傷！
既逢亂世難寬典，飭法從嚴赫電章！

（二）

荷枷滅趾受刑「初」，陷鼻噬膚奮炳如！
遇毒齧乾堅位固，不然沒耳阻聰舒！

有慨

䷫姤．女壯．勿取女．彖曰．姤．遇也．柔遇剛也．勿用取女．不可與長也．天地相遇．品物咸章也．剛遇中正．天下大行也．姤之時義大矣哉．象曰．天下有風．姤．后以施命誥四方．初六．繫于金柅．貞吉．有攸往．見凶．羸豕孚蹢躅．象曰．繫于金柅．柔道牽也．九二．包有魚．无咎．不利賓．象曰．包有魚．義不及賓也．九三．臀无膚．其行次且．厲．无大咎．象曰．其行次且．行未牽也．九四．包无魚．起凶．象曰．无魚之凶．遠民也．九五．以杞包瓜．含章．有隕自天．象曰．九五含章．中正也．有隕自天．志不舍命也．上九．姤其角．吝．无咎．象曰．姤其角．上窮吝也．

䷔噬嗑．亨．利用獄．彖曰．頤中有物．曰噬嗑．噬嗑而亨．剛柔分動而明．雷電合而章．柔得中而上行．雖不當位．利用獄也．象曰．雷電．噬嗑．先王以明罰勑法．初九．屨校滅趾．无咎．象曰．屨校滅趾．不行也．六二．噬膚滅鼻．无咎．象曰．噬膚滅鼻．乘剛也．六三．噬腊肉．遇毒．小吝无咎．象曰．遇毒．位不當也．九四．噬乾胏．得金矢．利艱貞吉．象曰．利艱貞吉．未光也．六五．噬乾肉．得黃金．貞厲无咎．象曰．貞厲无咎．得當也．上九．何校滅耳．凶．象曰．何校滅耳．聰不明也．

□□因何職早辭，風聞戶籍許多疵！
為非作歹施刁盡，走出榕園實感遲！

七八、二月廿九日：

院會提升件件亨，緬懷去歲却難平！
原因鼠竊中為祟，害理傷天□□聽！

讀《易．明夷》以傷宿昔：

（一）

明入地中厄久蒙，持堅貞定正維崇！
文王箕子修長志，內蘊潛光並偉同！

（二）

垂翼于飛食住難！明夷二股進鋤奸！
門庭未出心堅定，六五居貞「上」軼殘！

七九、三月一日，讀《易．遯卦》得二：

（一）

小人固結佔基先，盤據為非務斥賢！
遠避高山思及峻，豈知飄渺上仍天！

（二）

䷣明夷利艱貞．象曰．明入地中．明夷．內文明而外柔順．以蒙大難．文王以之．利艱貞．晦其明也．內難而能正其志．箕子以之．象曰．明入地中．明夷．君子以莅眾．用晦而明．初九．明夷于飛．垂其翼．君子于行．三日不食．有攸往．主人有言．象曰．君子于行．義不食也．六二．明夷．夷于左股．用拯馬壯吉．象曰．六二之吉．順以則也．九三．明夷于南狩．得其大首．不可疾貞．象曰．南狩之志．乃得大也．六四．入于左腹．獲明夷之心．于出門庭．象曰．入于左腹．獲心意也．六五．箕子之明夷．利貞．象曰．箕子之貞．明不可息也．上六．不明晦．初登于天．後入于地．象曰．初登于天．照四國也．後入于地．失則也．

䷠遯亨．小利貞．象曰．遯亨．遯而亨也．剛當位而應．與時行也．小利貞．浸而長也．遯之時義大矣哉．象曰．天下有山．遯．君子以遠小人．不惡而嚴．初六．遯尾厲．勿用有攸往．象曰．遯尾之厲．不往何災也．六二．執之用黃牛之革．莫之勝說．象曰．執用黃牛．固志也．九三．係遯．有疾厲．畜臣妾吉．象曰．係遯之厲．有疾憊也．畜臣妾吉．不可大事也．九四．好遯．君子吉．小人否．象曰．君子好遯．小人否也．九五．嘉遯貞吉．象曰．嘉遯貞吉．以正志也．上九．肥遯无不利．象曰．肥遯无不利．无所疑也．

「勿往」消災「志」固堅，家居為吉「係留」顛！
體「乾」「好遯」「嘉」尤吉，「肥遯」无疑「利」廣延。

八〇、三月二日，元宵．母親忌辰。
中夜讀《易．家人》，傷悲難已！

（一）

元宵遭遇總哀思，翻讀「家人」淚若絲！
易象雙親全德備，仲昆耳順沐先滋！

（二）

慈親普恤及芳鄰，育我弟兄損盡神！
更恨紅羊橫禍劫，竟然冤抑痛傷身！

（三）

「家人」上下俱嚴防，中饋專司巽以莊！
順位商量尊主意，相親舉案輯而康！

（四）

初閑二順三抛嘻，保志吉祥貴儼儀！
大富良緣天錫與，陰陽相應總孚熙！

八一、三月三日，讀《易．革卦》得二：

筆者昆季五人，俱登花甲。

䷤家人．利女貞．彖曰．家人女正位乎內．男正位乎外．男女正．天地之大義也．家人有嚴君焉．父母之謂也．父父子子．兄兄．弟弟．夫夫．婦婦．而家道正．正家．而天下定矣．象曰．風自火出．家人．君子以言有物．而行有恒．初九．閑有家．悔亡．象曰．閑有家．志未變也．六二．无攸遂．在中饋．貞吉．象曰．六二之吉．順以巽也．九三．家人嗃嗃．悔厲吉．婦子嘻嘻．終吝．象曰．家人嗃嗃．未失也．婦子嘻嘻．失家節也．六四．富家．大吉．象曰．富家大吉．順在位也．九五．王假有家．勿恤吉．象曰．王假有家．交相愛也．上九．有孚．威如．終吉．象曰．威如之吉．反身之謂也．

䷰革．巳日乃孚．元亨．利貞．悔亡．彖曰．革．水火相息．二女同居．其志不相得．曰革．巳日乃孚．革而信之．文明以說．大亨以正．革而當．其悔乃亡．天地革．而四時成．湯武革命．順乎天而應乎人．革之時大矣哉．象曰．澤中有火．革．君子以治曆明時．初九．鞏用黃牛之革．象曰．鞏用黃牛．不可以有為也．六二

（一）

掌握時機妙化孚，乾靈居巳運璿樞！
西榆景色非先象，澤火淋蒸出曆圖。

（二）

初九黃牛六二征，三言三就四孚成，
大人虎變斐文炳，豹蔚群從貴止貞。

八二、三月四日，讀《易・睽卦》得二：

（一）

違睽不幸處非常，曳掣雙陽斷厥腸！
欲應承乘皆拂意！持躬慎守吉仍嘗！

（二）

九初失馬二旁行，曳掣窮凶質兆亨，
六五悔亡攸有慶，睽孤遇雨執弧平！

八三、三月五日，讀《易・渙卦》有得：

（一）

渙象安流運大亨，欣欣茂樹穩舟行：
剛柔互動舒窮困，立廟興王祭享誠！

・巳日乃革之・征吉无咎・象曰・巳日革之・行有嘉也・九三・征凶貞厲・革言三就・有孚・象曰・革言三就・又何以矣・九四・悔亡・有孚改命・吉・象曰・改命之吉・信志也・九五・大人虎變・未占有孚・象曰・大人虎變・其文炳也・上六・君子豹變・小人革面・征凶・居貞吉・象曰・君子豹變・其文蔚也・小人革面・順以從君也・

䷥睽・小事吉・彖曰・睽・火動而上・澤動而下・二女同居・其志不同行・說而麗乎明・柔進而上行・得中而應乎剛・是以小事吉・天地睽・而其事同也・男女睽・而其志通也・萬物睽・而其事類也・睽之時用大矣哉・象曰・上火下澤・睽・君子以同而異・初九・悔亡・喪馬勿逐自復・見惡人・无咎・象曰・見惡人・以辟咎也・九二・遇主于巷・无咎・象曰・遇主于巷・未失道也・六三・見輿曳・其牛掣・其人天且劓，无初有終・象曰・見輿曳・位不當也・无初有終・遇剛也・九四睽孤・遇元夫・交孚・厲无咎・象曰・交孚无咎・志行也・六五・悔亡・厥宗噬膚・往何咎・象曰・厥宗噬膚・往有慶也・上九・睽孤・見豕負塗・載鬼一車・先張之弧・後說之弧・匪寇婚媾・往遇雨則吉・象曰・遇雨之吉・群疑亡也・

䷺渙・亨・王假有廟・利涉大川・利貞・彖曰・渙亨・剛來而不窮・柔得位乎外而上同・王假有廟・王乃在中也・利涉大川・乘木有功也・象曰・風行水上・渙・先王以享于帝立廟・初六・用拯馬壯吉・象曰・初六之吉・順也・九二・渙奔其机・悔亡・象曰・渙奔其机・得願也・六三・渙其躬・

（二）

初拯二奔三渙躬，四群五廟上疏凶：
諸爻俱是亨嘉象，舊釋散離似不通！

八四、三月六日，讀《易・未濟》得二：

（一）

六爻六位不相交，未濟之時幸亨膠！
柔得中和生妙用，居方慎辨有仁巢！

（二）

初六尾濡九二貞，三凶四吉弱強生！
五柔暉麗高沉溺，待啟維新碩畫呈！

八五、三月七日，讀《易・既濟》，深有惕然！

（一）

坎離上下允相資，滿志踟躕則患疵！
正位爻爻唯此卦，絲毫不許出偏施！

（二）

初九戒濡二茀鬆，小人勿用三為聰！
疑生六四祥維五，上首沾危慎穩容！

无悔．象曰．渙其躬．志在外也．六四．渙其群．元吉．渙有丘．匪夷所思．象曰．渙其群元吉．光大也．九五．渙汗其大號．渙．王居无咎．象曰．王居无咎．正位也．上九，渙其血．去逖出．无咎．象曰．渙其血．遠害也．

☲☵未濟．亨．小狐汔濟．濡其尾．无攸利．彖曰．未濟亨．柔得中也．小狐汔濟．未出中也．濡其尾．无攸利．不續終也．雖不當位．剛柔應也．象曰．火在水上．未濟．君子以慎辨物居方．初六．濡其尾．吝．象曰．濡其尾．亦不知極也．九二．曳其輪．貞吉．象曰．九二貞吉．中以行正也．六三．未濟征凶．利涉大川．象曰．未濟征凶．位不當也．九四．貞吉悔亡．震用伐鬼方．三年有賞于大國．象曰．貞吉悔亡．志行也．六五．貞吉无悔．君子之光．有孚吉．象曰．君子之光．其暉吉也．上九．有孚于飲酒．无咎．濡其首．有孚失是．象曰．飲酒濡首．亦不知節也．

☵☲既濟．亨小．利貞．初吉．終亂．彖曰．既濟亨．小者亨也．利貞．剛柔正而位當也．初吉．柔得中也．終止則亂．其道窮也．象曰．水在火上．既濟．君子以思患而豫防之．初九．曳其輪．濡其尾．无咎．象曰．曳其輪．義无咎也．六二．婦喪其茀．勿逐．七日得．象曰．七日得．以中道也．九三．高宗伐鬼方．三年克之．小人勿用．象曰．三年克之．憊也．六四．繻有衣袽．終日戒．象曰．終日戒．有所疑也．九五．東鄰殺牛．不如西鄰之禴祭．實受其福．象曰．東鄰殺牛．不如西鄰之時也．實受其福．吉大來也．上六．濡其首．厲．象曰．濡其首厲．何可久也．

八六、三月八日，讀《易．小過》得二：

（一）

小過豈應惹大災？「不宜」屢犯禍橫來！
陰柔化解膺時義，雷震遙方運可回！

（二）

初不宜飛二運回，三剛致禍四橫災。
若能取穴貞心待，可免過殃逐鳥哀！

八七、三月九日，讀《易．中孚》得二：

（一）

中實中虛信可孚，大川利涉不需虞。
應天說巽豚魚吉，言行樞機慎莫糊！

（二）

初九有它（蛇）不燕娛，二鳴子和三繁蕪，
四無相應攣來五，上作翰音却自揄！

八八、三月十日，讀《易．兌澤》得二：

（一）

柔外剛中利遂貞，天人順應悅民情；

䷽小過亨．利貞．可小事．不可大事．飛鳥遺之音．不宜上．宜下．大吉．彖曰．小過．小者過而亨也．過以利貞．與時行也．柔得中．是以小事吉也．剛失位而不中．是以不可大事也．有飛鳥之象焉．飛鳥遺之音．不宜上．宜下．大吉．上逆而下順也．象曰．山上有雷．小過．君子以行過乎恭．喪過乎哀．用過乎儉．初六．飛鳥以凶．象曰．飛鳥以凶．不可如何也．六二．過其祖．遇其妣．不及其君．遇其臣．无咎．象曰．不及其君．臣不可過也．九三．弗過防之。從或戕之。凶．象曰．從或戕之．凶如何也．九四．无咎．弗過遇之．往厲必戒．勿用永貞．象曰．弗過遇之．位不當也．往厲必戒．終不可長也．六五．密雲不雨．自我西郊．公弋取彼在穴．象曰．密雲不雨．已上也．上六．弗遇過之．飛鳥離之凶．是謂災眚．象曰．弗遇過之．已亢也．

䷼中孚．豚魚吉．利涉大川．利貞．彖曰．中孚．柔在內而剛得中．說而巽．孚．乃化邦也．豚魚吉．信及豚魚也．利涉大川．乘木舟虛也．中孚以利貞．乃應乎天也．象曰．澤上有風．中孚．君子以議獄緩死．初九．虞吉．有它不燕．象曰．初九虞吉．志未變也．九二．鳴鶴在陰．其子和之．我有好爵．吾與爾靡之．象曰．其子和之．中心願也．六三．得敵．或鼓或罷．或泣或歌．象曰．或鼓或罷．位不當也．六四．月幾望．馬匹亡．无咎．象曰．馬匹亡．絕類上也．九五．有孚攣如．无咎．象曰．有孚攣如．位正當也．上九．翰音登于天．貞凶．象曰．翰音登于天．何可長也．

䷹兌亨．利貞．彖曰．兌．說也．剛中而柔外．說以利貞．是以順乎天而應乎人．說以先民．民忘其勞．說以犯難．民忘其死．說之大．民勸矣哉．象曰．麗澤．兌．君子以朋友講習．初九．和兌吉．象曰．和兌之吉．行未疑也．九二．孚兌吉．悔亡．象曰．孚兌之吉．信志也．六三．來兌凶．象曰．來兌之凶．位不當也．九四．商

有朋講習齊欣進，守志溝通兩運行。

（二）

和兌二「孚」、又次凶，四商介疾省身功，
正當九五威難犯，上六無功為引蜂！

八九、三月十一日，與系中同仁餐敘西餐廳，有足記者：

（一）

西餐廳裏暢歡談，今古中西又北南：
話到命名塵俗事，無端困擾不容含！

（二）

幸運追求普世風，常緣利祿肆橫衡！
沉迷術數徒增吝，禁忌拋空自允融！

讀《易．巽卦》：

重巽成風世道亨，居中馭氣下遵行；
剛稜嫌忌多橫抑，喪卻斧資反莫貞！

九〇、三月十二日，讀《易．旅卦》得二：

（一）

兌未寧．介疾有喜．象曰．九四之喜．有慶也．九五．孚于剝．有厲．象曰．孚于剝．位正當也．上六．引兌．象曰．上六引兌．未光也．

䷸巽．小亨．利有攸往．利見大人．彖曰．重巽以申命．剛巽乎中正．而志行．柔皆順乎剛．是以小亨．利有攸往．利見大人．象曰．隨風．巽．君子以申命行事．初六．進退．利武人之貞．象曰．進退．志疑也．利武人之貞．志治也．九二．巽在牀下．用史巫．紛若吉．无咎．象曰．紛若之吉．得中也．九三．頻巽吝．象曰．頻巽之吝．志窮也．六四．悔亡．田獲三品．象曰．田獲三品．有功也．九五．貞吉．悔亡．无不利．无初有終．先庚三日．後庚三日．吉．象曰．九五之吉．位正中也．上九．巽在牀下．喪其資斧．貞凶．象曰．巽在牀下．上窮也．喪其資斧．正乎凶也．

䷷旅．小亨．旅貞吉．彖曰．旅小亨．柔得中乎外而順乎剛．止而麗乎明．是以小亨旅貞吉也．旅之時義大矣哉．象曰．山上有火旅．君子以明慎用刑．而不留獄．初六．旅瑣瑣．斯其所取災．象曰．旅瑣瑣．志窮災也．

旅不久留火在山，知情度勢避傷頑。
慎刑君子斟拘獄，收押流拘一體關。

（二）

初瑣二懷三旅傷，斧資九四得而惶！
彎弓六五驚虛發，上但笑咷怎不荒！

九一、三月十三日，讀《易．豐卦》得二：

（一）

雷電交加折獄公，勿憂王假日天中！
盈虛消息宜明快，莫待趨偏運轉窮！

（二）

配主遇初二蔀疑，九三豐沛四投夷，
來章六五欣相慶，上戶無人劇可悲！

九二、三月十四日，讀《易．歸妹》得二：

（一）

婚姻今古十全難，關係錯綜易惹端！
知敝疏修終永吉，妹歸「悅動」幸恬安！

（二）

六二．旅即次．懷其資．得童僕貞．象曰．得童僕貞．終无尤也．九三，旅焚其次．喪其童僕．貞．厲．象曰．旅焚其次．亦以傷矣．以旅與下．其義喪也．九四．旅于處．得其資斧．我心不快．象曰．旅于處．未得位也．得其資斧．心未快也．六五．射雉一矢亡．終以譽命．象曰．終以譽命．上逮也．上九．鳥焚其巢．旅人先笑後號咷．喪牛于易．凶．象曰．以旅在上．其義焚也．喪牛于易．終莫之聞也．

䷶豐．亨．王假之．勿憂．宜日中．象曰．豐．大也．明以動．故豐．王假之．尚大也．勿憂宜日中．宜照天下也．日中則昃．月盈則食．天地盈虛．與時消息．而況於人乎．況於鬼神乎．象曰．雷電皆至．豐．君子以折獄致刑．初九．遇其配主．雖旬无咎．往有尚．象曰．雖旬无咎．過旬災也．六二．豐其蔀．日中見斗．往得疑疾．有孚發若．吉．象曰．有孚發若．信以發志也．九三．豐其沛．日中見沬．折其右肱．无咎．象曰．豐其沛．不可大事也．折其右肱．終不可用也．九四．豐其蔀．日中見斗．遇其夷主．吉．象曰．豐其蔀．位不當也．日中見斗．幽不明也．遇其夷主．吉行也．六五．來章有慶譽．吉．象曰．六五之吉．有慶也．上六．豐其屋．蔀其家．闚其戶．闃其无人．三歲不覿．凶．象曰．豐其屋．天際翔也．闚其戶．闃其无人．自藏也．

䷵歸妹．征凶无攸利．象曰．歸妹．天地之大義也．天地不交．而萬物不興．歸妹人之終始也．說以動．所歸妹也．征凶．位不當也．无攸利．柔乘剛也．象曰．澤上有雷．歸妹．君子以永終知潋．初九．歸妹以娣．跛能履．征吉．象曰．歸妹以娣．以恒也．跛能履．吉相承也．九二．眇能視．利幽人之貞．象曰．利幽人之貞．未變常也．六三．歸妹以須．反歸以娣．象曰．歸妹以須．未當也．九四，歸妹愆期．遲歸有時．象曰．

初九跛征二眇幽，三須四待總凝愁！
名王歸妹居中貴，上六承筐了莫籌！

九三、三月十五日，北上忘攜《易經》，車上尋繹〈乾卦〉以賦之：

（一）

純陽之氣大亨通，浩志堅心峻莫攻！
利見大人無上格，亢龍防慎慎飛瘋！

（二）

初潛二見又乾三，或躍在淵四懋參。
九五龍飛真大造，上亢宜悔運幽含！

九四、三月十六日，讀《易．漸卦》得二：

（一）

依山植木漸繁新，嫁女宜家象亦真！
循正就班前得位，剛中止巽運如春！

（二）

鴻漸初干二衎磐，九三進陸四枝安，
五陵得正心相印，上降通逵茂羽觀！

愆期之志．有待而行也．六五．帝乙歸妹．其君之袂．不如其娣之袂良．月幾望．吉．象曰．帝乙歸妹．不如其娣之袂良也．其位在中．以貴行也．上六．女承筐无實．士刲羊无血．无攸利．象曰．上六无實．承虛筐也．

☰☰乾．元．亨．利．貞．初九．潛龍勿用．九二．見龍在田．利見大人．九三．君子終日乾乾．夕惕若厲．无咎．九四．或躍在淵．无咎．九五．飛龍在天．利見大人．上九．亢龍有悔．用九．見群龍．无首．吉．彖曰．大哉乾元．萬物資始．乃統天．雲行雨施．品物流形．大明終始．六位時成．時乘六龍以御天．乾道變化．各正性命．保合大和．乃利貞．首出庶物．萬國咸寧．象曰．天行健．君子以自強不息．潛龍勿用．陽在下也．見龍在田．德施普也．終日乾乾．反復道也．或躍在淵．進无咎也．飛龍在天．大人造也．亢龍有悔．盈不可久也．用九．天德不可為首也．

☴☶漸．女歸吉．利貞．彖曰．漸．之進也．女歸吉也．進得位．往有功也．進以正．可以正邦也．其位．剛得中也．止而巽．動不窮也．象曰．山上有木．漸．君子以居賢德善俗．初六．鴻漸于干．小子厲有言．无咎．象曰．小子之厲．義无咎也．六二．鴻漸于磐．飲食衎衎．吉．象曰．飲食衎衎．不素飽也．九三．鴻漸于陸．夫征不復．婦孕不育．凶利禦寇．象曰．夫征不復．離群醜也．婦孕不育．失其道也．利用禦寇．順相保也．六四．鴻漸于木．或得其桷．无咎．象曰．或得其桷．順以巽也．九五．鴻漸于陵．婦三歲不孕．終莫之勝．吉．象曰．終莫之勝吉．得所願也．上九．鴻漸于陸．其羽可用為儀．吉．象曰．其羽可用為儀吉．不可亂也．

九五、三月十七日，讀《易．艮卦》得二：

（一）

兼山為艮守安常，止背行庭靜以莊，
定位凝思貞弗出，光明動謐自能強！

（二）

初為艮趾二為腓，三限四身厲則危！
五輔出言欣有序，上敦吉象厚終暉！

九六、三月十八日，讀《易．震卦》得二：

（一）

恐懼省修震故靈，重雷深刻不容暝！
駭然虩虩終休吉，匕鬯蒸嘗祭舉寧。

（二）

初九震來二躋爭，三蘇失當四泥行！
往還五厲終无患，索索驚鄰顯上情。

九七、三月十九日，讀《易．鼎卦》得二：

（一）

出否充新便利烹，隔離汙染慎方行！

䷳艮其背．不獲其身．行其庭．不見其人．无咎．彖曰．艮．止也．時止則止．時行則行．動靜不失其時．其道光明．艮其止．止其所也．上下敵應．不相與也．是以不獲其身．行其庭不見其人．无咎也．象曰．兼山．艮．君子以思不出其位．初六．艮其趾．无咎．利永貞．象曰．艮其趾．未失正也．六二．艮其腓．不拯其隨．其心不快．象曰．不拯其隨．未退聽也．九三．艮其限．列其夤．厲薰心．象曰．艮其限．危薰心也．六四．艮其身．无咎．象曰．艮其身．止諸躬也．六五．艮其輔．言有序．悔亡．象曰．艮其輔．以中正也．上九．敦艮．吉．象曰．敦艮之吉．以厚終也．

䷲震．亨．震來虩虩．笑言啞啞．震驚百里．不喪匕鬯．彖曰．震亨．震來虩虩．恐致福也．笑言啞啞．後有則也．震驚百里．驚遠而懼邇也．出可以守宗廟社稷．以為祭主也．象曰．洊雷震．君子以恐懼脩省．初九．震來虩虩．後笑言啞啞．吉．象曰．震來虩虩．恐致福也．笑言啞啞．後有則也．六二．震來厲．億喪貝．躋于九陵．勿逐七日得．象曰．震來厲．乘剛也．六三．震蘇蘇．震行无眚．象曰．震蘇蘇．位不當也．九四．震遂泥．象曰．震遂泥．未光也．六五．震往來厲．意无喪有事．象曰．震往來厲．危行也．其事在中．大无喪也．上六．震索索．視矍矍．征凶．震不于其躬．于其鄰．无咎．婚媾有言．象曰．震索索．中未得也．雖凶无咎．畏鄰戒也．

䷱鼎．元吉．亨．彖曰．鼎象也．以木巽火．亨飪也．聖人亨以享上帝．而大亨以養聖賢．巽而耳目聰明．柔進而上行．得中而應乎剛．是以元亨．象曰．木上有火．鼎君子以正位凝命．初六．鼎顛趾．利出否．得妾以其子．无咎．象曰．鼎顛趾．未悖也．利出否．以從貴也．

無端莫使翻公餗，黃耳瑩鉉大吉亨！

（二）

鼎初顛趾二无尤，三塞行途四折愁！
黃耳金繩中以實，玉紘上九遂剛柔。

九八、三月二十日，夜間部畢業攝影，破例參加。

傷愈長辭畢照參，歷經六載不曾含！
諸生恪感權開例，喜見榕園天蔚藍！

讀《易．升卦》得二：

（一）

坤巽生生不息騰，參天鉅木鬱層層！
南征勿恤剛中應，順德升高積以恒。

（二）

初允二孚曠邑三，亨岐六四吉時參，
升階五位宣貞美，不富沖虛六海涵。

九九、三月廿一日，讀《易．萃卦》艱辛有感，讀史更深惕然！

（一）

九二．鼎有實．我仇有疾．不我能即．吉．象曰．鼎有實．慎所之也．我仇有疾．終无尤也．九三．鼎耳革．其行塞．雉膏不食．方雨虧悔．終吉．象曰．鼎耳革．失其義也．九四．鼎折足．覆公餗．其形渥．凶．象曰．覆公餗．信如何也．六五．鼎黃耳金鉉．利貞．象曰．鼎黃耳．中以為實也．上九．鼎玉鉉．大吉．无不利．象曰．玉鉉在上．剛柔節也．

該班學生後受一位賣書專家中傷，念之為悵！

䷭升．元亨．用見大人．勿恤．南征吉．彖曰．柔以時升．巽而順．剛中而應．是以大亨．用見大人．勿恤．有慶也．南征吉．志行也．象曰．地中生木．升．君子以順德．積小以高大．初六．允升大吉．象曰．允升大吉．上合志也．九二．孚乃利用輪．无咎．象曰．九二之孚．有喜也．九三．升虛邑．象曰．升虛邑．无所疑也．六四．王用亨于岐山．吉无咎．象曰．王用亨于岐山．順事也．六五．貞吉升階．象曰．貞吉升階．大得志也．上六．冥升．利于不息之貞．象曰．冥升在上．消不富也．

䷬萃．亨．王假有廟．利見大人．亨．利貞．用大牲．吉．利有攸往．彖曰．萃．聚也．順以說．剛中而應．故聚也．王假有廟．致孝享也．利見大人亨．聚以正也．用大牲吉．利有攸往．順天命也．觀其所聚．而天地萬物之情可見矣．象曰．澤上於地．萃．君子以除戎器．戒不虞．初六．有孚不終．乃亂乃萃．若號一握為笑．勿恤．往．无咎．象曰．乃亂乃萃．其志亂也．六二．引吉无咎．孚乃利用禴禴．象曰．引吉无咎．中未變也．六三．萃如嗟如．无攸利．往无咎．小吝．象曰．往无王者萃靈假廟亨，大人利見泰而貞：
剛中氣象親和力，吉用豐胜體萬情！

（二）

初孚力萃二孚中，三往嗟如四秉剛，
九五未光慚有位，齎咨上六黽能通！

一〇〇、三月廿二日，教育界之窳象，見之厭甚，思之痛切！

（一）

不改桃花野質菲，冲冲的答去如飛！
等同醉女真狂肆，只會瘋顛又會吹！

（二）

惠子逃亡系裏安，今天開會太清閒！
一雙工具雖胡說，附和無人意自珊！

讀《易．益卦》得二：

（一）

利往涉川有作為，大光其道偕時輝！
無疆日進勤而巽，上自犧牲益道巍！

（二）

咎．上巽也．九四．大吉．无咎．象曰．大吉无咎．位不當也．九五．萃有位．无咎匪孚．元永貞．悔亡．象曰．萃有位．志未光也．上六．齎咨涕洟．无咎．象曰．齎咨涕洟．未安上也．

醉女似見《詩經》。

䷩益．利有攸往．利涉大川．象曰．益．損上益下．民說无疆．自上下下．其道大光．利有攸往．中正有慶．利涉大川．木道乃行．益動而巽．日進无疆．天施地生．其益无方．凡益之道．與時偕行．象曰．風雷．益．君子以見善則遷．有過則改．初九．利用為大作．元吉．无咎．象曰．元吉无咎．下不厚事也．六二．或益之．十朋之龜弗克違．永貞吉．王用享于帝吉．象曰．或益之．自外來也．六三．益之．用凶事．无咎．有孚中行．告公用圭．象曰．益用凶事．固有之也．六四．中行．告公從．利用為依遷國．象曰．告公從．以益志也．九五．有孚．惠心．勿問元吉．有孚惠我德．象曰．有孚惠心．勿問之矣．惠我德．大得志也．上九．莫益之．或擊之．立心勿恒．凶．象曰．莫益之．偏辭也．或擊之．自外來也．

大作初元二厚龜，磨三凶事四宏籌；
惠心九五終元吉，上自勿恒受擊愁！

一〇一、三月廿四日，讀《易·解卦》得二：

（一）

解利西南坎與雷，居中險動免騰摧！
驅邪端賴陽剛氣，雷雨交加迅去災！

（二）

初六咎無二獲狐，柔三致寇四斯孚；
陰陽五位欣相應，射隼高墉悖逆誅！

一〇二、三月廿五日，讀《易·晉卦》得二：

（一）

用昭明德晉康侯，錫馬庶蕃日數投；
柔進上行程有序：自修自勉樂優遊！

（二）

初六摧如六二愁，悔亡三允四貞羞！
雍容居五遑思恤？上九封城惕謹謀！

一〇三、三月廿六日，讀《易·大壯》得二：

䷧解．利西南．无所往．其來復吉．有攸往．夙吉．彖曰．解．險以動．動而免乎險．解．解利西南．往得眾也．其來復吉．乃得中也．有攸往夙吉．往有功也．天地解．而雷雨作．雷雨作．而百果草木皆甲坼．解之時大矣哉．象曰．雷雨作．解．君子以赦過宥罪．初六．无咎．象曰．剛柔之際．義无咎也．九二．田獲三狐．得黃矢．貞吉．象曰．九二貞吉．得中道也．六三．負且乘．致寇至．貞吝．象曰．負且乘．亦可醜也．自我致戎．又誰咎也．九四．解而拇．朋至斯孚．象曰．解而拇．未當位也．六五．君子維有解．吉．有孚于小人．象曰．君子有解．小人退也．上六．公用射隼于高墉之上．獲之．无不利．象曰．公用射隼．以解悖也．

䷢晉．康侯用錫馬蕃庶．晝日三接．彖曰．晉．進也．明出地上．順而麗乎大明．柔進而上行．是以康侯用錫馬蕃庶．晝日三接也．象曰．明出地上．晉．君子以自昭明德．初六．晉如摧如．貞吉．罔孚．裕．无咎．象曰．晉如摧如．獨行正也．裕无咎．未受命也．六二．晉如愁如．貞吉．受茲介福．于其王母．象曰．受茲介福．以中正也．六三．眾允．悔亡．象曰．眾允之志．上行也．九四．晉如鼫鼠．貞厲．象曰．鼫鼠貞厲．位不當也．六五．悔亡．失得勿恤．往吉无不利．象曰．失得勿恤．往有慶也．上九．晉其角．維用伐邑．厲吉无咎．貞吝．象曰．維用伐邑．道未光也．

（一）

大壯利貞君子行，小人搬弄正人平！
知書弗履皆非禮，天地之情感自亨！

（二）

初九征凶二吉貞，逢三用罔四堅行；
喪羊五位終无悔，上六知艱或免傾！

一〇四、三月廿七日，讀《易‧離卦》得二：

（一）

麗天麗土利亨貞，麗正重明化以成！
相繼大人光宇宙，牝牛畜養裕豐生。

（二）

九初履錯二為黄，日昃離三四棄揚！
柔五涕嗟贏吉象，上操兵柄用征狂！

一〇五、三月廿八日，讀《易‧習坎》得三：

（一）

習坎中孚似水流，維心有尚莫盈愁！
秉常君子悠安度，地險山川設禦周。

䷡大壯・利貞・彖曰・大壯・大者壯也・剛以動・故壯・大壯利貞・大者正也・正大・而天地之情可見矣・象曰・雷在天上・大壯・君子以非禮弗履・初九・壯于趾・征凶有孚・象曰・壯于趾・其孚窮也・九二・貞吉・象曰・九二貞吉・以中也・九三・小人用壯・君子用罔・貞厲・羝羊觸藩・羸其角・象曰・小人用壯・君子罔也・九四・貞吉・悔亡・藩決不羸・壯于大輿之輹・象曰・藩決不羸・尚往也・六五・喪羊于易・无悔・象曰・喪羊于易・位不當也・上六・羝羊觸藩・不能退・不能遂・无攸利・艱則吉・象曰・不能退・不能遂・不詳也・艱則吉・咎不長也・

䷝離・利貞・亨・畜牝牛・吉・彖曰・離・麗也・日月麗乎天・百穀草木麗乎土・重明以麗乎正・乃化成天下・柔麗乎中正・故亨・是以畜牝牛吉也・象曰・明兩作離・大人以繼明照于四方・初九・履錯然・敬之・无咎・象曰・履錯之敬・以辟咎也・六二・黃離元吉・象曰・黃離元吉・得中道也・九三・日昃之離・不鼓缶而歌・則大耋之嗟・凶・象曰・日昃之離・何可久也・九四・突如其來如・焚如・死如・棄如・象曰・突如其來如・无所容也・六五・出涕沱若・戚嗟若・吉・象曰・六五之吉・離王公也・上九・王用出征・有嘉折首・獲匪其醜・无咎・象曰・王用出征・以正邦也・

䷜習坎・有孚・維心亨・行有尚・彖曰・習坎・重險也・水流而不盈・行險而不失其信・維心亨・乃以剛中也・行有尚・往有功也・天險不可升也・地險山川丘陵也・王公設險以守其國・險之時用大矣哉・象曰・水洊至・習坎・君子以常德行・習教事・初六・習坎・入于坎窞・凶・象曰・習坎入坎・失道凶也・九二・坎有險・求小得・象曰・求小得・未出中也・六三・來之坎坎・險且枕・入于坎窞・勿用・象曰・來之坎坎・終无功也・六四・

（二）

坎道有方險却多！莫疏失察陷張羅！

循流不作非非想，安處重岡穩可歌！

（三）

坎初入窞二遵中，三自為難四有終；

九五不盈因未大，棘叢上六數年凶！

一〇六、三月廿九日，周日，寒流驟至，樓居讀《易》。

風雨嚴寒忽驟臨，多年不見此春深！

小樓讀易興思遠，驗世常呈古亦今。

讀《大過》得二：

（一）

陽剛大過弱雙柔，結果吃虧硬出頭！

君子澄清塵俗念，高風遯世曷能愁？

（二）

初六白茅二稊揚，九三撓棟四隆昌；

生華五位徒增醜，滅頂雖凶柔化揚！

一〇七、三月三十日，讀《易．頤卦》得二：

樽酒簋貳．用缶．納約自牖．終无咎．象曰．樽酒簋貳．剛柔際也．九五．坎不盈．祗既平．无咎．象曰．坎不盈．中未大也．上六．係用徽纆．真于叢棘．三歲不得．凶．象曰．上六失道．凶三歲也．

䷛大過．棟撓．利有攸往．亨．彖曰．大過．大者過也．棟撓本末弱也．剛過而中．巽而說行．利有攸往．乃亨．大過之時大矣哉．象曰．澤滅木．大過．君子以獨立不懼．遯世无悶．初六．藉用白茅．无咎．象曰．藉用白茅．柔在下也．九二．枯楊生稊．老夫得其女妻．无不利．象曰．老夫女妻．過以相與也．九三．棟橈．凶．象曰．棟橈之凶．不可以有輔也．九四．棟隆吉．有它吝．象曰．棟隆之吉．不橈乎下也．九五．枯楊生華．老婦得其士夫．无咎无譽．象曰．枯楊生華．何可久也．老婦士夫．亦可醜也．上六．過涉滅頂．凶．无咎．象曰．過涉之凶．不可咎也．

（一）

頤養弘施及體心，問題重大值深尋！

由天及地昭人性，節飲慎言總細斟！

（二）

初舍靈龜二倒頤，貞凶三拂四光施

順從六五莌莌吉，上九大川利涉之！

一〇八、三月三十一日，讀《易·无妄》得二：

（一）

天下震雷局大亨，立基發展慎初萌；

時潮鼓動成風氣，切戒慌張肆應迎！

（二）

九初旡妄二空圖，三造邑災四己蘇；

勿藥五能天莫悖，行盲上位最胡塗！

一〇九、四月一日，讀《易·復卦》得二：

（一）

七日復來道自亨，悟前悟後理宜旌！

及時把握仁兼義，顛仆遭逢不用驚！

䷚頤·貞吉·觀頤·自求口實·彖曰·頤·貞吉·養正則吉也·觀頤·觀其所養也·自求口實·觀其自養也·天地養萬物·聖人養賢以及萬民·頤之時大矣哉·象曰·山下有雷·頤·君子以慎言語·節飲食·初九·舍爾靈龜·觀我朵頤·凶·象曰·觀我朵頤·亦不足貴也·六二·顛頤·拂·經于丘·頤征凶·象曰·六二征凶·行失類也·六三·拂頤·貞凶·十年勿用·无攸利·象曰·十年勿用·道大悖也·六四·顛頤吉·虎視眈眈·其欲逐逐·无咎·象曰·顛頤之吉·上施光也·六五·拂經·居貞·吉·不可涉大川·象曰·居貞之吉·順以從上也·上九·由頤厲吉·利涉大川·象曰·由頤厲吉·大有慶也·

䷘无妄·元亨·利貞·其匪正有眚·不利有攸往·彖曰·无妄·剛自外來·而為主於內·動而健·剛中而應·大亨以正·天之命也·其匪正有眚·不利有攸往·无妄之往·何之矣·天命不祐祐·行矣哉·象曰·天下雷行·物與无妄·先王以茂對時育萬物·初九·无妄往吉·象曰·无妄之往·得志也·六二·不耕穫·不菑畬·則利有攸往·象曰·不耕穫·未富也·六三·无妄之災·或繫之牛·行人之得·邑人之災也·象曰·行人得牛·邑人災也·九四·可貞无咎·象曰·可貞无咎·固有之也·九五·无妄之疾·勿藥有喜·象曰·无妄之藥·不可試也·上九·无妄·行有眚·无攸利·象曰·无妄之行·窮之災也·

䷗復·亨·出入无疾·朋來无咎·反復其道·七日來復·利有攸往·彖曰·復亨·剛反·動而以順行·是以出入无疾·朋來无咎·反復其道·七日來復·天行也·利有攸往·剛長也·復其見天地之心乎·象曰·雷在地中·復·先王以至日閉關·商旅不行·后不省方·初九·不遠復·无祇悔·元吉·象曰·不遠之復·以脩身也·

（二）

初以修身二下仁，三頻雖厲四從真；
五敦無悔中能省，上道災生曷可陳！

一一〇、四月三日，讀《易・賁卦》得二：

（一）

火照山光麗靡凡，徒增花樣反憂讒！
天人時變生文化，戒獄唯修政以嚴！

（二）

初九舍車六二須，三賁濡若四雲駒；
丘園五吝終將吉，返璞歸真上罔虞！

一一一、四月四日，讀《易・觀卦》得二：

（一）

風行大地好觀光，盥未薦時煥正方；
上下互相通乎敬，省民設教自亨莊！

（二）

初六「童觀」六二「窺」，我生三象四賓睢；
居中九五賢君在，上處雖高志儼危！

六二．休復．吉．象曰．休復之吉．以下仁也．六三．頻復．厲．无咎．象曰．頻復之厲．義无咎也．六四．中行獨復．象曰．中行獨復．以從道也．六五．敦復．无悔．象曰．敦復无悔．中以自考也．上六．迷復．凶．有災眚．用行師．終有大敗．以其國君凶．至于十年不克征．象曰．迷復之凶．反君道也．

䷕賁．亨．小利有攸往．彖曰．賁亨．柔來而文剛．故亨．分剛上而文柔．故小利有攸往．天文也．文明以止．人文也．觀乎天文．以察時變．觀乎人文．以化成天下．象曰．山下有火．賁．君子以明庶政．无敢折獄．初九．賁其趾．舍車而徒．象曰．舍車而徒．義弗乘也．六二．賁其須．象曰．賁其須．與上興也．九三．賁如濡如．永貞吉．象曰．永貞之吉．終莫之陵也．六四．賁如皤如．白馬翰如．匪寇婚媾．象曰．六四當位．疑也．匪寇婚媾．終无尤也．六五．賁于丘園．束帛戔戔．吝．終吉．象曰．六五之吉．有喜也．上九．白賁．无咎．象曰．白賁无咎．上得志也．

䷓觀．盥而不薦．有孚顒若．彖曰．大觀在上．順而巽．中正以觀天下．觀盥而不薦．有孚顒若．下觀而化也．觀天之神道．而四時不忒．聖人以神道設教．而天下服矣．象曰．風行地上．觀．先王以省方觀民設教．初六．童觀．小人无咎．君子吝．象曰．初六童觀．小人道也．六二．闚觀．利女貞．象曰．闚觀女貞．亦可醜也．六三．觀我生進退．象曰．觀我生進退．未失道也．六四．觀國之光．利用賓于王．象曰．觀國之光．尚賓也．九五．觀我生．君子无咎．象曰．觀我生．觀民也．上九．觀其生．君子无咎．象曰．觀其生．志未平也．

一一二、三月五日，讀《易·臨卦》得二：

（一）

地澤為臨正以亨，陽剛浸長稟天行，
逢陰蹈隙深當戒！體象生民教保成。

（二）

初九咸臨九二同，「至」「甘」六四六三工；
大君五位知中吉，志內敦行上偉風！

一一三、四月六日，讀《易·隨卦》得二：

（一）

澤中震動少傷危，社會形成出例規；
把握時間隨配合，宜亨宜晦自貞輝！

（二）

初九官渝出有功，丈夫小子二三瘋！
有孚四五能嘉吉，上六從維拘係窮。

一一四、四月七日，讀《易·大有》得二：

（一）

柔居尊位應天行，上下陽剛俱表迎：

䷒臨·元亨·利貞·至于八月有凶·象曰·臨·剛浸而長·說而順·剛中而應·大亨以正·天之道也·至于八月有凶·消不久也·象曰·澤上有地·臨·君子以教思无窮·容保民无疆·初九·咸臨·貞吉·象曰·咸臨貞吉·志行正也·九二·咸臨·吉无不利·象曰·咸臨吉无不利·未順命也·六三·甘臨·无攸利·既憂之·无咎·象曰·甘臨·位不當也·既憂之·咎不長也·六四·至臨·无咎·象曰·至臨无咎·位當也·六五·知臨·大君之宜·吉·象曰·大君之宜·行中之謂也·上六·敦臨吉·无咎·象曰·敦臨之吉·志在內也·

䷐隨·元亨利貞·无咎·彖曰·隨·剛來而下柔·動而說·隨·大亨貞无咎·而天下隨時·隨時之義大矣哉·象曰·澤中有雷隨·君子以嚮晦入宴息·初九·官有渝·貞吉·出門交有功·象曰·官有渝·從正吉也·出門交有功·不失也·六二·係小子·失丈夫·象曰·係小子·弗兼與也·六三·係丈夫·失小子·隨有求得·利居貞·象曰·係丈夫·志舍下也·九四·隨有獲·貞凶·有孚在道·以明·何咎·象曰·隨有獲·其義凶也·有孚在道·明功也·九五·孚于嘉·吉·象曰·孚于嘉吉·位正中也·上六·拘係之乃從·維之·王用亨于西山·象曰·拘係之·上窮也·

䷍大有·元亨·彖曰·大有·柔得尊位大中·而上下應之曰大有·其德剛健而文明·應乎天而時行·是以元亨·象曰·火在天上·大有·君子以遏惡揚善·順天休命·初九·无交害·匪咎·艱則无咎·象曰·大有初九·无交害也·九二·大車以載·有攸往·无咎·象曰·大

熊火騰空揚向善，消融作惡迅塵清！

（二）

初九無交二載車，三亨拒惡四能疏；

扈威六五宜孚吉，祐祐上從天慶大舒！

一一五、四月八日，讀《易．同人》得二：

（一）

同人生火見文明，大眾溝通在野營，

聚族堅強成結構，涉川發展邁征程。

（二）

初九於門六二宗，高陵三莽四乘墉；

笑咷五位驚翻復，上志行郊未盡同！

一一六、四月九日，讀《易．泰卦》，感大通未必亨吉，深為惕然！

（一）

乾欲上兮坤下來，地天交泰懋三才！

小人道損端人長，濟濟英輝暢豁開！

（二）

拔茅初九二馮河，三勿恤孚四比多；

車以載．積中不．敗也．九三．公用亨于天子．小人弗克．象曰．公用亨于天子．小人害也．九四．匪其彭．无咎．象曰．匪其彭无咎．明辨晳也．六五．厥孚交如．威如．吉．象曰．厥孚交如．信以發志也．威如之吉．易而无備也．上九．自天祐之．吉无不利．象曰．大有上吉．自天祐祐也．

䷌同人于野．亨．利涉大川．利君子貞．彖曰．同人．柔得位得中而應乎乾．曰同人．同人曰．同人于野亨．利涉大川．乾行也．文明以健．中正而應．君子正也．唯君子為能通天下之志．象曰．天與火．同人．君子以類族辨物．初九．同人于門．无咎．象曰．出門同人．又誰咎也．六二．同人于宗．吝．象曰．同人于宗．吝道也．九三．伏戎于莽．升其高陵．三歲不興．象曰．伏戎于莽．敵剛也．三歲不興．安行也．九四．乘其墉．弗克攻．吉．象曰．乘其墉．義弗克也．其吉．則困而反則也．九五．同人先號咷而後笑．大師克相遇．象曰．同人之先．以中直也．大師相遇．言相克也．上九．同人于郊．无悔．象曰．同人于郊．志未得也．

䷊泰小往大來．吉亨．彖曰．泰．小往大來吉亨．則是天地交而萬物通也．上下交而其志同也．內陽而外陰．內健而外順．內君子而外小人．君子道長．小人道消也．象曰．天地交．泰．后以財成天地之道．輔相天地之宜．以左右民．初九．拔茅茹．以其彙．征吉．象曰．拔茅征吉．志在外也．九二．包荒．用馮河．不遐遺．朋亡．得尚于中行．象曰．包荒得尚于中行．以光大也．九三．无平不陂．无往不復．艱貞．无咎．勿恤其孚．于食有福．象曰．无往不復．天地際也．六四．翩翩．

六五于歸中祉吉，上因亂命恨如何？

一一七、四月十日，讀《易．比卦》得二：

（一）

水流充沛地成文，藉便交通致孔殷。

九五推恩封萬國，諸侯親比效辛勤！

（二）

初六有孚二吉貞，匪人三比四親榮；

前禽五失都亡誡，上六无終苦箴盟！

一一八、四月十一日，讀《易．師卦》得二：

（一）

師貞可王利民從，無咎丈人應以鋒！

有水地中容畜眾；威嚴正肅畢全功。

（二）

初避否臧二吉中，與尸三失四懷同；

田禽六五防凶帥，上恪開承以正功！

一一九、四月十二日，讀《易．需卦》得二：

（一）

不富以其鄰．不戒以孚．象曰．翩翩不富．皆失實也．不戒以孚．中心願也．六五．帝乙歸妹．以祉元吉．象曰．以祉元吉．中以行願也．上六．城復于隍．勿用師．自邑告命貞吝．象曰．城復于隍．其命亂也．

䷇比．吉．原筮．元永貞．无咎．不寧方來．後夫凶．彖曰．比．吉也．比．輔也．下順從也．原筮元永貞无咎．以剛中也．不寧方來．上下應也．後夫凶．其道窮也．象曰．地上有水．比．先王以建萬國．親諸侯．初六．有孚比之．无咎．有孚盈缶．終來有它吉．象曰．比之初六．有它吉也．六二．比之自內．貞吉．象曰．比之自內．不自失也．六三．比之匪人．象曰．比之匪人．不亦傷乎．六四．外比之．貞吉．象曰．外比於賢．以從上也．九五．顯比．王用三驅．失前禽．邑人不誡．吉．象曰．顯比之吉．位正中也．舍逆取順．失前禽也．邑人不誡．上使中也．上六．比之无首．凶．象曰．比之无首．无所終也．

䷆師貞．丈人．吉无咎．彖曰．師．眾也．貞．正也．能以眾正．可以王矣．剛中而應．行險而順．以此毒天下．而民從之．吉又何咎矣．象曰．地中有水．師．君子以容民畜眾．初六．師出以律．否臧凶．象曰．師出以律．失律凶也．九二．在師中．吉无咎．王三錫命．象曰．在師中吉．承天寵也．王三錫命．懷萬邦也．六三．師或輿尸．凶．象曰．師或輿尸．大无功也．六四．師左次．无咎．象曰．左次无咎．未失常也．六五．田有禽．利執言。无咎．長子帥師．弟子輿尸．貞凶。象曰．長子帥師．以中行也．弟子輿尸．使不當也．上六．大君有命．開國承家．小人勿用．象曰．大君有命．以正功也．小人勿用．必亂邦也．

需孚貞吉有光亨，險陷前途莫自驚！
剛健候時終致慶，雲天裕沛宴恭迎！

（二）

初九需郊二涉沙，三泥致寇四幾嗟！
五中酒食欣貞吉，上六無為客自嘉！

一二〇、四月十三日，讀《易・屯卦》得二：

（一）

鴻濛漠漠野原平，宿草萌芽待雨傾！
雷震驚雲升險困，亟需封建力圖成！

（二）

初九盤桓二困如，林中三舍四婚舒；
小貞五位無光彩，上血頻漣局忍書！

一二一、四月十四日，讀《易・坤卦》得二：

（一）

大地全承任發生，元亨牝馬利其貞！
先迷後得終依主，德合無疆總順成！

（二）

䷄需・有孚・光亨貞吉・利涉大川・彖曰・需・須也・險在前也・剛健而不陷・其義不困窮矣・需有孚・光亨貞吉・位乎天位・以正中也・利涉大川・往有功也・象曰・雲上於天・需君子以飲食宴樂・初九・需于郊・利用恒・无咎・象曰・需于郊・不犯難行也・利用恒无咎・未失常也・九二・需于沙・小有言・終吉・象曰・需于沙・衍在中也・雖小有言・以終吉也・九三・需于泥・致寇至・象曰・需于泥・災在外也・自我致寇・敬慎不敗也・六四・需于血・出自穴・象曰・需于血・順以聽也・九五・需于酒食・貞吉・象曰・酒食貞吉・以中正也・上六・入于穴・有不速之客三人來・敬之終吉・象曰・不速之客來・敬之終吉・雖不當位・未大失也・

䷂屯・元亨・利貞・勿用有攸往・利建侯・彖曰・屯・剛柔始交而難生・動乎險中・大亨貞・雷雨之動滿盈・天造草昧・宜建侯而不寧・象曰・雲雷屯・君子以經綸・初九・磐桓・利居貞・利建侯・象曰・雖磐桓・志行正也・以貴下賤・大得民也・六二・屯如邅如・乘馬班如・匪寇婚媾・女子貞不字・十年乃字・象曰・六二之難・乘剛也・十年乃字・反常也・六三・即鹿无虞・惟入于林中・君子幾不如舍・往吝・象曰・即鹿无虞・以從禽也・君子舍之・往吝窮也・六四・乘馬班如・求婚媾・往吉无不利・象曰・求而往・明也・九五・屯其膏・小貞吉・大貞凶・象曰・屯其膏・施未光也・上六・乘馬班如・泣血漣如・象曰・泣血漣如・何可長也・

初六履霜二直方，含章三德四包囊；
黃裳五吉元文在，龍戰郊坰上道荒！
易卦至是讀遍：
易卦讀完六六天，始由小畜到坤篇：
乘承比應無窮盡，時義安貞自泰然！

一二二、四月二十日，上午明史課講三楊盛業即與：
三楊盛業史難方，相得君臣久互莊；
太后晚年彰厚敬，崇高形象益休揚！

一二三、六月十一日，臺灣省文獻委員會謝樂山（浩）、鄭喜夫二委員下訪，聚談四小時，即與三記。

（一）
雙雙下訪劇長談，「小木馬」中細討探：
最是惱人重二八，從頭欲說每難堪！

（二）樂山兄深研臺灣首任知府蔣毓英始纂府志，名震遠近：
蔣志析分細入微，發人未發惹人非；
厲揮健筆豪情在，答案長研終獲追！

（三）

䷁坤．元亨．利牝馬之貞．君子有攸往．先迷．後得主利．西南得朋．東北喪朋．安貞吉．彖曰．至哉坤元．萬物資生．乃順承天．坤厚載物．德合无疆．含弘光大．品物咸亨．牝馬地類．行地无疆．柔順利貞．君子攸行．先迷失道．後順得常．西南得朋．乃與類行．東北喪朋．乃終有慶．安貞之吉．應地无疆．象曰．地勢坤．君子以厚．德載物．初六．履霜堅冰至．象曰．履霜堅冰．陰始凝也．馴致其道．至堅冰也．六二．直方大．不習无不利．象曰．六二之動．直以方也．不習无不利．地道光也．六三．含章可貞．或從王事．无成有終．象曰．含章可貞．以時發也．或從王事．知光大也．六四．括囊．无咎无譽．象曰．括囊无咎．慎不害也．六五．黃裳元吉．象曰．黃裳元吉．文在中也．上六．龍戰于野．其血玄黃．象曰．龍戰于野．其道窮也．用六．利永貞．象曰．用六永貞．以大終也．

「小木馬」臺南市中山路咖啡座名。

喜夫心細獲斐成，後起恢然放俊聲；
姓氏碩研潛偉志，他年茂著必天驚！

一二四、六月十二日（周日），整天大趕文章。

信武事繁落筆多，丘公無考省張羅；
尚餘潘老、龍船示，加緊明天可放歌！

一二五、六月十六日，寄出〈近世中國前期臺灣實證史料考索〉一文。夜為寺廟草釋奠詩六章：

長文寄出草神章，朝暮腦筋實在忙！
幸有茗茶消積倦，敲詩得以日成常。

一二六、六月二十四日，監考有感：

（一）

蟬聲常唱墨雲西，時雨時晴氣壓低！
監考新樓新教室，沈思往事鬱如迷！

（二）

四五週年班會開，家鄉長夢不能回！
建寅來電知其概，懷念難堪白髮摧！

（三）

中南北路誌分區，錯解交通是路衢！

如此無知加悖獗，竟然到處任胡許！

一二七、六月廿六日：

升等校中案已清，表書尚待細填明；

諸奸害我十年後，意興消闌筆懶擎！

一二八、七月八日，夜讀《震川集》之〈懼讒三首〉有感：

小人毀譽兩施刁，甫杞唐書俱不饒！

□□當今差與似，尚行無忌並逍遙！

一二九、七月十一日，夜讀陽明所作祭文有感：

出色偏偏俱懋情，良知洋溢似雲行！

離人戍卒感興慟，親戚徒朋一體誠！

一三〇、七月十九日，有感：

盤桓心中一片雲，錯綜往往出殊棼！

紆衡事後深惆悵！把握將來細理耘。

一三一、七月二十日，與蕭君瓊瑞、葉秀玉小姐商訂本月廿九日與部分同仁餐敘：

日記成詩居二年，電商餐聚共聊天，

時間就在初秋末，地點五榕北上邊。

一三二、七月廿四日：

情緒低潮事事乖，指桑難免罵高槐！
昨宵盤鬱今消散，電話新聞俱爽詼。

一三三、七月廿八日，某校長發表：

（一）

全軍覆沒事堪哀，追究原因打錯牌！
後悔囂張嫌太早，荒唐內閣謬安排！

（二）

紙上呼聲一直高，前頭半月壯堪豪！
可憐吶喊陰謀客，電視呈真慘號咷！

一三四、七月二十九日：

談天說地聚西楹，日記敲詩喜共鳴！
遙想前年開雅興，迄今平仄二年盈。

一三五、八月一日，新舊任校長交接典禮紀實：

（一）夏校長致辭

校長致詞訴苦辛，違章建戶最傷神！
曾因處理遭威脅，電話狂聲恫嚇人

（二）又：

校長贊稱接棒人：必能光大續賡新，
溝通演化雖煩事，團結齊心貴執真！
（三）又：
既道依依不盡情，亦申職務有終更；
國科會裏寬籌席，過訪均將摯禮迎！

一三六、八月十二日，下午赤嵌樓修復計劃評審會，林文雄市長主持。風雨已作，討論熱烈，即與得六：

（一）
辛苦規研費網羅，赤嵌樓上問題多！
水泥結構真頭痛，解體難為莫奈何！
（二）
二百年來贔屓馱，御碑兩度被遷挪！
但知移自南門內，可惜原亭未曉何！
（三）
雕像涼亭似贅尤，拱橋不類亦堪丟！
匠心規劃相陪稱，長使清園懋郁休？
（四）

藍色豬肝不雅觀，奈何設計總迎歡？
我於此道真門外，樂贊專題仔細剬！

（五）

勘古四年樂事多，登山跨海共摩娑！
堪推行虐真能手，副座經常作虎婆。

（六）會後始知大雨

雨聲自午到深更，暴降時多少間平！
潑漏擦淋艱等候，夜闌倦極勉仍撐！

一三七、八月十四日，大風雨賦四錄一：

風雨聲中寫論文，窗門漏水輒神分；
寂平難得匆然現，靜慮澄心稍致勤！

一三八、九月五日，刻「即與軒」篆章一，既以解嘲，亦興惕勵：

（一）

「即與」自元久誤「興」，唐詩所興別風徵！
長時訛義邪成正，偶賦標題輒惹陵！

（二）

「即與」惹煩不足憂，名軒鐫篆策勤修。

由茲珍重昭時義，把握均勻最解愁！

一三九、九月十日：

（一）

本想出門未出門，三樓讀史晝連昏：

東西禍結難疏弊，扼腕迴腸剳卡存！

（二）

秀楚揚州十日哀；廣陵民眾北齊埋！

千秋一地遭同厄，史筆後昭昔乏裁！

一四〇、九月十日，讀《通鑑》「梁元帝焚書十四萬」：

萬卷圖書十四乘，一朝命燬盡灰升！

未曾反省殘根性，卻恨勤功未助興！

一四一、九月廿一日：

同來晚上課仍勤，新舊石器為綜申：

唐虞夏后三都近，為保鹽池以便民。

一四二、九月廿五日，中秋，祖母忌辰！

中秋遇雨頓蕭森，忌祭祖慈卻應心！

逐歲此辰常鬱抑，有時覩月反沾襟！

一四三、九月三十日，讀史，唐李義府像極某人：

義府溫恭貌似貓，殺人背後善潛刀！
偽裝儼似鑾忠厚，施騙長年不易　！

一四四、十月二日，準備答覆學生。

讀史首當理繫年，輿圖然後亦摩研；
縱橫獲準規模在，涉獵考蹤自郁然！

一四五、十月八日，夜訪李祥生先生（臺南市教育會理事長）議寫逸師大著籌資函稿。

逸師八五祝期頤，大著發行未可遲！
共擬籌資函牘稿，酬恩墾摯屬傳斯！——王師逸民（秀南）先生為筆者母校龍溪中學校長，其後歷任福建省立師範學校校長、中山大學暨南大學、廈門大學等校教授，桃李遍寰宇，著作彰海外。

一四六、十月十一日，《歷史月刊》命題徵稿，曰〈清代臺灣南部之發展〉，下午全稿謄清。

六千直敘紀南臺，畢稿刪煩慎別裁。——平蒂為予幼女。
紛亂塗鴉難閱讀，蒂兒謄錄頓璀瑰。

讀通鑑婁師德史事，於王陽明致良知之學益有所會：

師德恭勤史冊彰，厚寬沈恕雅垂方！
捫心掩卷深追慕，體範承蹤自致良！

一四七、十月十九日，夜間通史課勉應數三同學：

虛虛實實數難釐，人算不能天算之！
加減乘除參道義，光明社會任翔馳！

一四八、十月廿三日：本市西門路厲王宮，祀張許李南雷五王，即唐忠臣張巡、許遠、南霽雲與雷萬春。頃溫通鑑及其史事，感弔不已，即與四絕，備教材之用。

（一）
兵待臨機戰陣施，雲凝鳥散遇胡兒。
疆場動態須臾變，猝應投兵判若絲！

（二）
三十六人志鐵錚，齊心獨恨未全城！
朝西再拜申慚失，誓死厲為殺眾獰！

（三）
推誠待士不存疑，應變無窮善出奇！
臨死常顏毫未亂，睢陽正氣浩然持！

（四）
正氣歌聲萬古傳，睢陽先烈氣鈞天！
忠祠久已傳全國，堪考臺灣早奉虔！

一四九、十月卅日，在九龍往訪姪婿吉銘、姪女平熙。還彌敦道，二哥先已抵寓，兄弟見面，淚眼相對者久之。二哥帶九龍江水一瓶，命弟飲之，過半吾妻玲花接飲之盡。余益淚下如雨！

九龍江水一瓶裝，千里送來入肺腸；

化作辛酸鄉土淚，雙流如雨落兄旁。

——筆者申請赴港探親，在九龍會家兄伯虔（典誠）先生。家兄同懷為長，伯叔昆仲為次，故習慣以二哥稱之。

一五〇、十一月一日，隨二哥拜訪中文大學副校長鄭德坤博士。妻幷姪女平芬、姪兒平釗同行：

沙田世界花園中，得遂平生仰慕衷；——德坤師，哈佛大學史學博士，二哥親受其業。筆者不敏，四十年前由家兄言談中，久慕碩學。來臺後獲賜大著中國上古史研究，且蒙函教。今日得機拜謁，先生宿疾雖復原中，惜不能開口指教。然荷鄭師母殷切安排，得獲親炙，已感幸莫已。謹為默禱早日康復。

可惜病房輪椅出，無緣當面請開蒙！

一五一、十一月二日上午：二哥深通切韻，自火山苦海中得來，聞其經過，輒為酸鼻。其精要在「等韻」之學：

鐵杵鋒從磨練出，梅花香自苦寒來，——「規言」重在釋義，故不拘韻律。

破除千古之疑惑，自是一家之人才。

執筆兄旁，親炙其教。嘗即與成韻，二哥特正為「規言」一首云：

輕韻重聲一四分，輕聲重韻二等分，

三等必屬細音韻，細音又有輕重文。

感激之餘，懼有疏失，因存句云：

切韻精微正漢音，千秋絕學獨鉤沈。

遂將原則輸親弟，見得互相友愛深！

又

千古之疑剖解難，歷經憂患得其端：
聲分輕重加清濁，等韻精微在山寒。

一五二、十一月三日，問二哥「濁上歸去」：

切韻二哥再解談，「濁上歸去」古難參；
機關識得欣奚似，與掌溫公有指南！

一五三、十一月四日，離港還臺，即與錄三：

（一）

連日二哥嘆杪馳，今朝信手寫成詩：
臨岐惠我叄悽律，淚眼低吟即別離！

（二）

十點廿分稅計程，二哥親送到機枰。
枰中「平水」猶申問，時至提裝始遠行！

（三）

故里二兄喜健康，欣聞孫輩各成行。
羈棲海外難歸問，倚韻傳輸百結腸！

附家兄三律

（一）出港會弟

生同父母不同天，兩岸分攜四十年。
千里奔馳期一會，雙丸延滯即加鞭。
香江爛漫情悽若，南院輝煌淚潸然。
想象更多新著作，將來獻祭攷墳前。

（二）瓶水饋弟

浪迹臺南四十秋，弟兄都講憶漳州。
必恭敬止桑和梓，伊可懷兮源若流。
瓶裏凌波香寂寂，罍中江水思悠悠。
瓊漿渴極方傾飲，即以其餘屬婦酬。

（三）在港送弟

來去匆匆奈若和，卅年一會瞬驪歌。
虞淵逐日憎夸父，薄暮藏暉怨魯戈。
論切言翻茶潤澤，思親憶舊淚滂沱。
明朝鼓翅高飛去，復會應于淡水河。
黃典誠未是草 戊辰九月晦于香港

一五四、十一月十四日：

有時壓力起無方，故作傷摧肆謬荒！

恍似禍端蒙損失，全由自惹罪難藏！

今日陳捷先主任來系演講：

捷公主系四年餘，一別春秋十二祛！

今日涖臨隆講席，師生迎聽俱愉如！

一五五、十一月廿七日：

春來不斷作文章，書桌積堆亂靡常！

今日一番清理後，稱心讀寫俱方莊！

一五六、十一月卅日，夜通史課講古今讀書之不同：

讀書之樂樂無邊，四庫經綸浩海淵！

任令賞心還勵志，俗塵消盡自悠然。

一五七、十二月九日，日間部同學們由西門路良皇宮步行至大天后宮，作校外上課。

（一）良皇宮宅址古稱北線尾

北線緣何獲見稱？古初西面海波澄。

福安溪水從南出，成港其陽故指承。

（二）變態虎爺

所謂專家杜撰多，虎爺上下肆分科！

當初伴隨神龕下，法力如風那許訛！

（三）李將軍與倪總管

福安總趕似非同，李府元戎又管公：
案考漳州明府志，藥師嫡系一褒封！

（四）沙淘宮懷古

沙淘話舊歎滄桑，碑石昭然見淼茫！
今日高樓前後盡，煙波消逝久難方！

（五）頂下大道

大道緣何下上分？祇因南北不同員。
勾稽志乘無前後，同在殘明啟燎薰！

（六）

鐘鼓高懸問擊鐘，晨聲浩盪暮逢逢！
共鳴早晚同飛放，一後一先互扣摐。

一五八、十二月十三日，在北市與高志彬先生長談，承告三事，感而記之：

（一）

□□臺灣史立旌，不知六十七何稱！
改為四位成西曆，譯作英文妙莫銘！

（二）

彩色幻燈照壁明，幢幢廟影爛分呈。
不言彼岸閩南景，一致贊稱本土楹！

（三）

如彼文章作百篇，却因拗執總徒然！
心存歪曲言鄉土，大義潛傷等自傷！

一五九、十二月十四日上午，國立中央圖書館臺灣分館，孫德彪館長主持「特藏資料編纂委員會」，敬陪末席。賦四錄一。

精誠感召各輸虔，綱舉目分雅立篇。
紛見盡言新卓見，敬陪陳請重殘鐫。

一六〇、十二月十七日上午，江美月同學贈千年柏一叢。

古蹟參觀免費單，午前市府為申刊，
不期獲惠千年柏，茂置方盆勁鬱盤！

一六一、十二月十八日（週日），夜史二「臺灣省志」在安平古堡補課，勘遊臺灣城、天后宮、史壁公園三處。學生提問甚多：

（一）問小神像

壇上小神廣奉陳，信徒請同便虔申：
安心立志常靈驗，報享來年自見醇。

（二）石將軍

安平古遺石將軍，史載長經數百春；
可奈浪遷還浪琢，後人憑弔已非真！

（三）問千里眼順風耳之小手戟

千里順風列兩旁，手安戟斧短持裝。
為何執此玲瓏器？水裏揮操得迅揚。

（四）門釘

門釘古建一奇裝，面向外方慎衛防；
對像並非真盜賊，象徵主在斥邪狂。

（五）錢串

小索長穿串散財，銅錢一貫一千枚；
千枚可換銀一兩，升值應時每跌回！

（六）財、子、壽

廟脊當中有三神：中財右子左仙人。
浮生大夢由茲見，勞力勞心總苦辛！

（七）豬公

量早豬公就養成，豐肥碩大獻神明。

「量早」，閩南話。

民間賽醮時常見，濟困恤孤意獨宏！

一六二、十二月廿三日，史二臺灣省志在安平上課：

（一）

史蹟公園話昔年，星霜匆遽久經遷！
浮雕立景文猶在，盛憶煎磨髮白顛！

（二）

德記英人貿易廳，於今百念八年經。
中曾總廠鹽司用，蠟像館成十度星。

——德記為英國商館。

（三）

降議如生栩栩圖，延平王像颯英軀；
若憑北國存真本，挺秀丰儀遜略殊！

——延平下棋真本像，抗戰勝利前存北平午門。

（四）

享用蠔煎古堡邊，留香史蹟弔長遷；
四年大學容易過，一聚安平却永鐫！

一六三、十二月卅一日，歲末即與：

（一）

歲末銀行擠滿人，一心俱望速提薪；

竟緣電腦生干擾，個半小時浪若塵！

（二）

礦材系館特蕭森，花木繞塘密似林！
零雨今朝幽瑟甚，歲終寒邃感尤深！

（三）

今歲遭逢氣憤多，事情緊迫總風波！
幸能沈著隨因應，終糾奸邪入峻科！

（四）

蘭芸二女喜歸南，深慶團圓樂笑談；
二婿後先隨俱返，新年歡聚兆豐甘！

（五）

電視三臺節目分，挖心各自展殷勤。
轉輪一一加欣賞，易歲佳音各倍芬！

（六）

今歲敲詩又滿年，恪逢增潤遂加天；
篇章逐日多超數，總計盈真實過千。

一六四、七十八年一月一日，歲新小慶：

小上海樓宴歲新，一家團聚樂親情：
五哥旅港先行餞，阿乙阿芸兩慶申。

一六五、一月二日，去歲十月香江之行，二哥攜致水仙花頭六顆。此花為家鄉特產，寰宇罕及。芸兒習畫，特喜此品，適逢歸寧，給予一顆。即與得二：

（一）

水仙攜自故鄉來，十月二哥屬善培；
歲末春初呈馥郁，思親懷里兆雄魁。

（二）

平素芸兒喜水仙，購真寫實俱端妍！
二哥真品家鄉產，分與供培賞逸翩！

一六六、一月四日，過臺南地方法院前，見舊作即與：

馬兵營蹟誌來由，二百成文限範疇，
今日始知碑勒處：福安溪畔法司頭。

一六七、一月五日，明史期考，監試中成五絕以當下期討論綱目：

（一）

陽明學說執中堅，晚季船山闡性天！
學術究研雙獲重，篇章迤邐輒長連。

筆者所授明史課，由諸生集年中系存雜誌編列明史相關目錄，彙而成冊，前答應學生撰句以當序詩。下同。

（二）

小說研篇數尚多，金瓶水滸佔其峩；

仍餘短什與明末，結集夢龍為網羅。

（三）

經世文編價值多，浩繁卅二廣宏羅；

縱橫運用需深析：資訊沈研貴兩摩！

（四）

三國西遊讀者多，黃童白叟樂斯磨：

精粗字版差霄壤，利市行消暢若梭！

（五）

晚明曆數最精求，若望懷仁績俱優！

可惜運艱時憲法，入清始布迄仍休！

夜臺灣省志上課即與：

講臺上面筆頭多，糟蹋不羈究為何？

凌亂胡為師道缺，傷心執帚為除疴！

一六八、一月八日，夜間部明史期考，撰句五首續作教材：

（一）

雜劇傳奇附肖形，文章道德藉留馨；
灌輸史事尤神效，奕世而今尚爽靈！

（二）

正韻調和洪武編，詩書寫作普遺愆！
南中最是難消受，平水依然律著綿！

（三）

義門鄭氏久傳芳，寧海查家韻播揚！
始末並懸宗國範，各昭青史永垂光！

（四）

江南魚米國由資，治水營漕兩為之：
設閘縴施人力鉅，廢興青史著詳辭。

（五）

故宮文物價無倫，明代遺存冠異珍，
著述昭彰因以盛，共相研討慎窮真！

一六九、一月七日，下午補續昨夜未盡之二絕：

（一）

廢相制文兩問題，有明獲咎總由稽！

洪武正韻，家兄伯虔先生有所指教，始獲究竟。

誇張立證因循慣，揆實真情尠理倪！

（二）

北有東西兩浩邊，巖疆海岸汎逶延：
交侵夷狄多災患，大塊文章總惘然！

留日意大利學生Patrizia Carioti小姐來訪：

（一）問本宗族譜

石井本宗鄭譜編，廣求臺北竟芒然！
或緣附錄文書後，率爾游辭致遺愆！

（二）問從征實錄、臺灣外記二書作者之關係

從征、外記曷關連，作者之間可厚緣？
引線牽絲非絕跡，互相密切尚難研！

一七〇、一月十日，念去年出版之《臺南史蹟散詠》，憶兄訓：

庚青偶或韻相通，每亦真文押類同；
一受香江兄長訓，推敲不再任荒融！

筆者自七十五年七月三十為始，逐日賦詩，聊當日記。故自由不嚴，未謹古規。去歲赴港，得會兄長，已悉前記——第一四九至一五三各則。承誨：韻押當嚴，五字宜飭。後此吟詠，謹依長訓。本題整理，遂並輪恪。

得林衡道教授回片

林公來片賀新禧，萬歲高呼志偉思：
臺海中華湖內水，源流疏證績宏奇！

林教授宏彰臺灣文化之源流，常予臺獨份子當頭棒喝，惜當局借重不夠，使分裂國土之陰謀份子得寸進尺，惜哉！

一七一、一月十三日（星期五），晨間體悟：

（一）

十三週五屬西衡，黑色專名表巨凶！
為此時人多忌戒，慎言含歛避凌鋒！

（二）

慎言含歛莫凌鋒，戒忌自然懋德容！
履薄臨淵幽古訓，西風參悟道彌雍。

一七二、一月廿二日，閱卷讀李白詩消悃：

閱卷惓時讀白詩，飄然俊逸迅恢疲；
深宵不復驚悽寂，看盡三班未覺遲！

一七三、一月廿五日，訪中文系謝主任談反切：

反切機關濁上歸，千秋既歷律仍威！
依然全數成陽去，四海宏遵信不違！

一七四、二月二日，上午十時，偕民廳饒股長位卿、林志洋先生，成大孫全文教授、民政局黃課長恭喜、蔡明泰技士，共勘四草礮墩二級古蹟，即與得四：

（一）

鴉片戰爭議海防，臺灣十七列嚴疆：

礟臺各口均雄置，維護僅全四草莊！

（二）

礟墩兩側本潮沙，百載風雲浪久賒！
鎮海鋪磚期美化，特予實地會勘查。

（三）

民廳市府集同乘，會勘諸君俱好朋，
意見溝通欣順暢，途中先已獲交承。

（四）

史蹟懼傷自建營，調和最怕豔塗赬！
存真抱樸施維固，避用紅磚刺古城！

一七五、二月三日，下午公保取藥，陳春源醫師與護士小姐預祝年禧，即與：

大夫護士各情殷，見面賀年互表真！
七載雙周頻取藥，久醫已忘是傷人！

一七六、二月五日，丙辰除夕，深夜寫信致二哥：

除夜懷鄉不入眠，操觚瀝訴到新年！
細書兩紙申長緒，貼票膠封始豁然。

一七七、二月六日，己巳元旦晨興即與：

子夜卯初兩度聲，民間爆竹兆年亨！
果真好始成功半，良俗含真足啟明！

一七八、二月二十日，郵購《古今圖書集成各部傳記綜合索引》一冊到家，急翻一過，有感：

急翻一過感懷深，號碼疊堆不遂心！
「四角」本來真便利，奈何改轍浪搜尋！

一七九、二月廿七日，深夜，〈臺灣地區現存明清古碑之整理及其考史功能〉一文成，弔古鳳山縣令王瑛曾：

義島田橫慨「上之」，仰懷寧靖寄豐碑！
長文殿後彰幽德，停筆難勝望古思！

一八〇、二月廿八日，論文寄香港大學亞洲研究中心：

論文航掛寄香江，貞石幽光氣駿厖！
勞頓月來完任務，散心茗沸韻無雙！

下午參臺南市古蹟保存區會議：

古蹟保存不可遲，宏籌集議苦焦思！
民情易動需疏導，定制分區始易施。

內政部民政司第一科林慈玲科長，為告該科三小姐芳名各含「玲」字，巧合難得，即與為記：

民政司中第一科，人才薈萃氣融和：

堪稱難得三嬌俊，名各瓏玲績俱那！

一八一、三月一日：

長文寫後亂非常，滿桌圖書又紙張！
清理一番明又淨，古壺茶韻倍幽香！

一八二、三月二日，下午二點三十分電詢教育部學審會升等事即與（時在臺北）：

夏初送審欲經年，結果長期訊杳然！
近月兩煩黃小姐，電中承告喜相連！

一八三、三月六日，赴人事室，高主任告以已獲教部電知升等通過事。夜寒特甚，追惟宿昔，慨悵隨之，即與為記：

（一）

人事通知審定過，年華十四浪磋磨！
緣何神聖□宮裏，□肺□心總是多！

（二）

夜寒夜話數前塵，「教授」虛名最害人！
群小長期施絕計，包圍破壞十三春！

（三）

群小帶頭是老狐，當前笑臉背傷輸！

那，平聲。

殷勤勸道應升等，轉首旋識作品無！

（四）

另個帶頭是鼠兒，穿針引線毒橫施！

師生處處安消息，教你難防永自疑！

一八四、三月十七日，參臺灣文獻委員會「七十八年度志稿審查人協調會」，下午與臺灣文獻研究學人高志彬先生長談。晚車回南。自強號上記錄五首，錄一：（江主委主席）

與會群賢數十餘，彬彬商榷雅安舒；

問題提出咸疏解，事後閒談暢灑如！

——與會群彥中，喜見宋文薰院士、黃秀政主任、袁頴生副主任、陳丕勳主秘、劉副座寧顏、吳組長政恒及陳總務組長、連綿華小姐等，俱舊雨而嘗晤言者。

一八五、三月二十日，孔廟春祭，即與得二：

（一）林市長文雄正獻

文廟大修歷四年，行看蕆事氣斐然；

驗收手續雖猶待，仍肅誠莊盛管絃；

——文廟修建中，尚未完成，恭行釋奠，實有所難。林市長既順輿情，虔肅獻禮，雍容雅度，實有足多。

（二）場所未飭，雅聲恪維

禮樂諸生並以成，垂垂諸老恪猶精。

金聲玉振簫笙笛，角徵宮商正雅聲！

七八、三、二十於綠谷即與軒

（本文原刊《臺南文化》，新27期，一九八九年六月）

<5>

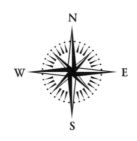

臺南己巳、庚午文教風義即與錄

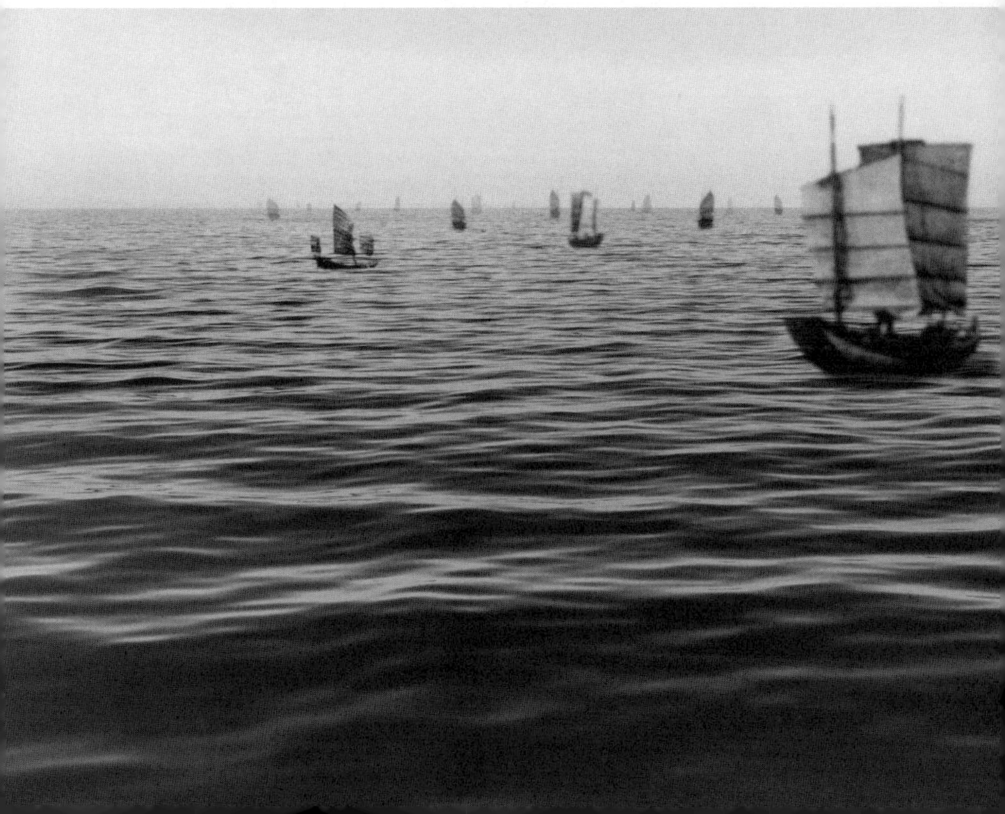

臺南己巳、庚午文教風義即與錄

七十八年三月二十日，輯「臺南文教拾詠」畢，刊於臺南文化新廿七期，匆匆一年又過。茲續輯後詠，以成斯錄，幸大雅教之。

一、民國七十八年三月廿二日：

思週一之會議，不寒而慄。

（一）

精心設計□□謀，醜里先施誘惑鉤；

然後夾攻排位次，抽薪斧底使君愁！

（二）

主副審查早曉分，暗抽劣件但留薰；

乘除加減安排後，腐朽成奇大聳聞！

（三）

共相稱好各簽名，一一離開誘眾行；

留下□□施暗襲，到時居後躍前程！

（四）

陰狠成羣似惡虺，豈知天網證恢恢！
毒謀雖可稱無上，願望到頭却化灰！

二、三月廿四日，上午九時率臺灣省志班同學往弔法華寺，賦四錄三。

（一）

諸生相伴弔名園，夢蝶先賢墓碣存：
「龍邑岱南」風化甚，亟需維護速營樊！

（二）

二百年前古勝區，南湖四景志詳敷。
古亭半月今何在？面對洋樓為久吁！

（三）

山水絃歌昔互彰，南湖書院境超常。
蔣公乙酉新黌宇，今日僅存俏像莊！

三、三月廿六日，周日。

（一）

春雨數朝迄迤綿，霏霏今日尚零漣。

乾隆三十年乙酉，臺灣知府蔣允焄創構南湖書院於法華寺後，殆即今臺灣省立臺南師範學院之校區。書院久廢，唯允焄俏像尚存，祀於寺中。

專心屏志長修訂，兼亦清眠午後天。

（二）讀重修鳳山縣志有得：

「諸羅續志」竟無書，彰乘原編未揭櫫！
傳世難蹤原版本，幸由鳳序悉權輿。

四、三月廿七日，化學系一年級通史課，講貞觀開元之治：

貞觀之治又開元，往史光榮永熠存：
究始總因人物盛，忠奸為判見清渾！

聞事感慄：

大□臨陣竟規逃，劣泡外間布毒螯：
浩歎交情真薄紙，犧牲徒換兩飛刀！

五、三月廿八日，與摯友談時事：

（一）

專科辦事煞神奇，繁列議評感尚差：
升等名堂排演說，一鳴通校遂全知！

（二）

升等話來夠累人，化錢印稿費精神；
到頭來個栽筋斗，再寫文章倍苦辛！

（三）

二次論文又送呈，秋冬春夏久挨撐；
事情無味常生氣，豈料到頭又報傾！

（四）

演說一鳴滿校知，來同送審秘難持！
傷心最是終無效，見面師生致厚咨。

六、三月三十日，明史課講嘉靖朝事：

析分四五世宗年，議禮青詞誕久延！
幸有華亭匡返正，迴光終照晚晴天！

七、四月一日，領薪即與：

週末逢初又假前，習銀蠭聚領薪錢。
長排久候終難免，吵雜囂喧左右填！

八、四月二日，往臺南縣仁德鄉勘考清刑部郎中吳尚新墓：

（一）

氣壓低沉鬱裏生，差些忘約早間行：
往勘三甲吳先墓，正午勉能畢此程。

（二）

碑刻咸豐著歲三，云亡屈指四年躭！
久延厝柩彰醇孝，古道今人尠與諳！

（三）

昔年社教委詳研，壓筆長文志館編；
「行述」參資難取得，至今迴閱為沈然。

（四）

尚新積散善承家，鳳邑修城北賑遐：
特旨功加時晉級，京官勞勳瘁京華。

——吳尚新捐鉅款助修鳳山舊城；運米北賑天津，清廷特旨旌之，晉刑部郎中職。

九、四月三日，夜史四張妙瓊同學前獲千金，近舉一雄，來電請為命名，即與：

喜慶弄璋請命名，康熙字典獲詮衡：
辛勤找出三嘉錫，任選報登卜驥程。

一〇、四月四日：

（一）

早陰午雨感春深，不想出門睡意沉；
乍覺明天公假日，遠行多事待追尋！

（二）

一髮千鈞護照來，飛機購票及時諧。

夜中急電香江線，欣德二哥話暢開！

一一、四月五日，搭華航赴港參加香港大學「亞洲研究中心」主辦之「亞太地方歷史國際會議」（International Conference on "Local History of The Asia-Pacific Region"），抵啟德機場，二哥、平芬、阿揚二姪、蒨荔、宇隆二外姪孫，俱已先至，喜慰奚似。二哥賦律記之，謹錄於後：

已巳清明啟德機場重會八弟

清明重會解愁腸，棠棣之花開豔陽。
君以碑文歸亞太，我為國故究章黃。
弟兄兩岸同都講，經史殊科迸一章。
正是內寮巡墓日，紙灰飛處滿檀香。——內寮先考先妣之墓在焉。

二哥先抵香港，參加港大中文系章太炎黃侃學術研討會（大意、專名未詳）：

師弟章黃古韻通，紐文十九發迷蒙；——二哥現任廈門大學中文系教授漢語史博士研究生導師、福建語言學會會長，高年七十有六，尚未退休。
知然惜未能分析，盛會來參獻解功。

一二、四月六日，參開幕禮，喜見文化大學宋旭軒校長：

旭公志範信非常，參會偉文與日長！——旭公與王家儉諸教授主持宋史研討，會經百場，印有專錄，為他史所不及。蒙贈一冊，感佩之至。
至佩精誠聯碩彥，力彰宋史百同強。

一三、四月七日，國立中興大學歷史系主任黃秀政教授宣讀大著「清代治台之再檢討」，筆者勉充評論：

臨時代理論評人，匆促殊難析繹真；
提出問題尊大義，宏文不負費精神！

聞日本僑領陳福坡教授「日本華人近況與未來」讜論：

讜論析分日國情，僑胞創業俱艱營！
綱常勝地需相助，奮發輝煌必躍層！

筆者論文評論人臨時缺席，陳教授捷先起為指教，會後即與：

論文評議缺人員，暫屈捷公惠正言。
相與昔年鐫鏤在，感酬紀錄又掀援！

國立政治大學林天蔚教授聯繫殷勤，得順利與會，晤言慰甚：

接洽安排費苦心，年中五電摯端襟！
困難護照勞催下，幸得及時盛會臨。

一四、四月八日，港大禮堂論文會上即與：

（一）

稱王稱霸算「巴巴」，發跡印尼儼鉅家；
最著當稱房地產，惹人眼赤却堪嗟！

（二）談研究字眼：

戰前研究「弄」丕徵，「摸」說臺灣另起稱；
「搞」緊追隨兼又「變」；於今為烈曷予銘！

（三）舉臺南南門碑林圖志贈港大圖書館

碑林圖志舊耕耘，攜至香江侑論文。
舉以獻呈王校長，海天浩渺誌停雲。

——港大校長為王賡武博士。

（四）下午會議結束前，討論「華僑現狀之探討及未來之展望」。陳福坡教授建言可佩：

華人華裔又華僑，文化承傳廣且遙：——不籍外國者為華人，福坡教授即然；歸化外人者稱華裔，雙重國籍算華僑。
肩負擔當應鼓志，疾呼研究避招搖！

（五）珍宮酒會

閉幕專車赴海城，珍宮璀璨似仙京。
時鮮道道非常味，文化交融慶會成。

（六）陳捷先、陳三井二教授

學術研摩藉會彰，捷宮此道最精長；
井兄難得時呼應，碩果常登並偉揚！

一五、四月九日，香港泉州同鄉會歡宴兩岸與會人士：
敦煌酒店集羣賢，暢敘聯歡各衹虔。
難得二哥同赴席，滿場鼓掌表欣然！

一六、四月十日，主辦單位招待參觀澳門。
（一）上午往澳門
出關入卡夠麻煩，浪費時間貶自尊：
百五年來長歷史，殖民故土痛追根！
（二）近午抵澳門
歐洲近古拱門窗，石壁紅牆懋舊風。
長隊循行多拍照，半途膠卷即成空。
（三）午飯後弔聖母山
聖母山高對巨洋，滄波浩渺古沙場：
俯臨對面低平峽，一敗荷師永固湯。

一七、四月十一日，上午續弔澳門史蹟，下午回港。
（一）古戰場懷古
紅衣大砲盡銼身，雄擺高臺監四垠：
遙想當年荷艦至，一場劇戰此曾陳。

——
十七世紀，荷蘭崛起，幾盡奪葡萄牙人之殖民地；唯在印度孟買及中國澳門，一攻輒敗，永難獲逞。

（二）東印度公司故址

東印公司大本營，現場憑弔倍傷情！
長留墳地真憑證，百卅餘年罪永呈！

一八、四月十二日，整裝返臺。六點三十分即與

五時即起理行囊，檢點碎零尚未光，
猶得敲詩留後韻，從容出閣賦同航。

一九、四月十三日：

教授證書手上觀，一時叢感滿心寒；
多方傷害衣冠獸，戀聚□中尚飾奸！

二〇、四月十八日，會計系一年級延平郡王祠上課：

（一）

古梅花記不居名，堪佩阿師道化成！
猶記虔誠行跪拜，年登八十未毫更。

（二）

為道當年文肅聯，延平正氣藉弘宣，
「完人」「創格」真無上，「留此山川」啟後賢！

（三）

墳地中，前英首相邱吉爾祖父之墓存焉。

在港住菲林明道四十一號樹菲閣酒店。

故臺南師專教授山東莒縣趙公阿南，撰〈延平郡王祠古梅記〉，長沙朱玖公—瑩書，龕正殿後壁。

兩蕪羣賢蹟可欽，間關海表矢忠心！
精神到死終無悔，萬世馨香德永歆。

（四）

史前石器大難方，雙手如何舉以揚？
反映時空今古異，勞心今重古鑾強。

二一、四月廿七日讀漢書六十二司馬遷〈報任少卿書〉：

天人之際究其遷，變古通今察久年：
落漠專家成一格，堅持大義莫顛連！

二二、四月廿九日，國祭鄭延平，內政部許水德部長主祭。受委讀祭文，病後氣促，難如前此之朗然。

國祭鄭王盛蓋雲，每年讀祝嚼華文；
今朝病後申聲韻，大遜從前聳遠聞！

二三、四月三十日，續寫鄭成功復臺登陸文：

復臺軍事考年餘，曲折迂迴下筆徐；
近日折衷完結論，最難寮港定遺墟！

二四、五月一日，化學系一年級中國通史在安平上課：

（一）

化一安平課外堂，公休古蹟進無方；
情非得已榕陰坐，厚蓋涼清史話長。

（二）
為道臺灣古地名，根源即在此安平：
當初投足多經此，積累長期遂冠稱。

（三）
「安平」國姓舊家莊，就在泉州古港旁；
光復臺灣新境界，植名永著懋芬芳！

（四）
榕陰史話共欣揚，希望下週又一場：
暫定成功湖外畔，「小西門」內許相將。

二五、五月二日，復臺考索一文成：
復臺軍事懋篇章，細考迂迴五萬長；
寮港遺墟終定奪，橢圓弧度定疆場。

二六、五月八日：化一中國通史在光復校區成功湖畔上課。
（一）
成功湖畔論鴛鴦，有說為真有說佯：

「臺灣」一名始僅指一鯤身一地，世有杜撰「臺灣社」者，或「臺窩灣」者，皆臆測或誤讀外譯所致。

但見相親長戲水，不拘形相亦何妨！

（二）

「樓中亭」上共簽名，鏤腑鐫心勢永賡：
遙想十年飛去後，參差勞燕不勝情！

（三）

「成功」「夢幻」各名湖，止水照臨足省娛：
後樂先憂巍煥甚，知音誠履逐趨無。

（四）

榕園茂著草青芊，樓閣名城景似仙！
喜氣新人臨拍照，最多廿對樂爭妍。

——榕園景佳，臺南新婚夫婦喜假照相，吉日良辰，鶯燕吉士，蹁躚其間，常絡繹不絕。

二七、五月十日，複閱傳習錄卡片：

存心養性靜而澄，大病「矜名」與「利競」：
不息工夫通夜晝，良知獲致自騰蒸！

二八、五月十二日，早間與同仁丁君濤、陳信雄二教授論學術。

（一）

以文會友本堪歡，可惜□□鬧異端！
寧靖竟然施辨務，嶺頭野戰設醫官！

（二）

平底如何駕海船，無疑舊史記翻顛。

鄭和鬪艦衝風發，實自閩江啟偉航！

（三）

水艍閩海駕雄風，南北凌波氣耀東！

開闢臺澎功萬禩，夏初國祭禮隆豐。

（四）

說到泉州出宋船，開元立館為陳宣：

體形大小多模製，學術雖關亦在錢。

二九、五月十三日，材料系三年級安平上課：

（一）

臺灣城上說臺灣，遺址當年宅小山；

及至道咸殘壞甚，後興台閣實虛關！

（二）

安平名本鄭王旌，可歎忘恩竟抹情：

史蹟說明無一字，良心既喪貌猙獰！

（三）

滄海安平隔市區，煙波瀲灩景如圖。
浮沙突湧成埔地，失險無奇遂落隅！

三〇、五月十五日，得姪女平芬寄來香港剪報，讀後念二哥不置。

（一）

見報不勝念長兄，短篇曲緻抒高情：
長竿灘上揮狂草，翰墨道風壯國城。

——二哥在文革中下放看鴨，以趕鴨之長竿就沙灘憶臨懷素狂草，黃河碑林存其題字。

（二）

父親教學母教音，獨步語言學樹林；
禍劫長經平復後，文章理惑召時欽。

三一、五月十六日，與祥生、登閣二兄小聚阿霞飯店：

小聚年年幸一談，阿霞飯店喜長躭：
興懷感發舒長慨，橫貫東西徹北南！

三二、五月十八日，即與：

（一）

報宣天氣入梅期，過午長時雨厚漓；
潮濕膩黏洄地面，烹茶樓上却如詩。

（二）

研究室中見校園，裏藏剪報出奇譚。
舊文七載輶軒錄，妙手翻新變近探。

（三）

□臺所播盡妖謳，深夜偶聞欲逆嘔，
切斷開關閒復淨，清茶入口倍清稠！

三三、五月十九日，指導學生編卡。

科名人物散如蓬，索引成編望久空。
今日立規期績效，假中綜合冀收功。

三四、五月二十一日，自去歲秋後探親香江，羣榕久廢不理，蕪亂洋臺，今日動手整治。

盆栽不理欲經年，野草叢侵葉肆延，
一氣拔除兼剪治，層層端勁復軒然。

三五、五月二十五日，日夜明史俱在研究室上課。

研究室中舉座談，諸生俱表樂欣參。
期終尚有三週課，煮白焚香共賞探！

三六、五月廿六日，讀《通鑑・唐紀》：

鄭注夤緣入禁中，牽連發展逐「三同」：
思恩髮怨均纖報。甘露沈冤為久恫！

三七、五月三十日，有人來電敬告某事，率成四絕，錄三：

（一）

退休一向是空頭，耍賴狂誇總欲留：
豈意嘍囉精設計，擺場歡送譜離愁！

（二）

□□詭譎品真低，配合堪憐有劣妻：
□女雙雙均受害，不生悔意侮青藜！

（三）

青年既已入迷途，不導歸真反速辜！
臨□奸邪猶未沫，尚施播弄肆摴蒱。

三八、五月三十一日：

連朝陰雨出門難，夜永稅車反便安：
冏厲清涼隨歇息，醒來閱卷至宵殘。

三九、六月十三日，化一課畢，學年功課全部結束：

功課今天告畢停，校園幽謐顯閑寧，
原來臨末多先歇，鐵鎖邊門未得經。

四〇、六月十五，即與：

（一）

□□說來是苦差，竟然羣醜為低徊，
□風於是胡推動，結果空勞滿臉灰！

（二）

胡鬧顛狂豆腐攤，挑來挑去腿殊殫！
耐摸耐走加皮厚，色笑空抛夜怯寒。

（三）

勇對問題問卷來，薦推尊重真人才。
陰謀搧動難為力，老辣徐□撲鼻灰。

（四）

串聯早作十分忙，三系穿梭夜作場：
劣□可憐臨遣散，不能倚老只廻腸。

（五）

矮椅斜旁體統乖，□洲□士□□釵，
膩談每到三更候，電費公家負可該？

（六）

□□問題主任多，下臺馬上肆揮戈！

不曾幫助當留意，留意刀刀攢臟窩！

四一、六月十七日，臺南縣仁德鄉武東村訪古：

武東古墓廢堪傷，碑失灰殘亂一場！
遙對岡山前景邈，百年陵谷變非常。

四二、六月十九日，有感：

（一）
雙升講席滿場歡，覆雨翻雲幸未端；
凡事誇功皆賴己，此番落漠好心酸。
（二）
霸佔課程為那端？悖情違法逞狂歡！
一年未過相哄吠，所長明爭兩敗酸。

（三）
安全島上盼欣歡，不造問題息事端！
□放□狐依舊□，老天自會潑□□。

（四）
課程教副共開端，不必鈎心暗撚酸，
但望師生相契合，安全島上自欣歡。

四三、六月二十日，有見：

（一）

搗□□騷□腐攤，罵人□院潑生端！
良籌□會經通過，身屬外行竟肆干。

（二）

育樂街頭稅□□，□公□放樂如魚！
忽然竹塹移香去，□□雙堂棄若餘！

（三）

永秀膠如曷用悲，原居挑子勉魁儀！
款依矮椅消魂夢，恰似□□就在斯！

四四、六月廿三日，即與得六，錄二：

（一）

□□行攤購者稀，耍刁□□每成非！
腰肢□□難如柳，脾氣徒升似棄□。

（二）

□□總需一月遲，□□泡足始南移；
含愁無奈情猶殢，粗幸□□勉副癡！

四五、六月二十五日，周六，參加夜間部九八級級友會即與：

師生聚首喜無涯，三席呈豐列慶華；——慶華北門路餐館名。賴增男同學贈老師文具，希望更加努力。
最是增男多附帶，無形鞭策更層加。

四六、六月二十九日，題贈蕭君瓊瑞：

新購傻瓜鏡始開，攝存颯爽影如瓌；——同仁蕭瓊瑞先生新升講師。
欣逢升等剛通過，舉祝前途臻斗魁。

四七、六月三十日，訪弔古造船「南廠」。

（一）

上次訪查卅四年，今朝重勘景多遷！——南廠奉觀音畫像，筆意高妙。
神牌不見空留案，妙相高懸尚祇虔。

（二）

斗栱精雕世罕觀，丈餘階石證瀕灣，——南廠舊跡因在都市計畫道路中，故將拆除。
細工柱磉磐猶在，忍令拆除悉毀殘！

四八、七月一日：

今朝閱卷未離家；下午聆音不飲茶；
待得夜深涼又靜，批紅賡續最寧嘉！

四九、七月三日：

拾詠編排九五張，洋洋四萬大篇章；
送來教閱初予檢，不覺深尋入夜央。

五〇、七月五日：

校盡詩章夜已殘，清茶解倦氣仍寬；
翻同升等諸篇什，激盪餘思久未安！

五一、七月八日：妻北上探視諸女，在家校稿。

細校「拾吟」又一過，徒增感慨不勝嗟。
寧居終日門長鎖，入夜無餐始外羅。

五二、七月九日，看電視「黃河合唱」：

浩蕩歌聲震肺腸，黃河合唱籠哀傷！
百年家國連綿恨，泣血椎心痛罔量。

五三、七月十日，謝校中新聞聯絡中心時賜協助：

新聞聯絡好中心，服務精神廣亦深；
材料每緣疏忽漏，常蒙剪取適時臨！

訪民政局劉局長道升等近事：

閒談□等為興嗟，毒辣陰邪信可呀！

經過若非親感受，或將認係出謠加！

五四、七月十二日：

如焚酷暑欲逃難，坐臥徘徊俱不安！
審志白天情意懶，三更勉力始衡刊。

五五、七月十四日：

寫讀俱停盛暑天，黃昏暢覽誡懲篇：
瘋狂愕剎真能吠，教館驅除永寂年。

五六、七月十七日，朱公玖瑩惠賜對聯，文云：「九天欲降蒼生雨；六律能來廣莫風！」天地為心，興陽啟泰！感實非常，即與為記：

蒼生廣漠雨風嘉，天地為心燦曉霞。
博愛循時施澤溥，感銘欣領永無賒！

五七、七月十八日，夏曆六月十六日，　父親忌辰：

遺訓恬然遠利名，令兒生活少擔驚！
天天平仄敲詩樂，吞吐往來見性情。

五八、七月十九日，喜見二哥《詩經》全譯本：

詩經全譯喜郵來，功力精深信偉魁：
聲韻鈎稽千古義，真知端賴出宏裁！

先父以讀史命兒，筆者民國三十二年參加國立大學統一招生延平考區入學考試，即以國立廈門大學歷史學系唯一志願報考。時省立、私立大學院校俱在統招之外。

五九、七月二十日，九時參加五妃廟秋祭：

桂子山頭祭享隆，滿城冠蓋禮由衷。
委員我久膺延任，趕赴輸虔肅與同！

下午再校詩稿：

論文校畢又詩來，午後提前慎別裁；
直到夜深三點半，才停疲筆暫休冋。

六〇、七月二十日至廿四日「七十八年暑期青年自強活動府城民俗采風活動隊」，假崑山工專舉辦。廿一日上午九時迄十二時，筆者主講「府城今昔」，同學提問，擇要答之，「即與」六題。

（一）答王小珍同學鹿耳門之問

北南兩廟俱新營，古蹟久沈別有坑；
鹿耳港門經細考，全流逶迆在塗城。

（二）答隨隊記者小姐古蹟維護與經建孰重之問

經建古維孰後先，古維獲重理常然；
倘關生活真宏計，史蹟權衡另妥遷。

（三）答楊麗珠同學鹿港臺南觀感之問

鹿港臺南古蹟多，如何體異辨殊科？
泉風隊渡冲西著；融整恢宏府治那！

——那平聲，佳美之意。

（四）達張婉雅同學歷史教材加重臺灣資料之問
臺灣史事未宏彰，可否教材待理強？
建議動機堪重視，中央編譯請參詳！
（五）答郭珍佑同學五妃姓名之問
五妃缺姓或埋名？史科殘零致憾生！
研究忌為強杜撰，存疑深體待新呈！
（六）答記者小姐逐日為詩之問
靈感如何逐日生，作詩得以繼長成？
光陰天錫瀰神麗，珍重隨時擷韻鏗！
六一、七月廿二日，影印詩稿交臺南市團委會。
主講答詢六問題，攜由打字午前齊：
影真卅五交分發，藉慰諸生備久稽。
六二、七月廿四日下午，公保候號尋隙赴系裏聊天：
怨天怨地累名低，到處求財似狗蹄；
儒雅罔修凉氣度，培基不事揠苗齊。
六三、七月廿五日：
大雨滂淘第二天，深宵聽受倍歡然：

難能久旱長呼籲，暢溉及時似有仙。

六四、七月廿七日：

大雨聲中讀寫荒，瞻前顧後總驚惶。

驟來四十公釐量，半點鐘間一瀉狂！

六五、七月三十日：

平仄三年昨滿周，推敲今日四開頭。

恩恩怨怨多終結，煩惱新來却又稠！

六六、八月一日：

（一）

□□古厝樂蒸嘗，□□虛揚□□倡。

正義稍申羣吠訐，奈何不得眼睜張！

（二）

列管雄徵案既成，再來就是力攢營；

自身先得宏規款，拉攏看頭厚利亨！

（三）

□□當年定管營，□公先見主停訐。

糾紛今日層層出，□□仁兄□罰□。

（四）

列管解除關帝廳，我名提案竟然銘！
問題僅在差「等」字，釋請添加遂獲寧。

（五）

□家招待豈誠□，得意忘形為耗神！

意願竟然擡出面，肆將部宴等夷倫！

（六）見林衡道教授寫生圖

現場速寫妙成圖，眼鏡側覘事善虞。
閨範秀從雲鬢見，剛柔畫面不含胡。

六七、八月二日，得五錄二。

（一）

基隆能幹有嬌娃，站站安排俱委佳。
聯合大樓終得到，詩經語典洽無差。

（二）

聯報樓前小菜包，新煎起鼎信佳肴：
連三一氣難予足，六個下咽快爽交！

六八、八月四日，龍溪縣志逾期還書有感。

（一）

借閱逾期日五元，四天不久不麻煩。
新開紀錄堪資省，收據長存作史痕！

（二）

圖書館裏問題多，嚴重職離借不窠！
倚老賴留開朽課，及時點費領無訛！

六九、八月五日：

重溫通鑑不勝悲，唐懿僖宗兩代嘻！
大盜龎王黃繼後，天南地北已焦糜！

——黃巢之亂，天南閩粵，俱不能免；廣州賈胡盡殪，天方人絕，波斯繼之。

七〇、八月十一日，讀《通鑑唐·僖宗紀》。

黃秦殘暴史難京：千里殆無孑漏生，
極目青齊江輔衛，鹽人車載曷為情！

七一、八月十九日，深夜聽警廣趙寧時間，聞「昨夜星辰」一曲：

一往情深昨夜星，每聞蕩氣總難銘！
趙寧重播三更刻，靜裏依徊懋性靈。

七二、八月廿二日，赴公保門診中心取藥，望弔附近廣慈院。

（一）

置院廣慈五紀年，諸羅任宰住承天。
當初新闢居難定，公館長安遂習然。

（二）

山西遠宦到南天，浦邑先經再擢延；
暫治諸羅佳里汛，平居實際府郊廛。

（三）

宦績公評似佛慈，誌書「菩薩」懋予辭！
敬恭塑像儀長在，膜拜於今似尚熙！

（四）

依山望海氣泓渟，德慶溪邊草郁青；
蘭若悠然寧以靜，宦遊禪定海東溟。

七三、八月廿三日，上午過豐原往三義：

山皆圓秀茂層層，過眼如非賞未能；
有幸人家居沐蘊，延年靜謐似仙登！

七四、八月廿四日，有聞：

插手無聊是老□，竟然打探到行挑：
當年破壞施陰毒，念及填膺齒動搖！

七五、八月廿六日，凌晨讀《通鑑》溫公論宦官，得八：

（一）

宦官為患久由來，人主狎親不易猜！

志趣承迎稱愜便，柄移為亂竟難摧！

（二）

假權濁亂著東京，黜陟賞刑肆傲橫！

天子劫持猶未見，城狐社鼠却憑成。

（三）

堪憐劫脅似嬰兒，廢置由拳任所期，

畏比虎狼猶毒蝎，漢優唐室柄仍持！

（四）

太宗鑑弊早提防，深抑宦官四品強；

堪歎明皇奢濫賞，舊章一隳莫還常！

（五）

肅代官家似委裘，振恩李輔後先彪：

子儀光弼遭危擯，宰相陵夷若虜囚！

（六）

德宗初立紀綱張，返自興元刻忌昌！
名將太阿移宦寺，柄權丟落莫冋光！

（七）

文昭六帝出中官，宦寺驕橫勢益磐！
「天子門生」加「國老」，膏肓成疾救殊難！

（八）

袁紹行前董卓揚，崔昌遐襲賊溫狂！
惡衣蠹木焚而伐，疾甚不仁亂益戕！

七六、八月三十日，丁君濤教授為陳教授信雄洗塵：

閩南弔史慶安還，廈海泉州廣踏攀：
考得古窯殘蹟富，宋元瓷片滿囊間！

有聞：

□□人文總是糟，高才難展下才豪：
循規蹈矩艱平步，謾罵胡為最靠牢！

七七、九月一日，見刊悟道「練膽」一石。感而為記：

（一）

久廢瑣珉演武亭，民家作案置茶瓶。

春秋久歷無人識，幸遇二哥辨復形。

（二）

「練膽」二哥發現之，解題未見正陳辭。
明夷不是揚眉際，即與般拳誌永維！

七八、九月五日，昔編年表一份，久遺復得，喜慰難喻：
年表多時細整編，竟然驟失邈如煙；
今朝偶自厨邊得，歡慰非常感謝天！
讀《通鑑》二七八卷：後唐明宗殂，亂世能以厚道治國，可懷可歌：
登極之年六十齡，不猜與物競斯停！
歲豐罕動刀兵劫，五代小康校以形。

七九、九月六日，聞近事，即與：
權利當頭捨命爭，惡聲惡氣失平衡。
全無理性堪長歎，如此料材怎大成！

八〇、九月八日：
光陰非可以金倫，無價上蒼賜與人！

八一、九月十日：
龍套幫閒久厭絕，豈能胡應任灰塵！

（一）保生大帝同祀大會，周大圍先生首任會長：

同祀聯誼構想新，臺南飯店一堂親：
全區二百慈宮廟，共舉賢能掌數頻。

（二）

感動全場元保宮，一人一錶證誠衷；
聯誼信仰真無價，大道宏通貴溥融！

（三）

成大初逢六二秋，迂迴後會總歡稠；
長持厚道資行政，文化厪懷不改疇！

省經動會主委楊寶發先生，民國六十二年任臺北市民政局長兼市文獻會主委，時與臺灣省文獻會主委張炳楠先生，假成大共同主持臺灣史蹟源流會，余參講席得與二先生聚。今日會由張主委主持，而楊局長即席演講。

（四）

與會專家俱可欽，高明經驗折羣心；
交談場外尤融洽，一掃頹風振腐沈！

八二、九月十一日，得謝樂山兄電話，知已退休，深有感慨：

老謝文才信可欽，奈何脾氣涉崎嶔：
正邪險吝多為敵，一怒拋冠返竹林！

十一點與才俊論作人

為人大體貴持常，不事息姑不打場；

原則在心維廣度，冷識偏激抑何傷！

（一）凌晨

莎拉強烈襲全臺，登陸花蓮禍廣佪：

幸運古都災報小，雨風仍怒欲心摧！

（二）

醒來八點雨風狂，熄電忽然影視茫！

怒嘯咻聲環左右，收音到處報災傷！

（三）

榕臺遇雨水常盈，從不溢階入戶庭；

過去七年安以度，今朝洶湧滿軒行。

（四）

鄉長雙登啟事文，分刊南北廣傳聞！

官司此奪先聲勢，後續誠真善理耘。

八三、九月十三日，夜應數三通史始課勉諸生。

（一）

說「通」端在論交融，兩向師生最忌「蒙」！

宏發問題相剖析，慎求答案啟含聰。

（二）

史事縱橫論古今，豈能浪委或胡侵！

豁然理解通層次，穩定情懷肯定心。

（三）

書贈諸君兩字銘，簡單「即與」守為經：

光陰莫使空飛逝，積漸成功似錦亭！

（四）

歷史吾身不可分，吁嗟榮辱共思文：

巨輪推動般輪恪，吞吐往來致我勤！

又：深宵望天

綿亘暮朝細雨纏，深更尚覺息潺潺：

烏雲空際仍層厚，欲霽難期曙後天！

八四、九月十四日，上午回衛民街舊宅舉祭。

陰雲密佈偶微陽，忌祭舊居肅舉莊。

祖母昇西三四載，上香行奠淚仍滂！

秋夜即與

（一）

平凡藐小自安之，早課午茶久不疲。
尚幸荊妻長伴顧，讀書寫作日敲詩。
（二）
非課非公不出門，更無國外浪長奔！
小軒「即與」舒清緒，契濶容徐任吐吞。

八五、九月十五日，日課「臺灣省志」與同學交談：

（一）
緣何選課畏人多，慮在施教莫致和，
倘得如今參與率，校中田野兩優多。
（二）
臺灣史事值研摩，彩映中華象蔚多；
重貫長綿滄海外，雲根漢影煜如珂！
（三）
希望參觀出課堂，特殊收穫勝平常：
藉由古蹟親查探，心版長鐫永莫颺。
（四）
「臺灣省志」力研求，篤實人生可獲酬：

金門有魯王以海「漢影雲根」摩崖巨擘，光復志節，千古不磨。

溫故知新堅肯定，隨波不至逐庸流！

夜課「明史」始談：

（一）問鄭和

鄭和海外久征程，地域所經望究明！
發問適時當細告，亟非航遠證多名。

（二）問幻燈

幻燈圖表望多施：影片搜求必可期；
字畫彩瓷欣質美，如生俏像更珍奇！

（三）問曆象

西洋教士晚明多，曆象推研賴揣摩。
列傳專書參易得，杰公偉著最豐羅！

八六、九月二十日，日課明史：

（一）答圖書參考之問

參考圖書似海茫，分層部勒貴繽緗；
問題首重精攻讀，大旨胸羅進抉藏。

（二）答多加版書之問

筆記如何寫不差，版書甚盼適時加！

故中研院院士方杰人——豪教授相關著作甚多。

筆者希望同學適時提出講解或版書之要求，得隨時調整。

多抄多話皆毛病，妥當安排賴大家。

（三）

題綱先定獲規模，教學師生兩順趨：
實際摩探時研究，一年想可得功夫！

（四）答系中何不多開新課

課程首要合需求，人少多開反惹憂！
事實系中應限制，一般常識另祈籌！

（五）

系外選修要自由，學分認定速予求；
融通豈可仍陳套，時代維新冀廣流。

八七、九月二十二日，顏文魁同學來訪：

當年教學值追懷，合作師生績效佳；
書樂文魁加啟迪，碑林力拓鼎銘諧！

八八、九月二十一日，早上參加孔廟落成典禮：

孔廟大修祭告成，函邀羣彥禮莊行。
攜機我亦參輝典，喜見老朋共雅迎。
讀《通鑑》

當年文魁（現任貿易商主任）與吳書樂（現任行政院施副院長秘書）黃啟迪（現任某保險公司主管）受臺南市政府委託，拓印碑林，效果良佳。筆者旁觀鼓勵。良可懷也。

文獻委員葉英、謝碧連、楊熾昌、連景初諸先生，俱數十年之老友，喜共參與。

（一）「乾祐三年四月癸未」舊事：

真槍大劍勝毛錐，倘乏毛錐賦曷支：
口舌之爭生意氣，於焉將相道相馳。

（二）吏部侍郎張允貪吝招災

張允家資萬計籌：雖妻不委吝多愁；
下衣繫鑰如環珮，掠卒剝衫凍命休！

（三）讀〈後漢高祖紀〉

非仁非信又非刑，合眾令威俱不經！
失此三功何守國？宜其祚運迅凋零。

（四）仝

自古亂亡法制先，密樞頭子竟能遷！
當年周祖無潛志，常習紀綱早棄捐！

八九、九月廿四日，讀《通鑑．周紀》：

（一）周太祖祭孔下跪

孔子帝王百世師，墓祠周祖拜虔釐；
訪求聖裔成官倅，啟迪千秋置有司。

（二）引歐陽修《五代史》論馮道

士不愛身忍恥生，大臣馮道厚斯情：
寡廉自必疏忠義，「樂老」赧標曷用評！
（三）「臣光曰」
八朝五姓歷為臣，拱嘿國存敗改迎：
或許全身能遠害，撲真恥喪不成人！

九〇、九月廿五日，讀《通鑑·王朴開邊策》：
（一）
失土率由失道生，欲光舊物鑒先情！
臣邪君暗斯其大，痛棄前污冀可成。
（二）
結恩隱惠樂斯民，薄斂阜財力革新！
罰罪賞功嚴措置，眾心天意必相親！
（三）
南唐接境路踰千，無備擾之備棄焉：
師動民疲財易竭，乘虛搗取易如撚！
（四）
江南既取嶺南驚，巴蜀相隨檄可平！

燕地望風行內附，河東頑勁制強兵。

又：讀〈周紀・三〉

（一）世宗不與張美

私財方便舊恩誼，帝位高居卻下之：
前史孫柴膺共美，註言常似點睛奇。

（二）美周世宗

不愛其身卻愛民，周宗可謂有深仁！
燒銅佛像成錢幣，利溥眾生即捨身。

（三）弔南唐孫晟

聞死心情尚靜愉，衣冠正色拜南都！
孫晟志節昭青史，臨紙依遲不已唏！

九一、九月廿六日：曹源淙孝心可感：

源淙行孝表先塋，撰句闡幽慎仄平：
來室相商匀妥順，安心歸去見真情！

九二、九月廿七日，讀《通鑑》二九三卷：

（一）

唐末三公格已輕，流風冀得率心爭；

曹源淙先生現任博愛國小訓育主任，為成大歷史系畢業生。嘗參修筆者明史課。

競求到手唯容默，保族林亭自享營。

（二）

新鄭鄉莊組義營，戶村相保將司擎：
鼓鳴盜發無能脫，隣縣累多境濁清。

（三）南唐焚揚州

揚州焚毀欲成空，城裏千餘盡病癃！
千古廣陵常遇劫，讀研相遇輒興忡！

（四）續讀二九四卷南唐張彥卿、鄭明業史書：

堅守楚州四十天，彥卿明業志凌煙！
手空猶舉繩牀鬬，所部千餘盡烈捐！

九三、九月廿八日，祭孔紀要：

（一）

中宵一醒不成眠，讀史烹茶待曉天：
祭聖今年隆盛事，蒙邀參與慮虧虔！

（二）

整肅衣冠踏布鞋，廿年復着感舒佳！
專車四點來迎赴，迅見輝煌照彩牌。

（三）

五點正時唱啟扉，齊鳴鐘鼓肅崔巍：
迎神扇傘燈爐導，絃管悠揚逸韻飛！

（四）

玉振金聲樂儼施，雍和韻協正歌詩：
新修聖廟輿情歙，執禮虔愉共肅持！

（五）邱主席正獻

聖廟大修慶告成，親持典禮洽輿情：
休容上下舒風度，始終融和輯古釁！

（六）

扶版虔誠讀祝文，螢光照面眼炫棼！
大成殿上皆依禮，無勉諸王獨不羣。

九四、九月廿九日，子夜讀《通鑑》二九四卷：

（一）

玉鉞周宗卓地哀，臨喪王朴病難回！
性剛銳敏多機智，畫策經營隔代恢！

（二）

唐莊周世號雙英，二主孰賢司馬評：
知道知兵分上下，宏規大度曷安爭！

（三）

世宗信令御羣臣，正義威加萬國賓！
無黨無偏王道蕩，大邦畏力小懷仁！

二讀司馬溫公《資治通鑑》畢

通鑑讀完愧感生，觀書早歲未深精！
今天覽盡名山著，篤志虛心繼進程。

九五、十月三日：

（一）

有輩天天想做官，相逢彼此不為歡！
專覘消息施猜忌，信口隨時造釁端。

（二）

大□大□大□條，你搶我爭互造謠！
道義於焉全喪盡，傳輸晚輩罪難饒！

九六、十月四日，夜課論三代稱王：

（一）

三代稱王不偶然，人文地理貫蒼天：

中和位育登標準，六合衡鈞祚久延：

（二）

大道因何一貫之，蒼蒼浩浩稟修持：

中和得以開陽泰，萬眾歸心德溥施！

九七、十月五日，夜課臺灣省志。

（一）

解釋臺灣今夜詳，先由小域擴全方。

定名府縣均標幟，道省推移並舉彰！

（二）

四角良鍼再廣宣，省時把握得詳研：

編排查驗多功效，寫讀長資不慮遷！

九八、十月六日，某老賦四絕，真絕，即與為介：

（一）

廩君朝雨仄平訛，空作歸鄉敗子歌！

註翼疏明翻誤甚，佷山置縣豈隋過？

（二）

門堪銅字疊平聲，絕句如斯似蟹行！
得意竟然牆上貼，家中牌局十分成！

（三）

衣窗推振兩平隨，日比竟然仄仄維！
四絕偶成真夢話，作詩如此夠胡為。

（四）

異代何能接轉輪？推窗竟又振衣隣！
一生到處行欺詐，史冊當然讀未真。

（五）

妙想作詩騙學生，奈何平仄未通精！
張揚四首懸牆壁，出格奇多劇可驚！

九九、十月八日，讀畢秋帆《續資治通鑑》。

（一）唐宋、五代賦稅龐亂

留使留州賦自供，用為貢奉冀恩隆！
宋初尚未除前習，剔弊歸公趙普功！

（二）

「乾德四年」見大驚，原因蜀鏡鑄其名：
豈之公祐先僭用，宋祖賓儀不曉情。

一〇〇、十月九日：

（一）讀《宋史·安守中傳》

南鄭撫綏解虐苛，平居守正足羣摩。
戰無不捷安邊患，忠謹樂施譽許多。

（二）讀歐陽公《五代史·伶官傳序》

盛衰天命是耶非，福禍積常困忽微！
招損得謙人自與，「嗚呼」震爍似霆威。

一〇一、十月十日：

（一）

假期本可憖休娛，客至三批至感虞；
到是居常安教讀，不喧煩擾樂和愉！

（二）深夜讀《續鑑》

退朝不敢脫衣冠，為恐微行接駕難：
風雪竟然夤夜至，重裀熾炭肉燒餐！

一〇二、十月十一日：讀《續鑑》，宋太祖開寶元年次鎮州，召道士蘇澄，澄對有玄旨，即與誌得：

——宋開寶元年（九六八年），七月，太祖雪夜過趙普宅。

（一）

無為無欲太和凝，練氣精思萬慮澄；

浩穰京師非所適，鎮州舊處願長乘！

（二）

「養生」天子異常人，無欲無為眾化真！

王世太和家國永，軒轅堯帝證如神！

一〇三、十月十三日

（一）上午臺灣省志課，晚上明史課，俱曾以「釋疑還是致疑人」勉諸生，共存續句成詩以便紀念。

課堂勵勉力求真，有問隨時莫委塵！

操鑰倘能勤探索，致疑常是釋疑人。

一〇四、十月十六日，研史二課，講「槧」字讀音：

竹槧古稱志久存，讀音「槧」字少能敦；

初翻「七豔」明唐韻，可奈「專家」尠克論。

一〇五、十月十七日，會計系新生中國通史始課，堂上即與：

可貴新鮮正此時，榕園珍重景如詩！

四年好始成功半，逐日勤修莫浪馳！

一〇六、十月十八日，週三即與

週三早晚俱初堂，赴校逢車輒塞場；

十字紅燈常遇亮，停停頓頓偶遲堂！

一〇七、十月廿二日：

（一）

大英久著有全書，漢譯「中華」理義疏，

昨日來函般問訊：「臺南始政」、「始人居」？

（二）

理譯全書出問題，所詢題外尚存奚：

荷蘭敗績西元紀，差失一年卻未稽！

一〇八、十月廿三日，讀「蔣志」即與十五韻；廿四日，續賦九韻，彙成專題，曰「蔣志考索」。

前言

清臺灣府首任知府諸暨蔣毓英始纂臺灣府志，民國七十三年始行影印。筆者僑處臺南，後知後讀。偶有感發，即與為賦，率成廿五。茲逢成功大學歷史學系與臺南市政府合辦，舉行「臺灣史研究暨史蹟維護研討會」，爰錄全考，聊博與會諸君子之一燦，並禱前輩時賢不吝教之。

（一）

周昌職曆誤提前，雙俱傳鈔跡顯然：
蔣志後居難負過，推崇逾度却宜詮。

〔考索〕蔣志評註本，高志彬先生影贈全文，乃獲細讀；成大歷史系藏有影刊原刻乙部，得以參考。另國立高雄師範大學張守真教授，影贈成文印書館刊行之康熙《福建通志》臺灣府部份，用資並校，頗收發明。按「蔣志」影刊本八十一葉始任臺厦道（以下稱引職名、志名概用簡稱，臺灣史研究同道俱能瞭解）周昌任期作康熙二十二年，按時清廷臺灣政制未定，昌任實自二十三年始。「蔣志」此誤與康熙通志同之，抑二者同為襲自清初王喜之稿本者乎？

（二）

教授府經廿六官，鳳諸臺學並登壇：
排行蔣志應叅列；居首閩通抑亦難！

〔考索〕「蔣志」列載康熙廿六年之臺灣府教授、經歷、臺灣、鳳山、諸羅各縣教諭；而康熙通志，敘事至廿五年為止，則後者畢稿在前；倘二者俱本纂輯在前之王喜稿本：是王稿首成，通志次之，蔣志居三矣。

（三）

「千」「干」形似「豆」無疑，「官渡」音聲屬後規：
古版昭彰憑細按，曉然開豁得徵釐！

〔考索〕蔣志影刊本之「山部」有「千豆山」，高志影刊亦然；唯在「水部」則又作「干」。康熙通志與蔣志同。高志「輿圖」則明作「千」；諸志山川之圖亦然。劉志文作「關渡」，圖作「關杜」：形聲諧寫，出入滋多，錄供高明，釐以訂之。（范志以下一律關渡，無庸細舉。）

（四）

八里坌兮八里分，孰訛孰正竟難敦！
此書存記為原始？高志以垂豈噩渾！

〔考索〕今臺北縣八里鄉一帶，古稱八里坌，高志以下有關方志及明清史料戊編所載，用詞略同。故今北縣人士以「八里分」稱者，文化界朋友目為傳訛想或有之。而蔣志與康熙通志並不加土。其中究竟，大需研究云。

（五）

初一高潮十五同，漲升報滿日為中；
太陰申說「生」「平」「落」，理所必然證異同。

〔考索〕朔望高潮，蔣志以太陰申說，後志似鮮引用。

（六）

曉自東風暮自西，不同中土此端倪。
始彰氣候標新象，足解延平復土迷。

〔考索〕臺灣天象氣候之早東晚西現象，為航海所必識。明永曆十五年四月初一日，鄭成功大軍黎明即至鹿耳門口外；必待中午西風順暢，乃揚帆乘潮以進水道，順利登陸禾寮港。

（七）

油行嶺後在東坊，西定新街大井旁，
禾港過坑明鎮北；一長奇怪列南廂？

〔考索〕古臺灣府治，以大街判四坊，曰「東安」、「西定」、「寧南」、「鎮北」；而大街各無所屬。蔣志以「大街」列「寧南」，抑其始如此，而變化在後歟？（一字長街即大街）

（八）

「養濟」天興始創基，入清相應遂因之。
豈知高志泯先蹟，賴此重刊始復釐！

〔考索〕清初臺灣縣設養濟院，蔣志、康熙通志並誌沿鄭氏之舊，此於明鄭之社會行政爛然有所表記；高志以下，竟泯滅不錄，惜哉！

（九）

鳳山祭聖土墼埕，他誌未詳此獨稱；
可為臺南添史蹟，茫茫確處莫由偵！

〔考索〕鳳山縣初置，縣官公館、典史衙門俱在土墼埕，遺墟在今臺南市臺南地方法院一帶。

（十）

天妃衛澳立行宮，萬曆之初久顯崇；
指係芝龍初創建，可知採訪未週融！

〔考索〕澎湖衛澳天妃宮，明萬曆初早著蹟，董應舉崇相集已明言之。故蔣志創自芝龍之說，實沿訛傳。

（十一）

芝龍創建說難從，修葺可能是實蹤！
國姓更新應足信，神靈赫濯古今同！

〔考索〕航海而崇信媽祖，宋元以還久已成俗。大船媽祖神櫃之設列為必備，黃叔璥臺海使槎錄詳載得考。故芝龍創廟雖非，而與其子成功俱嘗修廟，則不能因孤證而以忽焉。

（十二）

「崑沙」「上帝」「二王宮」，寧靖匾題俱偉崇！
三百餘年桑淺後，僅餘「赫奕」尚威昂！

〔考索〕蔣志明載府治東安坊上帝廟、二王廟及鳳山縣土墼埕崑沙宮俱有明寧靖王朱術桂題匾。今三廟尚存，僅上帝廟之「威靈赫奕」一匾巍然獨在。

（十三）

楊柳緋桃植傍潭，觀音亭內碧蓮涵，

摩空蒼檜青梅郁，眾木榮芬入書馣！

〔考索〕諸羅縣赤山龍湖巖，明諮議參軍左督御史陳永華所建。景色如畫，蔣志所載與諸羅縣志頗多出入，然俱短記精練，稍作調移，即可成詩。

（十四）

弘桓有字別難徵，斯志獨稱曰「繼恒」；

孤證暫時存劄記，待經廣輯索豐憑。

〔考索〕明監國魯王遺腹子朱弘桓，及長，娶鄭成功四女。弘桓有字「繼恒」，以筆者寡識，於此始見。

（十五）

明室遺黎記普詳：宗生宗主位昭彰；

尊「涑」久被尊「江」誤，考訂憑資遂復昌！

〔考索〕永曆三十七年，明社既屋，宗室遺黎，記多疏略，如「弘桓」，落其「弘」字，致徐鼎大興「明史二十字」不彰之歎。臺灣外記既失「尊」字，「涑」亦誤「江」。蔣志價值，此或特彰。

（十六）

菩薩自稱李茂春，後修改載出他人！
毫釐一字差千里，代代傳抄永昧真。

〔考索〕李茂春，隆武舉人，入臺隱居永康里。蔣志載其「自稱」李菩薩；高志以下，「自」易為「人」，真意頓失。

（十七）

王廟將軍記錄多，用知明季普祠科：
推尋奉祀沿前代，國姓親膺想必訛。

〔考索〕蔣志記載王廟將軍祠者不少，可知分火漳泉，出乎前代。

（十八）

天妃水尾始開基，志闕緣何大可疑！
鹿耳安平承火處，支分明著竟零遺！

〔考索〕天妃宮，所謂聖母廟、媽祖廟者，大有問題在，詳考容俟。

（十九）

關祠吉貝迄仍巍，弔訪前年憶尚輝！
志記證知明故蹟，瞻依澎海倍增徽！

〔考索〕蔣志明載澎湖吉貝嶼置關廟，時距明屋纔數年，創建先之，想或應然。

（二十）

竹溪禪寺久傳幽，舊載毓英始建籌；
親撰府書曾未記，可知無涉莫荒求！
〔考索〕蔣志既載竹溪寺之狀況，而一語未嘗涉己，深值研究。其他小上帝廟、府城隍廟之涉及毓英史事，亦堪玩味。抑蔣志有失，或別記生訛，可商榷者多矣！

（二十一）

若騰生死說奇殊，卒葬澎湖隻字無！
賢厝道旁親見墓，尚遺神主莫由虞！
〔考索〕蔣志以外之舊志，多謂盧若騰將入臺，抵澎湖卒，葬太武山；明社屋，遷葬金門。蔣志記載異是，值進一步探索。

（二十二）

政治之蠹棍結營，扛幫詞訟譁鑾行！
既無尊長安知法？傲放徒然叛逆成！
〔考索〕蔣志風俗志詳之。

（二十三）

賭博害人最滋深，不肖挾貲快浪沈！
呼聚成羣囂逐，鬻偷相繼禍終臨！
〔考索〕風俗志詳之。案：棍結、聚賭，久連禍結！歷史長沿之問題，社會學家知今忽古，皮相之見充斥。

（二十四）

鹿耳漲潮數尺真，十餘丈記實誇申！

歷稽訛出原於此，壓筆昭登待後甄！

〔考索〕鹿耳漲潮數尺，楊英從征實錄詳之。

（二十五）

海不揚波苦水鹽，豈真澎島湧泉甜？

施郎宿昔狂謠諑，采入志書禍久潛！

〔考索〕施郎（琅）有師泉井說，指平海衛戍事，已屬不經；移傳澎湖，更屬無稽，澎湖廳志辯之已詳；蔣志存錄，足見邪說久遺，誤導實深！

（二十六）

臺灣研討會長荒，一數春秋十四颺！

今日衣冠重濟濟，宏詞偉議值賡揚！

〔考索〕前次臺灣史學術研討會距今十四年。時陳捷先教授主系務。

一〇九、十月廿八日，深夜追思十年來事，慨焉難已。

（一）

留連不去老嬌人，夙昔爭風委下陳：

裝得儼然莊肅樣，□□偷伺辦公辰。

（二）

小星冠姓究何曾？一到蓬壺假化能。

妾作夫人知者少，儼然模樣正如冰。

（三）

心計無形段數高，真真假假善持操。

安排入轂皆妖孽，不斷紛爭各使刀。

（四）

一生工計伺時興，□字文章□報登！

愛煞□兒如己出，「那麼笨嗎怎麼能」！

一一〇、十月三十日，宋旭軒（晞）教授湓校演講：

都講內容七段申，入深出淺數如珍。

宏揚文化無窮任：勵勉英青奮日新！

一一一、十月卅一日：

曹彬能戰紀綱嚴，平蜀平唐舉世瞻；

可奈月頭誣訐至，君王迅斥令稽淹！

一一二、十一月五日：

讀《續鑑》，太平興國八年正月，曹彬罷外職。雖曰弭德超誣陷有以致之，宋太宗借故貶抑實為主因；而趙普居間操縱尤多關係。

蔣志考詮廿五詩，註中簡記四千辭。
一包芋片隨茶盡，夜永涼生境淨怡。

一一三、十一月九日，答諸生問：

學年迅速即終期，明史明書未解疑：
太祖無緣開國度，蟬聲一唱各迷離！

一一四、十一月十三日，赴土城鄭仔寮，見清臺灣海防同知朱景英所書之木聯，曰「焚香臥瑤席，坐月觀寶書，幼芝朱景英。」爰記之以詩：

（一）

八分健筆穩凝規，「書帶草堂」蹟久垂！——景英另有「書帶草堂」匾久存民間
今日芸香瑤對在，彌彰宦績雅風儀！

（二）

乾隆庚午取鄉魁，寧德侯官令久徊，——庚午十五年
三十四年臺海任，同知南北理番來。

（三）

「坐月」東寧觀「寶書」，稽防巡海即廬居，——景英所書之「焚香臥瑤席」，為唐詩人王維句；「坐月觀寶書」李白句。書雖便句，卻情寄實境。
「焚香」鹿耳舒「瑤席」，灑翰刊檀永燦如！

（四）

為政謙和恕且廉，明刑勤慎判精嚴！
愛民禮士文風振，循吏治登允式瞻！

（五）

「畬經堂集」普天聞，札記海東著考文；
又有茶陵年譜在，闡幽扢雅厚垂芬！

——景英著「畬經堂集」，在臺有海東札記，另有明弘治正德間大學士李東陽之年譜曰「李文正公年譜」亦為所撰，博徵雅馴，堪為文範。

（六）

「海東札記」早完編，自署成書癸巳前；
「北海理番」時在後，惜無餘墨補零箋！

附考：聯對每邊各縱一五〇公分，橫三〇公分。作者朱景英，字幼芝，號梅治（或作治），湖南武陵人。乾隆十五年解元（舉人第一名）。十九年任寧德縣令。陞侯官知縣（福州府附郭）。三十四年任臺灣府海防兼南路理番同知。（同知衙署在臺南市友愛街）主管臺灣獨口對渡廈門之鹿耳門港之驗核檢查工作。是以清官往往以「鹿耳門同知」稱之。乾隆四十七年鹿仔港開港之前，鹿耳門乃關鎖全臺無二要口。海防同知駐守鹿耳門汛口之時間頗多，所遺吟詠不少。但文物不多，景英此一木聯足補其缺。風雅留徽，乃得藉存。

〔景英任南路同知五年，乾隆三十九年始轉任北路理番同知。四十二年始陞任汀洲知府。〕

〔福寧府志卷十七〈循吏傳〉記景英有云：「性穎悟，博極羣書。」為政「謙和廉恕，勤慎明決。愛民禮士，文風丕振。」臺防同知任上，勤政之餘，著有《海東札記》一書，文筆精練，內容該洽，為臺灣文獻研究者必讀之文獻。」

一一五、十一月十四日，答問

小邑忠誠十室中，當年夫子抒仁衷！

般拳好學非驕慢，歎息消沈舉世風！

一一六、十一月十六日，化一通史課答吳佳蓉同學問：

「舉一不能」作反三，腦筋未動等癡憨！

加強督責俾思奮，夫子誨人氣偉含！

一一七、十一月十七日，下午二時，臺南市政府與成大歷史系合辦之「臺灣史研究暨史蹟維護研討會」在國際會議廳舉行，記三錄二：

（一）

臺灣研討喜重開，十四年頭去似催！

際會風雲欣熱烈，六場報告俱呈瑰。

——成大歷史系十四年前研討會後，長寂莫興，原因頗多。此次大會學術界知名人士參與者多，蔚為盛事。

（二）

北中泰斗下南來，支援生輝感厚培：

研會今年成果異，尚期後續更璀瓌！

一一八、十一月十八日，研討會宣讀論文多場，筆者選擇參與，其間會餐交誼，可記可懷，得與八題，謹錄其六：

（一）陳三井教授惠贈偉著「臺灣近代史事與人物」

近代臺灣史與人，宏編二百八零新：
堪彰偉烈辛酸蹟，考索探源俱穎真！

（二）參論文宣讀會，誌「蘇阿成」事：

橫行粵海蘇阿成，效力戈登劫葉名。
末路窮途偷委令，冒充副將到安平。

（三）

清廷優待各番民，劃界護維土廣陳；
官設大租與溥利：坐收安享感皇仁！

（四）

「臺灣」本僅一鯤名，落足先民數最京。
高額長期齊認定，宏開府縣舉同稱。

（五）

東亞三樓慶會成，聯歡賓主暢高情。
阿與難得揚悠韻，拍掌和依懋笑聲！

（六）

□□□婆更顯風，□人偏坦益加工；
明天算計趨相探，為解□司意興濃！

一一九、十一月十九日，八時三十分赴東亞樓，陪與會諸君子共弔古蹟，中午結束，賦六紀實。

（一）
文廟新修古貌維，前朝淵雅郁莊熙！
大成殿裏多商榷，古匾方磚共體奇。

（二）
福安溪上水泥封，驟至考尋莫曉蹤！
今日專家同踏勘，鳳山臺邑喜雙逢。

（三）
億載金城蹟偉雄，三鯤身上百年融。
致疑營壘今何在？浪掘一場影莫蹤！

（四）又
憑弔循垣繞一場，依稀瑯嶠事堪傷！
百餘年後憂仍在，愛國思潮久退僵！

（五）
東興故蹟德商行，尚見歐洲舊建莊，

古貿外銷新佈置，觀光研史兩昭彰！

（六）

「擔仔麪」攤用午餐，全程研討畢同歡。
咸期後會來年見，董筆咸揮麗史壇。

一二〇、十一月廿日，有慨：

（一）

教授海專報得來，吹牛今日踼全開！
陸官聖裔精明甚，混混當然趕下臺。

（二）

有母竟然會賦詩，可憐兒子但誆吹：
平平仄仄分難辨，押韻無從曉例規！
深夜讀書

分分秒秒俱如詩，可惜不能永享之；
浪費蹉跎常似水，一經飛逝邈難追！

一二一、十一月廿三日，夜課有感告諸生：

「一勞永逸」是空言，迎面而來逐日煩！
堅定信心通以智，知無亨享樂源源。

一二二、十一月廿六日，往高雄市金獅湖修真道學院：

（一）

曉發鼎金道院程，輕車到達受歡迎；

清茶解倦欣喉潤，最洽葵衷識俊英！

（二）

首居院生慶始成，彥耆誨勉又期評；

蒙邀我亦陳嘉祝，葵獻稍申俟後呈。

（三）

道院圖書耀眼明，皇皇鉅部粹精英。

名湖面對堪躭覽，不覺歸心為息萌！

（四）

執事學員俱篤誠，歸來印象久留晶；

卻虞來日荒嘻業，愧對三清座下黌！

一二三、十一月廿七日，赴臺灣省立臺南師範學院，演講臺灣史事畢，諸生提問，爰答如次：

（一）答王銘德同學問：

首問延平陸始登，茫茫何處信堪憑？

卅年長考初予定：就在城西海近陵。

（二）答傅翊宏、許玉珂二同學問：

東寧建號究緣何，後史譏評帝自莪？
究實動機遭誤會，改稱謙抑表藩科。

（三）答李青權、許玉珂、傅翊宏三同學問：

寧靖賢王倘獲崇，復明海表可成功？
當知宗室高尊位，郡次超升尚未融！

寧靖為郡王，其上尊位尚間親王，始至皇帝之大位。

（四）又：

羣英海上作安排，魯世良緣久叶諧；
可惜時間難與待，未曾正位局趨乖！

監國魯王朱以海以壬寅薨於金門，遺腹子入臺，長與鄭成功幼女成婚。海上諸臣隱然有擁立之意。

（五）答李青權、傅翊宏二同學問：

侍衛職卑竟弄權，欲求答覆獲真詮：
推源錫范居親鎮，執掌要樞勢莫顛！

延平嗣藩鄭經親軍侍衛馮錫范，亦作錫範。

（六）答李青權同學問：

寧靖分居不受欺，祇緣開墾到鄉迤；
臨終克塽親臨拜，舊史貽譏出滿施！

（七）仝：

王爵宗臣例享封，不司職掌不商工：

無緣文武爭權勢，後史荒評曷克公。

（八）

師院多年未訪臨，今朝赴講感殊深：

高樓翰館欣欣象，行見良師蔚士林！

一二四、十一月廿九日：

（一）明史作業

明史教材四度探，認真同學細研參；

從旁我亦加提示，八十分鐘盡妥諳。

（二）夜課後慢步格致館旁紅磚道

冬來今日最風寒，却喜雲多雨未漫；

夜課步行喬木道，蕭森掩映氣清安。

一二五、十二月一日，明史夜課作業：

（一）

烤薯香熱又清甜，享用奇佳此冷天，

購買百元分未盡，更多餘韻寄方箋。

（二）

系圖作業問題多，部份期刊不復羅。

改易臨時多曲折，幸而結果績奇那。

（三）

標題層次號編宣，四角融申績廣延：
分別搜羅勤寫定，細參貫串勒長篇。

（四）

打格長方定細箋，箋箋依次慎予填；
匆匆八十分鐘後，完卷紛紛俱爛然！

一二六、十二月十三日，有慨：

喪心莫過運心機，假想敵人即害之；
工具最佳堪運用，瘋狂莫過小偷兒。

一二七、十二月十七日，過大安溪隧道，憶葉香農先生：

「十八峒空」作虐詩，圖南舊作久荒遺！
先生慧敏詳能誦，朗朗上口不假思。

葉香農先生，諱書田，曾任臺南市文獻委員。記憶極佳，日據末期地方詩人名作多能諳誦。故詩人陳圖南先生有句云：「十八峒空來賺食，一身只帶肉皮包」，即賴其口以傳。

一二八、十二月十九日，夜，中央研究院研究員梁其姿小姐來系作學術演講，對同學多所鼓勵，即與為記。

明清史學細研難，資料繁多不易殫；
頭緒況兼多且雜，清新欲理貴宏觀！

一二九、十二月卅一日：

（一）

凄風細雨灑殘年，裹足未覘屋外天。
翻讀歲中常日錄，悲欣交切不勝 。

（二）

今歲敲詩又滿年，事多拂意却安全！
時光日感渾無價，鞭策來茲益勉拳！

一三〇、七十九年元旦

（一）看電視迎新年

電視螢光送舊年，零時正點瞬間遷！
文章五百詩依舊，新歲辛勤莫使愆！

（二）下午與外孫聊天

珮瑩大瑋找聊天，豈意一聊一點連：
小小年齡蠻會問，問需確答始欣然。

（三）

五百文章深夜成，新年為始不辛行。
恍然「易」理彌開悟，晝夜道通智自呈。

《易・繫辭上》曰：「通乎晝夜之道而知。」

一三一、一月八日，五哥家鄉探親回，謂六哥、塏侄在文革中維護南山寺唐古蹟金花郡主骨曇，事頗冒險：

金花郡主古唐墳，禍劫橫來遇魔斤！
幸賴吾家賢叔侄，密藏寶罐復垂薰。

一三二、一月十日，夜監應數三通史期考，感懷故鄉金花郡主靈塔故蹟，即與六韻：

（一）

秀髮緣何落凡塵，一揮削盡擾人春。
悠然持志南山側，千古幽傳物外真！

（二）

淨髮靈柔秀可珍，悠然題寺性揮真；
南山改置原神在，陶令於前句雅申！

（三）

越王女抑陳王嬌，歷數年華俱久遙！
稀忽微芒稽未易，強翻萬卷力希昭。

——《古今圖書集成》計萬卷，余庋一部。

（四）

菩提樹下已千年，唐宋明清迄未顛！
豈意突然罹浩劫，塔顛穴毀永淪漣！

（五）

古甕如今固且峩，當年郡主立修羅，

千秋歷劫雖堪歎，一露玄機亦顯珂。

（六）

骨已成灰似雪皤，修真火煉果阿羅。

千年永閉幽光在，偶應橫衡證劫磨！

一三三、一月十一日，夜讀兩《唐書》達旦：

（一）

陽暖溫和似早春，唐書新舊兩求真：

問題可惜雙遺漏，一失前頭後半中。

（二）

「忠順」存「忠」「順」却非，表中蛻化義成迷；

名銜折半成雙格，既歷千秋不易追！

（三）

「邕」省上頭但「邑」存，舊書於是遂傳渾！

地方勘考添疏忽，父子揚鑣不可論！

（四）

新書傳失父親名，系表雖存卻衍生！
尚幸地方家譜在，千秋雖邈藉澄清。
（五）
文獻稱通考未通，萬年京縣省難風！
但憑一語訛全局，陳姓源流險落空。
（六）
系表新書見弟兄，雁行居長屬夷行；
尚存三季名煥甚，究竟因何格未平。

一三四、一月十六日：購中文版《讀者文摘》有感：
文摘刊行廿五年，首期購讀到今編：
英皇封面新開始，民國紀元著上顛。

一三五、一月二十日，蒂兒夜中電話，感冒為恙：
蒂兒勇作故鄉遊，我為沿途困擾憂。
突自北平來電話，老懷始解鬱盤愁。

一三六、一月廿二日，往慰王淑美議員：
比翼橫摧競選前，含悲繼武志持堅：
為民服務衷誠在，得票高居證確然！

王議員為筆者三十五年前學生，執禮不變。

一三七、一月廿六日，己巳除日：

（一）

己巳非常倏欲過，全年前後俱風波：
今天雖感疲兼乏，一切平安樂可歌。

（二）

旌歌電視顯多姿，歷覽三臺俱鬧嘶！
每況一般難改進，改懷流俗懶加嗤。

一三八、一月廿七日，庚辛正旦：

（一）

峰芸平蒂並歸來，喜氣頓然錦簇開；
隨見阿昭全福至，新年歡慶更輝瑰！

（二）

蒂兒萬里北京回，山水桂林亦賞瑰，
買給老爸三乳罐，魏家比美曷勝璀。

（三）

平安歲首慶欣過，電視電臺晝夜歌；
厚體清閒無上樂，利名兩淡自渾和。

一三九、一月廿八日，庚午大年初二：

（一）

江泉中午宴長排，清水三間二八諧：
老少盡歡真愜悅，新春庚午信勘懷。

（二）

下午寧眠二小時，昨宵熬倦得恢疲。
醒來插電冏窩熱，湯美羹豐快朵頤。

（三）

電視新年鬧哄同，不彰品德不歌崇！
喧闐多是低庸調，欲賞陽春曲邈踪！

一四〇、一月廿九日，庚午大年初三：

（一）

團員容易又分飛，下午蘭芸各賦歸！
明日蒂兒新竹去，仍然寂寞老相依！

（二）深夜焚香有見

一字篆書數小時，芬芳馥郁滿書齋：
更深裊裊徐徐出，寧靜匀舒悟妙思。

江泉為筆者長壻，俗例今日宴請女壻。泉壻與蘭兒以積年為親友所眷顧，故反客為主。「清水」日本料理店名。

一四一、一月卅一日，庚午大年初五

（一）

初五春開却雨霖，東風凄峭緊寒襟，
高樓長夜翻書讀，歎自幽生感倍深！

（二）

五百文章病裏停，今宵始得復常經：
南明大統中興曆，細考長稽冀帖寧！

一四二、二月一日，午後讀惠棟《解老》：

不能無欲慕無為，徒靜徒陰枉運思：
列子莊生難盡體，申韓以降更支離！

一四三、二月四日：讀《續鑑》卷十六王沔事有感：

（一）

王沔鬚眉一夜皤，史文意指出憂磨。
細研知是忘修染，頹喪自然本相羅。

（二）

詩心想像凡人迷，白雪青絲暮早題！
染髮說穿伊古在，心情不老弄成黧！

一四四、二月五日：

（一）夜間省文獻會鄭喜夫委員來電話

武榮揚子糾如迷，仔細研商電話蹏。
堪佩讀書真透紙，晉江縣志證端倪。

（二）深夜讀《莊子・大宗師》

觀點顛連反覆之，達觀無道遂顛馳！
迴環若失因撕盡，統返諸天逸樂為？

（三）又：

看開根本曷嘗開？反覆流連自浪栽！
頹廢渾然無一事，肚饑送飯願隨來！

一四五、二月十四日夜，應用數學系三年級通史課，抒感：

（一）

唐史遺聞蓄義濃，金花靈塔籠奇封；
堪憐文革施殘虐，怪手掀翻蹟莫踪！

（二）

讀史師生志一同，欲憑先蹟體高風！
力求上進隨時格，日月奔馳自懋功！

一四六、二月十五日，上午化一始課：

化一諸生念二人，本期開課並先真！
簽名留記非形式，儲備他年倍可珍！

一四七、二月十六日，為丁君濤教授慶：

（一）

電詢教部獲佳音，升等證書迅可臨；
我為君濤欣慰甚，念年持志靖謀陰！

（二）

接力安排扯後跟，暗通電話各逃奔！
預留臥底難流會，升等陰謀黯斷魂！

——升等陰謀有明確之正式紀錄，宵小之徒非僅里巷見之已耳。

一四八、二月十八日，夜讀《漳州府志》：

（一）

名門鹿耳又名礁，另見漳山石亦標。
本是閩南常格調，番音謬舉最無聊！

（二）

「鹿耳」白音「六下」稱，臺灣鼓浪共斯徵。
望文不作詳稽校，魯莽徒然鴂舌承！

——臺灣有鹿耳「六下」門，鼓浪嶼有鹿耳「六下」礁。

一四九、二月十九日夜，會計系二年級中國通史課勉諸生：

（一）

會二今宵課始場，諸生反應喜齊良。
勉嘉通史堪珍重：參與殷思意義長！

（二）

姓名定位史能支，自勉完成獲偉思；
少壯精勤功倍得，莫躭活動落迷癡！

一五〇、二月二十日，上課即與：

（一）

略布來茲切所期，望多提問發奇疑！
參觀史蹟希多獲，生活交融美若詩。

（二）以「我在，中國文化在」，期許同學：

志大精誠熱望深，我存家國證同心：
神州偉度期齊美，菲薄顛狂莫許侵！

一五一、二月廿一日，讀《續鑑》卷十八：

怨女出宮死犯歸，宋宗自歎愧前徽。
李昉微詠香山頌，「警」帝淡然不市威！

一五二、二月廿三日，生二始課勉諸生：

生二今朝課始開，般申勵勉善耘培：
天天莫使空虛度，成就不期自會來。

一五三、二月二十五日：

（一）

朝起雨聲帶峻寒，仲春今日報開端。
星期幸好寧家憩，讀史敲詩靜裏安。

（二）

續鑑購存四四年，裂皮斷摺背離邊。
推膠帖布聯雙面，厚冊固凝似始堅。

（三）

午後連霄益厲寒，寒霄讀史志彌端；
故鄉舊志存疑誤，泛覽從容迅澈觀。

一五四、三月一日：一月日記開始，見刊頭插畫：

芸兒一日一叢花，手記插圖右裏斜：
逐月天天均得見，內心舒慰曷需加！

夜感

畢沅《續資治通鑑》世界書局版一厚冊，民國三十六年筆者購自鼓浪嶼舊書攤，攜至臺灣每予翻閱，未嘗細讀。

騙東而後又誆西，年紀尚青品已低！
走上邪途渾未覺，揚揚卻笑別人迷！

一五五、三月二日，下午在「米街」（新美街）與華視記者聊天：

——華視由市府轉達，今日下午在新美街與靳秀麗小姐等記者談「米街」歷史。

（一）
米街故事志難求，滄海桑田歲月悠。
華視專程勤採輯，按圖勉為說從頭。

（二）
疇昔滄波湧近西，大舶易靠便迢遞；
又從南北紛輸入，稻穀盈倉販整批。

（三）
籤巷米街大銃連，交通孔道北南延，
臺灣舊府稱衝要，漳淡鳳諸舍莫前！

（四）
普渡米街七月天，人羣湧現擠磨肩，
戲臺到處齊高唱，戶戶家家醉欲仙！

（五）
進士舉人貢拔多，臺灣坊裏鮮曾阿！

——米街或附近，如進士施瓊芳、施士洁父子、舉人盧崇烈、貢士盧振基俱相接比鄰，他處鮮見。

緣何鬧市能培俊，海秀承芳早切磋。

一五六、三月五日，受民政局王明伯先生約，應南區黃區長添水、基成五金工廠陳西湖先生之邀，赴鯤身參觀：

（一）

鯤身內海蹟殘存，漁筏縱橫赤樹繁；——鯤身內海為古內海臺江之遺跡。
只剩一渦雖侷促，溯源浩瀚古潮痕。

（二）

清新空氣海邊村，洫止長舒氣允元。
更至防波隄上望，青天碧影淼潛痕！

一五七、三月六日，明勇衛黃安六詠：

（一）

長談名將及黃安，滄（臺）海東西各止觀！——黃安為延平王嗣藩鄭經勇衛，歿後專祠祀之，遺址在今臺南市立體育館、地方法院一帶。
卒伍層升終衛鎮，功高汗馬靖安瀾。

（二）

浙海狂風楫艘摧，將軍消息覆沈哀；
延平獨信渾無事，結果平安踏浪回！

（三）

長江浪輯虜灰飛；鎮住平城解厦危。
兵將不和籌上策，溝通相得化羣疑！

（四）

二程虎旅進平臺，大肚危機為緝摧；
預守雞籠防搗襲，紅毛終舊計成灰！

（五）

總制全臺布馬兵，辛勤撫輯靖寧清；
鞠躬盡瘁終歸已，臨哭嗣藩痛輔傾！

（六）

世戚締姻答碩勳，流芳鐫著見銘文；
遺孤義竹遺塋在，信武將軍志永薰！

一五八、三月九日：

（一）

翻雲覆雨古今同，背祖忘宗最感恫！
平日懶於觀視報，臥床反是得和衷。

（二）

父親遺訓事書詩，政治陰謀囑莫資！

——義竹在嘉義縣。

近日聽聞尤感切，追懷嚴命曷勝思！

一五九、三月十五日，夜應國立高雄師範大學王賢德教授之邀：

太子餐廳夜熟商，欲勘澎島道修壇：
各推十位真時彥，中日分工並錦揚。

附記：席間討論中日合作研究南臺澎湖地方發展與宗教史事。日方代表大川富士教授夫人弘子女士及石田憲司講師，為王教授宴請之主客。我方代表為梁主任華璜、丁教授君濤及主人。與席作陪者陳正雄教授及筆者。

一六〇、三月廿一日，孔廟春祭：

（一）

春分今日信佳辰，不熱不寒不雨津。
拂曉專車勞接送，全程安適略無辛。

（二）

六點卅分唱始興，晨光大亮邈幽徵！
四更貢鼓嚴先遍，獻畢朝融自曉蒸！

（三）

春祭今朝未警嚴，樂觀民眾任參瞻。
雍容未見妨將事，秩序衿莊自恪恬。

（四）

市長履新正獻親，鼓鐘琴瑟肅初陳：
休容終始持風度，行見彝章懋雅循！

（本文原刊《臺南文化》，新29期，一九九〇年一月）

<6>

香火承傳考索

香火承傳考索

導言

香火是我國民俗的大問題，談來不易，尤其「香」字，淵源既長，內容曲折，析論尤難。稍申淺見，至禱高明賜正。

從經典究源，談「香」難免要討論到《尚書．周書．君陳篇》所說「馨香感于神明，黍稷非馨，明德惟馨。」〈君陳〉這句話，明示「明德」表現達到理想，產生「馨香」的昇華作用，以感動「神明」。自然這「馨香」不是我們今天點燃香木、香末或是炷香以上感神明的「馨香」。然而秦漢以後所以有「蒸香」、「焚香」荐神之舉，與〈君陳〉「感于神明」的感召卻是相關的。

再次，香字的本義，宜從許慎的《說文解字》得個正解。《說文》說：「香，芳也，從黍從甘。」朱駿聲的《說文通訓定聲》解釋得好：「按，穀與酒之臭曰香。《詩．生民》：其香始生。《禮．月令》：水泉必香。」在這裡可以體會出「香」的氣味原由蒸煮穀類而得，或由穀類釀造成酒醴再蒸揚而感：祭典所重本來在「酒」，所以古祭「奠酒」遂成祭式重點，「祭酒」因而成為主持者的特稱。「香」字最早的產生該不像今日由於「焚燃」，正確憑藉應在蒸釀。請看《詩經・大雅・生民之什》：「印盛于豆，于豆于登，其香始升，上帝居歆。」「始升」之「香」，出之「于豆于登」，「蒸嘗」的上帝，跟人多麼相近。

壹、香爐之始

由於《書》、《詩》的感染，馨香和祭典漸具抽象，使升臭的香味超越了黍稷的實質。後「于豆于登」轉移到「爐」子的上面，按《古今圖書集成》所引呂大臨《考古圖》的〈博山香爐圖考〉所云：「香爐象海中博山下，盤貯湯使潤氣蒸香，以象海之四環。」這裡面「香」由水汽蒸發的意象還很清楚。只是「博山香爐」的由來，《集成》另引〈古器評〉的「梁博山爐」一條，說明此爐是梁武帝大通二年（529年）的古物，「不聞於前代」。按語還特別交代：「惟張敞《東宮故事》云：『皇太子納妃，具博山香爐二。』起始于此乎！」這道出此爐或許創始於張敞所存的西漢武帝時。故《洞天清錄古》云：「惟漢博山爐乃漢太子宮所用者，香爐之制始於此。」（本文所引多取資於《古今圖書集成》，下此不一一陳記。）

貳、燒香之始

也許兩漢開始通西域，通南海，由這水陸兩道，輸進來了外國的甚多新物資，如沉香、檀香、麝香各出現於中國的市場，使得木製器具新增了不少寶貴材料；自東漢佛教的東傳，馨香揚薦更開啟了宗教信仰的新方式，新體會，禮佛結緣，香火主其象徵。中國原有從「黍稷」蒸騰的「馨香」，其禮儀內涵本來很平實，自然容易被沉檀的焚香所沖淡。就中國文化本質而論，戰國《莊子．養生主》所謂的「脂盡而為薪，火傳也。」由這古典，中國發明用「火」的偉大成就展現在生活傳說中，足彰文化的特色，從《白虎通》、《中論》知燧人的鑽木取火；從元謀、藍田、北京諸舊石器文化，更證明中國地區的用火在一百七十萬年以上：火使人類成為萬物之靈，是科學史家的篤論（前美國哈佛大學校長康南特所言），因此「留火」、「傳火」成為人類古代偉大的社會任務，官有火官、火正；民有薪傳，夾「火匏」（堆、種）的習俗。民初尚盛的賭博「花會」的三十六「注」中有「火官來入城」之謠，筆者耳聞尚能記憶。但在文人的筆下，「香火」似乎在東漢已見，而六朝尤盛，「香火」一辭在於詩文之中，遠超過於「薪火」的出現。「香火」的「香」字重要也超過「火」字。目前「割香」之稱盛行，早把「火」字拋棄。這「馨香蒸嘗」的轉變於「焚香禮拜」、「薪火相傳」的變成「香火傳承」；在民俗演變中真堪細加討論。

參、香木約舉

由「薰蒸」到「焚香」，焚香的種類用途，處理功能就多彩而豐富，就種類說：

（一）沉香：分全沉、半沉、不沉。以全沉最貴。名目繁多。

（二）檀香：由出產地不同而有別，出產地在中國南方和外洋。今日所能購得者，以印度老山最佳，澳洲其他地方次之。

（三）麝香、由麝獸取得，有遺香、臍香：今之所謂「西藏貢香」、「印度麝香」，即用此香為主料，究實成分幾何，也難細詰。

（四）其他從考獻查考尚有不少名目：如迷迭香、避寒香、辟邪香、四和香、鬱金香、蘇合香、納香、青木香、甲香、兜香、靈香、玉香（可聞數百步）。另外因風雅產生的「放翁香」、「讀易香」，就不能作本質解。

可知香是實指的物質，已非原古穀類的昇華。因此眾香用法，遂乃多彩多姿：

（一）以薦神佛。

（二）建築之用。

（三）除夜留火（成堆而烈焰成山）。

（四）燙熨衣服的襯（配）料。

（五）飲茶的調味（今日之花茶當係其遺風，但古代應該不只一種）。

（六）防書蠹害。
（七）烘薰樂器。
（八）籠薰香衣。
（九）含防口臭。
（十）懷身取暖。
（十一）食物調味。
（十二）懷袖生香。
（十三）和墨生香（硃條同用，現在日本出有品質甚佳的硃條，即取名「幽香」）。
（十四）讀書彈琴，焚香寧神。
（十五）屋宇消毒。
（十六）閨房和樂。（其他邪辟之用從略）

大體可以說，「香」由秦漢以前單純用祭的功能，到漢魏六朝已大大展拓以及國人生活全面。可以給歸納在四個方面加以討論：（1）舉薦神佛、（2）高級建築、（3）醫藥衛生、（4）美化生活；其文化觸角和文人學子、緇流修士多方驗證，因而透過他們毫端，在歷史紀錄、文學著述中，遂留下了豐富的遺薰，有如江上之清風和山間的明月，享之不盡，用之不竭。這中間，舉薦的宗教功能無疑是用「香」的重點，所以需加細討；其他方面較可泛而論之，先作簡介。

肆、香材建築

現在先泛論「建築」：

就手頭資料，若干習聞的典故，值得注意，如：（1）「桂樓、椒閣、玉蘭堂，繡戶雕軒文杏梁。」（隋唐王琚句）（2）「桂堂今日盛，芸閣隔年榮。」（唐許渾句）（3）「梅梁蕙閣、桂棟蘭枌。」（宋毛滂江總句）（4）「賦詩梅檀閣，縱酒鸚鵡洲。」（唐李白句）（5）「水精簾下，沉香閣畔」（宋毛滂句）。這些名句，「桂、椒、沉、檀」俱係香木，但多為描寫狀詞，也即形容詞，不見得就是實際的建築材料；但下引的一些紀錄，諸香無疑是真實的建材了：

（一）王元培《開元天寶遺事》：「楊國忠用沉香為閣；檀香為欄；以麝香、乳香篩土和為泥，飾壁。每於春時木芍藥盛開之際，聚賓友於此閣上賞花焉。禁中沉香之亭，遠不侔此壯麗焉。」

（二）上引的「禁中沉香之亭」、正是李白〈清平調〉三首中之三所咏的境界，詩云：「名花傾國兩相歡，常得君王帶笑看，解釋春風無限恨，沉香亭北倚闌干！」這「沉香亭」和白詩中的「名花」，《古今圖書集成》之〈職方典〉引《陝西通志》之〈西安府〉部份有記足以解之，云：「沉香亭在景龍池，天寶三載，李白供奉翰林，禁中初種木芍藥，得四木：紅、紫、淺紅、通白者，移植興慶池東沉香亭。」

（三）《杜陽雜編》云：「元載末年造蕓輝堂於私第。蕓輝，香草名也，出于闐國，其香潔白如玉，入土不朽爛。春之為屑，以塗其壁，故號蕓輝焉。而更構沉檀為梁棟，飾金玉為戶牖。」

（四）洪邁《容齋三筆》有云：「宮室土木之盛……史策固以崇侈勞費為戒，然未有若政和蔡京所為也。……作延福宮……東有蕙馥、敬瓊、蟠桃、春錦、疊瓊、芬芳、麗玉、寒香、拂雲、偃蓋、翠葆、鉛英、雲錦、蘭薰、摘金十五閣；西有虆英、雪香、披芳、鉛華、瓊華、文綺、絳萼、穠華、綠綺、瓊碧、清音、秋香、叢玉、扶玉、絳雲，亦十五閣。」見其芬芳馥郁，金玉香瓊，崇侈勞費，自屬必然，難保沒有楊國忠的豪奢的手段在。

（五）此外用具的檀香、沉香木椅，拐、床、桌、筆、架、盒、廚等等不勝枚舉。從章回小說中，筆者少時在故鄉親從說書者余文先生據其家存手抄《小紅袍》小說說書時，就聽過，安南即因不貢沉香木拐而導致明廷的討伐。桌椅用具常是建築物必備的擺設，故附敘於此。

伍、醫藥香材

其次談談「醫藥衛生」：這一方面在魏晉以後，似乎日見豐富；對生活的影響，幾乎足以籠罩全面：

（一）房宇的清潔：國人今天有消毒之名，方言中的「去鬱」、「制煞」，實具同義；引申變為宗教特別手段的專名，積重難返；用其原義，反而產生誤解。鬱積沈霉的屋宇，去其鬱，制其煞。薰香閉戶，歷時一日，即乾淨可居。有時加上藥物，如蒼朮之類，更增效率。宋葉廷珪《名香譜》有云：「石葉香，……可以辟疫。……月支香，月支國進，如卵，燒之辟疫百里，九月不散。」略可為證。

（二）潔身和保健：身懷香物，既可增妍展媚，也能防風辟邪。如袖裡懷香，羞掩情憐，下引詩句，可見風概：「欲掩羞中笑，還飄袖裡香。」（梁何遜句）「所思不可寄，惟憐盈袖香。」（梁劉孝綽句）「凝情晝日君知否，爭似紅兒舞袖香！」（唐羅虬句）另外，薰衣、烘被，用香的紀錄也不少。

（三）和藥並調食：明李時珍《本草綱目》中：懷香、沉香、蜜香、檀香、絳真香、龍腦香、茅香、白茅香、薰陸香、乳香、甘松香、安息香、必栗香、艾納香、詹糖香、蘇合香、篤耨香、兠納香、排草香、迷迭香、返魂香、線香、甲煎，俱可充藥。調食則「八角茴香」，多種香料，例稱五香。其他調茶、調酒，享用俱廣。

陸、香與美化

談到美化生活，書香的擁抱，琴韻的裊揚，幽思的寄託，閨房的和樂，真是訴之口角噙香，論之情思洸漾。下舉詩句，似值玩誦：

（一）宋黃庭堅〈子瞻寄和復答〉詩云：「置酒未容虛左，論詩時要指南。迎笑天香滿袖，喜公新趁朝參。」

（二）宋楊萬里〈燒香〉詩云：「小閣疏櫺春晝長，沈烟半穗弄輕黃。老玲略不知人意，故故褰簾放出香。」

（三）宋陸游〈燒香〉詩云：「寶薰清夜起氤氳，寂寂中庭伴月痕，小斮海沈非弄水，旋開山麝取當門，蜜房割處春方半，花露收時日未暾！安得故人同晤語，一燈相對看雲屯！」

（四）金元好問〈從希顏覓篤耨香〉詩云：「自倚詩情合得消，暮寒新火覺無聊，懸知受用無多在，試往新詩乞斷瓢！」

（五）元劉秉忠〈焚勝梅香〉詩云：「春風吹滅小檠釭，夢斷爐香結翠幢。檐外杏花橫素月，恰如梅影在西窗。」

（六）明吳寬〈齋居謝屠元勳送解家香〉：「坐來齋閣欲清心，忽對名香到夜深：已似居人頻掃地，更無俗客共鳴琴。煖煙盤曲絲縈碧，細屑圓成箸削金。始說解家真得法，清泉餅莫送詞林。」

（七）明朱之蕃〈印香盤〉詩云：「不聽更漏向譙樓，自剖玄機貯案頭。爐面勻鋪香粉細，屏間時有篆煙浮：迴環恍若周天象，節次同符五夜籌。清夢覺來知候改，搴帷星火照吟眸！」

（八）前人〈香篆〉詩云：「水沈初試博山時，吐霧蒸雲復散絲。忽漫書空凝碧纖，相看掃素傍燈帷。縈紆細縷蟲魚錯，斷續殘煙柳薤垂！幾向螭頭聞闔殿，羅襴攜出鳳凰池。」

上引各詩：「置酒、論詩」（一）、「幽居（春晝）」（二）、「晤語（談）」（三）、「賞月」（五）、「彈（鳴）琴」（六）、安「清夢、照吟眸」（七）、「掃（畫）眉」為樂，美化人生。香之為用，真是廣泛。為此，今之所謂男情人，古代就稱作「檀郎」。

要是轉向詞曲中去找材料，那就更曲折，更豐富；就引李清照的詞句作顯例，其用香程度，足夠賞析：

（一）「沉香斷續玉鑪寒，伴我情懷如水。」（〈孤雁兒〉）

（二）「篆香燒畫，日影下簾鉤。」（〈滿庭霜〉）

（三）「歸鴻聲斷殘雲碧，背窗雪落鑪煙直。」（〈菩薩蠻〉）

（四）「瑞腦香消魂夢斷，辟寒金小髻鬟鬆，醒時空對燭花紅。」（〈浣溪紗〉）

（五）「淡蕩春光寒食天，玉爐沈水裊殘烟，夢回山枕隱花鈿。」（〈浣溪紗〉）

（六）「紅藕香殘玉蕈秋，輕解羅裳，獨上蘭舟。」（〈一剪梅〉）

（七）「酒闌更喜團茶苦，夢斷偏宜瑞腦香。」（〈鷓鴣天〉）

（八）「薄霧濃雲愁永晝，瑞腦消金獸。」（〈醉花陰〉）

（九）「人悄悄，月依依，翠簾垂。更挼殘蕊，更燃餘香，更得些時。」（〈訴衷情〉）

（十）「斷香殘酒情懷惡，催襯梧桐落。梧桐落，又還愁色，又還寂寞。」（〈憶秦娥〉）

（十一）「被冷香消新夢覺，不許愁人不起。」（〈念奴嬌〉）

（十二）「瑞腦烟殘，沉香火冷。」（〈失調・元旦詞〉）

白晝濃愁，需要瑞腦的濃香（八）；香消夢斷，也曾是漏盡更殘，空對燭火搖紅（四）。歸鴻聲中的殘冬（雪）（三）淡蕩春暮的寒食（五），可說終年，常在日夜，情懷如水（一），寂寞凝愁（十）：整塊香木濃焚，碾末印篆幽薰：李清照香中生命，可作文人士女的表徵。

筆者在多年來，發現過不少親見的印香盒，也即篆香爐：五十年前是先伯母給的三層錫質香盒，蓋子鑲配銅鑄的篆文「雙喜」字，香印是四點五公分的正方篆書「壽」字。來臺後，一直到處覓購，始難如願。三十多年前，在留華研道的施博爾先生（亦稱舟人）家始見九公分見方的香印和錫香盒，盒蓋香印形式與我家舊藏一樣。再過不久，施氏在臺北找到一個脫耳的香印相贈，當時真是喜出望外。後來不久在臺南市中山路的「鵲化山房」古董店買到一個兩耳俱全六公分的壽字香印，索價好像才五元。民國五十八年前後，南市永福路南興委託行老闆林先生為我留下一個跟老家收藏那一件完全相同的香印，可惜只剩下一層而已。不過這麼層蓋兩備，雙喜不缺，夠得了我宿願。

後來在友人黃天橫先生家看過長方形的讀易詩句纚連的香印。在臺南市萬福庵住持市姑處更看到了圓形鼎爐及香印一件。篆文未加注意。以後在鹿港文物館也看到一件印盒，無法取出檢視香印。幾年前在南興委託行又看到一具層蓋俱損且無香印的錫質殘件，沒有買下。當然在出版物中，故宮所存，省立博物館所藏，俱多寶貴而足資參考的資料。大體說來，民間的錫質香盒，有雙喜面蓋，可以證明那是新婚洞房必備之物。意料所及，繚繞氤氳的香氣中，洞房花燭，以及後此閨中生活，勢必提升格調。

宋葉廷珪《名香譜．論香》一文，足以概見焚香對古人生活涵蓋的廣懋，尤能細析它那沁人心脾的幽韻。《譜》云：

香之為用，其利最溥：

物外高隱，坐語道德，焚之可以清心悅神。

四更殘月，興味蕭騷，焚之可以暢懷舒嘯。

晴窗搨帖，揮麈閒吟，篝燈夜讀，焚以遠辟睡魔，謂古伴月可也。

紅袖在側，密語談私，執手擁爐，焚以薰心熱意，謂古助情可也。

> 坐雨閉窗，午睡初足，就案學書，啜茗味淡，一爐初爇，香靄馥馥撩人，更宜醉筵醒客。
>
> 皓月傾宵，冰絃戛指，長嘯空樓，蒼山極目，未殘爐爇，香霧隱隱遶簾，又可祛邪辟隱。
>
> 隨其所適，無施不可。

明人高濂〈論香〉一文全部抄襲上文，可知香的妙用歷元明而少變。

柒、香在祭祀及宗教的功能

香成祭祀的象徵，該是秦漢以後的事。由博山爐的「蒸香」，到後來的「薰香」，存在著一段長遠的演變：可惜以目前的資料，暫難得到詳細的原委。只知從「豆」始升的「香」，已改從博山爐裡而出，香的實體，香的擺具真的變了。

佛道兩教之用香，應自漢晉已著。宗教行禮焚香是極平常的程序行為，反而不易進入紀錄，考察遂以難徵。早期更是不易，偶有所見，是否事關宗教，研判大需斟酌；至於屬佛、屬道抑或屬儒，那就甚費周章。

《三國志・孫策傳・註》述交州刺史張津「古琴焚香，讀邪俗道書」。這「焚香」看似奉道，細究有間，其他史載，大多相似。從稍後的詩文裡，涇渭漢楚才漸見分際。

一、佛教資料：

（一）《晉書．單道開傳》：「升平三年，（後）年百餘歲卒于（羅浮）山舍。……陳郡袁宏為南海太守……登羅浮山至石室口，見道開形骸如生，香火瓦器猶存。」

（二）《北齊書．陸法和傳》：「法和曰：『於空王佛所，與主上有香火因緣。』」

（三）唐王勃〈寶莊嚴寺舍利塔碑〉云：「六千羅漢，競結香緣，五百仙人，分開講肆。」

唐以後香火紀錄豐富，如「香火緣」、「香火傳」、「香火願」、「香火翁」，還有女性組織「香火弟兄」。為省篇幅，舉例止此。

二、道教資料：

（一）唐玄宗〈過老子廟〉：「流沙丹竈沒，關道紫煙沈。」

（二）唐崔湜〈幸白鹿觀應制〉：「捧藥芝童下，焚香桂女留。」

（三）唐錢起〈夕遊覆釜山道士觀因登玄元廟〉：「孤煙出深林，道侶正焚香。」

道觀的用香，當不讓於佛寺，錢起以下紀錄甚多，茲從省。

三、歷朝儀禮，實自儒書，考正史，自郊天，明堂，禮樂歌舞，各有嚴定，其祭獻物品自兩漢以迄晉宋，南齊，還是黍稷為重，祭典的精神表現在「柴燎」的光輝，而奠酒最是隆重。如晉曰「焚柴頒瑞」，劉宋曰「柴燎告天」。歷考《漢書》、《後漢書》、《宋書》和《隋書》，可以瞭解。而朝廷祭儀用香，則始於梁朝，這在《隋書．卷六．禮儀志》得其詳。〈志〉說：「天監（中略）四年（尚書左丞何）佟之云：『（中略）南郊明堂用沉香，取本天之質，陽所宜也，北郊用上和香，以地於人親，宜加雜馥。（梁武）帝遂從之。』」於是香在中國公家祭典得到了重要的認定，香需要焚燒，因而有火的現象，於是薪火相傳逐漸為香火相傳所取代，積漸且以香為重心，故傳宗接代，稱曰「香煙相傳」，神廟分衍，稱曰「傳香」；回歸報本，則曰「割香」（通俗用刈，是俗字），拜神但稱「燒香」，隆重祭拜則曰「進香」。

其實薪傳古俗的遺意，本尚存在於民間：筆者記得很清楚，在故鄉漳州，每個廟宇，不問鄉市，到每年農曆十二月廿四日，有挾「火匏」的風俗，家家戶戶各出薪柴、團草等燃料一梱，集中各角頭的寺廟前的廣場，等待「頭家」（寺廟的輪值主管人）祭拜後，點燃起火，各家執火鉗者趕緊隨便挾起一束奔跑回家放進竈中，各唱「挾火匏，飼豬加（較）大牛」。此俗臺灣鄉間應尚留傳，只是筆者調查尚還未見。故鄉目前似已不再實行，令人不勝懷念。

「香煙」取代了「薪火」；本身另有變化；因為香有很多燒法，需要各式香爐。如「印香」需要薰爐；香炭（其實是香木）需用宣爐，炷香需要鼎爐；祭神多用銅爐，祭祖多用錫爐。另有香圈、香塔，則用托、用懸，別加處理。其他用石（花崗為多，大理石次之），用陶、用瓷、用土也常見。於是香爐逐漸也就成為崇拜的代名，逐年輪值主持祭祀的東家也就稱為爐主。一個香爐就代表神靈，爐主迎祀的，往往僅是一座香爐。好像一般民間的割香大事，抬歸祖廟者，就是原來始置神廟香火（灰）的原爐，常是很小的一件。爐主本為奉獻而擔當，經常由「拔环」（擲珓」而定；假如利益甚溥的爐主，爭奪糾紛或也在所難免。

但傳統的定義，儒稱薪傳，佛號衣缽，始終未變。崇神祭祀，在臺灣地區所保存的禮俗行事是中國文化可貴的豐富素材，胡適尊翁胡鐵花（傳）在臺南和埤南的一些《日記》，該是最令人重視的故事。整理如此：

（光緒十八年）十月初一日，奉臬道憲派令火神廟、文昌宮、延平郡王三處行香。（中略）十五日（筆者按同前記，以下但加括註「同」）。十一月初一日（同）、十五日（同）。十二月初一日（同）。十五日（同）。

光緒十九年。在癸巳，正月甲寅，元日乙酉，丑初詣萬壽宮隨班叩賀。奉委龍王廟、延平郡王廟行香。隨班文廟、武廟。（中略）十五日奉委文昌宮、火神廟、延平郡王廟行香。（中略）二月初一日（同）。（中略）十五日（同）、（中略）三月初一日（同）。（中略）十五日（同）、（中略）四月初一日（同）。十五日奉委行香如朔禮。（中略）

六月初一日，卯刻接（臺東直隸州）印。辰初詣各廟行香　拜客。（中略）十五日，詣天妃宮、昭忠祠、觀音祠、土地祠行香。（中略）七月初一日，詣各廟行香。（中略）十五日，行香。（中略）八月初一日，詣各廟行香。（中略）十五日，詣各廟行香。（中略）九月初一日，詣各廟行香。（中略）十五日，詣各廟行香。（中略）十月初一日，詣各廟行香。（中略）十五日，詣各廟行香。（中略）十一月初一日，詣各廟行香。（中略）十五日，詣各廟行香。（中略）十二月初一日，詣各廟行香。（中略）十五日，詣各廟行香。（中略）

光緒二十年，歲在甲午，正月丙寅，元朔日己卯，黎明，率領所屬文武，於天后設位，向闕叩賀萬壽。詣各廟行香。（中略）十五日，詣各廟行香。（中略）（二月初一在閱操途中，未能行香，或有所委。——筆者註）初八日祭昭忠祠。（中略）十五日，行香。（中略）三月初一日，日食。（按未行香）（中略）（十五日、四月初一、十五日，俱未作行香記錄，或因病。——筆者註）五月初一日，詣各廟行香。（中略。十五日缺錄。——筆者註）六月初一日，詣各廟行香。（中略）十五日，詣各廟行香。（中略）七月初一日，詣各廟行香。（中略）十五日，出署行香。（中略）八月初一……是日詣埤南各廟行香。（中略）十五日，詣埤南各廟行香。九月初一日，大雨，不能詣埤南行香。（中略）十五日，詣埤南各廟行香。（中略）十月初一日，詣埤南各廟行香。下午，祭厲。（中略）十五日，詣埤南各廟行香。（中略）十一月初一日，奉昭忠祠各神牌升座。（中略）十五日，詣埤南各廟行香。（下略）

光緒二十一年，歲在乙未，正月戊寅，元朔日癸酉，率領所屬文武於本營設位，向闕叩賀祝萬壽。詣各神廟壇行香（中略）十五日詣埤南各廟、祠行香。（中略）二月初一日，詣埤南各廟行香。（中略。十五日無行香記錄）三月初一日，詣埤南各廟行香。（中略）十五日，赴埤南各廟行香。（中略）四月初一日，赴埤南各廟行香。（中略。十五日無行香記錄）五月朔日辛未，卯初，詣埤南各廟行香。午初回營。（中略）十五日，詣埤南各廟行香。

鐵花先生從光緒十八年初一日（一八九二年十一月十九日）起，迄廿一年五月十五日（一八九五年六月七日）止這兩年多的「行香」記錄，以筆者淺識，所讀的私人日記中該是最嚴肅詳細的紀錄了；尤其在臺灣的史料中更屬僅見。討論「香火」的問題，允為上乘的憑據，所以詳盡轉錄。試舉其要：

（一）由上面紀錄始悉，不但民間出一、十五有善男信女的入廟燒香；而官府官吏對於列為祀典或地方主要的廟祠亭壇，同樣敬慎行禮。

（二）到清代，臺灣官吏在為官處所，朔望各宜行香，如胡傳在臺南是受道臺顧輯庭委任的代理行香；在埤南（臺東直隸州）是自己本任的行香。道臺與知州間尚有知府等官，其上其下理宜行香於任所，只是記錄難稽，遂感空白。上舉的《日記》，正足以補此缺失。

（三）胡鐵花先生在他的日記、稟啟中足悉其任事的認真，即此行香之謹，已夠感人。同時更足以反映古代官方的行香，在行政上有其實質的功能，至少在公家與私人間保持著類同的模式，拉近了彼此的距離。

（四）鐵花先生跟同代和以前的官吏同是讀書人，「子不語怪力亂神」，是他們共同信念，但由日記資料的呈現，可知庶政施為，神佛崇拜，真不可忽。乾隆四十二年臺灣府的媽祖樓、金龍街一帶人民（今臺南西區忠孝街一帶）歌頌臺灣知府蔣元樞的德政之一，即其「新神廟以成民事」。又更早十二年的乾隆三十年之〈重修神龍廟增建更衣亭碑記〉也說：「夫事神治民，初無二理。」胡鐵花的謹事行香，不可視作徒然或浪費。而「日蝕」不行香，更是重要的舉證。

（五）胡鐵花的行香廟宇有時有記，提請相關管理單位，要發揚該等史蹟，上舉日記值得重視援引，以提高史蹟的內涵。

結語

香火長傳的討論，表現中國文化有其悠久的深遠意義，同時更體現其容受外來文化的極高韌性：融彙的功能，雅俗兼蓄，官民一體，共相輝映。

（本文原刊《國立成功大學歷史學報》第17號，一九九一年六月）

<7>

黃典權教授撰述碑記

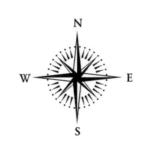

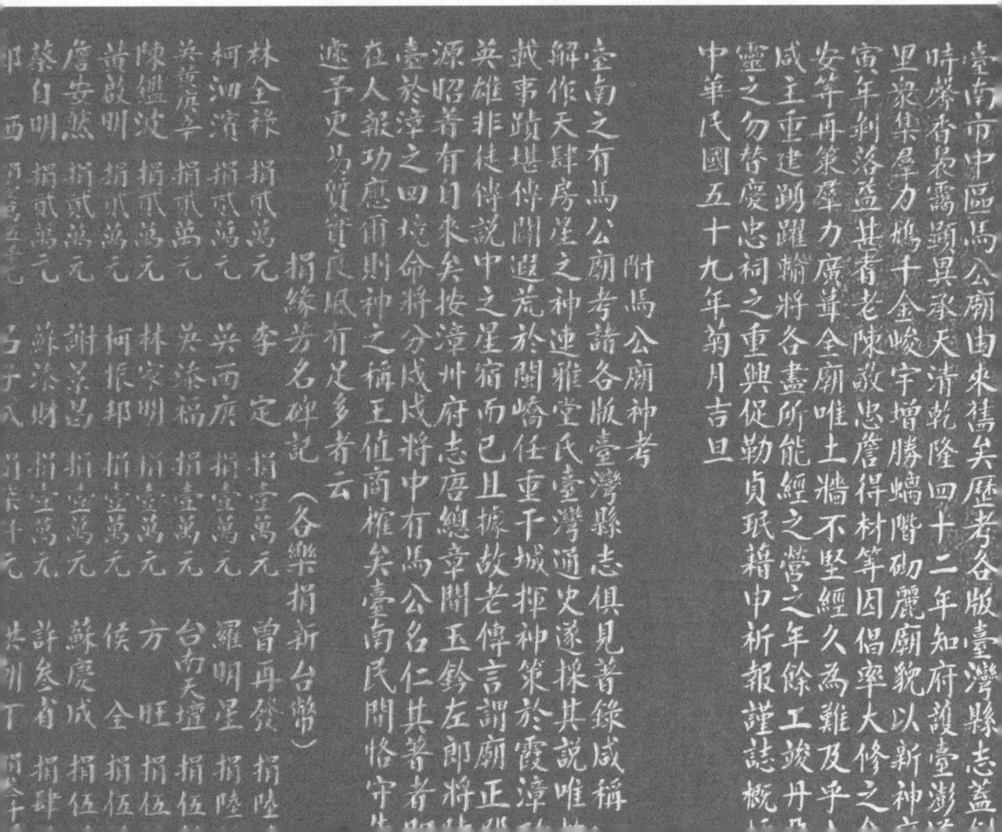
臺南市中區馬公廟由來舊矣歷考各版臺灣縣志蓋
時馨香易靄顯異承天清乾隆四十二年知府讓臺澎
里眾集羣力鳩千金峻宇增勝蟠階砌麗廟貌以新神
寅年剝落益甚耆老陳啟忠詹得材等因倡率大修之
安等再策羣力廣葺全廟唯土牆不堅經久為難及乎
咸主重建踴躍輸將各盡所能經之營之年餘工竣丹
靈之勿替慶忠祠之重興促勤貞珉藉中祈報謹誌概
中華民國五十九年菊月吉旦
附馬公廟神考
臺南之有馬公廟考諸各版臺灣縣志俱見著錄咸稱
解作天駟房星之神連雅堂氏臺灣通史遂採其說唯
載事蹟堪傳闢遐荒於閩嶠任重干城揮神策於霞漳
英雄非徒傳說中之星宿而已且據故老傳言謂廟正
源昭著有自來矣按漳州府志唐總章間玉鈐左郎將
臺於漳之回境命將分戍戍將中有馬公名仁其著者
在人報功應爾則神之稱王位商榷矣臺南民間恪守
遂予更易質實良風有足多者云
捐緣芳名碑記（各樂捐新台幣）
林全祿　捐貳萬元
柯泗濱　捐貳萬元
吳黃庚辛　捐貳萬元
陳繼波　捐貳萬元
黃啟明　捐貳萬元
詹安然　捐貳萬元
蔡自明　捐貳萬元
邱西
李　定　捐壹萬元
吳雨庚　捐壹萬元
吳添福　捐壹萬元
林密明　捐壹萬元
柯振邦　捐壹萬元
謝榮昌　捐壹萬元
蘇添財　捐壹萬元
曾再發　捐陸
羅明星　捐陸
台南天壇　捐伍
方　旺　捐伍
侯　全　捐伍
蘇慶成　捐伍
許參省　捐肆

黃典權教授撰述碑記

壹、重建馬公廟暨馬公廟神考碑記

年代：民國五十九年（一九七〇年）
地址：臺南市中西區開山路122像1號馬公廟
位置：三川殿左壁
材質：大理石
尺寸：縱121公分橫90公分

重建馬公廟記

臺南市中區馬公廟由來舊矣！歷考各版臺灣縣志，蓋創建於明永歷（曆）間延平王鄭公成功復臺開府時。馨香裊靄，顯異承天。清乾隆四十二年知府護臺澎道蔣公元樞感格倡修，肸蠁愈隆。逮咸豐六年，里眾集羣力，鳩千金，峻宇增勝，螭階砌麗，廟貌以新，神庥彌懋。而後歲月邁移，漸見滲漏，至日據

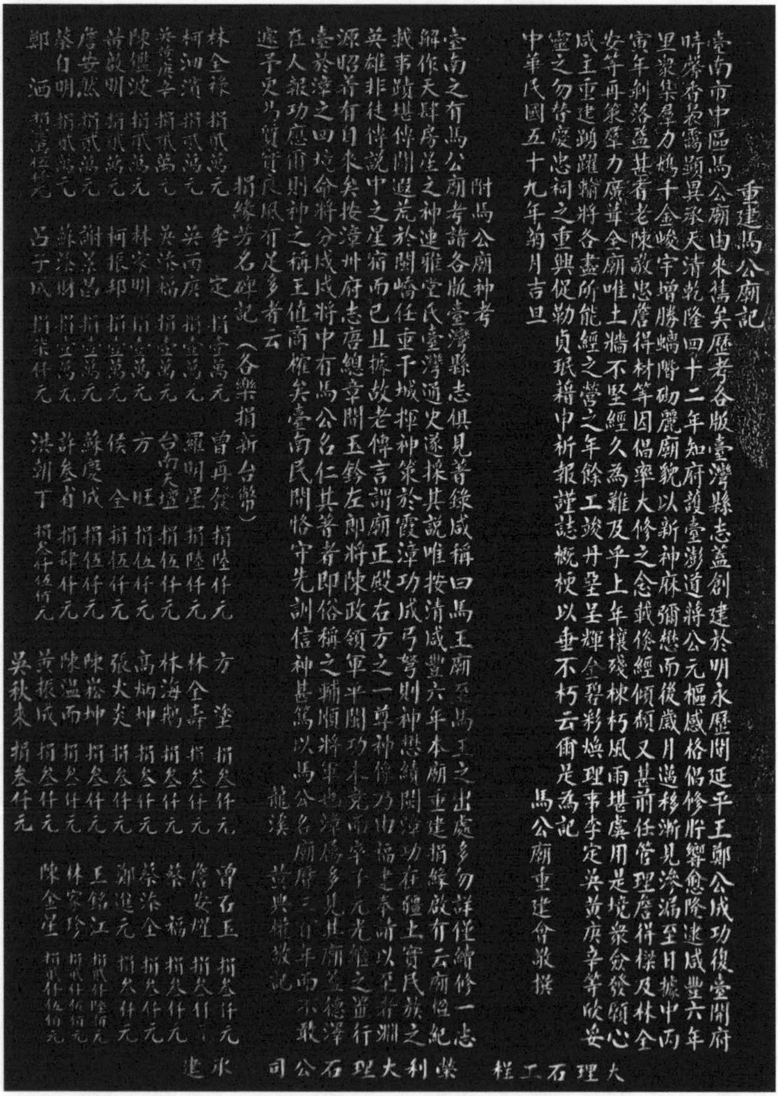

重建馬公廟記

臺南市中區馬公廟由來舊矣歷考各版臺灣縣志蓋創建於明永歷間延平王鄭公成功復臺開府
時馨香奉禱顯異承天清乾隆四十二年知府護臺澎道蔣公元樞感格倡修府饗愈隆逮咸豐六年
里衆集羣力鳩千金峻宇增勝螭階砌麗廟貌以新神庥彌懋而後歲月遷移漸見滲漏至日據中丙
寅年剝落益甚耆老陳啟忠詹得材等因倡率大修之念載倏經傾頹又甚前任管理詹得樑及林全
安等再策羣力廣葺全廟唯土牆不堅經久為難及乎上年壞殘棟朽風雨堪虞用是境衆僉發願心
咸主重建踴躍輸將各盡所能經之營之年餘工竣丹堊呈輝金碧彩煥理事李定吳黃庚辛等欣妥
靈之勿替慶忠祠之重興促勒貞珉藉申祈報謹誌概梗以垂不朽云爾是為記

馬公廟重建會衆撰

中華民國五十九年菊月吉旦

附馬公廟神考

臺南之有馬公廟考諸各版臺灣縣志俱見著錄咸稱曰馬王廟至馬王之出處多匆詳從續修一志
解作天駟房星之神連雅堂氏臺灣通史遂採其說唯按清咸豐六年本廟重建捐緣啟有云廟祀紀
載事蹟堪傳開避荒於閩嶠任重干城揮神策於霞漳功成弓弩則神懋績閩漳功在疆土實民族之
英雄非徒傳說中之星宿而已且據故老傳言謂廟正殿右方之一尊神像乃由福建奉請以至者淵
源昭著有自來矣按漳州府志唐總章間玉鈐左郎將陳政領軍平閩功未竟而卒子元光繼之遂行
臺於漳之四境命將分戍戍將中有馬公名仁其著者即俗稱之輔順將軍也漳橋多見其廟蓋德澤
在人報功應爾則神之稱王值商榷矣臺南民間恪守先訓信神甚篤以馬公名廟厥三百年而不敢
遽予更易質實良風有足多者云

龍溪　黃典權敬記

捐緣芳名碑記（各樂捐新台幣）

林全祿　捐貳萬元
柯泗濱　捐貳萬元
吳黃庚辛　捐貳萬元
陳繼波　捐貳萬元
黃啟明　捐貳萬元
詹安然　捐貳萬元
蔡白明　捐貳萬元
鄭　酒　捐壹萬伍仟元

李　定　捐壹萬元
吳西庚　捐壹萬元
吳添福　捐壹萬元
林家明　捐壹萬元
柯振邦　捐壹萬元
謝美昌　捐壹萬元
蘇添財　捐壹萬元
呂子民　捐柒仟元

曾再發　捐陸仟元
羅明星　捐陸仟元
台南天壇　捐伍仟元
方　旺　捐伍仟元
侯　全　捐伍仟元
蘇慶成　捐伍仟元
許叁省　捐肆仟元
洪剃丁　捐叁仟伍佰元

方　塗　捐叁仟元
林全壽　捐叁仟元
林海鵝　捐叁仟元
高炳坤　捐叁仟元
張火炎　捐叁仟元
陳榕坤　捐叁仟元
陳溫雨　捐叁仟元
黃振成　捐叁仟元
吳秋來　捐叁仟元

曾石玉　捐叁仟元
詹安煙　捐叁仟元
蔡　福　捐叁仟元
蔡添全　捐叁仟元
鄭進元　捐叁仟元
王銘江　捐貳仟陸佰元
林家珍　捐貳仟柒佰元
陳金星　捐貳仟伍佰元

大理石工程　榮利大理石公司　承建

中丙寅年剝落益甚。耆老陳敬忠、詹得材等因倡率大修之，念載倏經，傾頹又甚。前任管理詹得樑及林全安等，再策羣力，廣葺全廟。唯土牆不堅，經久為難，及乎上年，樓殘棟朽，風雨堪虞，用是境眾僉發願心，咸主重建，踴躍輸將，各盡所能，經之營之，年餘工竣。丹堊呈輝，金碧彩煥。理事李定、吳黃庚辛等，欣妥靈之勿替，慶忠祠之重興，促勒貞珉，藉申祈報，謹誌梗概，以垂不朽云爾。是為記。

馬公廟重建會敬撰

附馬公廟神考

臺南之有馬公廟，考諸各版臺灣縣志，俱見著錄，咸稱曰：「馬王廟」。至馬王之出處多勿詳，僅《續修》一志，解作天肆房星之神，連雅堂氏《臺灣通史》遂採其說。唯按清咸豐六年本廟重建捐緣啟有云，廟楹紀載事蹟堪傳，闢遐荒於閩嶠，任重干城；揮神策於霞漳，功成弓弩。則神懋績閩漳，功在疆土，實民族之英雄，非徒傳說中之星宿而已。且據故老傳言，謂廟正殿右方之一尊神像，乃由福建奉請以至者，淵源昭著，有自來矣。按《漳州府志》，唐總章間玉鈐左郎將陳政領軍平閩，功未竟而卒，子元光繼之，置行臺於漳之四境，命將分戍。戍將中有馬公名仁，其著者即俗稱之輔順將軍也，漳屬多見其廟，蓋德澤在人報功應爾，則神之稱王值商榷矣。臺南民間恪守先訓，信神甚篤。以馬公名廟，歷（曆）三百年而不敢遽予更異，質實良風有足多者云。

龍溪黃典權敬記

貳、海靈佳城選題碑記

年代：民國六十一年（一九七二年）
地址：臺南市安南區大眾路360號四草大眾廟
位置：廟後綠地
材質：觀音山石
尺寸：縱86公分橫54公分

海靈佳城　　**考古家文獻會黃典權選題**

中華民國六十一壬子年三月九日，余應四草里吳里長連榜之邀，赴該地查勘叢塚史案。及至，見蓬廠搭野，陳骸凡數十具。里民沿故老傳聞，謂係前代戰歿之遺，甚且雜有外籍之人骨。余以直接文獻難稽，未敢贊一辞。查視其中若干腿骨，有痕若斵，一若生前遭擊傷重以喪者。又察部份殘骸，礪殼粘附，則出自海涘，徵象甚明，故知其淹忽亡故，先經歸化乎滄溟。逮後潮退暴露，里人見憫，始納甕瘞之，近日里中鎮海大元帥廟慶神祈安，打醮禱發，乃告出土。一時布為新聞，傳騰遐邇。里民感神昭爽，將培壠為安，問余題詞以表之。

余按：四草本台湾之古墟為台江大港之北汕，《讀史方輿紀要》所謂「澎湖東南之北港」者。抑在是也。前有荷蘭海堡之興建，後有姚瑩礮墩之創設。明永曆十五年延平王鄭成功復台之役，宣毅鎮陳澤

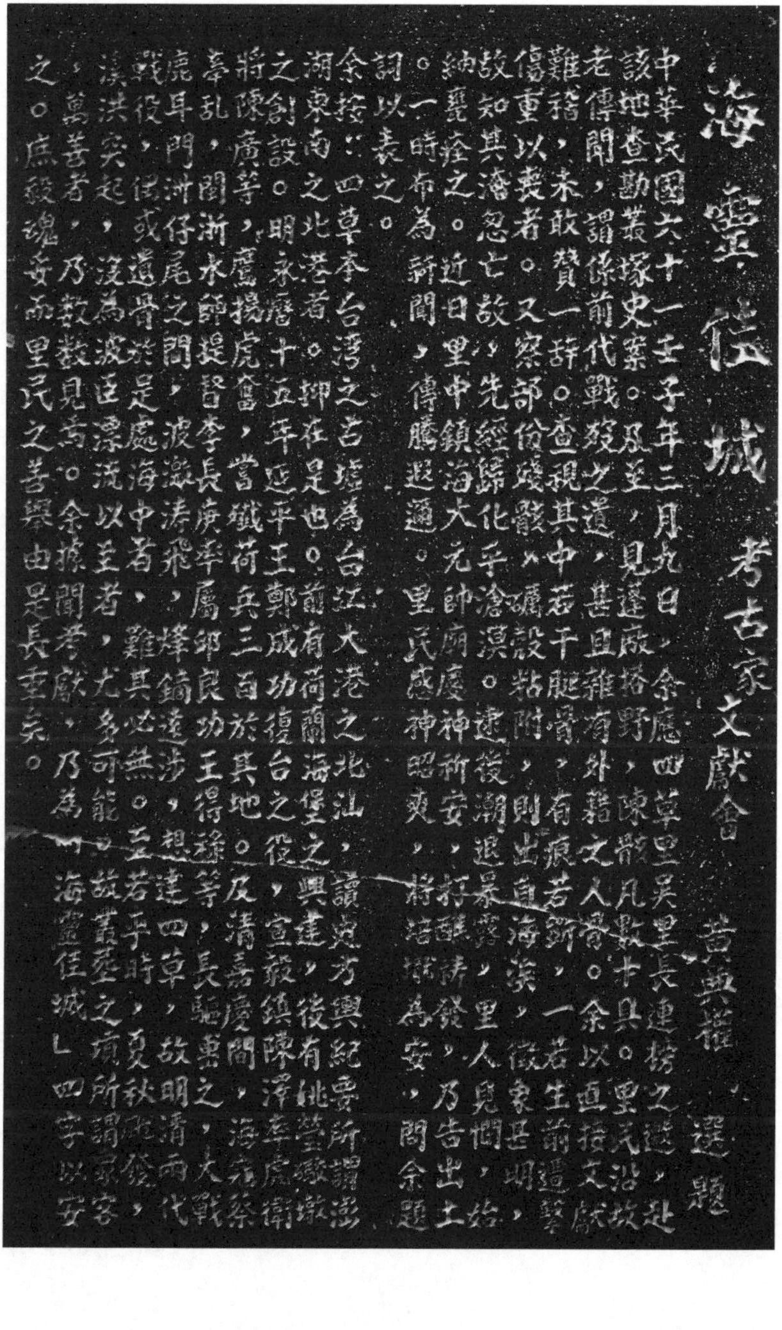

海靈佳城　考古家文獻會　黃典權、選題

中華民國六十一壬子年三月九日，余應四草里吳里長連捷之邀，赴該地查勘叢塚史蹟。及至，見蓬蔽榛野，陳骸凡數十具。里民沿故老傳聞，謂係前代戰歿之遺，甚且雜有外籍之人骨。○余以直接文獻難稽，未敢贊一辭。查視其中若干腿骨，有痕若新，一若生前遭擊傷重以斃者。又察部份殘骸，礦殼粘附，則出自海濱，徵象甚明，故知其濟忽亡故，先經歸化乎滄溟。逮後潮退暴露，里人見憫，始納甕瘞之。近日里中鎮海大元帥廟慶神祈安，打醮禱發，乃告出土。○一時布為新聞，傳騰遐邇。里民感神昭爽，將培撈為安，問余題詞以表之。

余按：四草李台灣之古墟為台江大港之北汕，讀史方輿紀要所謂澎湖東南之北港者。抑在是也。前有荷蘭海堡之興建，後有姚瑩礮墩之創設。明永曆十五年延平王鄭成功復台之役，宣毅鎮陳澤率虎衛將陳廣等，鷹揚虎奮，營殲荷兵三百於其地。及清嘉慶間，海寇蔡牽亂，閩浙水師提督李長庚率屬邱良功王得祿等，長驅惠之，大戰虎耳門洲仔尾之間，波瀲濤飛，烽鏑遠涉，想達四草，故明清兩代戰役，偶或遺骨於是處海中者，難其必無。至若平時，夏秋颱發，淺洪突起，遂為波臣漂流以至者，尤多可能，故叢瘞之殯，所謂冢客、萬善者，乃數數見焉。余據聞考獻，乃為「海靈佳城」四字以安之。庶毅魂安而里民之善舉由是長垂矣。

帥虎衛將陳廣等，英楊虎奮，嘗殲荷兵三百於其地。及清嘉慶間，海寇蔡牽乱，閩浙水師提督李長庚率屬邱良功王得祿等，長驅厓（擊）之，大戰鹿耳門洲仔尾之間，波激涛飛，烽鏑遠涉，想達四草，故明清兩代戰役，偶或遺骨於是處海中者，難其必無。至若乎時，夏秋颱發，溪洪突起，沒為波臣漂流以至者，尤多可能。故叢葬之墳所謂眾客，萬善者，乃数数見焉。余據聞考獻，乃為「海靈佳城」四字以安之。庶毅魂妥而里民之善舉由是長垂矣。

叁、鼎建清水寺暨水流觀音寺考略碑記

年代：民國六十五年（一九七六年）
地址：臺南市中西區開山路3巷10號清水寺
位置：後殿前壁
材質：大理石
尺寸：縱108公分橫84公分

鼎建清水寺碑記

臺南市中區清水寺，淵源甚古，陳文達始修台湾縣志，謂創於康熙中，祀清水祖師、觀世音菩薩。又稽清初台湾府縣各志之山川紀錄，暨十七世紀荷蘭海商諸圖，知三百年前斯處岡巒複攢，趨歸一局，條水宛曲，匯而經流，俗稱溝仔底者，是也。勘讀荷人《被遺誤之台湾》一書所附〈荷使晉見國姓爺談判圖〉，悉延平王統師横海，驅荷人，復先基，初抵赤崁，列營於濱海羣阜之間，南北及西地俱隆亢，獨其東衍平而見部伍森然。察今日地勢，則民權、開山、府前、建國各路間。古鷲嶺、魁斗、大埔諸崙盤鬱之區也，先賢烈蹟，依稀似之，寺之所宅正在其中。鄭王飲馬壯圖，不難想像而得焉。寺，清初屬台湾府治東安坊，寖漸成聚，街坊麗之，即以為名。考重修續修台湾兩縣志城池圖，寺名俱在，知乾嘉之際損修廢葺，固無失也。其間乾隆五十三年里人陳遜輝等大修，故續志特表以記之。勘夫寺中匾聯，

鼎建清水寺碑記

台南市中區清水寺　淵源甚古　陳文達始修台灣縣志　謂寺創於康熙中　祀清水祖師
觀世音菩薩　又稱清初台灣府縣各志之山川紀錄　暨十七世紀荷蘭海商諸國　知三百年前斯
處固崇複損　越鄉一局　條水宛曲　灌而經流　俗稱溝仔底者　是也　勘蘭荷人被遺漢之台
灣一書所附荷　便晉見國姓爺談判圖　悉延平王統師檣海　驅荷人　復先基　初紙赤崁刈營於
濱海群阜之間　南北及西地俱隆亢　獨其東行平而見部伍森然　察今日地勢　則民權　開山
府前　建國各路間　古鷲嶺　魁斗　大埔諸崙盤鬱之區也　先賢烈蹟　依稀似之　寺之所宅
正在其中　鄭王飲馬壯圖　不難想像而得焉　寺　清初屬台灣府治東安坊　寖漸成聚　街
坊麗之　即以為名　考重修續修台灣兩縣志城池圖　寺名俱在　知乾嘉之際損修廢葺　固無
失也　其閣乾隆五十三年里人陳邀輝等大修　故續志特表以記之　勘夫寺中畫歸觀自在一
方外　俱道咸以後物　其前此舊物之蔑乎蕩然　抑或風雨水尺毀傷之象歟　而後迄乎同光閒
鐫刻相續　頌語珠璉　則維護有方　斯得明證　惜自李清厝日據以及今　歲月邁遷　匆又八
十餘年　滲漏陳陋　寺之傾圮堪虞矣　善信君子　發願鼎建　用乃廣參資料　精密設計　材
厄鋼筋水泥　飾以精工雕木　增後殿樓閣　置資料史室　經始丁未國曆十一月　八經寒暑於
丁卯菊月落成　丹堊呈輝　藻梲荐雅　梵宇幽風　彌凝莊肅　爰誌梗概　聊存崇勞　勒諸貞
珉　俾垂不朽云爾

水流觀音寺考略

古台灣府清水寺　創建清康熙間　府縣各志　所記略同　俱指為觀音宮之著者　第按清水
本寺　係福建泉州府安溪縣之名刹　宋普足禪師成佛地也　禪師亦號清水　巖寺同名以著
而後信仰着衆　分燈遂多　馨香縣緲　海城盛蹟　此寺始基　實亦同之　剏寺並祀觀世音菩
薩　弛巽特隆　文獻舊闕　兩解無異　勘察區聯　証意尤專　非境崇南海　必桑齊慈帆
假甘楊鄉　想慈慈暉　清水寺風　用乃超殊
而寺復有水流觀音之傳說　久蕩不替　詢諸耆老　多謂同光間某年漲發　洪波繞寺
迴瀾壯急　漂物飛流　罔不瞬逝　唯一香木　粗具佛形　綠轉近旁　長浮不去　境衆異而拾
之　倩匠虔雕大士寶相　供奉以祀　靈爽特昭　水流觀音之名　由斯茂著　考諸識者　由來
尤古　清道咸間　進士施瓊芳　及流寓文士吳潤月處子　俱已但稱流水之寺　而道清水蔑名
光緒間巡撫王凱泰　輶軒采詠　衆亦及之　里人趙雲石茂才有句云　台閣春光一剎那
南華仙景大包羅　城頭落日鎖塵氣　內海浮沙起牧歌　水月一輪參法相　流雲千載付婆娑
觀光有色慈霞現　香襲琅玕慧福多　滄桑感賦　雅多寄託　夫以古都幽境　墨客騷心　餘風
流韻　遐邇很深　近世已著　及今益銘　特文以考　慶茲落成

中華民國六十五年丙辰端月　龍溪黃典權敬識

董監事一同敬立

觀自在一方外，俱道咸以後物，其前此舊物之幾乎蕩然，抑或風雨水尺毀傷之象歟！而後迄乎同光間鐫刻相，頌語珠連，則維護有方，斯得明證。惜自李清曆日據以及今，歲月邁遷，忽又八十餘年，滲漏陳陋，寺之傾圮堪虞矣。善信君子，發願鼎建，用乃廣叁資料，精密設計，材庀鋼筋水泥，飾以精工雕木，增後殿樓閣，置資料史室，經始丁未國曆十一月，八經寒暑於丁卯菊月落成，丹堊呈輝，藻棁荐雅，梵宇幽風，彌凝莊肅，爰誌梗概，聊存眾勞，勒諸貞珉，俾垂不朽云爾。

水流觀音寺考略

古台灣府清水寺，創建清康熙間，府縣各志，所記略同，俱指為觀音宮之著者。第按清水本寺，係福建泉州府安溪縣之名剎，宋普足禪師成佛地也。禪師亦號清水，嚴寺同名以著，而後信仰者眾，分爐遂多，馨香縣緲，每成盛蹟。此寺始基，實亦同之。矧寺並祀觀世音菩薩，馳譽特隆，文獻舊聞，兩辭無異，勘察匾聯，託意尤專，非境崇南海，必募寄慈帆。露甘楊柳，恩懋慈暉，清水寺風，用乃超殊。

而寺復有水流觀音之傳說，久揚不替，詢諸耆老，多謂同光間某年潦發，洪波繞寺，洄瀾壯急，漂物飛流，罔不瞬逝。唯一香木，粗具佛形，繚轉近旁，長浮不去，境眾異而拾之，僨匠虔雕大士寶相，供奉以祀。靈爽特昭，水流觀音之名，由斯茂著。考諸載籍，由來尤古，清道咸間，進士施瓊芳，及流寓文士鴛湖月癡子，俱已但稱流水之寺，而遺清水舊名。光緒間巡撫王凱泰，輶軒采詠，歌亦及之。里人趙雲石茂才有句云：「台閣春光一剎那，南華仙景大包羅，城頭落日銷塵氣，內海浮沙起牧歌，水月一輪參法相，流雲千載付婆娑，觀光有色慈霞現，音韻琅琅慧福多。」滄桑感賦，雅多寄託，夫以古都幽境，墨客寓心，餘風流運，遐邇慨深，近世已著，及今益銘，特文以考，慶茲落成。

中華民國六十五年丙辰端月　龍溪黃典權敬識　董監事一同敬立

附錄壹：文獻委員黃典權教授傳略及其治學業績

文／丁煌

一、前言

明清與臺灣史專家、國立成功大學歷史系故教授黃衡五（諱典權，字衡五。）先生辭世迄今，已近三載。先生身歿後，我曾理次其遺著目錄，草撰初稿刊於當年（八十一年）十二月十五日發行之《中國歷史學會會訊》第四十四期，以篇幅甚長，故逐次在第四十五、四十六、四十八期諸期連載。復撰〈黃典權教授與臺灣史研究〉一文，略記其平生行誼及治學貢獻，揭布於《中國歷史學會史學集刊》（第二十六期，民國八十三年九月出版），藉以彰揚耆賢休烈，兼抒一己遽失忘年情篤之交衷心沉痛不絕哀縷。

前記之拙文兩篇，以係發表於「中國歷史學會」內部刊物上，外界流傳甚稀，非其會員者，罕有人得以覩讀。既而，八十四年暮春，蔡奇蘭、郭瑞昌、蔡進家、蔡球諸先生，追緬故人典權教授身前舊誼，倡議纂輯其遺著全集，商得先生遺孀黃夫人洪玲花女史暨公子、千金之同意，慨允全力支援是項艱鉅工程，並授命筆者承擔主編之責。乃就前撰先生著作目錄初稿，續補闕遺，冀以為據，進行搜集。適

《臺南文化》之任事者，以此刊自民國四十年（一九五一年）發行以來，典權先生即供稿不止，四十二年（一九五三年）六月已往，更掌編務工作近二十年之久，備歷艱辛，肇樹嘉譽；至其物化三年，本刊竟未有專文詳介先生行誼與治學業績貢獻。張同湘兄數度催促筆者撰文，意示《臺南文化》永標黃先生勳業，可勵後進云云。筆者既感其誠摯，但愧已治史所涉領域與黃公相距較遠，其同行友儕、門生一輩，撰寫此類文章，顯然更為恰當人選，唯以預定本期即欲刊出，固辭不獲，倉促屬草，謬失不免。博雅君子，幸賜垂教寬諒。

二、籍里與家世

典權先生遠祖本棲居福建南靖。雍正間，遷龍溪南薰鎮，自是置籍焉。先生於民國十六年（一九二七年）十月六日，誕生南薰鎮布觀音三十五號祖宅。龍溪本屬漳州府轄治，境內諸多名勝，唐開元間始建之南山寺、唐金花郡主與武后垂拱二年（六八六年）首任漳州刺史，民間稱之為開漳聖王陳元光（六五七—七一一年）之墓，均距先生祖宅甚近。髫齡嬉游處，啟發先生心趨史事人物研究之癖好，於往後影響深邃。

先生於民國八十一年（一九九二年）七月十八日深夜十二時五分，以肝硬化引起併發症，醫救罔效，與世長辭，春秋六十有六。其道業正隆，而未享遐齡，令人悲惋。

家世背景關繫先生畢生治學方向及奠定基礎，至為密切，可得而言者，蓋有數端：一，先生曾祖考諱取，擅長鑄冶鋼鐵術，製作鐘鼎彝器精良馳名於時，清廷嚴海防，委造大礮，其所經營作廠工坊，匠人恒逾百名。產製鐘鼎彝器，行銷廣及閩、臺、浙、贛。今臺南市古剎彌陀寺，舊縣城隍廟諸處，頗有其家舊物在焉。先生治學及踏勘史跡，於金石銘文圖飾特為留意搨拓紀錄，誠非偶然。二，先生令顯考諱英（字子傑），素好文史，優級師範卒業，任鄉之三十六小學校長，德望受崇於鄉里。先生諸昆仲發蒙後，即時囑命撰作文章，躬親詳覽批正。先生外祖乃殷實布莊商賈，篤信基督教，且為長老教派長老，精通英語。先生顯妣陳氏美惠女史，幼領洗禮，尤擅語言學，任小學教師，偕子傑公課讀子女甚嚴。陳氏授諸兒輩萬國音標、羅馬拼音法，先生長兄典誠最為會心，尤青出於藍，終成名學者。典誠先生久任廈門大學中文系漢語史教授兼博士生導師，精彰、泉、廈、客家、粵語方言及古漢語中州音。治語言學馳譽當世，人謂章太炎、黃季剛、羅常培、趙元任、王力諸名家身歿後，斯學中碩果僅存之耆老。惜聞幼弟典權先生辭世，哀慟逾恒，於兩度中風後，不禁摧殘，尋亦歸泉下，傷哉！典權先生以民國三十二年考取國立廈門大學歷史系，時先生長兄典誠，已任教於廈大中文系。每得暇，授先生舊詩習作及四角號碼檢字法，督課尤嚴。於先生日後治學奠立深厚基礎，先生在世每語及長兄，景慕敬重之情，溢乎言表。三，先生幼聰慧靈巧，膚皙白，深得其二伯父（諱載）鍾愛，每攜之隨往書棚茶座，先生攀緣載公肩膝間，啖荔枝、嗑瓜子、聆講故事。說書者余文，本係先生家鼎行帳房，藏有整套明代歷史演義小說，若《大明英烈傳》、《大明忠義傳》、《三門街》、《正德遊江南》、《海公大紅袍》、《海公小紅袍》、《明季拾遺竹籃馬》、《海逆記》、《五虎鬧南京》（亦稱《臺灣外誌》）、《五虎掃平海氛記》之類，悉以借先生閱讀，雖小說多穿鑿附會之辭，但先生於明代君臣人物事迹，史事體系，自是耳熟能詳矣。

次列先生曾祖以下至其兒女輩世系簡表於後，讀者可藉資參考。

三、求學生涯

民國二十年（一九三一年），先生方五歲之齡，入省立龍溪中學附屬小學就讀。二十六年（一九三七年）夏，考入龍溪中學初中部，未幾，日軍侵華戰火漫延而至。學校迫遷閩西長汀縣，先生乃隨之遠離鄉井，寄身學舍。二十九年（一九四〇年）夏，考入省立長汀中學高中部，及卒業，參加畢業會考，中試，是年（民國三十二年），以唯一志願取試國立廈門大學歷史系，此時廈大亦遷校於長汀。薩本棟氏掌校務，銳意辦學，禮攬宿學，名師薈萃，盡東南之美。

先生於廈大歷史系肄業期間，深受谷霽光、葉國慶、歐陽琛諸教授啟迪影響。選習谷師「隋唐五代史」課，彼專精中國歷代政制及兵事沿革。葉氏授大三「明清史」，予學生以基本考證訓練，命自訂作業，題目不拘，除轉接虛字外，內容全須根據古籍，而詳註出處。先生以「鄭芝龍」為問題焦點，夙夜披覽史料，因而次歲，以〈明末福建漳泉之海盜〉為題目，撰畢業論文，由歐陽琛教授指導，自此海疆史事之研究遂與先生結不解緣。大學時代，先生於古籍之外，尤喜讀孟心史、朱希祖、錢賓四、陳寅恪、陳援庵、鄭天挺、吳晗諸史學名家著述，更旁涉廈大鄭德坤、林惠祥一輩良師論作，故其學力日益精進。

四、化育鄉梓與流寓東寧

民國三十六年（一九四七年）夏，先生畢業於廈大。龍溪中學校長謝新周氏，聞先生才德賢良，力邀前往任教。先生授高一國文與高三兩班外國史，悉力以赴，求其完美無瑕，壹學期方終，體重遽減拾公斤，學生反應極佳。先生忠勤任事，予謝校長深刻印象。任教該校逾時兩載，而國事鼎沸，戰火蠭起。先生敦勸其父母走避烽煙，未蒙見納。時，先生三兄典錡以父囑，乘槎至臺南購物，已買往返船票，欲歸之前，船東暗售其輪船亡逸，因不得歸。先生尊翁子傑公，以典錡音訊突告中絕，心急如焚，乃命先生往尋蹤跡。先生歲隻身東渡，三十八年（一九四九年）秋八月，抵臺南。未幾，與典錡相逢。次歲，應臺南女子商業學校（今省立家齊女中前身）林章達教受聘往任教，旋兼教務主任職。時，臺南行政長官公署派任市長卓高煊氏，力護歷史古蹟，延攬熟稔文獻之士，設「臺灣史料編輯委員會」，先生亦獲聘為委員。三十九年（一九五〇年）十二月，葉廷珪膺選民選市長，次年二月二日，到任。未幾，「臺灣史料編輯委員會」奉命改組，易名「臺南市文獻委員會」，春四月，正式成立。市長任主任委員，謝新周氏以教育科長兼副職。延請先生與林勇、林朝均、許子文、石暘睢、林咏榮、許丙丁、高祥瑞、高崇煦、莊松林、江家錦、連景初、賴建銘、黃天横為委員。以謝碧連任總務組長，韓石麟任整理組長，林咏榮任編纂組長，丘同德任總幹事。十月《臺南文化》創刊號問世，先生撰佈〈寧靖王〉，初露其治史功力。

五、主編《臺南文化》

民國四十二年（一九五三年）六月一日，先生受聘以臺南市文獻委員專任編纂組長，掌《臺南文化》編務，兼主修《臺南市志稿》，與石暘睢、莊松林、林咏榮、連景初五委員，獲公推，任「志目研擬小組」成員，由先生負責起草。時，文獻會址設赤嵌樓上文昌閣內，先生竟日從公其間，愈益奮力讀書、寫卡、踏察史蹟、拓搨碑銘、尋訪古文書、校注勘補舊籍與撰述，了無閑暇。嘗自戲以「赤嵌樓主」為筆名。先生撰文筆名甚多，有「衡五」（以字行）、「惠兒」、「陳慧兒」、「南史」、「啼魂」、「啼痕」、「憨園」等，其主編《臺南文化》期間，該刊中，署「本會」諸名義所載佈文章，率多出乎先生手筆。「惠兒」、「陳惠兒」署稱，當係先生棲遲海嶠，思家難歸，懷想慈母，題茲名以紀念也。先生治明季史事，哀其宗社丘墟，匡復大業之望，突成灰滅，亦感悲同況於溫睿臨、凌雪一流，其借名「南史」（溫作《南疆佚史》）、「啼痕」（凌撰《南天痕》）、「啼魂」者，蓋隱寓深憾焉。先生發表於《臺南文化》之各類文章，篇目之數，凡百數十有餘，咸多創發，特於明季海疆、鄭氏三王及清轄臺灣之史事研究論述精湛，成果豐碩，見推盟座。

六、海外訪客

民國六十年（一九七一年）夏，日本漢學家森克己（為日本皇太子傅，今平成天皇之師，現已故）、酒井忠夫教授率團訪，抵臺南之際，曾抽暇造訪先生宅第。筆者於民國七十五年（一九八六年）七月間，在日本東京大學東洋文化研究所進修時，嘗趨練馬區櫻台酒井忠夫教授研究室拜晤酒井前輩，彼此以若能與黃典權先生合作，做臺灣地區社會變遷史研究，為今後最大期望。直至七十九年（一九九〇年）十一月，經筆者與酒井忠夫教授及當時成大歷史系主任梁華璜教授、黃典權教授、高雄師大王賢德、張守真教授聯繫商議多次後，訂下「臺灣南部寺廟調查暨研究計劃書」，由中、日雙方學者多位參與工作。酒井教授亦親自蒞臨臺南，與先生及筆者前往臺南縣市實地勘察。酒井忠夫教授與石井昌子教授偕夫婿石井雅先生，在筆者同事陳信雄副教授、研究生井手勇、王賢德教授陪同下轉往高雄、澎湖續作調查。日方學者野口鐵郎教授、今枝二郎教授、山田利明教授、田仲一成教授、丸山宏、石田憲司講師諸人亦陸續抵臺展開工作。其研究成果，結集於《臺灣的宗教和中國文化》（《臺灣の宗教と中國文化》，東京，風響社，一九九二年六月發行）一書中；是年同月，風響社出版之酒井忠夫，今井宇三郎，吉元昭治共同編集《中國の靈籤、藥籤集成》書內，亦刊出了部分此次調查所得。我方學者，因平日授課時數甚多，兼以先生突然辭世，田野調查與文獻紀錄相互印證，甚屬不易，先生化寂，遽失諮議請教對象，故完稿繳卷者尚少，思前瞻後，悲愴而茫然，尋忖唯賴我輩力克萬艱，以冀早日竣工。

民國七十三年（一九八四年）九月下旬，馳名全球之英國劍橋大學教授李約瑟（Joseph Needham）暨其助理劍橋大學羅賓遜學院院士魯桂珍博士，應陳立夫先生之邀訪華。是時，李氏及其研究群所編之英文巨著《中國之科學與文明》（*Science and Civilization in China*）所完成之部分卷帙中，漢文版翻譯工作，由陳立夫氏邀集多位學者參與，亦出版數冊。李氏知名度極高，其來臺訪問，引起國內「科學史」

討論與研究熱潮。二十八日，李氏與魯桂珍女士抵臺南，住赤嵌大飯店。國立編譯館館長，亦陪同前來。以蘇南成市長電話中諮商於先生，於先生自身而外，舉薦一人，隨伴李、魯當日行程，並備可能質詢之有關問題應答，先生力薦筆者為合適人選。蘇市長納其建言，先生即撥電話囑咐預備，並詳告行程時刻。我以李氏學識廣博且深淵，恐難勝任，亟言推辭，先生不允，告我云，此次李氏蒞臺南，欲訪道士陳榮盛，道教於吾國科學思想、醫藥養生、化學、煉丹術影響關係甚密，李氏久有深刻研究，君治道教多年，設彼發問涉此領域，若不肯伴行，恐無對話答詢者，遂不便拒絕。尋思筆者為大學生時，世界級史學大師湯恩比教授來校訪問，即於我習西洋近代史課堂中，演說逾一小時。其英國紳士之古典英語及所言內容頗覺深奧，雖有郭榮趙師之口譯華文（郭師湘音亦重），似懂實不懂處居多，但因如此近距面對史學巨擘，其音容顏貌，神采風度與演說手式身姿、聲腔抑揚隨心，收覽清晰，感動不已，至今難忘。其領悟所言之內容甚多，雖少，但亦印象深刻，覺受用無窮。反較讀其大作《歷史研究》，獲益尤多。轉念及此，心緒丕變愉悅輕鬆。是日，午後二時三十分過後，先生、筆者、市府接待人員在飯店一樓大廳候李、魯下樓相晤。稍頃，李、魯二人至，笑容親切，情摯語誠，交談片刻後，搭乘市府所備九座廂型車，赴新興路陳榮盛寓所。陳道長夫婦，筆者舊識，既抵其宅，見客廳茶几已備妥水菓、點心招待。稍後，鄭添池、張丁誥，郭瑞雲三人亦至，彼等代表「臺南市道教會」贈送李氏之圖書館新文豐影刊《道藏》壹部，莊正開所書墨跡直軸裱卷壹幅，上題「道」僅一大字、下行書，乃釋「道」義之文若干行。李氏興趣濃厚，逐字問其音讀義訓，以記事本詳錄所聞。離陳宅後，車駛往延平郡王祠，既達，李氏精神大振，自前庭入大門，即發問不止。先生一一為詳答，李氏均疾書紀錄。「子入太廟，每事問。」類此求真精神，中西偉人均同。佇留延平郡王祠，為時逾一點鐘。李氏細覽端詳，所發問題皆極深入，自鄭王髫髭詢及選像依據、鄭母田川氏日本族裔有無後人來臺憑弔者、建築規式、重葺之變革、薦饗禮樂祭器之製作、陪祀從享位序之定例，均曾詳詢所由，李氏之淵博及行前準備周密，令人敬服。先生釋疑明確，李氏至表滿意，稱謝不已。嗣往赤嵌樓參觀，時正酷熱炎候，且未備飲料解渴，汗下如雨，疲倦乏力，魯桂珍女士與筆者乃在樓下石凳坐憩，懶未登樓。先生偕李氏奮勇直上，筆者見李氏佝背耋齡，猶不避苦畏勞，感愧不已。等候間，與魯女士交談，望夕照漸昏，始見二人步階石而下，面容愉悅笑語時聞，知賓主盡歡。相約各自返面休息一小時後，共赴五福樓餐廳以應蘇南成市長款宴。蘇市長預知李、魯二人好江浙菜色風味，早囑餐廳主人袁守衷先生安排佳餚多道，且贈每人孔子塑像壹尊。開筵席間，李魯二人再三稱謝，品嚐美食讚不絕口。次日，李、魯至成大訪問，以疲累至甚，故未再相值奉陪。

先生以所攻專業精博，馳聲域外，異邦漢學名家前來相訪求教育，亦屢有其人，英國籍曾任劍橋及牛津大學圖書館長龍彼得教授（Prof. Piet Van der Loon）、道教專家施博爾等即曾數次造訪請教。

七、治學業績

先生主編《臺南文化》自二卷一期，至九卷三期止，歷時十有九載，殫盡心力苦營擘劃，致其學價值彌足珍貴，而內容雋永，自不待言，至若搜殘存佚庋文獻古物，是功厥偉，後之來者，宜乎恒念其勞績。臺南市歷史文物館、成功大學歷史文物館端賴先生籌計、鳩集、始成格局，先生向不自矜其功，然貢獻永難泯滅。

先生身前膺臺南市文廟、臺南縣文獻委員會及《臺灣風物》編輯委員、創刊成大歷史系《史蹟勘考》主導臺灣史研究與夫栽植後進不遺餘力，今此一領域之探索、漸成「顯學」：闢展多條新研究法途徑，寓國人自我獨立之史觀，溶鑄民族大義與精神，遠颺日據時期學者為「御用」、「統治」目的服務之風習，先生撰作論述間，不倡教條、呼口號，於建立國人獨特人文精神，沙汰傳統文化，去其蕪存其菁，不泥於古，不與時浮沉揚抑，風骨凜然，環顧當世士林，幾人能夠？

編輯、供給《臺南文化》稿件之暇，先生亦投稿於《臺灣風物》、《南瀛文獻》、《臺北文獻》、《臺灣省文獻》、《高雄市文獻》、《臺北文物》、《孔孟月刊》、《大義雜誌》、《暢流》、《藝文誌》、《中央日報》、《中華日報》諸期刊報章載佈，著述之勤、考論觸及面之深廣，其博雅淹通，概足以見。是時也，先生論著，其闡陳學風與釋奠儀節者，有〈明代臺灣之儒風及影響〉、〈臺南孔廟與孔廟之學〉（二文刊於《孔孟月刊》）、〈臺灣文廟沿革〉、〈文廟釋奠儀節〉、〈臺灣孔廟釋儀注考〉（三文皆《臺南文化》載佈）諸篇。涉於祭祀及民俗、宗教者，有〈關公赤兔馬與武廟祭典〉、〈清明掃墓祝文〉、〈香花燈火積功獲福文〉、〈沿江祭神祝語殘件〉、〈竈君寶誕記事文〉、〈林厝荷蘭神主〉、〈海靈佳城〉、〈臺灣古佛考〉等文。稍遲，有〈學甲史蹟民俗勘考略記〉、〈新見臺灣最古老的神主〉、〈香火承傳考索〉之作。先生精擅故典，會通三體，嘗為延平郡王祠、武廟、鹿耳門聖母廟修撰儀注並贊頌樂章。累年府城每臨文、武廟釋奠及薦享鄭王，皆由先生任祝文官，耆老長沙寓賢朱公玖瑩司糾儀職。先生發朗聲，音誦祝文，亢拔低昂盤旋婉轉，與祭莫不肅穆虔敬。民國五十九年，蔣慰堂氏教育部文化局「祭孔工作小組」，聘先生為顧問。交通部觀光事業委員會奉蔣公介石命，規劃臺南安平名勝古蹟，蔣慰堂氏掌「工作規劃小組」，邀先生任委員。

先生治史究文，裁成眾篇。論曆法，而有〈南明大統曆考證稿〉等作。蒐殘存佚，校輯舊籍史料，或作序跋記注，而有〈郭藻臣先生之詩詞〉、〈聲花集跋〉、〈鄉試助賑題名全錄啟〉、〈臺灣外記辨——新刊臺灣外記序〉、〈臺灣外記校勘記〉、〈巡臺退思錄校〉、〈王得祿行述校〉、〈海上見聞錄校〉、〈延平王戶官楊英從征實錄校〉、〈石蘭山館遺稿存真〉、〈臺灣史料《石蘭山館遺稿》（施進士瓊芳稿）校〉、〈安平縣雜記校訂〉、〈清臺南知府羅公大佑史料校〉、〈蘇龕泉廈日記的史料價值〉、〈雅言校訂〉、〈四白山人遺稿序〉、〈斐亭詩鐘原件的學術價值〉、〈南明史料讀記〉、〈鄭氏史料初編讀後記〉、〈鄭氏史料續編校讀記〉、〈臺南佑府羅公大佑史料新介〉之作。

先生不避寒暑，踏查古蹟，拓錄金石碑銘，彙集點校編印成冊，公諸於世，學者稱便焉。其最馳名者，蓋推《臺灣南部碑文集成》。是帙也，凡六冊，臺灣銀行經濟研究室「臺灣文獻叢刊」所蒐。次為《臺南市碑林圖志》，臺南市政府與成功大學歷史系合作編印，訂補前書若干條。另有零星著錄者，若〈（臺南市）歷史館藏墓誌全文〉、〈歷史館碑錄〉、〈洋商界址石〉、〈宋氏墓碑〉、〈輔佐魏公墓道碑〉、〈寅舍橋碑記〉、〈臺灣御碑考〉一類是也。先生研史甚重史籍與實物互證，甄別真偽，考析論證，每多發明。所撰〈記〈皇明石井鄭氏祖墳墓誌銘〉兼校舊見鄭氏墓銘並論鄭延平先世及清人發塚事件〉、〈皇明監國王壙誌研究〉、〈國立歷史博物館藏蔣鳳墓誌銘研究〉、〈從墓碑研究李茂春之死〉、〈臺灣金文石文之研究〉、〈安平水師三營軍裝局碑年代考證〉諸篇，功力精湛，足稱良範。至若踏查古蹟塚墓，考述尤多，篇題名稱蓋見拙編先生著作目錄待定稿。先生發現文物，未嘗據以為私，必視價值而備函分別諮請庋藏。鄉土文物之屬，輒繳陳臺南市歷史館。國史有關者，悉移送國立歷史博物館列藏。又洎乎任教成功大學以來，捃摭古文物，悉贈歷史系文物館珍存。先生大公至正純誠高品，於斯足為學者景式。民國四十五、六年間，國立歷史博物館首任館長包遵彭氏，特重先生才德，禮聘先生為研究委員，嗣後蒞職者，王宇清、何浩天諸氏皆如故。

先生治史於方法講究與夫政制遞嬗、地理沿革、經濟、財政、貨幣、器物、軍事、武備、譜系、人物、屯墾、古蹟，靡不留意。其以語言學及語辭解析考史，甚有豐穫。所撰〈復臺名將 Bepontok 中文原名考〉、〈東寧宰輔 punhee 中文原名考〉、〈古鹿耳門港與海堡 Zeeburgh〉、〈「藩前」一語所表徵的明鄭政風〉、〈西子灣溯源〉、〈河洛話的文化價值〉諸篇，屬之。考政制與地理沿革，如〈臺南市區古屬天興州考論稿〉、〈鹿耳門古港道里方位考〉及〈新考〉、〈補考〉、〈綜考〉、〈承天府、天興州考證〉、〈古臺灣府治地理演變叢考〉、〈古灣府海桑城坊考〉等篇，屬之。論經濟、貨幣、財政、物價者，有〈記所見官銀票四十二張〉、〈清代臺郡銀幣四種說明並小記〉、〈歷史館藏文物貨幣類說明〉、〈清代臺灣地區貨幣制度及研究〉、〈清代臺灣地方物價之研究〉、〈古帳研究一例〉等作。究軍事、武備者，〈歷史館藏文物兵器類說明〉、〈臺灣軍工道廠與府廠〉、〈臺灣海峽沈船事件之記錄——臺灣軍工道廠與府廠附篇〉、〈林爽文事件與臺灣馬兵〉、〈林爽文事變中的四川屯番〉、〈清代武備制度之研究〉、〈鄭成功復臺大軍始登史事考索〉、〈鄭成功轄屬北將北兵考〉，蓋是也。或析變亂，或論海氛，求其因果而有〈鄭成功擒治施琅事件種因考〉、〈蔡牽朱濆海盜之研究〉、〈林爽文之變中的義民首證〉、〈清初臺灣的古錢事件〉、〈黃教之亂與臺南縣〉、〈郭懷一事件〉群篇之述作。

導演歷史劇演出者，厥為各類人物角色。先生於明清間人物事跡之探究，最為著意寓心，成就幾無倫比者。畢生讀書札記卡片，以「四角號碼」統記歸分。明鄭時代人物相關者，其數即近臺萬肆仟餘片。所撰考史事人物，著述繁富。以明季海疆史事人物與鄭延平為發軔，漸檢括包囊乙未割臺前後相關人物。舉凡忠義（寧靖王及從死五妃等）、貞節（阮季友夫人）、寓賢（沈光文、李茂春）、名宦（劉良璧、蔣毓英、蔣允焄、羅大佑等）、良將（甘輝、洪旭、楊英、馬信一流）、海寇（顏思齊、蔡牽、朱濆）、亂首（林爽文、黃教）、文學、儒林、科舉等人物史事，多有證論。於天潢貴胄皇明監國魯王、寧靖王、延平郡王鄭成功及其藩轄人物陳永華、甘輝史事長篇鴻著，最馳名於世。民國六十八年，先生纂修《臺南市志》，所撰人物表傳諸篇自必傳垂後世。嘗應鄭彥棻、鄭為元及陳氏之族乞請，為修其氏譜。其究族牒譜系之作〈海澄大觀葉氏族譜研究〉、〈海澄大觀葉氏族氏譜研究補記〉、〈族譜研究編號之擬議〉、〈霞寮陳氏家譜研究〉、〈鄭成功復臺前臺灣開發史事新材——東勢村方氏祖先源流之勘考〉、〈石井鄭氏本宗族譜考索〉等，並行於代。

民國四十八年十月二十九日，魯王塚出土於金門，〈壙志〉面世，足發舊史之覆，學界震驚，喧騰一時。胡適之先生撰就跋文，表佈於《中華日報》。各報刊亦競相報導，學者撰文造論尤多。先生特招集南市文獻委員舉行座談會，並進行研究，於胡適之所撰跋文，提出意見商榷。胡適致先生（是年十一月二十日）函略謂：「南史先生：承寄示大作，多謝多謝，今奉繳。……明史魯王傳末及諸王世表下，均已說『沉之海中』了。此說之不確，則誠如尊說，有〈壙志〉可信。我說寧王術桂與術雅是一人，是錯的。……封於萬曆三十四年者是術雅，術桂是魯王監國時封的長陽王，隆武改封的寧靖王。術桂生於萬曆四十六年（一六一八），死於永曆三十七年（一六八三）即康熙廿二年。承先生指示我的錯誤，十分感謝。弟胡適敬上，四八、十一、廿」（胡頌平《胡適之先生年譜長編初稿》，第八冊，頁三〇六一，聯經出版。頌平先生於此函，誤題「又復何南史一信」。先生與胡適之曾會晤。）是年十二月三十一日，胡適致陳漢光函有云：「漢光先生：收到《臺灣風物》第二十卷第一期。看了《明監國魯王文獻彙輯（一）》，很感興趣。倘蒙賜寄此期兩三本，至感。此輯由黃典權先生考證『以是月廿二日辛酉』為十二月廿二日，甚確。……」（前書，同冊，頁三一三六）先生治學嚴謹可見。於〈魯王壙誌〉先生考論撰文多篇，並為校勘記。四十九年元月，竟成〈皇明監國魯王壙志研究〉稿，為此學術討論書以優美之句點。魯王壙志出土，延平郡王沈冤得雪。先生大抒積鬱，躬作〈祭皇明監國魯王文〉、〈為舊史冤雪祭告延平王文〉貳篇，以昭鑒天地鄭成功忠貞無瑕云。

鄭成功復臺始登時地問題，亦引發紛爭。自四十五年八月訖於七十五年二月，辯論未休者，垂二十載。其事始末，概見陳登風〈鹿耳門媽祖廟紛爭的沿革〉（《臺灣風物》，四十卷一期）所記。先生撰文多篇，旁徵博引，純就史實析論精闢入微，而對造理據殫盡，唯嘵嘵作窮辭之辯而已。先生於民國七十五年八月卅一日重訂完稿之《鹿耳門古港道里綜考》，概為壓場勝卷之作。

八、教師生涯

謝新周氏調掌臺南市立中學（今大成國中）校務，亟圖革除積弊，企望先生往助甚殷。先生時居文獻委員兼編纂組長，研籍考史為平生向願所衷，捨此蓋違素志；不就，則難酬知遇厚情。教務主任、編纂組長咸屬專職，依法不得兼任充當。謝氏躬訪市長乞請，獲許以專案呈請上憲，允借調。先生履職兩年，肅然絕弊，教務日蒸形上，主辦臺南市初中聯招事宜圓滿，普受佩譽。先生以一切咸已有序，後繼者得藉參循，遂乞歸建原職。

民國四十四年（一九五五年）夏六月，先生與洪玲花女史締婚，情款深篤，共相扶持，先生得以專注研究，著述不輟。此至晚歲病瘳中，悉賴夫人顧護周理焉。五十四年（一九六五年）十一月，先生受聘，任臺南私立崑山工業專科學校講師，兼校長室秘書。晉陞副教授，仍兼秘書職。膺臺南市文獻委員與編纂組長如故。六十年（一九七一年）春，蒞成大歷史系學術演講。是時，系主任吳緝華先生頗有意延聘先生任教，唯以師資員額無缺空，卒未果。六十二年（一九七三年）春，陳捷先教授來主系務，延禮先生兼課，授「臺灣省志」一科。先生主籌編印《史蹟勘考》，是年七月，首號出刊，昨歲四月，成大歷史系雖已有「史蹟勘考小組」之設立，工作未能推展。自陳氏蒞系後，贊助先生主持勘考，率師生踏查捃摭古蹟文物，收穫漸豐。乃緣先生之故，歷史系得與國立歷史博物館、省立臺南社會教育館、臺南市政府締造建教合作之約。未幾，以陳氏與先生推展，系復得哈佛燕京學社獎助同仁專題研究及進修計畫之執行。國內學術機構於時獲哈佛大學燕京學社贊持者，僅中央研究院、臺灣大學與成大歷史系少數單位而已。自是，系譽漸著。先生與陳公所營，實奠立其基石者也。六十四年（一九七五年）八月，陳捷先氏移除礙難，延請先生為專任副教授。次歲十一月十一日，歷史系「文物館」正式宣告成立並展覽藏品。

先生蒐錄臺灣南部古碑舊碣，後為臺灣銀行經濟研究室編印「臺灣文獻叢刊」蒐納。其時，以南門碑林為雜戶違建物所掩，未能捃錄。六十四年（一九七五年）春，先生復與臺南社教館書道弘館長商訂拓製計劃，選何培夫、李永麟、黃啟迪、顏文魁、吳書樂、楊師宏六生，予以訓練指導。隨即揭刊，歷時二月，竣事。拓圖於六十五年（一九七六年）十二月二十三日，假社教館展出五日，先生錄其文，躬自點校，並考闕疑諸字。六十八年（一九七九年）十月，臺南市政府發帑印行，學者可資取材，裨益甚多。

六十四年（一九七五年），哈佛燕京社資助下，先生率歷史系師生一行十餘人，赴澎湖暨拓碑。夏六月五日，啟程，乘搭飛機。同行者，吳振芝、李冕世教授、梁華璜夫婦、筆者夫婦、蘇梅芳助教、何培夫、宋廣軍、翁仁德、李永麟、陳喆五名學生及中央日報記者劉小姐隨往。拓碑文多通，七日返。集結群力，冀齊獻心智，遽揚系聲，先生掬誠悉意推行。又鼎助陳捷先、梁華璜兩教授主掌系務期間，籌辦「臺灣史研究學術會議」。以先生於茲領域居泰山北斗高望，是故耆老碩學一時畢集。緣先生指引匡正，同仁合力完成《臺南市古蹟名勝考證資料專輯》，學生研究成果亦有《臺灣歷史風物叢考輯錄》（《臺南文化》第三期），二者皆由臺南市政府出資刊行。

先生涖系專任後，擔任「明史」課程，並授外系數班「中國通史」，其「臺灣省志」講授，亦歷時十餘載。冀培育諸生之歷史知識，與夫滋長其固有文化之深情，先生特排定時程，妥為預備，親領指導查勘古蹟，詳為解說。行跡所至，或在市區近郊；例假日，輒應諸生祈請，至外縣市踏查文物風俗。北及彰化，南達高屏，城邑里巷、鄉村聚落，足蹤幾遍。旅膳需費，先生出私囊以供，或有勸以請申公帑資助者，先生辭曰：「吾平生別無嗜好，譬賭博耗財以盡尤速矣。攜門徒考察古蹟，添其新知，聞其歡愉，言笑洋溢，亦至樂也。倘得公帑一錢，必有誣辭至焉。余雖非富裕，尚能承擔此費用，君莫憂慮也。」畢生以私輸公，耿介自潔，竟至於此。而「優良教師」譽獎則向未臨身，公道寧論耶？先生之逝也，老門生聞訊，多有悽泣流涕者。

先生蒞系之初，年未逾五十，厥名已揚譽史林。履任以來，歸功於人而苦勞惟己，無忮無求，古君子之風，余幸得見焉。呂實強教授云：「我與黃先生認識多年，雖然做學問的領域稍微不同，但我深覺黃先生古道熱腸，為一十分值得敬重的人。……」（民國七十七年八月二十七日，中央研究院近代史研究所「近代中國初期歷史研討會」，呂氏評論先生〈近代中國歷史初期臺灣史料考索〉一文之發言，見該所編印之論文集，下冊，頁一〇一三），發語公允，出乎衷腑。先生與朋友交，忠信誠摯，肝膽照人。每仗義執言，視惡如讎，僉壬亦忌之如芒刺在背。守正不阿之士，愈益敬重先生。比年世風日下，學園不靖，社會正義淪喪，世人貪求權位，鄉愿自安者，亦比比皆是，先生踽行落寞。伺機謀取學官之位者，以先生為假想敵；學院山頭主義者，結植黨羽勢力，畏先生剛正不阿，均傾心詆譭孤立先生，藉得逞意。敬愛先生者，亦無不挺身以護之，方豪、許丙丁、賴建銘諸氏身前，屢斥傾陷先生之奸邪一流，未假辭色。洎乎暮年，先生故交歸泉下，為撰詩文悼憶逝亡，如〈敬悼賴委員建銘先生〉中，有云：「臺南出了一位到處造謠的文獻騙子，不知怎地老給我製造新聞。賴先生每為我辯誣，得罪人而不卹。這類事情我往往不易接觸，事實被裁臟隔了年月還未曉悉。偶然從朋友口中聽到賴先生為我出氣而受氣，不禁深受感動；但賴先生很少提起。從此可知他為人隨和的風格中，更存著一股凜然的正氣，使宵小偷兒鼠竄卻步。」可資驗證。

先生固為朝士鄉老所重，主司中央、省、縣、市文化徵獻官員多備委員、顧問清望之位，冀得教言焉。是以頻年膺「臺南市文廟管理委員」、「臺南縣文獻委員」、「臺灣史蹟源流會指導委員」、「內政部古蹟評定委員」、「文化建設委員會古蹟管理維護及考評工作小組顧問」。任《臺南志稿》及《市志》主、纂修，《屏東縣志》總纂。臺大、文化大學聘為史研所研究生學位口試委員，海內外邀約演講及發表論文函箋紛至。先生真樸，榮辱未嘗稍繫於私慮，晚歲授講「河洛話研究」、「南明史研究」二課程於成大史研所。主張歷史文化之研究應重視其總體發展。治國史者宜上蹤史前商周秦漢，泝流唐宋，下及明季清世，歸結近代而遠矚往後。屢言臺灣地位之重要性，一如往史之江南、川中，皆國人未來希望托寄，歷史新頁序章，誠待今人作書。剴切陳辭，殷冀後生。著書講學，恒揚大義挹清芬，闢斥邪說橫議，故不為躋身上庠及文獻界中異議份子及宵小輩所見容。

七十一年（一九八二年）春三月某日清晨，先生出席校中升旗朝會後，於返家途中，為一無駕照青年，飛駛機車自身後撞及。傷勢甚嚴重，送往省立臺南醫院治療。數日後，以顱內血滲，幾瀕危殆。幸以潘榮貴主治大夫急救得宜，情況轉趨安穩。住醫院達一月，返家靜養。先生舊有尿糖之疾，歷此危難，服藥數載，肝、腎內臟已暗自遭損，潛漸之積而不易覺知也。先生以性命苟全，愈益珍惜光陰，讀書著述倍勤於往日，竟常通宵不寐，至於凌晨方作小休。自後刊布文章，除拙編先生〈著作目錄初稿〉中臚列者，猶有〈顏思齊疑案〉（《臺灣風物》所載）一文，又應內政部函約，作古蹟說明數十篇，稿竟付郵，時民國七十五二月二十一日也。其篇目余未遑錄之（又，先生於民國六十八年為臺南平安史壁公園撰文數十篇，勒在壁牆懸碑，其為祠廟與舊跡作碑記，所在多有，短時未能著錄）。

七十二年（一九八三年），金門發現古塚。疑係明監國魯王埋骨處，未能決掘。金門戰地政務委員會乞行政院文化建設委員會協助，文建會諮請先生與師大王啟宗教授往勘。十一月三日晨六時，先生至松山機場，搭乘軍機。抵金門，民政科長翁志勵迓迎。並晤縣長張人俊，隨即與「金門各界掘考明監國魯王疑塚公祭典禮」儀式。禮畢，破土發墓。次日，挖掘工作進行至十一時二十五分，告終。得元豐通寶三枚、銀鐲一對、銀質珠結頂架、覆奶瓷碗二件（已碎）、字向壙磚、壙底古磚等物。次歲五月，先生與王啟宗共同署名，發表〈金門明監國魯王疑墓研考記——金門新見墓研究〉一文，此研究報告，先生親撰，斷定墓主為北宋元豐命婦，可能係顏若佐（曾任柳州同知，有治聲）家門女眷，非明監國魯王也。

七十四年（一九八五年），先生蒞席政大與臺灣史蹟中心合辦之「臺灣史研究暨史料發掘研討會」，發表〈掩映在臺灣社會中的國史遺徵〉一文。先生主編之《史蹟勘考》，以健康漸損，刊至第八期（七十一年六月）止，自卸其重任。唯仍撰述不輟，陸續發表於《大義雜誌》（臺南市社教館編印）、《成大歷史學報》、《臺南文化》、《臺灣文獻》中。每蒞學術會議必有論文發表，若七十七年（一九八八年），出席「近代中國初期歷史研討會」、「澎湖開拓史學術研討會」，七十八年（一九八九年），往與「第五屆亞洲族譜學術研討會」、「亞太地區地方歷史國際會議」，宏論卓識，眾所翕服。其體力遽衰，雖在病中，猶勉力讀書著述不輟，終為學術教育而殞身，令人悲惋不已。

九、心性為人

先生為人謙謹，極重感情，於後輩愛護期許有加。筆者每聞其言及身故長者，若葉書田、趙阿南一輩，輒肅容思慕間，雙目濕潤，淚光瑩然。後生治學勤奮，刊布佳作，公有所覽必喜，逢人即稱譽讚揚不止。筆者雖非研究明清史與臺灣問題，但於鄭喜夫、許雪姬、楊仁江、黃秀政等，此一領域之後勁大名如雷灌耳，即早從先生口語得知。譬若，先生嘗屢言及鄭喜夫氏之〈清代臺灣文職表〉與〈武職表〉中，所臚列人物職名，幾可謂「鉅細靡遺」，學術貢獻甚大，治史沈潛細心，乃臺灣史學者青壯年齡層群夥之篤實楷模，前途不可限量云。先生背地口角春風稱譽後進，推薦參與學術及文獻工作，往往當事人罕有覺察者。為善不欲人知，上品高士也。先生性耿介，心慮澄然秀莪，直如春草秋波無不可愛。「溫柔敦厚，詩教也」，固係先生秉性慈仁之一面；唯其嫉惡如讎，於偽善劣行之士，即毫不假辭色，立斥其非，向對陰狠弄勢者，抵拒周旋從未懼畏。

先生自律嚴謹，器識閎遠。治學臨事，勤莊奮勵。與人交，誠摯藹如。性好抱不平，主持公義，如系中某同仁，以副教授兼代「系主任」遭人嫌隙，竟招致多數共事者圍剿，不僅升等受挫，職位幾乎難保。先生挺身而出，且邀筆者傾力周護，終化解其困阨，但實亦受累不少。民國七十年（一九八一年）

春，系中忽有「教授缺額」，先生與同事某，均以無空員，久不得遷。先生雖年齡為長，研究成果豐碩優異，反禮讓不爭，先期告知此公，令其安心紓慮，此公坦穩獲陞。先生亦因之蹭蹬八年，方陞正教授。其犧牲自我，成全他人，「施恩不圖報，受恩慎毋忘」，古賢明訓，先生踐行，無論慮乎事後是否反致恩將讎報，先生均泰然處之，誠今世罕有事例。

七十八年（一九八九年）四月五日，先生赴香港，出席香港大學亞洲研究中心主辦之「亞太地區地方歷史國際會議」。先是，港大中文系召開之「章太炎、黃侃學術研討會」，邀典誠教授自廈門蒞會。昆仲睽違四十年，初次重逢，復能見二姪與外姪孫輩，先生歡愉喜慰不已。先生發表〈臺灣地區明清兩代現存古碑之整理及其研史功能〉一文於會中，又膺黃秀政教授宣讀論著〈清代治臺之再檢討〉後講評。駐留香港一週，與會赴宴之餘，又訪港、澳古跡名勝，謁鄭德坤教授於其寓居。鄭氏為先生令兄典誠之業師，年邁體衰，已絕辭訪客。聞先生造謁，特破例接見，相語親藹。得晤鄭公，先生稍解渴思素懷。開會期間，且與宋旭軒、陳捷先、陳三井、林天蔚諸好友相值，先生甚感欣悅，賦詩多首以記情興。又舉獻《臺南市南門碑林圖志》一冊，贈港大王賡武校長轉該校圖書館庋藏。

自香港返鄉，先生愈益忙碌，患感冒竟多日不癒。四月二十九日，國祭鄭延平，許部長水德主祭。先生受委誦祭文，自覺病後氣促，聲韻朗然不若往昔。是日，先生有詩云：「國祭鄭王聖蓋雲，每年讀祝嚼華文；今朝病後申聲韻，大遜從前聳遠聞。」是月杪，始作〈鄭成功復臺大軍始登史事考索〉一文，五月二日即成，凡五萬餘言。先生往讀《通鑑》一過，自以粗覽，未能細讀，乃發願重新啟卷，逮是九月二十九日，子夜二時讀畢，賦詩四首，其一云：「通鑑讀完愧感生，觀書早歲未深情！今天覽盡名山著，篤志虛心繼進程。」其後，復三讀《通鑑》亦終卷。先生自七十五年（一九八六年）七月三十日，迄於遷化前於三、四日，每日賦詩，竟未間斷。聲發歌詠，不惟紀哀樂之心感而已。近六歲其間，或在成大上課，或導諸生悼古，或參內政部、文建會之史蹟勘實工作及會議，或與祭典，或讀史集經子，必有題詠。故先生詩作，實兼「日記」及讀書心得札叢性質，得資考獻也。

十、人間愛晚晴

晚歲瀏覽愈廣博，尤安慮多得，研《易》，諷《詩》，究《道德》、《南華經》。於史，則復細閱班《書》、歐陽公《五代史》、脫脫《宋史》、畢秋帆《續通鑑》。為撰〈唐漳州金花郡主靈塔史事考索〉一文，竟讀兩唐書一過，毅力之堅令人驚嘆。尤可佩者，竟細讀丁福保《說文解字詁林補遺》，不覺困倦。又嗜唱詞，以之麗藻奇句亦登記於卡片；讀晚唐五代詞、蘇詞、歐陽永叔《六一詞》、李易安《漱玉詞》。多有詩詠題作，以記心感。七十八年（一九八九年）十月二十三、四日，先生讀清蔣毓英（臺灣府之首任知府）《臺灣府志》，賦七絕二十六首，並撰跋記，彙之曰〈蔣志考索〉，於次月十七、八日「臺灣史研究暨古蹟維護研討會」中發表（蒐入《會議論文集》，頁四四九至四五五中。另《臺南文化》新廿九期，七十九年出版。有先生〈臺南己巳、庚午文教風義即與錄〉詩集，內亦蒐此二十六首）。先生蒞會，與諸多同道好友相晤，心情愉悅。時已病重，形容甚憔悴。以成大歷史系主辦是項會議，故抱瘳全程參與，實其體衰力羸，已不勝衣。先生以學術文化薪火相繼，茲事體大，畢生未曾稍懈於片刻。

十餘年來，每寒暑假為臺南市團委員會「府城民俗采風活動隊」授課與查訪解說古蹟。七十七年夏，筆者應高雄市道德院委請籌立「修真道學院」，延聘通人為道教界與社會之士講授道教有關知識，先生不辭勞苦奔波，蒞講十回「道德經古韻」。聆聽者每近貳百名之眾。課後亦多有造訪先生寓宅求教者，咸款款接待為詳釋不倦。

七十九年（一九九〇年）六月伊始，漢聲電臺邀講民俗源流及史蹟，每月一回，題材擇十二子目，約定一年。十六日，起為首講。廿八日，參全省文獻工作研究討會，應邀作專題報告。七月五日，應臺中省文獻委員會之邀，赴臺中，講〈河洛話之文化價值〉（十二月三十一日，《臺灣文獻》四十一卷三、四期，刊其全文焉）。八月十八日，先生往高雄，出席文化預備會議。卅日，驚聞錢賓錢四先生作古，深感悲悼，賦七絕一首輓之。訖九月十一日止，凡作十七首悼憶賓四先生。十四日，國際道學研討會出席者，參觀鹿耳門史蹟，舉行座談會，先生主持，雖在病中，猶堅忍不移，一如平素。二十七日，澈夜不眠以待釋奠時屆赴臨。翌晨，有詩云：「子夜飲茶不敢眠，賦詩專待四更天；及時市府專車至，馳赴黌宮執禮虔。」先生畢生莊敬臨事，皆類如此。以是其疾愈劇，西醫診治未收效。先生略諳中醫，漸覺病情嚴重，始依傳統醫學療理。八十年（一九九一年）冬暮，萎倦難支，入省立臺南醫院進住。次歲元月間，期末考甫試畢，待閱卷子，一時集聚，堆積盈尺。先生於病榻間，逐件評竣。二十一日，先生與任育才教授所指導下之碩士班生張士偉午後舉行學位論文口試。先生特向醫院告假，由夫人扶持下，蒞席發言後，返回醫院。張君感師恩厚重，當場淚下潸潸。

先生雅不欲耽誤課程，寒假結束新學期伊始，即赴校授學。上講堂前或課後，先生偶來筆者研究室小憩片刻。余驟覺先生體重遽降，足腫腹脹之情狀異乎尋常，思及俗諺有云：「男怕穿（足腫），女怕戴帽（頭面腫脹）。」蓋出此現象其病難治，余深以隱憂，故坦誠陳勸，數度建議先生宜進醫院，詳作體檢，徹底療治。先生雖感余護愛之忱，惟於其自身了無危慮，以余兩年來體多不適，反勸余勿為其操煩，應躬己妥善調養。

八十一年（一九九二年）六月二十六日，廈門大學楊國禎、陳國強、陳在正、蔣炳釗、陳支平諸教授蒞訪。中研院民族所長莊英章兄致函及電話囑余安排接待，並聯絡先生，盼能晤聚。是夕，先生特強撐病體來系辦公室，與諸學弟相晤，陪同往謁成大校長馬哲儒博士。夜七時，應馬校長款宴。次晨，座談會後，先生以臺灣古地圖數十尺長卷並親題款舉贈廈大，托來訪學弟攜回母校。先生篤愛其母校誠摯之情，溢乎言表。先生其形雖近槁矣，眾學弟爭趨前問安，猶展歡顏悅色，睦穆應辭。惟邀往訪母校，先生初淒然不語。繼促問決期，祇云俟退休後，方作安排。當時先生懷底蘊為何？誠已不可究詰矣。

七月十六日夜，先生寓所，忽咳血，夫人與長公子即僱車送成大附設醫院急診。值高明士、黃俊傑二兄來南，余往晤，俊傑兄是夜轉高雄。余伴明士兄嫂伉儷攬遊臺南夜景，送歸旅寓後，返抵家門，已近淩晨一時矣。方懵睡頃，而電話鈴作響，則聯乙世兄泣訴乃翁病況。四時許，余趕抵病榻前，見情勢甚殆急，乃與蕭庭郎兄（先生么女婿年露君參兄）商議名醫李伯璋兄速來會診。李醫師已來探視，甫返家，聞訊復至。指示值班醫護急求救之方，暫告平穩。晨九時，余赴校為所指導研究生林長春君學位論文口試而忙碌。午後三時，復往醫院探視先生，至昏時，醫師所告病情愈不樂觀，預囑親友準備身後事。先生周人心情沈重然猶冀一線生機。延至十八日，淩晨十二時五分先生終歸道山，春秋祇僅六秩有六。先生德業並尊，未享遐齡，人咸悲憾之。

先生在世時，孝親慈幼，自聞考妣遷逝，哀慟逾恒。每思語及之，莫不泫然涕垂。其曾祖考妣以降冥誕及亡日，咸依時虔祭，雖身疾之重，猶未稍改。先生嗜煙有年，以長女平蘭患感冒，咳嗽且劇，惡聞其味，竟自此戒絕深癮。兄典錡妻眷留大陸，先生婚後，乞請共同生活，以俾侍奉。臨歿前六年，以租賃臺南縣永康鄉新興街土地，構造新屋，先生本擬以新居奉兄安住。復慮其年事已高，獨處郊遠而不便，舊居位市區，乃命獨嗣聯乙君同住以為照應。先生每日或往探視，或以電話敬問起居，其謹愛兄長，四十餘載如一日。先生哲嗣聯乙君居長，國立中興大學地政系畢業，業商，猶未成家。長女平蘭，卒業於崑山專化工科，歸邱江泉君，有二子大瑋、柏豪、一女珮瑩，皆聰慧伶俐。次女平芸，國立藝術專科學校美工科畢業，適童清峰君，童君卒業於藝專廣播電視科，夫婦婚後至美國密蘇里州，童君攻新聞碩士課程，獲學位返國，任《天下雜誌》編輯，為人幹練篤實。參女平蒂，畢業於逢甲大學，歸蕭天露君，舉一女名冠瑜。蕭君年婦偕女，現居美國芝加哥市，蕭氏於芝大修博士。公之子女皆純良有為，未墜家聲，積善致慶，斯之謂也。

（本文原刊《臺南文化》新39期，一九九五年七月）

附錄貳：黃衡五典權教授著作目錄待定稿

丁煌

先生著述夥豐，分載於多種期刊報章，有以「衡五」、「赤嵌樓主」、「南史」、「陳慧兒」、「惠兒」、「啼痕」、「啼魂」、「憨園」諸筆名發表者。先生主編《臺南文化》多年，該刊中以「本會」等名義所載佈諸文章，率多出乎先生手筆。刊稿限期近迫，一時間未遑臚列條析，增補有待來日。又筆者雖係先生身前同系共事，情款忘年，先生顧視余如胞弟，唯余才學疏淺，治史領域相隔較遠，草撰此稿謬失難免，博雅讀者幸賜垂教諒宥。有關先生之著述，茲分單篇論文、文章暨專書，略依完成先後為次，臚目於下：

一、期刊部分：

題名	期刊名稱	卷期	年月
1.明末漳泉之海盜	廈門大學畢業論文		民國36年
2.寧靖王	《臺南文化》	創刊號	民國40年10月

題名	期刊名稱	卷期	年月
3.故儒連雅堂其人其事（本會）	《臺南文化》	創刊號	民國40年10月
4.臺南市古蹟簡介	《臺南文化》	創刊號	民國40年10月
5.宗教與民俗座談會記錄（本會）	《臺南文化》	第2卷第1期	民國41年1月
6.夢蝶園主李茂春	《臺南文化》	第2卷第2期	民國41年4月
7.從鹿耳門春潮說起	《臺南文化》	第2卷第2期	民國41年4月
8.萬福庵遺事——明英義伯阮季友（駿）及其夫人考述	《臺南文化》	第2卷第2期	民國41年4月
9.響應　蔣總統文化改造的號召（本會）	《臺南文化》	第2卷第2期	民國41年4月
10.從整理文化遺產，談「讀經」（本會）	《臺南文化》	第2卷第3期	民國41年9月
11.尊孔與敬師（會聲）	《臺南文化》	第2卷第2期	民國41年4月
12.沈光文（上）	《臺南文化》	第2卷第3期	民國41年9月
13.沈光文（下）	《臺南文化》	第2卷第4期	民國42年1月
14.「維桑與梓，必恭敬止」——胡適之先生臺南訪舊追記（衡五）	《臺南文化》	第2卷第4期	民國42年1月
15.連雅堂祭聞散文石虎文（衡五）	《臺南文化》	第2卷第4期	民國42年1月
16.保存史料（會聲）	《臺南文化》	第2卷第4期	民國42年1月
17.連雅堂閒散石虎墓記（啼痕）	《臺南文化》	第3卷第1期	民國42年6月
18.國史與鄉土的關係（惠兒）	《臺南文化》	第3卷第1期	民國42年6月
19.見所見官銀票四十二張（衡五）	《臺南文化》	第3卷第1期	民國42年6月

題名	期刊名稱	卷期	年月
20.劉良壁（南史）	《臺南文化》	第3卷第1期	民國42年6月
21.由蔣公子說到蔣允君（上）	《臺南文化》	第3卷第1期	民國42年6月
22.臺南市志凡例綱目（本會）	《臺南文化》	第3卷第1期	民國42年6月
23.編後記	《臺南文化》	第3卷第1期	民國42年6月
24.封面說明	《臺南文化》	第3卷第2期	民國42年9月
25.由蔣公子說到蔣允君（下）	《臺南文化》	第3卷第2期	民國42年9月
26.福建語之文獻補遺	《臺南文化》	第3卷第2期	民國42年9月
27.臺南古跡志（連雅堂撰．南史校點）	《臺南文化》	第3卷第2期	民國42年9月
28.劉永福史料兩種（本會）	《臺南文化》	第3卷第2期	民國42年9月
29.鄭成功遺像——北平歷史博物館所藏	《臺南文化》	第3卷第2期	民國42年9月
30.贈書答謝	《臺南文化》	第3卷第2期	民國42年9月
31.編者的話	《臺南文化》	第3卷第2期	民國42年9月
32.郭藻臣先生之詩詞（南史）	《臺南文化》	第3卷第3期	民國42年11月
33.王狀元（啼痕）	《臺南文化》	第3卷第3期	民國42年11月
34.選贈和齋詩集（本會輯校）	《臺南文化》	第3卷第3期	民國42年11月
35.採訪記（本會編纂組）	《臺南文化》	第3卷第3期	民國42年11月
36.編者的話	《臺南文化》	第3卷第3期	民國42年11月

題名	期刊名稱	卷期	年月
37.編者小啟	《臺南文化》	第3卷第3期	民國42年11月
38.安平扁食（臺島生）	《臺南文化》	第3卷第3期	民國42年11月
39.記所見官銀票四十二張（衡五）	《臺南文化》	第3卷第4期	民國43年4月
40.鄭公利記小傳（啼魂）	《臺南文化》	第3卷第4期	民國43年4月
41.臺南西區採訪記（本會）	《臺南文化》	第3卷第4期	民國43年4月
42.黃昏偶記（海客）	《臺南文化》	第3卷第4期	民國43年4月
43.臺南市西區碑錄（本會輯錄）	《臺南文化》	第3卷第4期	民國43年4月
44.編者的話	《臺南文化》	第3卷第4期	民國43年4月
45.西區採訪續錄（本會）	《臺南文化》	第4卷第1期	民國43年9月
46.第一期封面說明（南史）	《臺南文化》	第4卷第1期	民國43年9月
47.林爽文事變中之義民（陳慧兒）	《臺南文化》	第4卷第1期	民國43年9月
48.聲花集跋（南史）	《臺南文化》	第4卷第1期	民國43年9月
49.聲花集（黃典權蒐藏）	《臺南文化》	第4卷第1期	民國43年9月
50.史料存真	《臺南文化》	第4卷第1期	民國43年9月
51.藻臣遺錄	《臺南文化》	第4卷第1期	民國43年9月
52.藻臣遺錄跋（南史）	《臺南文化》	第4卷第1期	民國43年9月
53.雲龍	《臺南文化》	第4卷第1期	民國43年9月

題名	期刊名稱	卷期	年月
54.編者的話	《臺南文化》	第4卷第1期	民國43年9月
55.張玥小傳	《臺南文化》	第4卷第2期	民國43年11月
56.蔣毓英小傳	《臺南文化》	第4卷第2期	民國43年11月
57.蔣允焄小傳	《臺南文化》	第4卷第2期	民國43年11月
58.文物專刊匾圖序	《臺南文化》	第4卷第2期	民國43年11月
59.文物專刊雕像圖序	《臺南文化》	第4卷第2期	民國43年11月
60.文物專刊鑄金圖序	《臺南文化》	第4卷第2期	民國43年11月
61.文物專刊石刻圖序	《臺南文化》	第4卷第2期	民國43年11月
62.文物專刊木雕圖序	《臺南文化》	第4卷第2期	民國43年11月
63.文物專刊書類存影序	《臺南文化》	第4卷第2期	民國43年11月
64.文物專刊畫類存影序	《臺南文化》	第4卷第2期	民國43年11月
65.文物專刊匾類說明	《臺南文化》	第4卷第2期	民國43年11月
66.文物專刊像類說明	《臺南文化》	第4卷第2期	民國43年11月
67.文物專刊金類說明	《臺南文化》	第4卷第2期	民國43年11月
68.文物專刊石類說明	《臺南文化》	第4卷第2期	民國43年11月
69.文物專刊木類說明	《臺南文化》	第4卷第2期	民國43年11月
70.文物專刊書類說明	《臺南文化》	第4卷第2期	民國43年11月

題名	期刊名稱	卷期	年月
71.文物專刊畫類說明	《臺南文化》	第4卷第2期	民國43年11月
72.東嶽殿石刻	《臺南文化》	第4卷第2期	民國43年11月
73.兩廣會館瓷雕	《臺南文化》	第4卷第2期	民國43年11月
74.文教方匾影圖	《臺南文化》	第4卷第2期	民國43年11月
75.臺南市古雕像影圖	《臺南文化》	第4卷第2期	民國43年11月
76.臺南市彝器鐘鼎影圖	《臺南文化》	第4卷第2期	民國43年11月
77.臺南市古石刻影圖	《臺南文化》	第4卷第2期	民國43年11月
78.臺南市古木雕影圖	《臺南文化》	第4卷第2期	民國43年11月
79.臺南市古書法影圖	《臺南文化》	第4卷第2期	民國43年11月
80.臺南市古畫存影	《臺南文化》	第4卷第2期	民國43年11月
81.編後記	《臺南文化》	第4卷第2期	民國43年11月
82.文物存真專輯小序（前言）	《臺南文化》	第4卷第3期	民國44年4月
83.清代臺郡銀幣四種說明并小記（南史）	《臺南文化》	第4卷第3期	民國44年4月
84.節孝坊圖說明	《臺南文化》	第4卷第3期	民國44年4月
85.節孝坊	《臺南文化》	第4卷第3期	民國44年4月
86.道光丁酉福建拔貢年齒錄臺郡部分存真	《臺南文化》	第4卷第3期	民國44年4月
87.鄭氏關係文書	《臺南文化》	第4卷第3期	民國44年4月

題名	期刊名稱	卷期	年月
88.臺南市北區碑錄	《臺南文化》	第4卷第3期	民國44年4月
89.臺郡節孝局史料	《臺南文化》	第4卷第3期	民國44年4月
90.清明祭掃墓祝文	《臺南文化》	第4卷第3期	民國44年4月
91.鄉試助賑題名全錄啟	《臺南文化》	第4卷第3期	民國44年4月
92.醉月山房惜字條款	《臺南文化》	第4卷第3期	民國44年4月
93.香花燈茶積功獲福文	《臺南文化》	第4卷第3期	民國44年4月
94.沿江祭神祝語殘件	《臺南文化》	第4卷第3期	民國44年4月
95.竈君寶誕記事文	《臺南文化》	第4卷第3期	民國44年4月
96.林厝荷蘭神主（衡五）	《臺南文化》	第4卷第3期	民國44年4月
97.文獻記盛	《臺南文化》	第4卷第3期	民國44年4月
98.文獻記盛——記「臺灣省四十三年度秋季縣市文獻工作人員座談會」暨「南嘉雲地區歷史文物展覽會」（南史）	《臺南文化》	第4卷第3期	民國44年4月
99.編後記	《臺南文化》	第4卷第3期	民國44年4月
100.歷史館藏墓誌全文	《臺南文化》	第4卷第4期	民國44年6月
101.歷史館碑錄	《臺南文化》	第4卷第4期	民國44年6月
102.歷史館專號序	《臺南文化》	第4卷第4期	民國44年6月
103.臺南市立歷史館序	《臺南文化》	第4卷第4期	民國44年6月

題名	期刊名稱	卷期	年月
104. 歷史館藏文物圖像類說明	《臺南文化》	第4卷第4期	民國44年6月
105. 歷史館藏文物陶瓷類說明	《臺南文化》	第4卷第4期	民國44年6月
106. 歷史館藏文物石刻類說明	《臺南文化》	第4卷第4期	民國44年6月
107. 歷史館藏文物木刻類說明	《臺南文化》	第4卷第4期	民國44年6月
108. 歷史館藏文物文書類說明	《臺南文化》	第4卷第4期	民國44年6月
109. 歷史館藏文物輿服類說明	《臺南文化》	第4卷第4期	民國44年6月
110. 歷史館藏文物貨幣類說明	《臺南文化》	第4卷第4期	民國44年6月
111. 歷史館藏文物兵器類說明	《臺南文化》	第4卷第4期	民國44年6月
112. 歷史館藏文物雜器類說明	《臺南文化》	第4卷第4期	民國44年6月
113. 歷史館藏瓷鏡廚	《臺南文化》	第4卷第4期	民國44年6月
114. 臺南市府城八門圖	《臺南文化》	第4卷第4期	民國44年6月
115. 赤嵌夕照	《臺南文化》	第4卷第4期	民國44年6月
116. 歷史館文物選影一四〇幀	《臺南文化》	第4卷第4期	民國44年6月
117. 編後記	《臺南文化》	第4卷第4期	民國44年6月
118. 南方之強	《臺灣風物》	第5卷第8、9期	民國44年6月
119. 臺南市立歷史館補誌（赤嵌樓主）	《臺南文化》	第5卷第1期	民國45年2月
120. 林朝英行略刻板（赤嵌樓主）	《臺南文化》	第5卷第1期	民國45年2月

題名	期刊名稱	卷期	年月
121.洋商界址石（赤嵌樓主）	《臺南文化》	第5卷第1期	民國45年2月
122.宋氏墓碑（赤嵌樓主）	《臺南文化》	第5卷第1期	民國45年2月
123.輔佐魏公墓道碑（赤嵌樓主）	《臺南文化》	第5卷第1期	民國45年2月
124.寅舍橋碑記（赤嵌樓主）	《臺南文化》	第5卷第1期	民國45年2月
125.烏鬼井大井復記	《臺南文化》	第5卷第1期	民國45年2月
126.臺灣軍工道廠與府廠（上）	《臺南文化》	第5卷第1期	民國45年2月
127.東瀛紀事（林豪著，黃典權點校）	《臺南文化》	第5卷第1期	民國45年2月
128.封面說明	《臺南文化》	第5卷第1期	民國45年2月
129.編者的話	《臺南文化》	第5卷第1期	民國45年2月
130.臺灣軍工道廠與府廠（下）	《臺南文化》	第5卷第2期	民國45年7月
131.海澄大觀葉氏族譜研究	《臺南文化》	第5卷第2期	民國45年7月
132.鄉土歷史方法談片（南史）	《臺南文化》	第5卷第2期	民國45年7月
133.臺灣外記考辦——新刊臺灣外記序	《臺南文化》	第5卷第2期	民國45年7月
134.臺灣外記校勘記（與賴建銘合撰）	《臺南文化》	第5卷第2期	民國45年7月
135.臺灣海峽沈船事件之記錄——臺灣軍工道廠與府廠附篇	《臺南文化》	第5卷第2期	民國45年7月
136.東瀛紀事（林豪著，黃典權點校）	《臺南文化》	第5卷第2期	民國45年7月
137.編者的話	《臺南文化》	第5卷第2期	民國45年7月

題名	期刊名稱	卷期	年月
138. 復臺名將 Bepontok 中文原名考（赤嵌樓主）	《臺南文化》	第5卷第2期	民國45年7月
139. 東瀛紀事點校本後記	《臺南文化》	第5卷第2期	民國45年7月
140. 李勝興始祖事蹟（本會）	《臺南文化》	第5卷第2期	民國45年7月
141. 臺南市志稿編纂之計劃（編纂組）	《臺南文化》	第5卷第2期	民國45年7月
142. 鄭成功克臺前臺廈之間的經緯	《臺南文化》	第5卷第2期	民國45年7月
143. 《巡臺退思錄》校	《臺南文化》	第5卷第3期	民國45年12月
144. 黃教之亂與臺南縣	《南瀛文獻》	第4卷・上	民國45年12月
145. 霞寮陳氏家譜研究	《臺灣文獻》	第8卷第1期	民國46年3月
146. 《王得祿行述》校	《臺南文化》	第5卷第4期	民國46年5月
147. 《海上見聞錄》校	《臺南文化》	第5卷第4期	民國46年5月
148. 《延平王戶官楊英從征實錄》校	《臺南文化》	第5卷第4期	民國46年5月
149. 清初臺灣的古錢事件（赤嵌樓主）	《中央日報》	第6版	民國46年11月17日
150. 林爽文事件與臺灣馬兵	《中央日報》	第6版	民國47年3月11日
151. 林爽文事變中的四川屯番	《臺北文物》	第6卷第3期	民國47年3月
152. 蔡牽朱濆海盜之研究	《臺南文化》	第6卷第1期	民國47年8月
153. 石蘭山館遺稿存真（黃典權蒐藏）	《臺南文化》	第6卷第1期	民國47年8月
154. 北園冬霽	《臺南文化》	第6卷第1期	民國47年8月

題名	期刊名稱	卷期	年月
155.鄭成功夫人與開元寺	《臺南文化》	第6卷第1期	民國47年8月
156.臺灣史料《石蘭山館遺稿》（施進士瓊芳稿、黃典權校）	《臺南文化》	第6卷第1期	民國47年8月
157.採訪記（編纂組）	《臺南文化》	第6卷第1期	民國47年8月
158.編者的話	《臺南文化》	第6卷第1期	民國47年8月
159.鄭成功擒治施琅事件種因考	《臺南文化》	第6卷第2期	民國47年9月
160.清臺南知府羅公大佑史料校	《臺南文化》	第6卷第2期	民國47年9月
161.《安平縣雜記》校訂	《臺南文化》	第6卷第2期	民國47年9月
162.古帳研究一例	《臺南文化》	第6卷第2期	民國47年9月
163.編者的話	《臺南文化》	第6卷第2期	民國47年9月
164.古帳研究一例	《臺南文化》	第6卷第3期	民國48年5月
165.鄭成功轄屬北將北兵考	《臺南文化》	第6卷第4期	民國48年10月
166.記「皇明石井鄭氏祖墳墓誌銘」兼校舊見鄭氏墓銘并論鄭延平先世及清人發塚事件史（南史）	《臺南文化》	第6卷第4期	民國48年10月
167.鄭成功生母死難考	《臺南文化》	第6卷第4期	民國48年10月
168.族譜研究編號之擬議	《臺南文化》	第6卷第4期	民國48年10月
169.海澄大觀葉氏族譜研究補記（黃衡五）	《臺南文化》	第6卷第4期	民國48年10月
170.編後記	《臺南文化》	第6卷第4期	民國48年10月

題名	期刊名稱	卷期	年月
171. 考證魯王壙誌史料，臺南市文獻委員座談綜合提出七點意見	《中華日報》	南部版	民國48年11月2日
172. 臺南市文獻委員會對胡適魯王壙誌跋提出意見商榷	《中華日報》	南部版	民國48年11月3日
173. 臺南市文獻委員會對魯王真塚發現之研究	《中央日報》	南部版	民國48年11日4日
174. 臺南市文獻委員會研究魯王壙誌	《中華日報》	南部版	民國48年11日13日
175. 臺南市文獻委員會研究魯王壙誌	《徵信新聞》（內容較前號略詳）	南部版	民國48年11月14日
176. 臺南市文獻委員研究魯王壙誌要點詳記	《公論報》		民國48年11月19日
177. 〈皇明監國魯王壙誌〉之證辨（憨園）	《暢流半月刊》	第20卷第8期	民國48年12月
178. 祭皇明監國魯王文	《成功晚報》 《中華日報》	 南部版	民國48年12月12日 民國48年12月13日
179. 為舊史冤雪〈祭告延平王文〉	《中華日報》 《公論報》	南部版	民國48年12月13日
180. 魯王壙誌發現後臺南市文獻會意見七點	《臺灣風物》	第10卷第1期	民國49年1月
181. 〈皇明監國魯王壙誌〉研究	《臺南文化》	第7卷第1期	民國49年9月
182. 東寧宰輔 Punhee 中文原名考（赤嵌樓主）	《臺南文化》	第7卷第1期	民國49年9月
183. 清代臺灣檔案二件及其研究（上）	《臺南文化》	第7卷第1期	民國49年9月
184. 臺南市區古屬天興州考論稿	《臺南文化》	第7卷第1期	民國49年9月
185. 發明鹿耳門（鹿耳漁隱）	《鹿耳門志》	第一輯	民國50年8月

題名	期刊名稱	卷期	年月
186. 認識鄭成功的幾個不同角度	《中華日報》	第4版	民國50年4月25、26日
187. 鹿耳門古港道里方位考	《中華日報》 《臺灣風物》 《鹿耳門志》	第5版 第11卷第9期 第一輯	民國50年8月21日 民國50年10月 民國50年8月
188. 編者的話	《臺南文化》	第7卷第2期	民國50年9月
189. 南明大統曆考證稿	《臺南文化》	第7卷第3期	民國51年9月
190. 鹿耳門古港方位道里新考（高崇煦等）	《臺南文化》	第7卷第3期	民國51年9月
191. 鹿耳門古港方位道里補考（許丙丁等）	《臺南文化》	第7卷第3期	民國51年9月
192. 答覆「鹿耳門古港道里方位考」的誤會（許丙丁等）	《臺南文化》	第7卷第3期	民國51年9月
193. 臺南孔廟與孔廟之學	《孔孟月刊》	第1卷第9期	民國52年9月
194. 鄭成功復臺時鹿耳門古港遺址考證	《臺南文化》	第7卷第4期	民國52年9月
195. 鹿耳門史料新探（高崇煦等）	《臺南文化》	第7卷第4期	民國52年9月
196. 臺灣文獻委員會〈鄭成功復臺登陸地點考證報告書〉的兩件提要	《臺南文化》	第7卷第4期	民國52年9月
197. 臺灣文獻委員會〈鄭成功復臺登陸地點考證報告書〉的商榷	《臺南文化》	第7卷第4期	民國52年9月
198. 讀史札記（赤嵌樓主）	《臺南文化》	第7卷第4期	民國52年9月
199. 古鹿耳門港與海堡（Zeeburgh）	《臺南文化》	第7卷第4期	民國52年9月

題名	期刊名稱	卷期	年月
200. 景印《漳泉二府志》序	臺南市登文印刷局印 中西文化事業服務中心 《漳州府誌》		民國53年10月10日
201. 《石蘭山館遺稿（施瓊芳撰）》序	《臺南文化》	第8卷第1期	民國54年6月
	《臺南文化》	第8卷第2期	民國54年6月
202. 文廟釋奠儀節（黃典權注）	《臺南市文廟創建三百周年紀念特刊》，臺南市政府、臺南市文獻委員會、臺南市文廟管理委員會編印		民國54年9月28日
203. 臺灣孔廟釋奠儀注考	《臺南文化》	第8卷第2期	民國54年6月
204. 臺灣文廟沿革	《臺南文化》	第8卷第2期	民國54年6月
205. 臺灣文廟碑錄（本會）	《臺南文化》	第8卷第2期	民國54年6月
206. 讀札記二則（赤嵌樓主）	《臺南文化》	第8卷第2期	民國54年6月
207. 《蘇龕泉廈日記》的史料價值（南史）	《臺南文化》	第8卷第2期	民國54年6月
208. 鄭成功復臺時鹿耳門古港遺址考證（賴建銘等）	《臺南文化》	第8卷第2期	民國54年6月
209. 民國五十四年度臺灣省文獻工作人員研討會會議記錄（本會）	《臺南文化》	第8卷第2期	民國54年6月
210. 《草草草堂吟草》跋	《臺南文化》	第8卷第2期	民國54年6月
211. 編者的話	《臺南文化》	第8卷第2期	民國54年6月
212. 從墓碑研究李茂春之死	《臺灣風物》	第15卷第2期	民國54年6月

題名	期刊名稱	卷期	年月
213. 臺南市光復瑣記——臺灣光復二十週年紀念特輯（1）	《臺灣風物》	第15卷第4期	民國54年10月
214. 蔣公子研究——臺灣知府蔣元樞治績考	《中華大典》，臺灣省文獻委員會		民國55年1月
215. 張士榔史考	《臺灣風物》	第16卷第1期	民國55年2月
216. 安平三營軍裝局碑年代考證	《臺灣風物》	第16卷第1期	民國55年4月30日
217. 考證鄭成功登陸臺灣日期敬答楊雲萍先生（上、下）（與許丙丁聯名）	《中華日報》	第4版	民國55年5月5、6日連載
218. 明代臺灣之儒風及其影響	《孔孟月刊》	第4卷第9期	民國55年5月
219. 鄭克壓夫妻一幕悲劇	《藝文誌》	第九期	民國55年5月
220. 清林爽文之變中的義民首證	《臺灣風物》	第16卷第3期	民國55年6月
221. 崑山工專古藝文志	《崑山工專青年》	創刊號	民國55年6月
222. 臺灣御碑考	《臺灣風物》	第16卷第4期	民國55年8月
223. 臺灣古佛考（一）	《臺灣風物》	第16卷第6期	民國55年12月
224. 臺灣府城建築考	《臺灣風物》	第17卷第1期	民國56年2月
225. 延平王祠古梅考	《臺灣風物》	第17卷第2期	民國56年4月
226. 鄭成功與赤嵌樓	《臺灣風物》	第17卷第4期	民國56年8月
227. 說「灣」（赤嵌樓主）	《臺灣風物》	第17卷第4期	民國56年8月
228. 赤嵌城址海神廟創建年代考	《臺灣風物》	第17卷第5期	民國56年10月

題名	期刊名稱	卷期	年月
229.「藩前」一語所表徵的明鄭政風（赤嵌樓主）	《臺灣風物》	第17卷第5期	民國56年10月
230.地名絕對	《臺灣風物》	第17卷第5期	民國56年10月
231.承天府、天興州考證	《臺灣風物》	第17卷第6期	民國56年12月
232.鄭成功生母的幾條重要史料	《臺灣風物》	第18卷第1期	民國57年2月
233.關公赤兔馬與臺南祭典	《臺灣風物》	第18卷第2期	民國57年4月
234.臺灣的牡丹詩讀後（赤嵌樓主）	《臺灣風物》	第18卷第2期	民國57年4月
235.清進士題名碑中之臺灣進士	《臺灣風物》	第18卷第2期	民國57年4月
236.赤嵌樓考	《臺南文化》	第8卷第4期	民國57年9月
237.鄭成功舊居遺跡（本會）	《臺南文化》	第8卷第4期	民國57年9月
238.鄭芝龍故居銅器古玩（本會）	《臺南文化》	第8卷第4期	民國57年9月
239.鄭氏銅刻印章（本會）	《臺南文化》	第8卷第4期	民國57年9月
240.鄭芝龍住宅所見之銅器香爐（一）（二）	《臺南文化》	第8卷第4期	民國57年9月
241.鄭芝龍舊居遺跡及鄭成功手植竹柏（一）	《臺南文化》	第8卷第4期	民國57年9月
242.鄭芝龍舊居遺跡及鄭成功手植竹柏（二）	《臺南文化》	第8卷第4期	民國57年9月
243.鄭成功兒誕石	《臺南文化》	第8卷第4期	民國57年9月
244.鄭成功字蹟拓本	《臺南文化》	第8卷第4期	民國57年9月

題名	期刊名稱	卷期	年月
245.鄭成功手植竹柏（一）（二）（三）	《臺南文化》	第8卷第4期	民國57年9月
246.鄭成功誕生地遺跡紀念碑（一）（二）	《臺南文化》	第8卷第4期	民國57年9月
247.平戶鄭成功廟（一）（二）	《臺南文化》	第8卷第4期	民國57年9月
248.現在之川內埔	《臺南文化》	第8卷第4期	民國57年9月
249.今日之千里濱	《臺南文化》	第8卷第4期	民國57年9月
250.臺南文廟清代碑錄（文獻會）	《臺灣省各界紀念孔子二千五百一十八週年誕辰特刊》，臺南市政府、臺南市文獻委員會、臺南市文廟管理委員會編印		民國57年9月28日
251.臺灣孔廟「聖像」考（赤嵌樓主）	待查		
252.延平王鄭二公子墓考	《臺灣風物》	第19卷第1、2期	民國58年6月
253.延平王鄭二公子墓考補記	《臺灣風物》	第19卷第3、4期	民國58年12月
254.明寧靖王史料新探	《臺灣風物》	第19卷第3、4期	民國58年12月
255.中華民國五十八年度臺灣地區文獻研討會記盛	《臺北市文獻》	直字第9卷第10期	民國58年12月
256.明寧靖王五妃考證	《臺灣風物》	第20卷第1期	民國59年2月
257.阮英義史事詩劄（赤嵌樓主）	《臺灣風物》	第20卷第1期	民國59年2月
258.明末屯墾舊區採訪記	《臺灣風物》	第20卷第2期	民國59年5月

題名	期刊名稱	卷期	年月
259. 送施博爾博士歸歐	《臺灣風物》	第20卷第3期	民國59年8月
260. 臺灣古名字說起	《臺南市政》	第22期	民國59年10月
261. 訪古日記一束	《臺灣風物》	第20卷第4期	民國59年11月
262. 臺南市古蹟考略	《臺南市古蹟名勝整建規劃報告書》，臺灣省建設廳公共工程局編		民國59年12月
263. 桃園行	《臺北市文獻》	直字第15、16期合刊	民國60年6月
264. 臺灣金文石文之研究	《中原臺灣專輯》，臺北市文獻委員會		民國60年10月
265. 臺灣古佛考	《臺南文化》	第9卷第3期	民國61年6月
266. 清進士題名碑中之臺灣進士	《臺南文化》	第9卷第3期	民國61年6月
267. 關公赤兔馬與武廟祭典	《臺南文化》	第9卷第3期	民國61年6月
268. 鄭成功生母幾條重要史料	《臺南文化》	第9卷第3期	民國61年6月
269. 明寧靖王史料新探	《臺南文化》	第9卷第3期	民國61年6月
270. 明末屯墾舊區採訪記	《臺南文化》	第9卷第3期	民國61年6月
271. 訪古日記一束	《臺南文化》	第9卷第3期	民國61年6月
272. 林爽文之變中義民首證	《臺南文化》	第9卷第3期	民國61年6月
273. 安平水師三營軍裝局碑年代考證	《臺南文化》	第9卷第3期	民國61年6月

題名	期刊名稱	卷期	年月
274. 海靈佳城	《臺南文化》	第9卷第3期	民國61年6月
275. 鄭氏史料初編校讀記	《臺灣風物》	第22卷第3期	民國61年9月
276. 鹽水訪古小記（赤嵌樓主）	《臺灣風物》	第22卷第3期	民國61年9月
277. 南明史談（毛一波著）（書評）	《臺灣風物》	第22卷第3期	民國61年9月
278. 鄭成功轄將賀世明三姓名考（赤嵌樓主）	《臺灣風物》	第22卷第4期	民國61年12月
279. 鄭氏史料續編校讀記（上）	《臺灣風物》	第22卷第4期	民國61年12月
280. 臺灣孔廟釋奠儀注考	《臺灣省各界紀念至聖先師二千五百二十三週年誕辰釋奠特刊》，臺南市政府、臺南市文獻委員會、臺南市文廟管理委員會編印		民國62年9月28日
281. 鄭氏史料續編校讀記（下）	《臺灣風物》	第23卷第1期	民國62年3月
282. 鄭氏史料三編校讀記	《臺灣風物》	第23卷第2期	民國62年6月
283. 鄭成功祖母黃太夫人史考（赤嵌樓主）	《臺灣風物》	第23卷第2期	民國62年6月
284. 顏思齊考索的試論	《臺灣風物》	第23卷第3期	民國62年9月
285. 悼陳漢光莊金德兩兄	《臺灣風物》	第23卷第4期	民國62年12月
286. 古臺灣府治地理演變叢考	《私立崑山工專學報》	第1期	民國62年7月
287. 我對成大史蹟研究室的展望	《史蹟勘考》，成大歷史系	創刊號	民國62年7月

題名	期刊名稱	卷期	年月
288. 鹿耳門訪古記	《史蹟勘考》	創刊號	民國62年7月
289. 臺灣史座談會會議記錄			民國62年11月8日
290. 南明史料校讀記	《臺灣風物》	第24卷第1期	民國63年6月
291. 劄記卡論	《臺灣風物》	第24卷第2期	民國63年6月
292. 榕園學記（一）（二）	《臺灣風物》	第24卷第2、3期	民國63年6月
	國立成功大學歷史系「臺灣省志班」		民國63年9月31日
293. 鄭成功藩前左武衛林勝事蹟考	《臺灣風物》	第24卷第4期	民國63年12月
294. 臺灣省志課旨	《史蹟勘考》	第2期	民國63年6月
295. 勘考手冊	《史蹟勘考》	第2期	民國63年6月
296. 《四白山人遺稿》序	《史蹟勘考》	第2期	民國63年6月
297. 與何館長浩天函	《史蹟勘考》	第2期	民國63年6月
298. 談李勇	《史蹟勘考》	第2期	民國63年6月
299. 古臺灣府治海桑城坊考	《臺灣文獻》	第26卷第3期	民國63年9月
	釋奠大典特刊		民國63年9月
300. 臺南文廟沿革	《臺南市文廟創建三百周年紀念特刊》，臺南市政府、臺南市文獻委員會、臺南市文獻管理委員會編印		民國54年9月28日

題名	期刊名稱	卷期	年月
301. 陳永華史事研究	《成功大學歷史學報》	創刊號	民國63年7月
	《臺灣文獻》	第26卷第1期	民國64年3月
	《南瀛文獻》	第23期	民國67年6月
302. 總統　蔣公延平郡王祠巡覽恭記	《史蹟勘考》	第3期	民國64年6月
303. 晨間考古與二二三計劃	《史蹟勘考》	第3期	民國64年6月
304. 霖吾先小像考證	《史蹟勘考》	第3期	民國64年6月
305. 李復、梁克家、樓鑰、周必大、汪大淵諸人所記錄之臺澎	《新時代》	第15卷第7期	民國64年7月
306. 臺南市簡史	《臺南市觀光年特刊》，臺南觀光推行委員會		民國64年9月
307. 明清史料中鄭延平部屬異名考	《臺灣文獻》	第26卷第4期 第27卷第1期 第27卷第3期	民國65年3月
308. 臺灣省志與史蹟勘考（內題名異：臺灣省志的史蹟勘考作業）	《史蹟勘考》	第4期	民國65年4月
309. 臺南縣永康鄉鹽行村勘考記	《史蹟勘考》	第4期	民國65年4月
310. 清代臺灣地區貨幣制度及研究（此文署與李冕世先生合著，實出先生之筆）	《成功大學歷史學報》	第3號	民國65年7月
311. 郭懷一事件（Dapper 著）	《臺灣風物》	第26卷第3期	民國65年9月
312. 臺灣的金石	《幼獅月刊》	第44卷第5期	民國65年11月

題名	期刊名稱	卷期	年月
313. 懷陳主任捷先	《史蹟勘考》	第5期	民國66年6月
314. 劄記卡片新說	《史蹟勘考》	第5期	民國66年6月
315. 國立成功大學歷史文物館建館記	《史蹟勘考》	第5期	民國66年6月
316. 臺南府知府羅公大佑史料新介	《史蹟勘考》	第5期	民國66年6月
317. 臺南市大南門碑拓展展覽會紀要	《史蹟勘考》	第5期	民國66年6月
318. 臺灣文獻叢刊目錄及作者索引前言	《史蹟勘考》	第5期	民國66年6月
319. 封面圖片說明	《史蹟勘考》	第5期	民國66年6月
320. 臺灣歷史風物叢考輯錄序	《臺南文化》	新3期	民國66年7月
321. 清代臺灣地方物價之研究（此文署與李冕世先生合著，實出先生之筆）	《成功大學歷史學報》	第4號	民國66年7月
322. 廿二史劄記中鄭成功史事之檢討	《臺灣人文》	第1期	民國66年10月
323. 敬悼許鏡汀先生	《臺南文化》	新5期	民國66年11月
324. 連雅堂先生生平事蹟座談會發言記錄（《連雅堂先生銅像揭幕紀要》一文內）	《臺南文化》	新5期	民國66年11月
325. 臺灣文獻中烏鬼問題初探	《臺灣人文》	第2期	民國67年1月
326. 新見臺灣最古的神主	《臺灣人文》	第2期	民國67年1月

題名	期刊名稱	卷期	年月
327.重刊鹿耳門志弁言（以董事會名義發表）	《鹿耳門志》	第一輯	原寫於民國67年2月19日，民國72年3月再版重蒐
328.學甲史蹟民俗勘考略記	《南瀛文獻》	第23卷合刊	民國67年6月
329.由陝西村談到明鄭名將馬信	《史蹟勘考》	第6期	民國67年6月
330.由實證教材所反映之文獻與文物之距離	《史蹟勘考》	第6期	民國67年6月
331.清代武備制度之研究（上）	《成功大學歷史學報》	第5號	民國67年7月
332.鄭成功的名諱及賜姓問題	《臺灣人文》	第4期	民國67年7月
333.歸仁古墓考察	《史蹟勘考》	第7期	民國68年6月
334.勘考與聯想	《史蹟勘考》	第7期	民國68年6月
335.甘輝史事研究	《成功大學歷史學報》	第6號	民國68年7月
336.二十史朔閏表和北線尾北港道（史筆）	《臺南文化》	新7期	民國68年6月
337.臺南市南門碑林圖誌弁言	《臺南市南門碑林圖誌》	臺南市政府、成大歷史系編印	民國68年10月
338.臺南市南門碑林圖志序	《臺南市南門碑林圖誌》	臺南市政府、成大歷史系編印	民國68年10月

題名	期刊名稱	卷期	年月
339.《四白山人遺稿》序介	《高雄文獻》	創刊號、第2期合刊	民國68年12月
340.鹿耳門	第一屆觀光暨自強年愛國活動大會《全國詩人聯吟大會詩集》，土城正統鹿耳門聖母廟編印		民國70年3月
341.民族英雄鄭成功鹿耳門登陸地和鹿耳門聖母廟	臺南市安南區土城正統鹿耳門聖母廟編印		民國70年9月
342.斐亭詩鐘原件的學術價值	《成功大學歷史學報》	第8號	民國70年9月
343.悼懷方杰人先生	《方杰人院士蒙席哀思錄》，政治大學出版		民國70年12月19日
344.明兵官墓道殘碑考略	《史蹟勘考》	第8期	民國71年6月
345.南天痕的史料價值	《史蹟勘考》	第8期	民國71年6月
346.歸仁古墓考索補記	《史蹟勘考》	第8期	民國71年6月
347.故官廚匱與勘考特展	《史蹟勘考》	第8期	民國71年6月
348.說「種」	《史蹟勘考》	第8期	民國71年6月
349.延平郡王祠釋奠儀註記往	《史蹟勘考》	第8期	民國71年6月
350.西子灣溯源	《史蹟勘考》	第8期	民國71年6月
351.陝西行（衡五）	《史蹟勘考》	第8期	民國71年6月
352.鄭成功復臺前臺灣開發史事新材——東勢村方氏祖先源流之勘考	《史蹟勘考》	第8期	民國71年6月

題名	期刊名稱	卷期	年月
353.六十二年七月十七、十八兩日，陪導臺灣史蹟研究會學員遊覽古蹟詩記	《史蹟勘考》	第8期	民國71年6月
354.編後語	《史蹟勘考》	第8期	民國71年6月
355.從臺灣鄉土史研究中去恢弘偉大的國史	《大義雜誌》	第1卷第2期	民國71年8月
356.鄭成功在臺灣之守禮風範	《大義雜誌》	第1卷3期合刊本	民國71年10月
357.由臺灣坊里立制——認識鄭成功的人文素養	《大義雜誌》	第2卷第8期	民國72年12月
358.臺灣之大器晚成——臺灣早期文化約論	《大義雜誌》	第2卷第8期	民國73年2月
359.鄭成功復臺人物專欄一、洪旭	《大義雜誌》	第3卷第3期	民國73年
360.鄭成功復臺人物專欄二、陳永華	《大義雜誌》	第3卷第4期	民國73年
361.鄭成功復臺人物專欄三、蔡政	《大義雜誌》	第3卷第6期	民國73年
362.金門明監國魯王疑墓研考記——金門新見宋墓研究（黃典權、王啟宗）	行政院文建會贊助印製		民國73年5月
363.青草崙古北汕尾城隍廟碑記	《鹿耳門志第二輯》		民國74年撰，75年2月24日出版
364.掩映在臺灣社會中之國史遺徵	臺灣史研究暨史料發掘研討會、政治大學、臺灣史蹟研究中心合辦		民國74年
365.鄭成功復臺人物專欄四、馬信	《大義雜誌》	第3卷第7期	民國74年

題名	期刊名稱	卷期	年月
366. 鄭成功復臺人物專欄五、黃安	《大義雜誌》	第3卷第8期	民國74年
367. 鄭成功復臺人物專欄六、柯平	《大義雜誌》	第3卷第9、10期	民國74年
368. 鄭成功復臺人物專欄七、楊英	《大義雜誌》	第3卷第11、12期	民國74年
369. 皇明壬寅重修故妣吳門徐氏塋墓考證	《成功大學歷史學報》	第12號	民國74年12月
370. 鄭成功復臺人物專欄八、陳澤	《大義雜誌》	第4卷第1期	民國75年
371. A〈聖母樂章〉作詞 B鹿耳門古港道里綜考 C青草崙古北汕尾城隍廟碑記 D鹿耳門史料新探（與高崇煦、賴建銘共同署名）	《鹿耳門志》，正統鹿耳門聖母廟管理委員會編印	第2輯	民國75年2月24日
372. 敬悼賴建銘先生	《臺南文化》	新21期	民國75年6月
373. 敬悼賴委員建銘先生	史遺選刊		
374. 鄭成功與臺灣	臺灣史蹟源流會：講義彙編		民國76年
375. 三研「蔣公子」	《成功大學歷史學報》	第13號	民國76年3月
376. 臺灣地圖考索	臺灣省文獻委員會慶祝成立四十年紀念論文集		民國77年6月1日
377. 近代中國歷史初期臺灣實證史料考索	近代中國初期歷史研討會、中央研究院近代史研究所主辦		民國77年8月

題名	期刊名稱	卷期	年月
378. 澎湖文獻追真	澎湖開拓史學術研討會		民國77年、78年6月編印
379. 臺南史蹟散詠（附歲記）	《臺南文化》	新25期	民國77年6月
380. 蔣志考索	臺灣史研究暨史蹟維護研究會、臺南市政府、成功大學歷史系合辦		民國78年
381. 臺灣地區明清兩代現存古碑之整理及其研史功能	亞太地區地方文獻研討會，香港大學亞洲研究中心主辦		民國78年
382. 石井鄭氏本宗族譜考索	第五屆亞洲族譜學術研討會，國學文獻館主辦		民國78年
383. 鄭成功復臺大軍始登史事考索	《成功大學歷史學報》	第15號	民國78年3月
384. 唐漳州金花郡主靈塔史事考索	《成功大學歷史學報》	第16號	民國78年3月
385. 臺南文教拾詠	《臺南文化》	新27期	民國78年6月
386. 道教學探索祝詞	《道教學探索》，臺南市道教會	第2號	民國78年12月21日
387. 臺南己巳、庚午文教風義即與錄	《臺南文化》	新29期	民國79年6月
388. 河洛話的文化價值	《臺灣文獻》	第41卷第3、4期	民國79年12月
389. 鄭成功史事之研索	臺南市政府、成功大學、鄭氏宗親會演講會		民國80年4月29日

題名	期刊名稱	卷期	年月
390. 香火承傳考索	《成功大學歷史學報》	第17號	民國80年6月
391. 臺南庚午、辛未文教風義即與錄	《臺南文化》	新31期	民國80年5月
392. 閩雜記（施鴻保）	《閩臺文獻叢刊》第一種，閩粵書局出版部		

二、專書部份：

書名	出版處所	年月
1. 鄭成功史料合刊	臺南市海東山房（主人賴建銘）	民國45年
2. 臺灣外記研究（賴建銘、黃典權等撰）	臺南市，撰者印行	民國45年
3. 安平縣雜記（黃典權、賴建銘編校）	臺南市海東山房印行	民國47年
4. 臺南市志稿（七卷，卷首一卷，十冊）	臺南市文獻委員會印行	民國47年
5. 雅言（連橫著，許丙丁、張振樑、黃典權、賴建銘校訂）	臺南市海東山房印行	民國47年
6. 鄭延平開府臺灣人物志	臺南市海東山房出版	民國47年
7. 臺南市志稿·卷首（序、凡例、綱目、纂修職名、序圖、史略、圖頁）（黃典權主修）	臺南市文獻會	民國47年

書名	出版處所	年月
8.臺灣史事研究・第一輯 目次　起始頁次 鄭成功夫人與開元寺（一） 蔡千株噴海盜之研究（十七） 族譜研究編號之擬議（四七） 鄭成功擒治施琅事件種因考（五五）	臺南市海東山房印行	民國47年9月25日
9.臺南市志稿・卷六（人物志・人物表）〔明季曆間開府臺灣人物表、清代人物表、附表〕（黃典權主修） ——內正表三十九黃氏製、附表三莊松林製	臺南市文獻會	民國48年
10.臺南市志稿卷六（人物志・人物傳）〔明代人物傳、清代人物傳、乙末前後、人物傳〕（黃典權主修） ——明代人物：皆黃氏所撰 ——清代人物：黃氏與許丙丁、賴建銘、顏興、林斌、石暘睢共同撰修 ——乙末前後人物：石暘睢、賴建銘採採者二十三，黃氏又行補輯	臺南市文獻會	民國48年
11.臺南市志稿・文教志	臺南市文獻會	民國48年
12.臺灣史事研究第二輯 古帳研究一例 目次　起始頁次 弁言	臺南海東山房印行	民國49年6月25日

書名	出版處所	年月
壹、帳本概述 （一） 原帳考年 （一） 帳載人物 （二） 家庭中人 （二） 重要亡親 （三） 外間親友 （三） 貳、由古帳的收入看出的若干問題 （四） 一、收入各項： （A）曹六奇園稅銀 （四） （B）曹羅頭園稅銀 （五） （C）得昌館租銀 （六） （D）溪州租銀 （六） （E）金京潭館租銀 （六） （F）吳曜記利銀 （七） （G）利泰利銀 （七） （H）兌糖收入 （八） （I）豆殼兌款 （八） （J）其他收入 （九） 二、由收入看出的問題 （九） （一）銀本位與通行的貨幣 （十一） （二）納租納利的時間問題 （十一） （三）古代的利率 （十一） （四）古代輔幣的問題 （十一）	臺南海東山房印行	民國49年6月25日

書名	出版處所	年月
參、由古帳的支出紀錄看古代的生活問題（十二） 一、衣著的問題（十九） 二、食的問題 甲、薪柴的問題（二四） 乙、食米的問題（二六） 丙、用油的問題（三二） 丁、其他日常食用的開支（三四） 三、住的問題（三五） 四、家具雜物的修理與購製（三八） 五、男子的初步教育（四一） 六、女兒的出嫁（四五） 附婢女文獻（五一） 七、節孝的榮典（五一） 八、習俗的紀要（五一） 甲、歲時（五七） 乙、祭辰與墓祭（六四） 丙、弔賀之繁縟（六八） 丁、慈善的事業（七十） 九、醫藥的紀錄（七十） 十、一個長工（七十） 肆、由古帳研討若干幣值與物價的問題	臺南海東山房印行	民國49年6月25日

書名	出版處所	年月
13. 臺灣史事研究・第三輯 目次　起始頁次 鄭成功轄屬北將北兵考　（一） 記〈皇明石井鄭氏祖墳誌銘〉　（十六） 鄭成功生母死難考　（二四） 海澄大觀葉氏族譜研究補記　（二九）	臺南海東山房印行	民國48年10月1日
14. 鄭成功復臺三百年史畫	臺北市中華文化出版事業社	民國50年4月印行
15. 鄭成功	鄭成功復臺三百週年紀念專輯	民國51年4月29日
16. 臺灣南部碑文集成（一一六）	臺灣銀行經濟研究室	民國53年
17. 國立歷史博物館藏蔣鳳墓誌銘研究	歷史文物叢刊・第二輯之四， 臺灣中華叢書編著委員會出版	民國58年
18. 鄭成功史事研究	臺灣省臺南社會教育館編印 「人人文庫」叢書，商務印書館	民國60年 民國64年
19. 臺灣史事研究・第四輯 目次　起始頁次 小引　（一） 臺灣古佛考　（一） 明寧靖王史料新探　（五） 鄭成功生母的幾條重要史料　（十一） 安平水師三營軍裝局碑年代考證　（十五）	臺南市海東山房印行	民國61年7月31日

書名	出版處所	年月
林爽文之變中的義民首證（二一） 清進士題名碑中之臺灣進士（二五） 關公赤兔馬與武廟祭典（二七） 明末屯墾舊區採訪記（三三） 訪古日記一束（四二） 海靈佳城（五一）	臺南市海東山房印行	民國61年7月31日
20. 臺南名蹟簡編	臺南市政府編印	民國63年9月29日
21. 臺灣省立臺南市社會教育館址沿革考略	臺南社教館編印	民國65年11月
22. 臺灣文獻叢刊作者目錄索引（黃典權編）	臺南市中正圖書館印行	民國67年
23. 臺南市志・卷七（人物志・歷代人物志・列傳篇）（黃氏所撰者獨多）	臺南市政府	民國68年2月28日
24. 臺南市志・卷八（革命志・驅荷抗清篇）	臺南市政府	民國68年2月28日
25. 臺南市南門碑林圖誌	臺南市政府、成大歷史系編印	民國68年10月
26. 鹿耳門古港道里綜考	鳳凰城圖書公司	民國75年5月
27. 鄭成功與臺灣（講義彙編）	臺灣史蹟源流會	民國76年出版
28. 關於古蹟	《古蹟管理維護講習教材暨參考資料彙編》，內政部	民國76年編印
29. 南明大統曆	景山書林發行	
30. 清代同治年間臺灣祀竈禮儀手抄殘頁	黃典權教授所存	

（本文原刊《臺南文化》新39期，一九九五年七月）

國家圖書館出版品預行編目（CIP）資料

海盜．香火．古港口：臺南研究先驅黃典權紀念專書／黃典權著．-- 初版．-- 臺南市：臺南市文化局；臺北市：蔚藍文化，2017.08
面； 公分
ISBN 978-986-94403-3-2（平裝）

1. 歷史 2. 臺南市

733.9/129.2 106011839

海盜・香火・古港口
臺南研究先驅黃典權紀念專書

作　　者／黃典權
選　　編／丁煌、何培夫
文字撰寫／丁煌
社　　長／林宜澐
總 編 輯／廖志墭
編輯協力／潘翰德
書籍設計／小山絵
內文排版／藍天圖物宣字社

出　　版／
臺南市政府文化局
　地址：708臺南市安平區永華路二段6號13樓
　電話：06-6325865
　網站：culture.tainan.gov.tw
蔚藍文化出版股份有限公司
　地址：10667臺北市大安區復興南路二段237號13樓
　電話：02-7710-7864　傳真：02-7710-7868
　臉書：https://www.facebook.com/AZUREPUBLISH/
　讀者服務信箱：azurebks@gmail.com

總 經 銷／大和書報圖書股份有限公司
　地址：24890新北市新莊市五工五路2號
　電話：02-8990-2588

法律顧問／眾律國際法律事務所　著作權律師／范國華律師
　電話：02-2759-5585
　網站：www.zoomlaw.net

印　　刷／世和印製企業有限公司
定　　價／台幣450元

初版一刷／2017年8月